Friederike Mehlau-Wiebking
RICHARD DÖCKER

SCHRIFTEN
DES DEUTSCHEN
ARCHITEKTURMUSEUMS
ZUR ARCHITEKTURGESCHICHTE
UND ARCHITEKTURTHEORIE

Deutsches Architekturmuseum
Frankfurt am Main

Friederike Mehlau-Wiebking

Richard Döcker

Ein Architekt im Aufbruch zur Moderne

Friedr. Vieweg & Sohn   Braunschweig/Wiesbaden

Die vorliegende Arbeit lag 1985 in etwas breiterer Fassung
als kunstwissenschaftliche Dissertation
an der Philipps-Universität Marburg vor.

Herausgegeben von Heinrich Klotz
im Auftrag des Dezernats Kultur und Freizeit der Stadt Frankfurt am Main

Der Verlag Vieweg ist ein Unternehmen der Verlagsgruppe Bertelsmann.

Alle Rechte vorbehalten
© Friedr. Vieweg & Sohn Verlagsgesellschaft mbH, Braunschweig 1989

Einbandgestaltung: Peter Neitzke, Köln
Lithographie: Litho-Schell, Hamburg
Satz: R. E. Schulz, Dreieich
Druck und buchb. Verarbeitung: W. Langelüddecke, Braunschweig
Printed in Germany

ISBN 3-528-08725-0

Meinem Vater in dankbarer Erinnerung

Inhalt

Editorische Notiz *8*

Vorwort *9*

Prolog *11*

1 Vita *12*

2 Richard Döcker in der Auseinandersetzung zwischen traditioneller und moderner Architekturauffassung – Alternativ-Entwürfe zu gleichen Projekten *18*

   2.1 Harmonie Trossingen *19*

   2.2 Haus Koepff in Göppingen-Eislingen – drei Entwurfsstudien *29*

   2.3 Krankenhaus Maulbronn *35*

3 Die Frühzeit *39*

   3.1 Döckers Ausgangspunkt – die traditionelle ‚Stuttgarter Schule' *39*

   3.2 Begegnung mit fortschrittlichen Architekturideen *44*

   3.3 Entwürfe aus der Studenten- und Frühzeit *49*

   3.4 Eigene Ideen – Diskussionsbeitrag zur Errichtung von Turmhäusern im Stadtbild von Stuttgart *56*

4 Tendenzen zum Neuen Bauen – Streben nach größerer Klarheit und nach Vereinfachung der Baukörper *66*

   4.1 Die Aufgabe der Architektur aus dem Blickwinkel Richard Döckers im Spiegel seiner veröffentlichten Äußerungen *66*

   4.2 Der Grundriß *69*

   4.3 Der Baukörper als architektonische Gestaltungsaufgabe *85*

   4.4 Die Betonung der Horizontalen *88*

   4.5 Die Dachform *95*

   4.6 Der kubische Baukörper *101*

   4.7 Der terrassierte Baukörper *112*

5 Die gute, billige Wohnung – Döckers Anliegen im Einfamilienhaus-, Mietwohnungs- und Siedlungsbau *127*

   5.1 Die Wohnungsnot in der Weimarer Republik und Döckers Beiträge zu ihrer Bekämpfung *127*

   5.2 Kleinhaus- und Kleinwohnungstypenpläne *129*

   5.3 Die Einfamilien-, Doppel- und Reihenhaussiedlung – die Stuttgarter Siedlung Viergiebelweg *132*

    5.4   Stuttgarter Miethäuser *140*

    5.5   Der Zeilenbau im Oeuvre Döckers –
           die Siedlungen Dammerstock, Karlsruhe und Im Wallmer, Stuttgart *145*

    5.6   Döckers Mitwirkung an der Stuttgarter Werkbundausstellung
           ‚Die Wohnung', Am Weißenhof (1926/1927) *152*

6 **Schulbauentwürfe** *163*

7 **Konstruktion, Material, Detail** *173*

8 **Möbel-, Ausstattungs- und Reklamedesign** *181*

9 **Döcker als Zeichner** *190*

10 **Richard Döcker ab 1933** *195*

Zeitschriften *201*

Anmerkungen *202*

Farbtontabelle für die Häuser der Stuttgarter Siedlung Viergiebelweg nach den Farbstudien von Richard Döcker, 1922/1923 *220*

Werkkatalog bis einschließlich 1933 *222*

Literaturverzeichnis *226*

Quellen *226*

Sekundärliteratur *229*

Publikationen in Fachzeitschriften zu Bauten und Projekten von Richard Döcker aus der Zeit der Weimarer Republik *233*

Bildnachweise *235*

Nachlaß Richard Döckers im Deutschen Architekturmuseum, Frankfurt am Main *236*

Verzeichnis der Repro-Aufnahmen von den Ausstellungstafeln der Ausstellung „Richard Döcker/Stuttgart – Bauten und Pläne 1920–1950" von R. Döcker in Stuttgart 1950 *238*

Register *239*

Bauten und Projekte von Richard Döcker *239*

Personen *242*

Editorische Notiz

Sofern eine Himmelsrichtung auf den Zeichnungen oder dazugehörigen Lageplänen nicht angegeben ist, werden im Text die Begriffe links und rechts verwendet, um die Lage eines Bauteiles und dergleichen in der Abbildung zu erläutern.

Wiederholt im Text verwendete Abkürzungen:
BDA – Bund Deutscher Architekten
DAM – Deutsches Architekturmuseum
DWB – Deutscher Werkbund
CIAM – Congrès Internationaux d'Architecture Moderne

In den Anmerkungen erscheinen die Literaturangaben nur unter einem Kurztitel. Der vollständige Literaturnachweis ist im Literaturverzeichnis unter dem Stichwort des jeweiligen Kurztitels aufgeführt.

Vorwort

Die Architektur der klassischen Moderne ist heute bereits ein Kapitel der Architekturgeschichte. Die ausgeführte Architektur des Neuen Bauens, die die Zerstörungen des Zweiten Weltkrieges überdauert hat und nicht aus Geringschätzung oder Rücksichtslosigkeit dem Abriß zum Opfer gefallen ist, weist auf die Absichten der Architekten hin, die zu Beginn des 20. Jahrhunderts die Architekturszene durch neue Aspekte belebten. Ohne das Neue Bauen wäre die Architektur der Nachkriegszeit nicht denkbar, die in vielen Bereichen bemüht war, an die Zeit vor 1933 anzuknüpfen, auch wenn sie oft verheerende und falsch verstandene Bauten hervorgebracht hat. Heute stehen wir an der Stelle, wo selbst die uns so vertraute Moderne baugeschichtliche Epoche zu werden beginnt.
Für das Neue Bauen, als dem Ausgangspunkt der Moderne in der Architektur, kam zweifellos dem Bauhaus große Bedeutung zu. Doch gingen nicht nur von hier wesentliche Impulse für eine neue Bauauffassung aus; ebenso waren es andere Kräfte im In- und Ausland, die für ein Neues Bauen eintraten und die Entwicklung vorantrieben. Eine von ihnen war der Stuttgarter Architekt Richard Döcker, der für Süddeutschland ein Vorreiter dieser neuen Baugesinnung war. Seinen Zeitgenossen – gleichgesinnte Kollegen – galt er als anerkannter Mitstreiter. Heute ist sein Name nur noch wenigen ein Begriff, und seine Beiträge zu einer modernen Architektur sind zumeist in Vergessenheit geraten. Eine erste Rückbesinnung und Würdigung seiner Verdienste wurde 1982 durch eine Ausstellung über Richard Döcker in Stuttgart, Am Weißenhof, geleistet, auf dem Gelände, für das er 1927 anläßlich der Werkbundausstellung selbst zwei Häuser entworfen hatte.
Thema der vorliegenden Arbeit ist es nicht, Döckers Biographie zu schreiben, sondern den Weg eines Architekten des Neuen Bauens nachzuzeichnen, der zurückgelegt werden mußte, um zu einer eigenen, modernen Ausdrucksform finden zu können. So ging es bei der Darstellung von Döckers Aufbruch in die Moderne zum einen darum, die Momente herauszuschälen, die auf seine fortschrittliche Architekturauffassung hinweisen, zum anderen seine Entwicklung zu einer ausgereiften neuen Formensprache weiter zu verfolgen, um die Charakteristika seines Formenvokabulars und seine besonderen Beiträge zur Architektur des Neuen Bauens bestimmen zu können.
Richard Döcker, der als Praktiker viel gebaut hat, aber auch zahlreiche Studien erarbeitete, nutzte vielfach die Presse, um seine Positionen der Fachwelt vorzustellen. Um seine Intentionen in der vorliegenden Arbeit unverfälscht zu vermitteln, schien es sinnvoll, den Architekten – neben der Abbildung und Besprechung ausgesuchter Pläne – möglichst selbst zu Wort kommen zu lassen.

Das „Dritte Reich" unterbrach Döckers Schaffen und beendete seine Phase als Architekt des Neuen Bauens. Döcker wurde in die innere Emigration getrieben und resignierte. Da seine architektonische Tätigkeit nach 1945 keine unmittelbare Kontinuität zu seinen Arbeiten vor 1933 aufweist, soll die Darstellung seines Oeuvres als Architekt des Neuen Bauens auf die Zeit der Weimarer Republik beschränkt bleiben. Als Quellenmaterial diente vorwiegend Döckers Plannachlaß, der, soweit noch vorhanden, relativ geschlossen an das Deutsche Architekturmuseum in Frankfurt ging. Aus diesem umfangreichen Archivmaterial – für die Jahre zwischen 1917 und 1933 sind es allein etwa 2500 Zeichnungen – sind nur diejenigen ausgewählt worden, die Döckers Entwicklung zum Neuen Bauen und dessen ausgereifte Formulierung exemplarisch zeigen. Hinzu kamen Döckers bereits erwähnte publizistische Äußerungen in der Fachpresse, in Tageszeitungen und in eigenen Veröffentlichungen. Die direkte Anschauung noch bestehender Bauten war für die Beurteilung von Döckers Architektur zudem aufschlußreich.

Von großer Bedeutung, besonders um einen Eindruck von der Person Richard Döcker zu erhalten, waren Gespräche mit Verwandten, Mitarbeitern und Freunden. Mein Dank gilt all denen, die die Entstehung meiner Arbeit unterstützt haben, allen voran Heinrich Klotz, der Anregungen zum Thema gab, den Plannachlaß Richard Döckers für die Bearbeitung zur Verfügung stellte und für ausgezeichnete Arbeitsbedingungen sorgte.

Herzlich bedanken möchte ich mich bei Mirabelle Döcker-Korfsmeier, Richard Döckers Partner Jürgen Brenner, den ehemaligen Mitarbeitern Wilfried Beck-Erlang und Gerhard Schwab und besonders bei Döckers Freund und Kollegen Bodo Rasch, die geduldig und engagiert Fragen beantwortet und ein aufschlußreiches Bild von der Person Richard Döckers vermittelt haben.

Da es oft recht schwierig war, die Bauten Döckers aus der Nähe zu betrachten und photographisch festzuhalten, gilt mein Dank auch Frau Vetter und Herrn Kaiser, die mir bereitwillig den unmittelbaren Zugang zu ihren Grundstücken ermöglicht haben.

Für die schnelle und zum Teil recht schwierige Anfertigung des Abbildungsmaterials danke ich dem Bildarchiv Foto Marburg, insbesondere Frau. Dr. Walbe und Herrn Schumacher. Mein Dank gebührt auch meinen Schwiegereltern Waltraut und Hermann Wiebking, Helga Zöller sowie Karl-Heinz Mergelsberg, die in sehr kurzer Zeit und unter großem Einsatz das Manuskript und die Tonbandprotokolle abgeschrieben haben.

Nicht zuletzt möchte ich meinen Eltern Anneliese und Dr. Hans Werner Mehlau als auch meinem lieben Mann Rolf Wiebking danken, die mich auf meinen Fahrten begleitet und bei der photographischen Dokumentation geholfen haben.

Zürich, im Frühjahr 1989   Friederike Mehlau-Wiebking

Prolog

„Erst der mutige Entschluß der Menschheit, alles in Frage zu stellen und Wissen und Verstand zur Grundlage für eine vernünftige Gesellschaft menschlicher Wesen zu machen, setzt uns in den Stand, die schöne Welt für ein gesundes Menschengeschlecht einzurichten!
Nicht die Angst vor dem Versuch – Nicht das Pochen nur auf Erfahrungen ererbter und wohlausprobierter Dinge – Nicht das Hängen an Stilen oder Motiven, die uns Lehrer und Kunsthistoriker vielfach gerne als maß- und richtunggebend vorschreiben möchten – können uns helfen!
Auch nicht das Produkt mühevoller Denktätigkeit, sondern mehr die Tat hochgespannter Willenskraft, Erfindergeist, überlegener Verstand in Verbindung mit Hingabe an eine Idee, werden allen großen Wirkungen und Entscheidungen eigen sein!"

Richard Döcker, Terrassentyp, 1929, S. 17

1 Vita

Lebensdaten

Richard Döcker wurde am 13. Juni 1894 in Weilheim-Teck, einer kleinen württembergischen Gemeinde, als Sohn eines Lehrers geboren.
Seine schulische Ausbildung begann 1900 in Göppingen. 1903 wechselt er zur Realschule, an der sein Vater, Karl Döcker, lehrte. Ein Jahr später zog die Familie Döcker nach Ebersbach. Mit dem sogenannten Einjährigen verließ Richard Döcker 1909 die Realschule. Sein Abitur machte er am 5. Juni 1912.
In den beiden Monate danach arbeitete er in dem Baugeschäft Kübler in Göppingen und nahm am 14. Oktober 1912 sein Architekturstudium an der Technischen Hochschule in Stuttgart auf.[1]
Er wurde Mitglied einer Burschenschaft.[2]
Döckers Begeisterung galt der Fliegerei und so war es fast eine Selbstverständlichkeit, daß er sich zu Beginn des Ersten Weltkrieges freiwillig zur Luftschiffertruppe meldete.
Im August 1915 erhielt er seine Ausbildung als Luftschiffer in Posen.
Bei den Champagne-Kämpfen wurde er am 8. November 1915 verwundet, erlitt einen schweren Nervenschock und eine vorübergehende Lähmung beider Beine.
Die darauffolgenden eineinhalb Jahre verbrachte er im Lazarett in Erlangen.
Am 9. Februar 1917 konnte er das Lazarett verlassen, doch schied er im Mai desselben Jahres als dienstuntauglich aus der Armee aus.
Noch im gleichen Jahr nahm er das Studium der Architektur in Stuttgart wieder auf und legte am 6. Februar 1918 sein Examen mit Auszeichnung ab.
Zwischen 1918 und 1920 erzielte er die ersten Wettbewerbserfolge (Zweiter Preis, Weil im Dorf, am 21. November 1918; Erster Ankauf (1000,— Mark) am 2. Juli 1919; Dritter Preis von Schwäbisch Gmünd am 8. Juni 1920).
1921 bestand Döcker die Regierungsbaumeisterprüfung.[3] In der Folgezeit war er an einer städtischen Behörde beschäftigt, arbeitete freiberuflich und bei Paul Bonatz. Besonders hervorzuheben ist aber seine zeitgleiche Tätigkeit an der Beratungsstelle für das Baugewerbe[4] in Stuttgart; sie sollte mitprägend für seine künftigen Einfamilien- und Miethausplanungen werden.
Inspiriert durch die Erfahrungen bei der Beratungsstelle und aufbauend auf dort gewonnene Erkenntnisse, verfaßte Döcker 1923 seine Promotionsschrift über Typenpläne für Kleinwohnungen[5], die von der Beratungsstelle publiziert wurde. In dieser Arbeit untersuchte er diverse Lösungsmöglichkeiten von Einzel-, Doppel- und Reihenhäusern im Siedlungsverband unter Berücksichtigung von Licht, Luft, Sonne und Wirtschaftlichkeit.

Nach der Dissertation ließ er sich 1923 als freischaffender Architekt in Stuttgart nieder und wurde Mitglied des Deutschen Werkbundes. Er knüpfte Kontakte zu Kollegen in Berlin und reiste häufig in die Hauptstadt. 1926 wurde er in die Architektenvereinigung „Der Ring" aufgenommen. Die baldige Mitarbeit im CIAM – dem Internationalen Kongreß für modernes Bauen – folgte.[6]
Döckers internationale Kontakte ermöglichten ihm auch Reisen nach England, Holland und in die Sowjetunion. Die Machtübernahme durch die Nationalsozialisten beeinträchtigte seine berufliche Karriere und führte letztlich zum Berufsverbot. In der Zeit der inneren Emigration studierte er vom Sommersemester 1939 bis Juni 1941 Biologie.[7]
Im Bereich der Architektur gab es für ihn nur noch sporadische Aufgaben inoffizieller Art, da er selbst keine Baugesuche mehr einreichen durfte.[8] Zu einer legalen Wiederaufnahme der architektonischen Tätigkeit kam es erst in der Zeit vom 1. Mai 1941 bis zum 31. Juli 1944, und zwar durch eine Dienstverpflichtung als Sachbearbeiter am Wiederaufbauamt für das Gebiet Saarpfalz in Saarbrücken.[9] Nach Kriegsende wurde er am 1. Mai 1946 durch den Oberbürgermeister Dr. Klett zum Ersten Generalbaudirektor von Stuttgart ernannt[10], eine Stellung, die er bis zum Jahresende innehatte. Zudem wurde Döcker in den Aufbaurat am Innenministerium des Landes Württemberg berufen.[11] In den gleichen Zeitraum fiel Döckers Tätigkeit als erster Leiter des ZAS (Zentraler Aufbau Stuttgart), in dem er die Grundlagen für den Wiederaufbau Stuttgarts legte. 1947 gründete Döcker zusammen mit anderen die Forschungsgemeinschaft Bauen und Wohnen (FBW). Hier griff er thematisch wie empirisch auf seine Tätigkeit an der Beratungsstelle für das Baugewerbe zurück. Von der Gründung bis 1965 blieb er Mitglied im Verwaltungsrat der FBW.
Am 1. Januar 1947 erhielt Döcker einen Ruf als ordentlicher Professor an die TH Stuttgart. Ein langgehegter Wunsch wurde Realität. Döcker übernahm den Lehrstuhl für Städtebau und Entwerfen und leitete die Architekturabteilung. Als Preisrichter wirkte er bei zahlreichen Architekturwettbewerben mit. Eine Weltreise vom August bis zum November 1957 führte ihn nach Mexiko, in die USA und nach Japan. Im gleichen Jahr wurde er Mitglied der Akademie der Künste in Berlin.
„In Anerkennung seiner hervorragenden Leistungen auf dem Gebiet des Städtebaues"[12] wurde Döcker 1958 der Titel eines Dr.-Ing. h. c. durch die Fakultät für Bauwesen der TH Karlsruhe verliehen.
1958 emeritierte Richard Döcker. In den letzten zehn Jahren seines Lebens arbeitete er ausschließlich als freischaffender Architekt zusammen mit dem von ihm hochgeschätzten Partner Jürgen Brenner. Richard Döcker verstarb am 9. November 1968.

Der Mensch Richard Döcker

Der Lebensweg von Richard Döcker und die Entwicklung seiner Persönlichkeit wurden durch die äußeren Verhältnisse sehr stark beeinflußt, wobei man drei unterschiedliche Phasen feststellen kann.

Als junger Mann war Döcker sehr energiegeladen und aufgeschlossen gegenüber allem Fortschrittlichen und Neuen. Dabei kamen ihm die Zeitverhältnisse, der angestaute Nachholbedarf für die Errichtung von Bauten nach dem Ersten Weltkrieg, sehr entgegen. Diese erste Phase seines tätigen Lebens, die bis zu seinem 39. Lebensjahr (1933) reichte, ist für den, der das Schaffen Döckers betrachtet, die entscheidende und bemerkenswerteste. Die Machtergreifung durch die Nationalsozialisten führte sehr bald zu einem tiefen Einschnitt, einer neuen Phase, im Leben Döckers. Nicht mehr frei arbeiten zu können, mitansehen zu müssen, wie von ihm als falsch betrachtete Ideen sich durchsetzten, trieben ihn in eine innere Emigration, in der er sich völlig anderen Dingen zuwendete.

Das Ende des Zweiten Weltkrieges, das ihn mit so vielen Hoffnungen erfüllte, brachte trotz ehrenvoller Berufung zu neuen Aufgaben manche Enttäuschung. Die mangelnden materiellen Voraussetzungen für einen Wiederbeginn und zügigen Wiederaufbau der zerstörten Städte und die weitgehend nicht vorhandene Bereitschaft, fortschrittliche Ideen aufzunehmen, bewirkten in Richard Döckers dritter Lebensphase eine gewisse Resignation. Er hat sicher in der Erfüllung der ihm gestellten Aufgaben manche Befriedigung gefunden, aber von dem energiegeladenen Döcker der zwanziger Jahre war in seinen späteren Lebensjahrzehnten nicht mehr viel spürbar.

Richard Döcker war eine ausgesprochen willensstarke Persönlichkeit. Vorhaben und Ziele, die er sich gesetzt hatte, suchte er mit Energie und Engagement zu verwirklichen.

Er war der erste der Familie Döcker, der den Sprung aus dem engen ländlichen Bereich in die Stadt wagte. Diesen Wunsch, den er schon als Schüler hegte, realisierte er gleich nach dem Schulabschluß, obwohl seine Eltern ihm keine große finanzielle Unterstützung bieten konnten. Seine Verwandten, Freunde und ehemalige Mitarbeiter[13] beschrieben ihn als humorvollen und kontaktfreudigen, seiner Familie liebevoll zugewandten Zeitgenossen.

Entstand eine Freundschaft, so blieb sie meist beständig. Nur durch äußere Einflüsse konnte sein Verhältnis zu einem Freund gestört werden, wie beispielsweise das zwischen Döcker und dem Stuttgarter Kollegen Bodo Rasch, welches im „Dritten Reich" durch Gestapo-Intrigen zeitweilig unterbrochen wurde. Selbst Verbindungen mit später in der Emigration lebenden engen Freunden, wie Erich Mendelsohn, konnten durch die räumliche Distanz nicht geschwächt werden.

Umgekehrt verband Döcker die Mißbilligung der Arbeiten eines Menschen in den meisten Fällen auch mit persönlicher Ablehnung.

In der Frühzeit (bis ungefähr 1933) vertrat er unerschrocken und kämpferisch seine

Interessen und Standpunkte. Nach dem Zweiten Weltkrieg jedoch war von alledem nur noch wenig zu spüren; der Appell, den Gropius in einem Brief an Döcker richtete – „don't lose your fighting spirit"[14] –, blieb ohne Wirkung.

Wenngleich Döcker in frühen Jahren nach außen willensstark erschien, so steckte unter der rauhen Schale doch ein sensibler, ja fast mimosenhaft reagierender Mensch. Aggressivität, Ironie und Verletzlichkeit existierten bei ihm nebeneinander, so daß er manchen unter seinen Zeitgenossen als schwieriger Mensch galt.

Schwächen, Unkenntnis oder Unfähigkeit konnte er sich nur schwer eingestehen. Selbst wider besseres Wissen beharrte er in Auseinandersetzungen auf seinem Standpunkt, wodurch er des öfteren Sympathien einbüßte.

Seine Arbeit und persönlichen Belange nahm er so ernst, daß ihn Kontroversen sehr belasteten. Ein gutgemeintes Entgegenkommen eines ‚Kontrahenten' wies er aus gekränkter Eitelkeit zurück. Auf der anderen Seite jedoch schätzte er es, wenn sich jemand, den er kritisiert hatte, zur Wehr setzte.

Sich selbst hat er stets das Äußerste abverlangt, und in dem gleichen Maße, wie er Anforderungen an sich stellte, beurteilte er die Leistungen anderer und erwartete ähnlich hohen Einsatz auch von ihnen. Das galt für alle Menschen seiner Umgebung, gleich ob es sich um Kollegen, Studenten oder seine Kinder handelte.

Als Hochschullehrer zählte er dennoch zu den umgänglichsten Professoren an der TH Stuttgart. Döckers herber Umgangston war seinerzeit dort durchaus üblich, und einige seiner Studenten bezeugen, gern und viel bei ihm gelernt zu haben.[15]

Döcker und sein Planungsteam

In den ersten Jahren seines beruflichen Schaffens arbeitete Döcker noch als Mitarbeiter bei verschiedenen Architekten und als Assistent von Bonatz. Daneben führte er selbständig oder in Zusammenarbeit mit seinem Freund und Chef der Beratungsstelle, Hugo Keuerleber, sowie mit Willi Baumeister eigene Planungen durch. Der Zeitpunkt, zu dem Döcker den ersten Mitarbeiter in sein Büro aufnahm, ist nicht mehr nachweisbar. Doch wuchs mit zunehmender Auftragslage sein Mitarbeiterstamm. Bis zum Ende der Weimarer Republik beschäftigte er in seinem Büro durchschnittlich fünf Angestellte. Zur Zeit der Arbeiten für die Werkbundausstellung „Die Wohnung" in Stuttgart, Am Weißenhof, 1927, war sein Bauleitungsbüro unmittelbar an der Baustelle angesiedelt.

Hitlers Machtergreifung unterbrach infolge mangelnder Aufträge seine freiberufliche Tätigkeit, bis er schließlich Berufsverbot erhielt.

In der Nachkriegszeit beschäftigte Döcker erneut zumeist fünf Mitarbeiter. Das Büro war zeitweilig im Anbau seines Wohnhauses in der Hermann-Kurz-Straße untergebracht. Aufgrund umfangreicher Aufträge vergrößerte sich die Angestelltenzahl

auf rund zehn; in Zeiten der Planung für die Universitätsstadt Hyderabad in Pakistan[16] waren bei Döcker bis zu zwanzig Mitarbeiter tätig.
Anfänglich hatte er seine Projekte vom Entwurf bis zur Ausführung selbst abgewickelt. In der späteren Zusammenarbeit mit seinen Mitarbeitern gab er in der Vorentwurfsphase gewöhnlich Entwurfsrichtung und Planungsidee anhand von Skizzen mit sehr genauen Angaben vor. Die von seinen Mitarbeitern nach diesen Vorgaben gefertigten Entwürfe korrigierte er dann und ließ sie erneut überarbeiten, bevor die Bauzeichner die Pläne zur Ausführungsreife brachten. Den Kontakt zu den Bauherren pflegte Döcker ausschließlich persönlich. Ob und inwieweit Planungsgedanken seiner Mitarbeiter in die Entwürfe und deren Ausführung eingingen, ist nicht bekannt.[17] Es ist jedoch eher auszuschließen. Zwischen Döcker und seinen Mitarbeitern bestand nicht das Maß an Partnerschaft, das ihnen ermöglicht hätte, eigenständig zu entwerfen. Dies änderte sich erst, als nach dem Krieg ein Mitarbeiter Döckers Partner wurde.

Interessen von Richard Döcker neben der Architektur

Neben der Architektur galt sein Interesse der Malerei, der Bildhauerei, der Literatur und dem Theater.
Für Fachliteratur hat er schon zu Studienzeiten einen beträchtlichen Teil seines Einkommens aufgewendet.
Vom Film fühlte er sich nur in der Zeit zwischen den beiden Kriegen angezogen. Mit zunehmender Kommerzialisierung dieses Mediums schwand seine Begeisterung, was so weit führte, daß er sich kurz nach dem Zweiten Weltkrieg dagegen aussprach, die deutschen Filmproduzenten in Stuttgart ihre Studios errichten zu lassen.[18]
Gegenüber technischen Innovationen, besonders in der Auto- und Flugzeugbranche, zeigte sich Döcker wie einige seiner Kollegen in den zwanziger und dreißiger Jahren sehr aufgeschlossen.[19] Döcker war leidenschaftlicher Flieger, was seine Meldung zum Luftschifferbataillon im Ersten Weltkrieg erklärt. Auch seine Reisen nach Berlin erfolgten häufig auf dem Luftwege. Mit 20/22 Jahren kaufte er sich bereits ein Cabriolet; seither fuhr er stets ausgefallene und schnelle Wagen. Ein eigener Automobilentwurf aus den Jahren 1941/1942 unterstreicht seine besondere Vorliebe für das Auto.[20]
Neben der ständigen Beschäftigung mit den Entwicklungen und Tendenzen der westlichen Kultur setzte sich Döcker mit den Künsten und Kulturen der Mayas, Inkas und der ostasiatischen Länder auseinander. Nicht ohne Grund waren daher 1957 Mexiko und Japan Stationen seiner Weltreise. Seine Beziehung zur ostasiatischen Kultur wurde durch seine zweite Ehe mit einer Halbjapanerin intensiver, wozu auch ihr Vater, der Sinologe Professor Grosse aus Freiburg, beitragen haben mag.

Die politische und die weltanschauliche Position Döckers

Unabhängig von politischen Machtverhältnissen galt Döckers Augenmerk den sozialen, wirtschaftlichen und politischen Bewegungen. Selbst hat er sich allerdings nie mitgliedschaftlich den Statuten einer Partei oder politischen Organisation verpflichtet. Er gehörte weder dem Arbeiter- und Soldatenrat nach der Novemberrevolution von 1918 an, wie er brieflich Schmitthenner gegenüber ironisch beteuerte[21], noch stand er „seither irgendeiner nichtnationalen Bewegung nahe".[22]
Losgelöst von Parteiprogrammen und politischen Manifesten, gab Döcker als Architekt des Neuen Bauens sozialpolitischen Aspekten in seinen Bauten Vorrang vor formal-ästhetischen Erwägungen, eine Ehrlichkeit in der architektonischen Arbeit, wie sie kennzeichnend ist für die Vertreter der klassischen Moderne.
Döckers politischer Standpunkt läßt sich als der eines aufrechten Demokraten und Pazifisten umschreiben. Darüber mag auch der Hinweis auf die gute Freundschaft zu dem Arzt und Literaten Friedrich Wolf aus Stuttgart[23] Auskunft geben, dessen politische Einstellung sich als zwischen kommunistisch und sozialdemokratisch, eventuell der USPD nahestehend, bezeichnen ließe. Wolf stand abseits vom ‚bürgerlichen Leben', „führte den dramatischen literarischen Expressionismus ad absurdum"[24] und war einer der wichtigen Autoren, die die Deutsche Verlagsanstalt verlegte. Wolf ließ sich von Döcker 1928/1929 ein Haus in Stuttgart entwerfen[25]; zuvor zählte auch Dr. Kilpper von der Deutschen Verlagsanstalt zu Döckers Bauherren (Haus Kilpper, Stuttgart 1927/1928).
Döcker war auch für anthroposophische Ansätze aufgeschlossen, bemühte sich aber nicht weitergehend um eine theoretische Auseinandersetzung. Seine Beziehung zur Anthroposophie ergab sich eher über die Verbundenheit mit der Architektur Rudolf Steiners, dem Goetheanum I von 1922 und dem neu- bzw. wiederaufgebauten Goetheanum II (1924–1928) in Dornach.[26]
Für religiöses Gedankengut war im Leben Döckers kein Raum. Er war überzeugter Atheist. Die Kirche als Bauaufgabe war für ihn daher eine etwas befremdende Anforderung. Trotzdem hat er sich ihr gestellt, wenn er sich auch zunächst Einblick in die für ihn unbekannten liturgischen Anforderungen verschaffen mußte.
Beinahe als Ironie mag es anmuten, daß ausgerechnet die Bauaufgabe ‚Kirche' Auftakt seiner architektonischen Laufbahn sein sollte: Thema der Regierungsbaumeisterprüfung war die Planung eines Kirchenbaus, und mit dem Bau einer Kirche in Offenburg schloß er sein architektonisches Oeuvre ab.

2 Richard Döcker in der Auseinandersetzung zwischen traditioneller und moderner Architekturauffassung – Alternativ-Entwürfe zu gleichen Projekten

Döckers frühe Arbeiten, die die enorme Produktivität und Bautätigkeit seiner nachfolgenden Schaffenszeit einleiten sollten, sind geprägt von der Suche nach einer architektonischen Alternative zur traditionellen Baukunst.
Der Prozeß der emotionalen und gestalterischen Loslösung von der akademischen Architektur beginnt bereits in seiner Studienzeit.

14 Der letzte Entwurf für eine Kirche aus dieser Zeit dokumentiert die Verwendung ex-
15, 16 pressionistischer Ausdrucksmittel. In der Arbeit für die Regierungsbaumeisterprüfung gestaltete Döcker einen Kirchenbau mit außen offenliegender Dachkonstruktion.[1]

21-25 Gleich nach Beendigung seines Studiums entstanden von ihm und seinem Freund Hugo Keuerleber Turmhausentwürfe, städtebauliche Studien für Stuttgart, ein Beitrag zum Thema ‚Das Turmhaus in Deutschland'[2], mit dem sie eine gerade erst begonnene Diskussion aufnahmen. Ein erneuter Rückgriff auf historisierende Elemente begleitete die darauffolgenden Planungen. Tradierte, fast noch historisierend wirkende Motive fanden neben fortschrittlichem Ausdruckswillen Anwendung. In Döckers Entwürfen ist zuweilen ein Nebeneinander von ‚Alt' und ‚Neu' zu finden, eine ‚Gratwanderung' zwischen konventioneller, überlieferter Baukunst und der Formulierung und Durchsetzung einer neuen Idee.
Dies vorab als kleiner Exkurs zu Döckers Genese seines Architekturschaffens, da der schon frühzeitig empfundene Wunsch, sich von der konventionellen Baukunst abzuwenden, neue Architekturtendenzen aufzunehmen, um daraus eigenes zu entwickeln, für Döcker eine Zeit einläutete, die für seinen Übergang zum Neuen Bauen so bedeutend sein sollte. Es begann eine Zeit des Experimentierens. Eine Geradlinigkeit der Abkehr von der konservativen Architektur in Döckers Oeuvre aufzeigen zu wollen, müßte jedoch scheitern. Der endgültige Prozeß der Loslösung von der althergebrachten Baukunst sollte für ihn erst Mitte der zwanziger Jahre zu einem Abschluß kommen.
Ein wichtiger, aber allzu hemmender Faktor auf dem Weg zum Neuen Bauen war die Abhängigkeit von Auftraggebern und öffentlicher Meinung. Während die Turmhausprojekte noch völlig kompromißloses Ideenspiel bleiben konnten, beeinflußten – entgegen Döckers eigenen fortschrittlichen Ambitionen – Bauherren und Öffentlichkeit gleichsam zensierend seine Entwürfe. Das Ringen um Anerkennung und um

die Durchsetzung einer neuen Architektur läßt sich in aller Klarheit und Brisanz an seinen Alternativentwürfen zu ein und demselben Projekt ablesen. Konkurrierende Entwürfe verschiedener wetteifernder Architekten zu einem Projekt, bei dem Pläne mit modernem wie konventionellem Formenvokabular eingereicht werden, waren bei Wettbewerbsentwürfen zu Döckers Anfangszeiten die Regel. In der Architekturgeschichte aber selten sind alternierende Entwürfe zu einem Projekt vom selben Architekten, die die Unmittelbarkeit des ‚Konfliktes' zwischen traditioneller und progressiver Architekturauffassung ausdrücken. Die Auseinandersetzung zwischen tradiertem und modernem Bauen kennzeichnet aber nicht nur Döckers anfängliche ‚Experimentierphase', sondern kommt selbst noch 1928 zum Ausdruck, nachdem er längst seine architektonische Sprache gefunden und in vielen Bauten ausgedrückt und der Öffentlichkeit sowie der Fachwelt vorgestellt hatte.

Dieses Ringen und Suchen nach dem eigenen, modern geprägten gestalterischen Ausdrucksvokabular – der Kampf um Anerkennung und Durchsetzung eines neuen Baugedankens – sei im folgenden an drei Beispielen verdeutlicht.

Die beiden ersten Entwürfe zur Harmonie Trossingen von 1922/1923 und zum Haus Koepff in Göppingen 1924/1925 sind noch Döckers Phase des Suchens und Experimentierens zuzuordnen. 1-11

Das dritte Projekt, zu dem Döcker Alternativentwürfe gefertigt hat, ist das Krankenhaus Maulbronn von 1928. Die Planungen hierzu sind jedoch als abgeklärter Vergleich einzuschätzen; ob akademisch oder im Sinne des Neuen Bauens zu entwerfen sei, diese Frage war für Döcker längst abgeschlossen. Für ihn war das Neue Bauen um diese Zeit eine durch eigene Bauten dokumentierte architektonische Tatsache. Bei der Planung für Maulbronn ging es nur noch um Abwägungen der Fragen, die sich mit der Einfügung des Gebäudes in die Landschaft und mit behördlichen Auflagen auseinandersetzten. 12, 13

2.1 Harmonie Trossingen

Bauprogramm und Planungsgeschichte

Mit dem Planungsauftrag für die Harmonie Trossingen war Döcker die Bauaufgabe gestellt, einen Vielzweckbau zu konzipieren, der verschiedene Einrichtungen – Konzertsaal, Museum, Bibliothek, Volksküche, Konferenzzimmer, Schwimmbad und Hausmeisterwohnung – aufnehmen sollte. 1-7

Döckers erste Entwürfe erfolgten 1922. 1923 nahm er die Planung erneut auf, doch während der Inflation kam es nicht zur Ausführung dieses Projektes. 1927 wurde das Bauvorhaben noch einmal aufgenommen und als Wettbewerb ausgeschrieben. Das geforderte Raumprogramm folgte im wesentlichen Döckers Entwürfen von 1923 mit der zusätzlichen Forderung eines Feuerwehrgerätemagazins und eines größeren

HARMONIE TROSSINGEN

1 Perspektivskizze, 13. Mai 1922

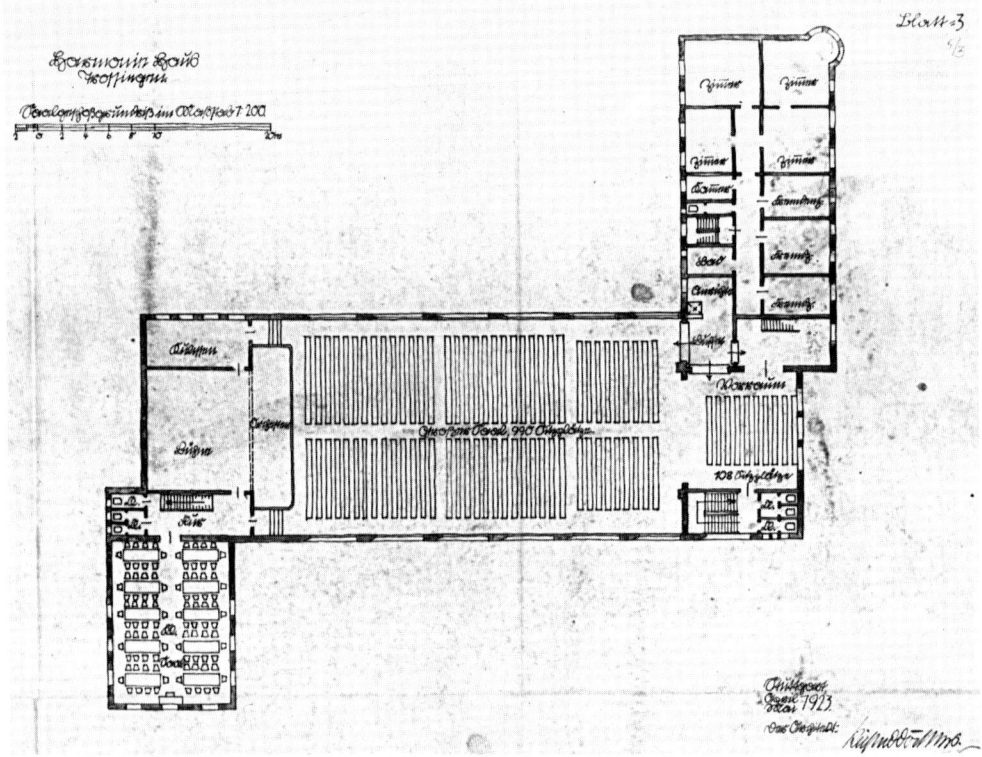

2 Grundriß Obergeschoß, April/Mai 1923

3 Perspektivskizze, 13. Mai 1922

HARMONIE TROSSINGEN, April/Mai 1923

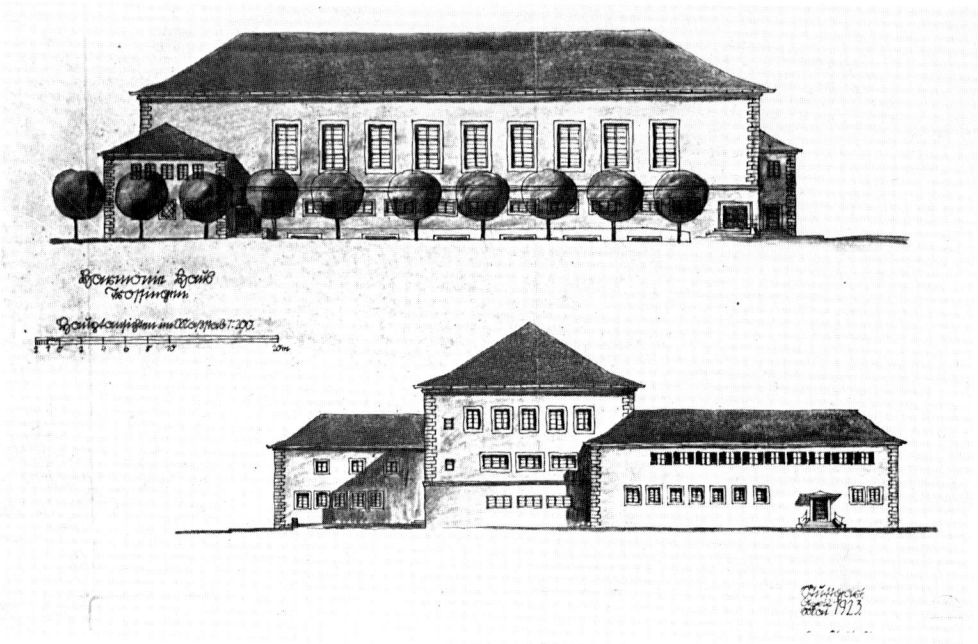

4 Ansicht

5 Ansicht

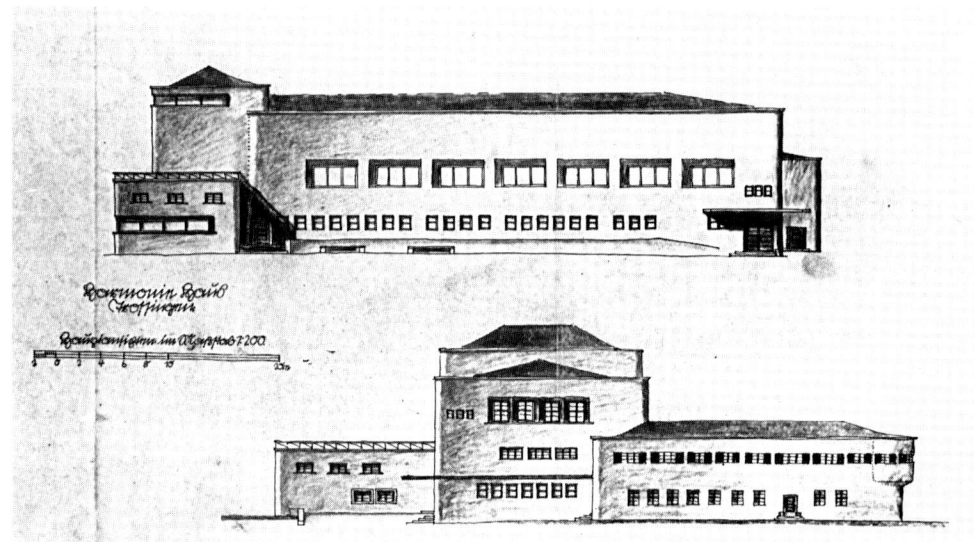

HARMONIE TROSSINGEN

6 Perspektivskizze, 1923

7 Schnitte, April/Mai 1923

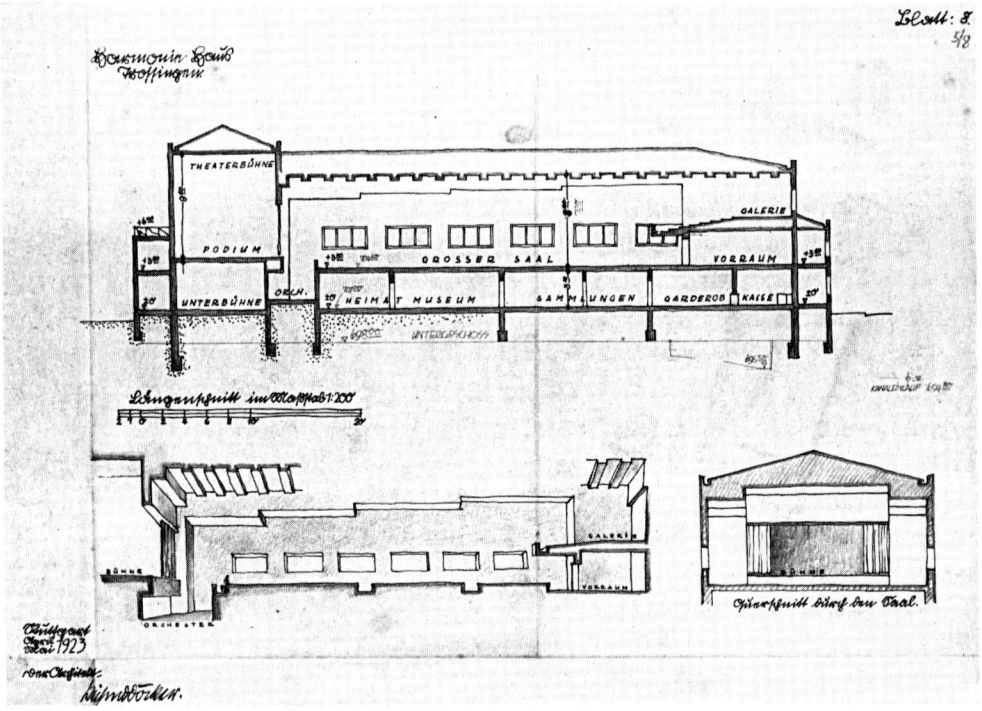

Schwimmbades.³ Als Wettbewerbspreisrichter fungierte unter anderem der Trossinger Harmonikafabrikant Hohner. Zur Ausführung des Projektes ist es aber auch nach dem Wettbewerb nicht gekommen.

Die Ideenskizzen zum Projekt Harmonie Trossingen von 1922

Die Ideenskizze vom 13. Mai 1922 – ein Flachdachentwurf

Der ersten Planung von 1922 geht ein Flachdachentwurf voraus, der Döckers Verlangen nach einer neuen Architektur dokumentiert. Von der geometrischen Figur des Kubus ausgehend, gestaltete er einen Baukörper, der aus vier gegeneinandergesetzten Elementen zusammengefügt war. Die einzelnen Kuben variieren in der Höhe entsprechend der im Grundriß vorgegebenen unterschiedlichen Nutzungsfunktionen. Die Höhenstaffelung der Baukörper erfuhr in den weit auskragenden Vordächern des linken und mittleren Bauteils eine Fortsetzung. Durch die Flachdachform und die Linearität der Dachgesimse erzielte Döcker eine Horizontalwirkung, die mittels der Fensterreihung und besonders durch die angedeuteten Fensterbänder im Erdgeschoß des mittleren und linken Bauteils noch betont wurde. Die abgerundete Gebäudekante verlor an Gewicht, das Fenster zog sich am linken Baukubus über Eck. Die Rundung des erkerartigen Ausbaus im Obergeschoß des rechten Gebäudeteils verwischte die Ecke. Die Rundung ist in späteren Arbeiten Döckers ein häufig verwendetes Motiv.

Das Flachdach ermöglichte die Nutzung der Dachfläche als Terrasse, wie es Döcker für den linken Baukörper vorgesehen hatte.

Bei der Außenhaut des Gebäudes verzichtete Döcker auf jedes (von ihm ohnehin ungeliebte) Ornament. Der gesamte Baukörper war auf klare geometrische Formen reduziert. Kein überflüssiger architektonischer Zusatz fand hier Anwendung. Nicht auf die Massivität der Bauvolumina zielte Döcker, sondern auf Leichtigkeit.

Ein neuer Baugedanke manifestiert sich nicht allein in der Gestaltung des Gebäudes, er findet sich auch im Grundriß. Bedingt durch die gegeneinanderstoßenden Kuben entstand eine windmühlenflügelartige, freie, aller Symmetrie entbehrende Grundrißkonzeption. Paten mögen hier Hermann Muthesius, der die englischen ‚freien' Grundrißentwicklungen des 19. Jahrhunderts in Deutschland bekanntgemacht hatte, oder Frank Lloyd Wright gewesen sein. Der Einfluß Wrights auf Döcker ist hier besonders zu erkennen: Nicht nur die Grundrißform, auch die Staffelung und die Schichtung des Gebäudeaufrisses weisen auf ihn hin.⁴

Die Skizze von 1922 ist eine Absichtserklärung Döckers, mit der er Position für eine neue, moderne Architektur, für das Neue Bauen schlechthin bezieht – zugleich aber eine Absage an den ‚Heimatstil'.

1

2

23

Das Steildach als Alternativentwurf zum Flachdach

3 Auf denselben Tag – den 13. Mai 1922 – ist ein weiterer Entwurf Döckers zur Harmonie Trossingen datiert. Diese Skizze stellt dem zuvor projektierten Flachdachentwurf eine Alternative mit steilem Dach gegenüber, wenn auch Döckers favorisierter Entwurf derjenige mit flachem Dach blieb. Die Steildachskizze entstand eher aus der Erwägung, dem Bauherrn eine andere Möglichkeit für den Fall bieten zu können, daß dieser Döckers Vorschlag zu einem modernen Gebäude nicht akzeptieren würde. Daß die Alternativentwürfe kein Schwanken zwischen Tradition und Neuem Bauen ausdrücken, signalisiert nicht nur die Genesis der Planungsschritte in ihrer Reihenfolge, der Flachdach- vor dem Steildachentwurf – dies wäre keine ausreichende Beweisführung –, sondern die Tatsache, daß beide Entwürfe auf dem gleichen modernen Grundriß basieren. Im Aufriß erscheint zwar der alternierende Steildachentwurf in historisierendem Gepräge, doch ist der Grundriß nicht dem eines axial ausgerichteten Gebäudes entlehnt, sondern fließt als modernes Element in diese Skizze mit ein. Die Wirkung des Gesamtgebäudes bleibt eine Komposition von gegeneinanderstoßenden und über Eck gesetzten Bauteilen. Die Übertragung des Steildaches auf einen derart additiven Windmühlenflügelgrundriß ist unbefriedigend und bleibt eine Notlösung.5 Das Walmdach, das der Baukörper nun erhielt, bedingte, daß der Bühnenturm (im Flachdachentwurf der durch seine Höhe gekennzeichnete vierte Baukubus) zugunsten eines Walms entfiel.

Bühnentrakt und Hauptbau werden als Einheit zusammengefaßt. Die ursprüngliche Intention der Horizontalisierung des gesamten Gebäudekomplexes wurde aufgegeben; nicht nur das massiv wirkende Walmdach, auch die hohen Obergeschoßfenster des Hauptbaus gaben dem Bau eine vertikale Ausrichtung. Lediglich das Motiv des Fensterbandes, welches sich um den erkerartigen Aufbau im Obergeschoß des rechten Bauteils zog, scheint noch wie ein Relikt auf Döckers eigentlich neuen architektonischen Ausdruckswillen hinzuweisen. Hinzu kommt, daß der Bau keinen Sockel hatte und Döcker auch auf eine Dachgesimsbetonung verzichtete. Ansonsten wirkt das Gebäude mit seinen Fenstertympana im Obergeschoß des mittleren Bauteils und mit den durch Quaderung hervorgehobenen Gebäudekanten gänzlich historisierend. Selbst im Hauptbau ist optisch dort, wo der ursprüngliche Bühnentrakt gegenstößt, eine Eckrustizierung angedeutet. Das Portal, nicht in einer Symmetrieachse stehend, sollte durch eine angedeutete Stuckplastik betont werden. Döckers Alternativentwurf ist somit mehr als Versuch zu werten, traditionelles Formenrepertoire, angewendet zur Zufriedenstellung des Bauherren, mit modernen Elementen, wie additivem Grundriß und Fensterband, zu durchsetzen.

Die Entwürfe zur Harmonie Trossingen von 1923

Ein Jahr später nahm Döcker die Arbeiten zur Harmonie Trossingen wieder auf. Im April/Mai 1923 lieferte er erneut zwei alternierende Entwürfe; die Entscheidung zugunsten des Flachdaches in so kompromißloser Art, wie er es im ersten Entwurf von 1922 zeigte, war bereits gefallen. Diesmal stellte er dem vom ‚Heimatstil' beeinflußten Baukörper eine Synthese aus Walm- und Flachdach gegenüber. Aber auch wenn er, wohl aufgrund von äußeren Widerständen, seinen fortschrittlichen Entwurf abändert und Zugeständnisse an die traditionell akzeptierte Architekturauffassung macht, gibt er seinen neuartigen Baugedanken dennoch nicht auf.
Die ursprüngliche Grundrißidee hielt er im wesentlichen aufrecht. Die Nebenbaukörper umgreifen nach wie vor die Ecken des Haupttraktes; doch führte Döcker nun die Variante ein, den linken Bauteil abzudrehen. Seine Kompromißbereitschaft ging gleichwohl nicht soweit, den Eingang in die Gebäudemitte zu setzen, wie man es von einem traditionellen Architekten verlangt hätte; er beließ ihn seitlich.

4, 5

Der traditionelle Steildachentwurf von 1923

Analog zum Steildachentwurf von 1922 fügte sich der Baukörper aus drei gegeneinanderstoßenden Bauteilen zusammen. Der mittlere Bauteil dominiert, sowohl in seinen Abmessungen als auch durch seine Gebäudehöhe, über die niedrigeren, zweigeschossigen Nebentrakte. Überdacht wird das Gebäude von einem Walm mit steiler Neigung (30–40°). Das niedrige Erdgeschoß des Hauptbaus, das Museum und Volksküche aufnehmen soll, wird durch ein ausgeprägtes Gurtgesims gegen das wesentlich höhere Obergeschoß mit dem großen Theater- und Konzertsaal, der mehr Luftvolumen braucht, deutlich abgesetzt. Die Gebäudeecken finden, wie schon in der Skizze von 1922, eine starke Betonung durch Eckquaderung.
Eine Reihe von hohen, kleinteilig gegliederten Fenstern im Obergeschoß des Hauptbaus mit ausgeprägten Gewänden bestimmt die Ostfassade. Die kleinen Fenster des Erdgeschosses treten dagegen völlig zurück. Auf die Fenstertympana und die Portalbetonung durch Stuckplastik des traditionellen Entwurfes von 1922 hat Döcker hier allerdings verzichtet. Aber auch ein modernes Motiv, wie das des Fensterbandes, nahm er zurück. Abgesehen von der grundrißbedingten Bauteilanordnung und dem Verzicht auf symmetrische Ausrichtung des Gebäudes griff Döcker hier vornehmlich auf eine traditionelle Fassadengestaltung mit historisierenden Applikationen zurück. Er kam einer Forderung nach Repräsentation entgegen, die sich nach der auch noch zu jener Zeit verbreiteten Vorstellung nur durch einen konventionellen, akademisch gestalteten Bau zum Ausdruck bringen ließ.

4

Der Alternativentwurf von 1923: eine Synthese

5   In diesem Entwurf nahm Döcker im wesentlichen die Flachdachskizze von 1922 wieder auf. Der Grundriß blieb bis auf den auch hier abgedrehten linken Bauteil bestehen. Den Bühnenturm, der im konventionellen Entwurf im Aufriß nicht mehr erkennbar ist und der aus bühnentechnischen Gründen, wie Schnürboden und dergleichen, die doppelte Bühnenhöhe einnehmen sollte[6], hob Döcker nun wieder als viertes Bauelement hervor und ließ dessen Funktion nach außen deutlich werden. Hiermit ist die Höhenstaffelung des Baukörpers wieder gegeben. Die zusätzliche optische Terrassierung durch die vorkragenden, über Eck laufenden Vordächer wurde aufgrund der Abdrehung des linken Bauteiles reduziert.

Die Fenstergestaltung, in dieser Zeichnung präziser erkennbar, erfolgte in der Hauptsache auch in Analogie zur Planung von 1922. Am Bühnenturm sah Döcker ein weiteres Übereckfenster vor, während die kleinteiligen Obergeschoßsprossenfenster des rechten Gebäudetraktes mit Klappläden versehen wurden, was Döckers moderne Ambitionen in Zweifel ziehen läßt.

Aber trotz aller Verwandtschaft zur Skizze von 1922 hat Döcker die Planung entscheidend verändert, indem er den Bau mit einem flachen (etwa 15–23 °) geneigten Walmdach ausstattete. Die Synthese zwischen Flach- und Vollwalmdach mutet wie ein Zugeständnis an die konventionelle akademische Architektur an. Döckers Hang zum Flachdach ist dennoch unverkennbar. Lediglich aus Gründen des Kompromisses an Bauherrn, Öffentlichkeit und Tradition konzipierte er ein ‚Pseudoflachdach'. Hierbei zog er die Dachkonstruktion soweit wie möglich hinter die Dachgesimse zurück, so daß das unvermeidliche Steildach optisch fast verschwindet. Die Orthogonalansicht zeigt den Walm, für den auf Straßenniveau stehenden Beobachter wirkt das Gebäude aber beinahe wie ein flachgedeckter Bau.

Döckers Absicht bleibt nach wie vor der moderne Baukörper. Das Thema ‚Flachdach' im Jahre 1923

6   Döckers Wille und Tendenz zum Neuen Bauen wird nochmals offenkundig durch eine Flachdachskizze von 1923.[7] Zur Vorlage beim Bauherrn war dieses Blatt jedoch wohl nicht bestimmt, da es nie maßstabgetreu umgezeichnet worden ist und, mit einer Unternummer versehen, im Aktenschrank des Büros verschwand.[8] Der Charakter der Zeichnung allerdings verrät die Ehrlichkeit des Entwurfs. Während die maßstabsgetreuen Pläne verkrampft und dem Architekten beinahe fremd zu sein scheinen, bringt die Flachdachskizze jene Überzeugung zum Ausdruck, wie sie für Döckers Architekturverständnis wesentlich war.

Die städtebauliche Lösung

Vom Zusammenspiel der höhenversetzten Kuben her kann der Entwurf für die Harmonie Trossingen als städtebaulich gute Lösung angesehen werden. Dabei sollte in der Beurteilung nicht außer acht gelassen werden, daß Döcker für die Planung genügend Platz zur Verfügung stand. Es war eine Eckbebauung vorgesehen, wobei es die Größe des Baugrundstücks erlaubte, den Hauptbaukörper von der Straße um nahezu dessen Breite zurückzuziehen.

In Anbetracht des städtischen Ensembles von Trossingen bleibt es aber fraglich, ob ein Flachbau angesichts der benachbarten Steildachbauten zu einer befriedigenden Lösung geführt hätte – ein Problem, das sich ähnlich jedem Architekten des Neuen Bauens stellte, der bereit war, Rücksicht auf die städtebauliche Situation zu nehmen, denn in der Frühzeit der klassischen Moderne trat jeder anders als konventionell gestaltete Bau in Konflikt mit der traditionellen Architektur seiner Umgebung. Bei einem Bauplatz in freiem Gelände stellte sich diese Frage der Rücksichtnahme weniger dringlich, da die umliegenden Bauten in ihrem architektonischen Ausdruck nicht unmittelbar gestört werden konnten.[9]

Angemerkt sei jedoch an dieser Stelle, daß in Döckers Frühzeit derartige städtebauliche Aspekte[10] für ihn kein ernsthaft diskutables Thema bildeten. Seine Intention war es, eine neue architektonische Sprache zu finden. Erst Mitte der zwanziger Jahre wurde die regionale, bzw. städtebauliche Integrität seiner Bauten ausschlaggebendes Moment in seiner Architektur.

Innen- und Bühnenraumgestaltung

Den Theater- bzw. Konzertsaal im Obergeschoß des Hauptbaus gliedert Döcker in drei Schiffe. Ablesbar wird diese Dreischiffigkeit an der Deckengestaltung. Die Mittelschiffsdecke, die im Schnitt einem Zahnfries ähnelt, verläuft auf einer Ebene. Die Seitenschiffsdecken führt Döcker in abstufender Bewegung in Richtung Bühne und läßt sie auf dem Niveau der lichten Bühnenhöhe enden: eine überzeugende optische Hinführung von der notwendigen Raumhöhe über der Galerie zu dem niedrigen Bühnenraum. 7

Die von Döcker vorgesehene Bestuhlung zeigt hingegen höchste Inkonsequenz. Sie nimmt keinerlei Rücksicht auf die mehr oder weniger dreischiffige Anlage des Raumes und die Sicht des Zuschauers. Die bühnentechnische Anlage mit Orchestergraben, Unterbühne und Schnürboden basiert auf einer guten Konzeption, die den Anforderungen des Theaters Rechnung trägt.[11] Daß Döcker dem Zuschauer zu wenig Beachtung schenkt, zeigt u. a. die Abmessung des Foyers. Es ist mit etwa 70 qm für über tausend Besucher zu klein.[12] 2

Abschließende Bemerkungen

Während der Planung formulierte Döcker bereits eine weitaus modernere architektonische Sprache als in seinen unmittelbar folgenden Entwürfen, in denen expressionistische Einflüsse Vorrang vor der Klarheit der Baukörper genossen.
„Rein", frei von „aller ornamentaler Zutat" sollte seine Architektur sein. Klare geometrische Elementarformen, wie der Kubus, sollten bestimmend für seine Architektur werden. Döcker wollte „Hausaufgaben", nicht „Dachaufgaben"[14] bewältigen, und er forderte im Namen der Reinheit u. a. das Flachdach. Nicht sinnentleerte und überkommene Fassaden sollten Ausdruck seiner Architektur sein.
Mit den Entwürfen zur Harmonie Trossingen wollte Döcker einen Bau schaffen, der allen tradierten Inhalten entsagte, ein neues, modernes Architekturverständnis ausdrückte, eine Tendenz, die eine Absage an die akademische Baukunst bedeutete.
Seine Flachdachentwürfe von 1922 und 1923 legen davon Zeugnis ab. Die Pläne zur Harmonie Trossingen können als Beispiel dafür stehen, wie der junge Döcker versucht, sich und das Neue Bauen ins Gespräch zu bringen. Bedauerlicherweise wurde das Projekt nie publiziert. Die Zensur des Bauherrn und der Öffentlichkeit machte seine Intentionen zunichte.
Ein junger, nahezu mittelloser Architekt wie Döcker ist darauf angewiesen, zu bauen und ist oft gezwungen, sich auf Kompromisse einzulassen. Er plant für den Auftraggeber und Nutzer des Gebäudes, nicht für sich selbst. Ungeachtet seiner Kompromißbereitschaft, die ihm eigentlich zuwider war, gab er den Kern der neuen Baugesinnung trotz historisierender Formensprache aber nicht auf, denn alle Entwürfe zur Harmonie Trossingen basieren auf dem gleichen modernen Windmühlenflügelgrundriß.
So sind konventionelle Entwürfe, vor allem aber der Syntheseentwurf, als geschickter Schachzug zu werten, um einerseits Neues – durch den Grundriß ausgedrückt – zu wagen und andererseits dem traditionellen Baugeschmack seiner Auftraggeber entgegenzukommen.
Ein kurzer Vergleich mit dem Stadttheater von Jena, 1922 von Gropius und Meyer umgebaut, im selben Jahr also, als Döcker die Harmonie Trossingen entwirft, gibt Hinweise auf die Neuartigkeit im Konzept und den Mut Döckers, eine moderne Baugesinnung auf ein öffentliches Repräsentationsgebäude anzuwenden.
Das Jenaer Stadttheater war der erste öffentliche moderne Bau nach 1918[15] „mit dem die Formensprache der Avantgarde sich an einem städtischen Kulturgebäude manifestierte (…) die ‚reinen vereinfachten Formen' des Neuen Bauens (…) [wurden] hier zum ersten Mal in der europäischen Architekturgeschichte für einen öffentlichen Bau in Anspruch genommen (…)"[16].
Die Art der Grundrißgestaltung für die Harmonie Trossingen erinnert stark an den Windmühlenflügelgrundriß des Dessauer Bauhauses von Gropius. Die Neubauplanung des Bauhauses durchlief als ‚Novum' die Presse. Die zeitliche Diskrepanz zwi-

schen der Planung des Bauhauses 1926 und derjenigen für die Harmonie Trossingen 1922/1923 weist auf den nicht zu unterschätzenden Stellenwert der Döckerschen Grundrißkonzeption hin.

Der Vergleich mit dem Bau des Jenaer Stadttheaters und dem Bauhaus Dessau läßt Döcker geradezu als Protagonisten des Neuen Bauens erscheinen.[17] Wenigstens bezogen auf den süddeutschen Raum muß er als solcher gewertet werden.

2.2 Haus Koepff in Göppingen-Eislingen – drei Entwurfsstudien

1924[18], zwei Jahre also nach dem Projekt Harmonie Trossingen, sollte die Frage ‚Walm- oder Flachdach' für Döcker wieder Thema der Auseinandersetzung werden. Diesmal konnte der ‚Konflikt' dank des ausdrücklichen Wunsches eines aufgeschlossenen Bauherrn eindeutig zugunsten eines Baues mit Flachdach entschieden werden und kam in dieser Form auch zur Ausführung.

Die Walmdachstudien

In den Vorentwürfen geht Döcker vom walmbedeckten Landhaustypus Wrightscher Prägung aus.[19] Döckers Anliegen, einem Gebäude eine horizontale Ausrichtung zu geben, klang schon beim Projekt Harmonie Trossingen an. Hier nun kommt diese Absicht trotz steildachbekröntem Baukörper erneut zum Ausdruck. Doch während er noch beim Syntheseentwurf zur Harmonie Trossingen eine Horizontalisierung durch Zurücksetzung des Walms hinter das Dachgesims zu erzielen versuchte, fand er hier eine andere Lösung. Durch Aufschieblinge ließ er das Dach weit über die Mauerfluchten vorkragen, wodurch die steilere (41–45°) Dachneigung optisch zurückgenommen wurde. Das ausgeprägte Dachgesims, die Fensterreihung an der Gebäudesüdseite und das waagerechte Klinkerband an Außenhaut und Mauer unterstreichen den Horizontalcharakter des Baukörpers.

Im ersten Entwurf zum Haus Koepff vom Juni 1924 besaß das Dach des zweigeschossigen Gebäudes mit Dachgeschoß eine große Schleppgaupe.

Den zweiten Entwurf veränderte Döcker dahingehend, daß er die Schleppgaupe nach Westen hin aufbrach und über die Dachkante hinweg über Eck zog. Dies hatte zur Folge, daß das Dach der Westfront durchbrochen und erhöht wirkte. So erzielte Döcker für das Dachgeschoß eine größere Nutzungsmöglichkeit: Mit der zum Teil wegfallenden Dachschräge nahm die Raumhöhe zu.

HAUS KOEPFF, Göppingen, 1924

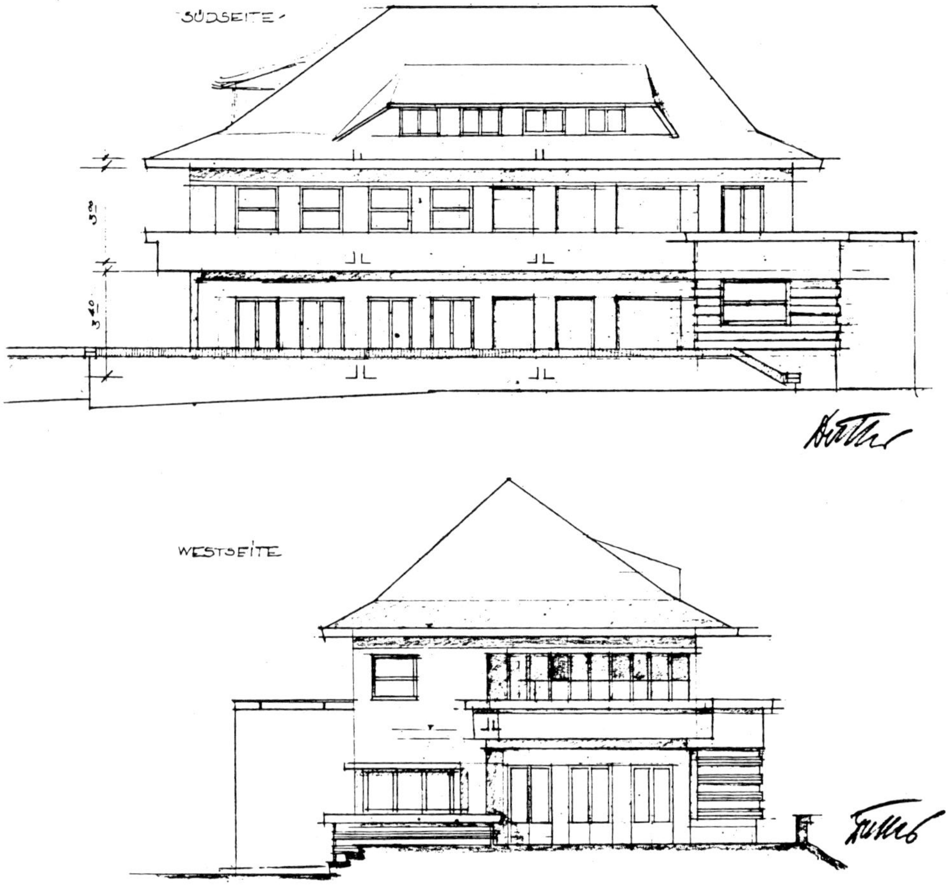

8 Ansichten, Vorentwurf I

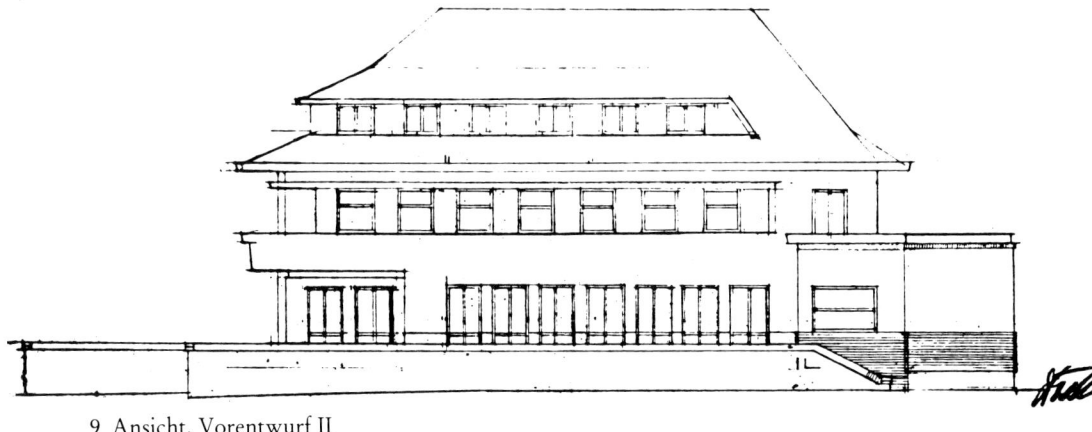

9 Ansicht, Vorentwurf II

HAUS KOEPFF, Göppingen, Juni 1924

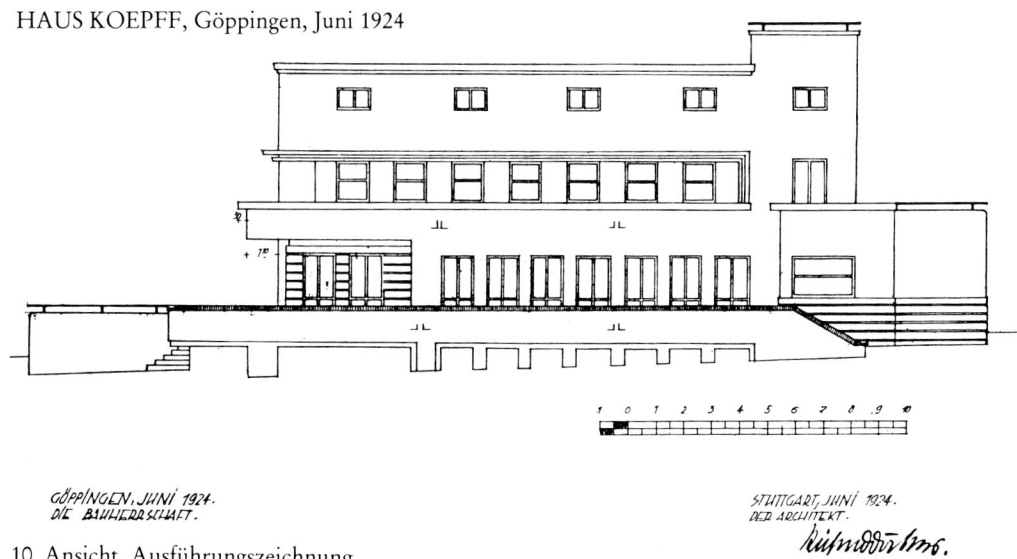

10 Ansicht, Ausführungszeichnung

11 Grundriß Erdgeschoß

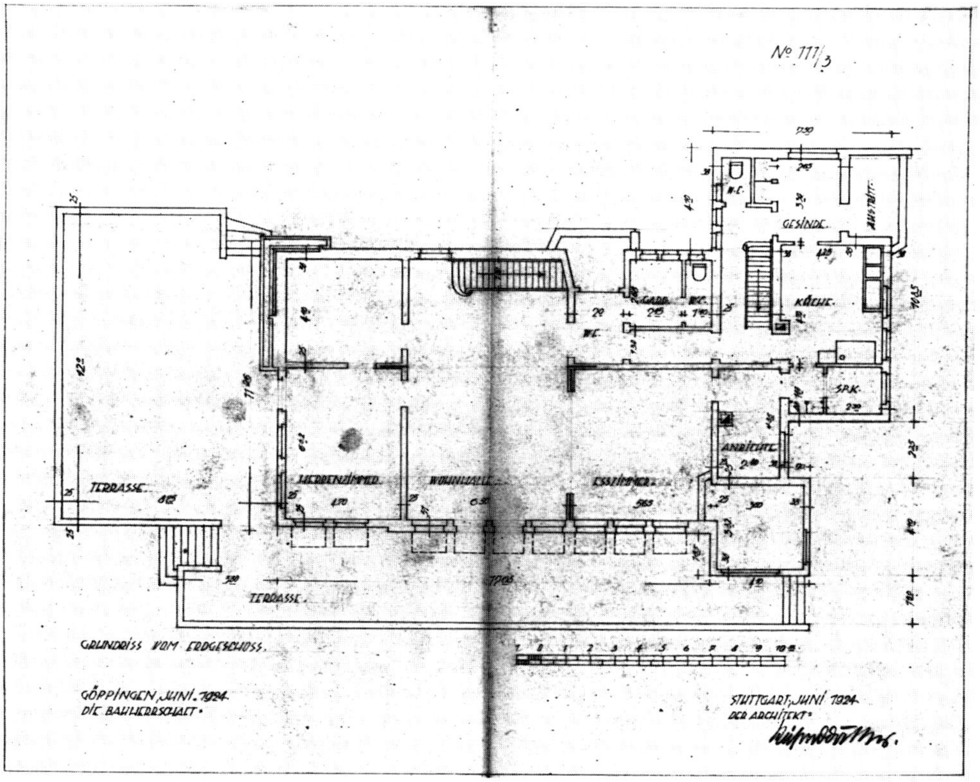

Die Flachdachstudie im Vergleich zu den Walmdachstudien und ihre Gemeinsamkeiten

10   Den beiden anfänglichen Walmdachstudien setzte Döcker mit seiner dritten Planung zum Haus Koepff einen flachgedeckten Baukörper entgegen. In Grund- und Aufriß blieb die ursprüngliche Planung fast bestehen. Der Baukörper wurde nun, grob gesagt, lediglich seines Daches beraubt.
An die Stelle des Mansardengeschosses trat ein zweites Obergeschoß mit seitlicher, turmähnlicher Erhöhung.
Das ausgeprägte Dachgesims, wie Döcker es bereits bei der Harmonie Trossingen vorgesehen hatte, findet hier wieder Verwendung. Das Motiv der kasten- oder andersartigen Dachgesimse zieht sich konstant durch Döckers Architektur.[20] Beim Flachdachentwurf fügt sich der Bau aus zum Teil gegeneinandergesetzten und in der Höhe abterrassierten Kuben zusammen. Die Turmerhöhung an der südlichen Gebäudefront setzt die Ebenen der darunterliegenden Wandflächen lediglich fort. Die Fassade spiegelt die Nutzung der dahinter liegenden Räume, was die unterschiedlichen Fensterformate begründet. So ordnet Döcker konsequent die Fenstertüren dem großen Wohnraum zu. Zur guten Durchlüftung erhalten die Schlafräume Horizontalschiebefenster, und kleinere Fenster an der Eingangsseite geben nach außen die Lage von Garderobe und WC an. Für die Dienstbotenkammern im Dachgeschoß sieht der Architekt lediglich kleine Fenster vor.
Den nach außen funktional gestalteten Bau versucht Döcker durch Ziegelbänder aufzulockern. Das Gurtgesims über dem ersten Obergeschoß, als doppeltes Band vorgesehen, schließt die fiktive Turmkante ab und rahmt senkrecht die Fensterreihe. Das Bandmotiv und die Zurückversetzung der Fensterreihe aus der Mauerflucht im ersten Obergeschoß der Südfront ist allen drei Entwürfen Döckers zum Haus Koepff gemeinsam. Der letzte und schließlich ausgeführte Entwurf (Abb. 10) zeigt eine frappierende Ähnlichkeit zu Mendelsohns Haus Sternfeld in Berlin. Der Einfluß Mendelsohns, der sich architektonisch wie auch zeichnerisch in etlichen Arbeiten Döckers nachweisen läßt, sollte in diesem Zusammenhang nicht unterschätzt, auf keinen Fall aber unberücksichtigt bleiben.
Bei den Flachdachentwürfen zur Harmonie Trossingen hat Döcker den Baukörper bereits von jeglichem Ornament, wie etwa gliedernder Bänder, befreit. Obwohl er dort den Bau auf seine primären, rein geometrischen Grundformen reduziert hat, setzt er bei allen drei Planungen zum Haus Koepff Ziegelreliefbänder als Schmuck-, Gliederungs- und Horizontalisierungsmomente ein. Dies ist besonders stark bei der Flachdachstudie der Fall, um die zuweilen sehr plump und nüchtern wirkende Außenwand aufzulockern. Die Außenhaut droht wieder zur Fassade zu degenerieren. Ziegelreliefbänder, wie sie bei Wright, Mendelsohn und im Expressionismus häufig und gerne Verwendung fanden, bildet Döcker materialmäßig so aus, daß die Ziegel in unterschiedlichen Abständen aus der Wandfläche hervortreten.
Im ersten Entwurf läßt er gleichmäßig jeweils die Läufer höhenversetzt alternieren

(Abb. 8). Im zweiten Plan ordnet er jeweils die Köpfe im Höhenversatz an (Abb. 9), während er im dritten Vorschlag (Abb. 10) die Steine unter Verwendung ihrer Läufer und Kopfseite im Rhythmus breit, schmal, breit, schmal etc. anordnet. Hinzu kommt, daß er im letzten Entwurf neben dem Ziegelreliefband ein Horizontalband aus Sichtbeton vorsieht.
Eine Symmetrie in Grund- und Aufrissen liegt, wie bei der Harmonie Trossingen, keinem der Entwürfe zum Haus Koepff zugrunde. Döckers moderne architektonische Absichten kommen neben dem Flachdach und dem Relinggitter am ‚Turm' (Entwurf 3 zum Haus Koepff) auch durch die gegeneinandergesetzten Kuben, die einen geschachtelten Grundriß bedingen, zum Ausdruck. Schließlich zeigen das um fast einen Meter auskragende Vordach am nordwestlichen Gebäudeteil des Dienstbotentraktes, die zum Teil liegenden Fenster, die Horizontalschiebefenster, sowie die angedeutete, gegenüber der Flucht zurückversetzte Übereckfensterreihung Döckers fortschrittliche Baugesinnung.

Der Grundriß und seine Abhängigkeit von der Dachlösung

Die Dachlösungen

Alle drei Studien zum Haus Koepff besitzen denselben Grundriß. Während die Dachlösungen bei den Steildachentwürfen zum Projekt Harmonie Trossingen (Abb. 3 und 4) durch den Windmühlenflügelgrundriß noch unbefriedigend waren, wirkt die Dachbehandlung der beiden ersten Studien zum Haus Koepff etwas eigensinnig und unorthodox. Hier löst Döcker das Problem von grundrißbedingt gegeneinanderstoßenden Steildächern dadurch, daß er für den eingeschossigen Küchen- und Dienstbotentrakt ein Flachdach vorschlägt. Konventionelle und moderne Dachlösung gehen eine Verbindung ein.
Der Grundriß der Vollgeschosse ist bei all diesen Studien identisch. Variationen erfährt allein das Dachgeschoß. Im zweiten Entwurf vermehrt Döcker das Raumvolumen durch Auflösung der westlichen Dachschräge. Eine optimale Verbesserung der Raumnutzung bringt aber letztlich erst das Flachdach, das ein weiteres Vollgeschoß ermöglicht.

Der Grundriß

Von der Bauaufgabe des Hauses Koepff her galt es, ein großzügiges Wohnhaus für eine Fabrikantenfamilie auf freiem, geräumigen Gelände zu errichten. Der Anspruch an die Nutzung des Gebäudes bestand darin, einen Wohn- und Schlafbereich für die Familie sowie einen Arbeits- und Unterkunftsbereich für die Hausangestellten zu schaffen. Entsprechend diesen beiden primären Grundfunktionen, die für den Grundriß bestimmend waren, gestaltete Döcker getrennte Bereiche für Familie und Hausangestellte. Den familiären Bereich gliederte er zudem geschoßmäßig in einen Wohn- und einen Schlafbereich.

Der Grundriß des Erdgeschosses

Im Erdgeschoß ließ Döcker zwei optisch voneinander getrennte Kuben gegeneinanderlaufen. Das Hauptgebäude, im Süden und Westen von großen Terrassen umgeben, dient als Wohnebene. In deren Zentrum liegt die große Wohnhalle, die die gesamte Gebäudebreite einnimmt und von der aus eine Treppe ins erste Obergeschoß führt. Zu beiden Seiten der Wohnhalle ordnete Döcker mit südlicher Ausrichtung das Herren- und Eßzimmer an. Mit großen Fenstertüren ausgestattet, öffnen sich diese Räume zum Garten. Hinter dem Herren- und Eßzimmer plante Döcker an der Nordseite einen weiteren Raum und den Eingangsbereich mit Windfang, Garderobe und WC. Im quergestellten Nebentrakt des Gebäudes bringt er den Küchen- und Arbeitsbereich der Hausangestellten unter. Dieser Gebäudeteil mit separatem Zugang bleibt von der Raumorganisation des Wohnbereichs wenig tangiert und besitzt so eine gewisse Abgeschlossenheit.

Der Grundriß des ersten Obergeschosses

Das erste Obergeschoß dient ausschließlich dem Schlafbereich der Familie. Im Süden liegen drei private Schlafräume, während das Gästezimmer, die Treppenhalle und das Bad nach Norden zeigen. Den nach Westen und Osten ausgerichteten Räumen ist eine Terrasse zugeordnet. Das elterliche Schlafzimmer im Osten hat Zugang zu einem gesonderten Bad. Im Nord-Osten bietet das Flachdach des eingeschossigen Küchentraktes eine zusätzliche Terrasse.

Das Dachgeschoß und der Trakt der Hausangestellten

Das Dachgeschoß nimmt die Kammern in südwestlicher Lage und den Trockenraum auf. Ein Bad oder WC für die Hausangestellten auf dieser Geschoßebene sah Döcker nicht vor. Die Trennung von Familien- und Hausangestelltenbereich wird grundrißlich dadurch bestimmt, daß Döcker eine separate Treppe anlegte, die im Nord-Osten das ganze Haus durchläuft. Auf diese Weise lassen sich die Räume für den gesamten häuslichen Arbeitsbereich – von den Wirtschaftsräumen im Keller, über Küche und Hausangestellten-WC im Erdgeschoß bis zum Trockenboden im

Dachgeschoß – ausschließlich über diese Treppe erschließen. Der Arbeits- und Schlafbereich der Hausangestellten ist damit vom Leben der Familie getrennt.

Abschließende Bemerkungen

Neben den Planungen zur Harmonie Trossingen zeigte Döcker mit den Entwürfen zum Haus Koepff abermals, daß es unter Zugrundelegung ein und desselben Grundrisses möglich ist, Aufrißlösungen unterschiedlicher architektonischer Haltung zu entwickeln. Den Gedanken der geschoßmäßigen Trennung in Wohn-, Schlaf-, Küchen- und Hausangestelltenbereich für ein großzügiges Wohnhaus übernahm Döcker von der traditionellen Raumanordnung, wandelte diese nur dahingehend ab, daß er Küchengeschoß und Belle Etage auf einer Ebene vereinte. Wie bereits bei der Harmonie Trossingen verzichtete er auf jegliche symmetrische Raumanordnung. Vielmehr legte er Gewicht auf einen verkehrsgerechten funktionalen Grundriß, den er selbst als Ausdruck „Organischer Architektur" bezeichnet.[21]
Alle drei Entwürfe zum Haus Koepff implizieren eine Absage an die akademische Baugesinnung. Der anfänglich geplante Walm mag zwar noch auf ‚Altes' hinweisen, Grund- und Aufriß entspringen jedoch einer anderen Idee. Das Flachdach, das Döcker bei der Harmonie Trossingen noch verwehrt geblieben war, konnte hier dank eines aufgeschlossenen Bauherrn verwirklicht werden.[22] Die Phase des Ringens und Experimentierens zwischen Tradition und Moderne konnte so mit dem Haus Koepff im wesentlichen erfolgreich zugunsten des Neuen Bauens abgeschlossen werden. Zur Entstehungszeit selbst fand das für Döckers architektonische Entwicklung so bedeutsame Gebäude noch keine Würdigung in der Fachpresse. Erst 1928/1929, nachdem Döcker durch das Krankenhaus in Waiblingen (1926–1928) und die beiden Häuser auf der Werkbundausstellung in Stuttgart, Am Weißenhof (1927), als Architekt des Neuen Bauens bekannt wurde und Anerkennung erfuhr, fand sein Haus Koepff in der Fachpresse Erwähnung.[23]

2.3 Krankenhaus Maulbronn

Das ausgeführte Krankenhaus Maulbronn von 1928 fällt nicht mehr in Döckers Experimentierphase und die Zeit der Suche nach einer eigenen architektonischen Sprache. Zur Planungszeit des Krankenhauses hatte Döcker schon zahlreiche Bauten im ‚modernen Vokabular' gebaut und erprobt. Die Frage, ob er sich dem Neuen Bauen zuwenden oder im traditionellen Lager verwurzelt bleiben sollte, war längst geklärt. Erfolge wie das Wohnhaus Koepff in Göppingen von 1924/1925 waren vorausgegangen. Bereits für ein öffentliches Großprojekt, wie das Waiblinger Krankenhaus von

12, 13

12,13 KRANKENHAUS MAULBRONN, 12. Mai 1928, Perspektivskizzen

1926 bis 1928, das ihm zu Durchbruch und Anerkennung in der Fachwelt verhalf, hatte er Flachdach und ‚modernes Formenrepertoire' angewendet und war auf positive Resonanz gestoßen. Auch der terrassierte Baukörper – eine ‚Spezialität' von Döcker – war schon gebaute Tatsache.[24] Warum also noch Alternativentwürfe für das Krankenhaus Maulbronn, einmal mit Flachdach und ein anderes Mal mit flachem Walm? Fragen zu einem Thema, das längst ausdiskutiert schien, Fragen, die für einen anerkannten Architekten wie Döcker belanglos sein sollten. Doch ein Vergleich der Bausituation des Krankenhauses von Waiblingen mit der von Maulbronn – in beiden Fällen handelt es sich um eine exponierte Lage im Hanggelände – gibt Antwort auf dieses Problem. Naheliegend ist, daß die Maulbronner Baubehörden sehr auf den regionalen Bezug der städtebaulichen Situation zielten, was soweit ging, daß Döcker die Auflage erhielt, die „Außenmauer nicht als Füllmauerwerk zwischen Eisenkonstruktion in leichtem Material (wie in Waiblingen), sondern aus lokalen Gründen in Natur- und Bruchsteingemäuer"[25] auszuführen.

Die Alternativentwürfe zum Krankenhaus Maulbronn

Ein Vergleich der beiden Entwurfsskizzen zum Maulbronner Krankenhaus macht deutlich, daß beide Varianten abermals denselben Grundriß besitzen. Nahezu der gleiche Baukörper präsentiert sich einmal mit Flach-, ein anderes Mal mit Walmdach. Die zentralen Baukörper mit Eingangshalle, Treppenhaus und anschließendem Küchentrakt ragen in beiden Fällen über den links und rechts angeordneten langgestreckten und abterrassierten Querflügel hinaus.[26] Im Gegensatz zu den Terrassenbauten wirken die zentralen Baukörper durch ihre glatten, ungetreppten Mauerfronten eher massig und massiv. Der Flachdachentwurf weist im rechten Quertrakt ein zusätzliches Geschoß auf, das beim Steildachentwurf aufgrund des dort unterzubringenden Daches entfällt.
In ihrem Kern drücken beide Pläne eine moderne Baugesinnung aus. Der Steildachentwurf mutet zwar ein wenig sonderbar an und besitzt durch seine Mischung von steilen und flachen Dachflächen kaum Überzeugungskraft. Die Terrassenabdeckung der unteren Geschosse wirkt nur konsequent mit einem Flachdach. Die einzig klare Architektur für das Maulbronner Krankenhaus ist daher der Flachdachbau, so wie er auch zur Ausführung gekommen ist.
Die Nutzung des Gebäudes als Krankenhaus wurde aufgegeben; heute dient es als Kinderzentrum.

Nachwort zu den Alternativentwürfen von Richard Döcker

Die Alternativentwürfe dokumentieren im wesentlichen die Anfangsphase Döckers, der sich bereits als Schüler von der noch herrschenden konventionellen Lehre in der Architektur emotional wie gestalterisch zu lösen trachtete. Es ist die Phase des Suchens nach einem neuen, vom Traditionalismus abgewendeten Bauverständnis, geprägt vom Streben nach Durchsetzung und Anerkennung einer modernen Ausdrucksform. Die Suche nach dem Neuen, die schon frühzeitig mit seinen ersten Arbeiten beginnt, fällt in eine Zeit, in der seine älteren Kollegen zum Teil bereits die ersten entscheidenden Schritte hin zum Neuen Bauen getan hatten. Für Döcker ist dies jedoch nicht nur eine Phase der Übernahme neuer Inhalte, sondern des vorwiegend selbständigen Erforschens und Experimentierens, um eine individuelle architektonische Sprache zu finden.

3 Die Frühzeit

3.1 Döckers Ausgangspunkt – die traditionelle ‚Stuttgarter Schule'

Die erste sogenannte Stuttgarter Schule, an der dortigen Technischen Hochschule, wurde im ersten Jahrzehnt unseres Jahrhunderts (bis 1908) von Theodor Fischer geprägt.[1] Der Geist Fischers wirkte noch lange über seine Zeit hinaus. Gelehrt wurde die traditionelle akademische Architektur. „Studenten versuchten sich noch in Gotik, Klassizismus und Biedermeier, um ihre Übungsentwürfe zustande zu bringen, da die Architekturschulen noch in ‚Stilen' lehrten und daran glaubten."[2]
Zur Studienzeit Döckers (1912 bis 1918, mit Unterbrechungen) wurde die Stuttgarter Schule von Paul Bonatz, einem ehemaligen Schüler, Assistenten (1902 bis 1908)[3] und Nachfolger von Theodor Fischer, und dem Freund von Bonatz, Paul Schmitthenner, geprägt.[4]
An der Architekturabteilung der TH lehrte Bonatz Städtebau und Entwerfen. Schmitthenner hatte den Lehrstuhl für Baukonstruktion inne. Bei Wetzel hörte Döcker Städtebau und bei Hildebrandt Kunst- bzw. Baugeschichte.
Schmitthenner – zu seiner Architekturauffassung weiter unten – ließ keine andere Lehrmeinung als die eigene gelten, eine Haltung, die es seinen Studenten oftmals erschwerte, ihre persönliche architektonische Handschrift auszubilden, besonders in dieser Zeit, wo sich die Baukunst auf der Schwelle zu einer modernen Baugesinnung befand.
Bonatz war bezüglich der Arbeiten seiner Studenten toleranter und offener. Er ließ Entwürfe gelten, wenn sie sauber und gut gelöst waren, wobei es sekundär war, ob diese Arbeiten einer anderen Architekturauffassung entsprachen.
Hildebrandt war unter den dort lehrenden Professoren eine fortschrittliche Kraft. Er trat bereits 1921 öffentlich für Picasso ein und stand mit Le Corbusier in engem Kontakt, dessen Schriften *Vers une architecture* (1922) und *Urbanisme* (1925) er ins Deutsche übersetzt hat.
Das Ehepaar Hans und Lilly Hildebrandt hatte für alle ambitionierten Studenten und Assistenten ein offenes Haus, lud sie ein und zählte sie zu seinen Freunden.[5]
Zur Verdeutlichung des konservativen Charakters der ersten Stuttgarter Schule um Bonatz und Schmitthenner sei darauf hingewiesen, daß um die gleiche Zeit Poelzig an der Technischen Hochschule in Berlin diese eher dogmatisch-akademische Lehrmeinung verlassen hatte, auch wenn von den Berliner Studenten immer noch Entwurfsstudien in Neogotik verlangt wurden. Erinnert sei aber nur daran, daß Poelzig neben

Max Berg schon „vor dem ersten Weltkrieg" mit einem Bau wie dem Salzburger Festspielhaus, „unmißverständlich als Expressionist"[6] Architekturgeschichte gemacht hat.

Von einer Kraft wie Hans Hildebrandt abgesehen, blieb die Stuttgarter Schule mehr oder minder der akademisch traditionellen Architekturlehre verhaftet.[7]

1931 wird die Stuttgarter Schule in der *Bauzeitung*[8] dahingehend verteidigt, daß die Technische Hochschule „zwar nicht durchweg der neuen Linie" huldige, fragt aber umgekehrt, „auf welcher deutschen Hochschule (...) übrigens eine rein fortschrittliche Einstellung zu finden" sei.

Vom Standpunkt des modernen Architekten sei dies zwar als Nachteil zu bewerten, böte „aber doch wieder auch manche Vorzüge". Über das Bauhaus als fortschrittliche Schule wurde in dem Artikel großzügig hinweggesehen. Neben einem Verweis auf Schmitthenners Bodenständigkeit werden Bonatz wie auch Keuerleber, ein Freund Döckers, Wetzel und Lempp zu den gemäßigt Modernen gezählt.

Als Tendenzwende in der Lehre der Stuttgarter Schule bezeichnet die *Bauzeitung* den Ruf von Baurat Körte an die Technische Hochschule 1931.[9] Körte lehrte Bauentwurf und galt nun als der ‚Moderne' der Professoren an der Architektur-Abteilung. Einen Architekten des Neuen Bauens wie Döcker an den Lehrstuhl zu holen, wofür sich Döckers Freund Keuerleber ausgesprochen hatte, wurde von Bonatz und vornehmlich von Schmitthenner um 1930 strikt abgelehnt.[10]

Nach dem Zweiten Weltkrieg realisierte sich Döckers Lebenswunsch. 1947 erhielt er mit Unterstützung von Keuerleber den Lehrstuhl für Städtebau und Entwerfen und wurde Leiter der Architekturabteilung der Technischen Hochschule in Stuttgart,[11] zu einer Zeit, als Schmitthenner und Bonatz nicht mehr dort waren.[12]

Auch wenn Döcker nun die moderne Architekturauffassung in die Stuttgarter Schule einbringen konnte und die Art der Architektenausbildung selbst zu beeinflussen und zu gestalten vermochte[13], verließ er dennoch 1958 die TH mit einem Gefühl der Enttäuschung.

Die Architekturauffassungen von Bonatz und Schmitthenner – im Umfeld von Döcker und dem Neuen Bauen

Das Architekturverständnis von Paul Bonatz

Bonatz' architektonischer Standpunkt läßt sich grob zwischen konventioneller Baugesinnung und gemäßigter Moderne ansiedeln. Paul Bonatz führte die historische Tradition in einer weiter versachlichten Formensprache fort[14] und entwarf Ende der zwanziger Jahre Bauten, die Modernes nachempfinden wollten, ohne sich jedoch den Inhalten des Neuen Bauens wirklich zu nähern.[15] Bonatz' Stuttgarter ‚Hotel Graf Zeppelin' (1929–1931) ist ein Beispiel einer derartigen Architekturauffassung. Trotz der Anpassungsversuche an das Neue Bauen blieb Bonatz in den Reihen der Architekten der zwanziger Jahre ein Konservativer. Seiner Haltung verlieh er zudem dadurch Ausdruck, daß er 1928 neben Schmitthenner, Schultze-Naumburg, Bestelmeyer u. a. das Blockmanifest unterzeichnete[16], womit er eine bewußte Gegenposition zur Moderne bezog.

Döcker, der zunächst Assistent bei Bonatz war, distanzierte sich schon frühzeitig von ihm. Dennoch war Bonatz tolerant genug, Döckers Entwürfe für dessen Regierungsbaumeisterprüfung anzunehmen. Anerkennend äußerte er sich zu den Turmhausstudien von Döcker und Keuerleber als städtebaulich gut gelösten Arbeiten, obgleich sie „weit fern von allem" seien, „was akademisch ist"[17].

Die Meinungsverschiedenheiten nahmen aber mit den Jahren zu, so daß die Spannungen und Döckers Ablehnung der Bonatzschen Architektur nach der Machtergreifung Hitlers ihren Höhepunkt erreichten. Im Dezember 1934 merkt Döcker in einem Brief an Poelzig ironisch an, daß Bonatz „vor 3 tagen in einem vortrag die stilbildende kraft der technischen bauten – – entdeckt –!!!" habe, „nicht ohne Corbusier" in dem Zusammenhang „als einen kulturbolschewisten"[18] zu bezeichnen. Bonatz' indifferente und gemäßigte Haltung zur Moderne vor 1933 und die öffentliche Distanzierung von den sogenannten ‚Kulturbolschewisten' wirkt sich nach der Machtergreifung zunächst begünstigend auf seine Auftragslage aus. „Bonatz ist gross in aufträgen für den autostrassen- bau- ganz gross! es lohnt sich"[19], während Döcker ins Abseits gedrängt nichts anderes übrig bleibt als „zuzusehen u. zu schweigen".[20] Abgeschnitten von der aktiven Teilnahme am Baugeschehen bemerkt Döcker: „Stgt. [Stuttgart, d. Verf.] ist das übelste pflaster mit den charakteren Bonatz u. schmitthenner – feine leute! (...) von der arbeit kann man nicht leben, abgesehen davon dass man damit schwindeln müsste".[21] Für Bonatz als dem gemäßigten Modernen bedeutete die Realisierung eines Baus wie das Basler Kunstmuseum (1932 bis 1936), zusammen mit Rudolf Christ im Sinne des Neoklassizismus ausgeführt, keineswegs ein ‚Schwindel'.

Welche anfängliche Anerkennung Bonatz im Dritten Reich genoß mag dadurch deutlich werden, daß Speer, als Generalbaudirektor für die Neugestaltung Berlins, Bonatz den Auftrag für den Bau des Oberkommandos der Kriegsmarine erteilte. Außer den Planungen für Berlin und München unterbreitete Bonatz auch für Stuttgart städtebauliche Vorschläge, die auf die Neugestaltung der Innenstadt mit Anlage „der obligatorischen Achse" von Bad Cannstadt zum Neuen Schloß führend und „einem imposanten Gauforum"[22] abzielten.

Nach späterer Ablehnung seiner Architektur durch die Nationalsozialisten siedelte Bonatz 1943 in die Türkei über, wo er 1947/1948 die Staatsoper von Ankara baute. Selbst diese räumliche Distanz hat Döckers Kritik an Bonatz nicht verblassen lassen. So äußerte sich Döcker 1949 brieflich Gropius gegenüber dahingehend, daß er diesen Opernbau von Bonatz „schrecklich" finde; „nur Dekoration" präzisiert er, Bonatz „konnte sich keinen schlechteren Dienst erweisen".[23]

Zum Wiederaufbau des Bonatzschen Wohnhauses (1950) bemerkt Döcker knapp, hier handele es sich um „ein ganz gewöhnliches dreigeschossiges Haus mit hohem Dach, wie es jeder landläufige Architekt bauen" könne, es sei „schad um den schönen Platz!".[24]

Die persönlichen Auseinandersetzungen zwischen Döcker und Bonatz fanden nach dessen Rückkehr eine Fortsetzung. Streitpunkt war u. a. die Schloßplatzbebauung. Döcker vertrat die Auffassung, man sollte, statt das Neue Schloß wiederaufzubauen, einen Neubau errichten.[25]

Paul Schmitthenners Architekturverständnis

Döcker konnte die Lehrmeinung Schmitthenners bereits in den ersten Jahren seiner Studienzeit nicht akzeptieren; ihr beiderseitiges Verhältnis war seither fachlich wie auch persönlich äußerst gespannt.

Schmitthenner forderte eine Architektur, die die heimische deutsche Tradition wahren sollte. Der Fachwerkbau kam seiner Architekturvorstellung sehr entgegen, vor allem aber galt für die Gebäude eine klare Raumaufteilung und Raumverbindung im Sinne einer ordnenden Symmetrie für vorbildlich und erstrebenswert. Wichtiges Gebot war für ihn das Satteldach, das in der Auseinandersetzung mit dem Neuen Bauen zum Symbol der „richtigen Baugesinnung"[26] wurde. Von seiner Architektur her fühlte sich Schmitthenner mit Tessenow, vor allem aber mit Schultze-Naumburg verbunden.[27] In seiner Architekturlehre betonte er stark das handwerkliche Bauen, an welchem „kein Fortschritt der Technik und keine Maschine etwas ändern"[28] könnten. So war es für ihn eine Selbstverständlichkeit, daß sich seine Studenten handwerkliche Kenntnisse aneigneten. Schmitthenner war ausgesprochen detailbesessen. Gerade darin stimmte Döcker mit dem sonst abgelehnten Schmitthenner weitgehend überein; eine sorgfältige Detailausbildung zieht sich nachhaltig auch durch Döckers Werk.[29]

In der Frage des wirtschaftlichen Bauens, ein Thema, mit dem sich auch Schmitthenner angesichts der großen Wohnungsknappheit notgedrungen auseinandersetzen mußte, sieht er den seit Jahrhunderten erprobten Fachwerkbau als die geeignetste Bauweise an. Hier könnten die „Hauptteile des Hauses", also „Wände, Decken und Dach" vorfabriziert werden. Eine „‚Typisierung' einzelner Bauteile wie Türen, Fenster und ähnliches und die Herstellung im Großen" bringe aber „keine großen Ersparnisse".[30]

In einer Rede vor Kölner Publikum zum Thema ‚Neues Bauen und Tradition' „bekannte [er] sich ausdrücklich zu den aus der Bändigung des Jugendstils erwachsenen Bemühungen von Adolf Loos und den Begründern des Werkbundes um die Überwindung der ‚stillosen Stilbaukunst' durch eine zweckklare, formsinnbedingte Baugestalt und brachte sie (...) in Verbindung mit einer maßvollen Traditionstreue, wie sie Schultze-Naumburg"[31] vertrat.

Er glaubt die Wurzeln des Neuen Bauens zu bejahen, doch sein ganzer Haß und seine Energien lassen ihn einen unerbittlichen Kampf gegen die Architektur des Neuen Bauens führen, die seiner Meinung nach dem „Ingenieur, ja schlechtweg dem Maschinenbau nachzuahmen strebte"[32]. „Was für den Fabrikbau gut" war, scheint „für das kleinste Wohnhaus recht", was man die „Neue Sachlichkeit" nannte, „Das Schlagwort ,Wohnmaschine' beleuchtet die geistige Lage."[33]

Schmitthenner war die geistige Haltung der neuen Architektur ein Greuel: Die modernen Architekten arbeiteten mit „überspitztem Verstand auf Kosten des Herzens, das Einfache wurde zerdacht und das Naheliegende übersehen"[34].

Die Tatsache, daß Schmitthenner in seinen eigenen Bauten die betonte Symmetrie auf Kosten der Wohnlichkeit und des Wohlbehagens der Bewohner durchsetzt, übersieht der Propagandist der Tradition. Für ein „Merkmal der Neuen Sachlichkeit" hält er, daß „der äußeren Form zuliebe die Sache, der Inhalt leidet"[35]; dies nennt er den Beginn der Unsachlichkeit. Und so sei „Neue Sachlichkeit der letzte geile Trieb am überdüngten Baume der deutschen Baukunst"[36].

Schmitthenner, dem sehr an einer ,bodenständigen' deutschen Architektur gelegen war, betrachtete den Kampf, den er gegen die Modernen führte, als Feldzug der ,volksgebundenen' Baukunst gegen eine ,volksfremde' Architektur. „Die sogenannte ,Neue Sachlichkeit' (...) hat in ihren Bauwerken kein Gesicht geschaffen, das uns irgendwie vertraut anspricht, das irgendwie der Ausdruck des Volkstums ist"; in den Bauten des Neuen Bauens sei vielmehr „das getreue Spiegelbild unserer geistigen Haltung – eine Fratze"[37] zu entdecken. Da Schmitthenner schon vor der Machtergreifung ,artgetreu' gebaut hat, zu einer Zeit, wie es 1935 im Rückblick des NS-Kuriers heißt, als „jegliches architektonisches Stilgefühl verloren gegangen war"[38], stieß er in der ,volksverbundenen' Baugesinnung des Nationalsozialismus auf fruchtbaren Boden. So mache Schmitthenner nun „in nazi u. hofft die deutsche Kunst zu retten"[39], wie Döcker Schlemmer gegenüber ironisch bemerkte.

Zwischen Döcker und Schmitthenner kam es besonders in der Zeit um 1933 zu sehr intensiven Auseinandersetzungen, die auch in der Lokalpresse ausgetragen wurden.[40] Es ging um die als Werkbundausstellung geplante Kochenhofsiedlung, deren Planung Döcker zugunsten Schmitthenners, bedingt durch die Machtergreifung, aus den Händen genommen worden war. Da nichts deutlicher als Schmitthenners und Döckers eigene Worte die Brisanz dieser Situation auszudrücken vermögen, sollen Passagen aus ihrem Briefwechsel hier selbst sprechen.

Döcker schreibt am 8. April 1933 an Schmitthenner: „Wie Sie sagen stehe ich ,auf anderem Boden' als Architekt mit meiner Arbeit, verglichen mit der Ihren. Sie haben sich nie mit mir darüber ausgesprochen, mir auch nie dazu Gelegenheit gegeben. Vielleicht lagen Ihnen meine Begründungen hierüber gar nicht so fern, oder waren ganz am Ende in letzter Konsequenz erst Unterschiede festzustellen – über deren Richtig-

keit und Deutschtum wahrscheinlich – nicht wir – sondern erst ein halbes Jahrhundert oder noch später das Urteil gefällt werden mag.
Ob von uns ‚baubolschewistischen' Architekten versucht worden ist, die Notwendigkeit einer Zeit in eine neue Form u. Schönheit zu bringen oder ob es möglich ist, dieselben in den Formen u. Mitteln der ‚Tradition' zu gestalten – –? sehr geehrter Herr Professor, das ist vielleicht ja das was gerade den deutschen Geist ausmacht! (...)
Wir ‚modernen' Architekten glauben, dass das Erfinderische, das Schöpferische u. die Sehnsucht nach dem Schönen neben der Sorge um das Gesunde im Wohnen, auch um das Soziale unserer Zeit eben gerade – deutsch ist! (...)
Wenn wir also Probleme u. Sorgen uns gestellt haben, die Sie sich sicher nicht aufgegeben haben – – so soll uns gerade die Bewegung, die eine soziale u. nationale Erneuerung sucht als Träger ablehnen – –? Gibt es etwa baubolschewistische, marxistische oder nationalistische Wohnungen –? Gibt es nicht nur gute u. schlechte?
Ihre Bauten sind vielleicht schöner oder von einer anderen Aestethik als das, was die modernen gebaut haben – – ob deutscher –??
Es wäre unbescheiden, wenn ich mir darüber ein Urteil anmassen würde u. wahrscheinlich auch unnötig, da Sie ja auch glauben, ein guter Deutscher zu sein."[41]
Schmitthenner entgegnet fünf Tage später: „Die Architekturgestaltung, die unter dem Schlagwort ‚neue Sachlichkeit' zusammenzufassen ist, lehne ich, wie Sie wissen, ab. Die Hauptvertreter dieser Auffassung, wozu sie gehören, haben mich aufs schärfste bekämpft als den Vertreter einer gesunden, deutschen Tradition, die allerdings mit Ihrer Auffassung von Tradition nichts zu tun hat. Sie werden verstehen, dass ich keinen Grund habe, heute mein Urteil über die neue Sachlichkeit irgendwie zu ändern. Es gab auch für mich bisher keinen Unterschied zwischen modern und nichtmodern. Auch ich kenne bloß gut oder schlecht. Ich werde das, was ich als schlecht erkenne, nach wie vor bekämpfen, einerlei ob es sich um falsch verstandene Tradition oder um neue Sachlichkeit handelt."[42]
Der Konflikt zwischen Döcker und Schmitthenner hatte sich in den Jahren des Nationalsozialismus so zugespitzt, daß ein persönlicher Kontakt nicht mehr gewünscht wurde. Selbst als Schmitthenners Sohn gefallen war und Döcker Schmitthenner die Hand reichen wollte, um ihm seine Anteilnahme auszudrücken, wandte sich Schmitthenner ab und ging.[43]

3.2 Begegnung mit fortschrittlichen Architekturideen

Noch zu seiner Schulzeit waren Döcker die *Darmstädter Hefte* „mit ihrer neuartigen Aufmachung und ihrem erregenden Inhalt von Möbeln, Räumen und Bauten und der Name des Verlegers Alexander Koch bekannt"[44].
Was da publiziert wurde, war völlig anders als die Häuser und Einrichtungen, die er aus seinem Alltag in der kleinen Gemeinde Göppingen kannte. Der Hochzeitsturm

von Olbrich (1908) in der Darmstädter Künstlerkolonie auf der Mathildenhöhe wurde ihm zum „Inbegriff des Modernen und Neuartigen in der Architektur"[45].
Auch in der Studienzeit wurde ihm und seinen Kommilitonen die von Alexander Koch publizierte Zeitschrift zur Quelle des Fortschrittlichen und zum „Forum alles Zukünftigen"[46] – das Neue, das für sie hier schon Realität geworden war. Die neuartige Architektur und das neue Design standen in krassem Widerspruch zu all dem, was ihnen ihre Professoren vermittelten. Kontakte zu weiteren Avantgardisten ergaben sich über Alexander Koch in der Folgezeit.
Daneben waren es die Publikationen von Frank Lloyd Wright (bereits 1910 von Wasmuth publiziert), die Döcker begeistert las und die ihn wie viele seiner Kollegen beeinflußt haben.[47] Persönlichen Kontakt zu Wright hatte Döcker aber erst nach dem Zweiten Weltkrieg. Er lernte ihn kurz vor dessen Tod 1957 in den USA kennen.
Von großer Bedeutung war für Döcker auch die Kölner Werkbundausstellung von 1914.
Die Musterfabrik von Gropius, der Pavillon für die deutsche Glasindustrie von Bruno Taut und vor allem das von van de Velde entworfene Theater faszinierten ihn. Glas als neuer Baustoff und die Fabrik als Bauaufgabe waren für Döcker Momente einer neuen Ästhetik.
Die traditionelle Stilarchitektur geriet für ihn „ins Wanken, das Neue war von anderer Art. Die Biedermeierzeit, als ein letztes Aufflackern nach den bombastischen Architekturen der 90er Jahre und der Heimatstil wurden abgelöst"[48].
„Expressionismus, Futurismus, Cubismus, sie waren ungeheuer befruchtend auf alle schöpferischen und geistigen Impulse (...). Zackig, spitz, schiefwinkelig, streng rechtwinkelig, flächig, alle Möglichkeiten, die man neu erfinden konnte."[49]
Das Neue und Andersartige erfaßte neben den bildenden Künsten nicht nur die Architektur, sondern auch Literatur, Theater[50], Film und Mode. Filme, wie ‚Das Kabinett des Dr. Caligari' (1919) von Robert Wiene oder Fritz Langs ‚Metropolis' (1926)[51] waren nicht nur für Döcker eine Sensation. So war die Stuttgarter Expressionistenausstellung (1922), die Beiträge von Emil Nolde, Ernst Ludwig Kirchner, Otto Dix, Christian Rohlfs und Karl Schmidt-Rottluff zeigte, von besonderer Bedeutung. Döckers Begeisterung veranlaßte ihn zur Sammlung zeitgenössischer Graphiken.
Im Bereich der Architektur war es vor allem der Potsdamer Einsteinturm von Mendelsohn 1921 und das Chilehaus in Hamburg 1922/1923 von Fritz Höger, die Döcker tief beeindruckt haben. Döcker hat Fritz Höger sehr verehrt, und über die Bewunderung des Einsteinturms entstand für Döcker eine intensive und lebenslängliche Freundschaft zu Mendelsohn. So wie Mendelsohn und viele bedeutende Architekten der zwanziger Jahre eine expressionistische Phase durchlebt haben[52], so war der Expressionismus auch für Döcker eine Etappe in seinem Schaffen auf dem Weg der individuellen architektonischen Ausdrucksfindung, die im Neuen Bauen kulminierte. Auf das Bauen „blieben diese ‚expressionistischen Tendenzen' nicht ohne Einfluß. Spitzwinkelige Profile folgten anstelle der klassizistischen Gesimse, die schräge Flä-

che feierte mitunter Triumphe, und die Horizontalbänder umschlangen anstelle der alten Lisenen die Hauswände. Aus alledem aber entstand allmählich zaghaft und doch unerschrocken das, was man ‚moderne Architektur' – und im späteren Deutschland mit ‚Kulturbolschewismus' bezeichnete."[53]

Ein für Döckers Hinwendung zum Neuen und letztlich zur modernen Architektur überaus wichtiges, ja, entscheidendes Ereignis war der Kontakt zu Erich Mendelsohn. „Einst, etwa 1920, brachte die Berliner Illustrierte auf der Titelseite eine Abbildung des Einsteinturmes. Ergriffen von dieser Erscheinung eines Bauwerkes – ich hatte den Namen Mendelsohn bisher noch nie gehört – schrieb ich nun über den Verlag an den Architekten, um ihm meine Bewunderung und Zustimmung zum Ausdruck zu bringen. Wenige Wochen danach ergab sich eine Zusammenkunft, eine Nacht lang Gespräche über architektonische Probleme vom Generellen und Prinzipiellen bis ins Einzelne. Eine Nacht lang – Gespräche wie bei zwei alten Bekannten, eine Nacht, die, – wie ich weiß – aus uns Freunde und irgendwie Weggenossen machte. Gestaltungsfragen, ihre Mittel und Methoden standen im Vordergrund, vom Ganzen als Einheit und vom Architektonischen als beziehungsvollem Organismus gingen wir aus, seine Situation zum Ganzen sei entscheidend, so stellten wir fest, und ergäbe die Körper und Formung des Bauwerkes! Wenige Wochen später reiste Mendelsohn nach Amerika, um vor allem Frank Lloyd Wright zu besuchen, den er und ich schon damals verehrten. Sein Büro in Berlin wurde von mir während dieser halbjährigen Abwesenheit betreut und vertreten. Unter anderem war damals auch der Wiener Architekt Neutra, – heute international bekannt –, dort als Mitarbeiter tätig."[54]
Die enge Freundschaft hatte auch nach der Emigration Mendelsohns – er verließ Deutschland 1933 und ging über Brüssel und London 1939 nach Palästina und 1941 schließlich in die USA[55] – Bestand. Ein umfangreicher Briefwechsel legt von der Innigkeit ihrer Beziehung Zeugnis ab.

Einflüsse neuer formalästhetischer Elemente in Kunst und Architektur entwickelten sich teilweise parallel zu Veränderungen auf dem politischen Sektor. Der Erste Weltkrieg beendete die Wilhelminische Ära, und mit der Weimarer Republik, dem Beginn eines nicht monarchistisch geprägten Parlamentarismus, gab es Umwälzungen auf vielen Sektoren. Die ‚Krisis' der Architektur ist lediglich ein Ausfluß davon.[56] Konservative Vertreter, die an der traditionellen Architekturauffassung festhielten, schufen weiterhin Bauten – eine Architektur, wie sie etwa von Schmitthenner befürwortet wurde –, bei denen Repräsentanz, Symmetrie in Grund- und Aufriß wichtiger waren als die einwandfreie Benutzbarkeit der Bauten.

Bei den Avantgardisten und fortschrittlichen Architekten hingegen, die angesichts von Wohnungs- und wirtschaftlicher Not umdenken mußten und nach situationsspezifisch befriedigenden Lösungen suchten, blieb die Diskussion um architektonischen Ausdruck keine rein formalästhetische Debatte. Bauen wurde zur gesellschaftspolitischen Aufgabe, sie ging eine Verbindung mit politischen Theorien ein. Daß auch Döcker sich als Architekt seiner politischen und gesellschaftlichen Verantwortung bewußt wurde, führte Anfang der zwanziger Jahre zu seiner Mitwirkung an ... tion, als Unterabteilung dem ... Landes Württemberg einge- ... hohen Bau- und Mietkosten ... tschaftlichen Bauens und der ... es sich die Beratungsstelle zur ... hnell zu errichtenden Woh- ... Baurat Hugo Keuerleber. Als ... ichard Herre, Franz Krause, ...

... telbar mit Planungsaufgaben ... wirtschaftlichen Problemen ... Arbeiten ausüben sollte. ... leicher, Herre und Krause an ... ker und Keuerleber erarbeite- ... als städtebauliche Studien für ... rgiebelweg[59], und Mitte der ... ber ein Ausstellungsgebäude ... Gebäudes mit außenliegender ... r zuzuschreiben.[61]

... n Döcker und Keuerleber im ... Bauberatungsstelle beschränk- ... t. Abermals direkte Kollegen ... n der Technischen Hochschu- ...

... hüler von Adolf Loos. Loos ... y Hildebrandt[62], wo Döcker ... nd Döcker in dieser Zeit über ... nahe[63], und ein Einfluß von ... schließen.[64] Über den Freun- ... nutlich viele weitere wichtige Kontakte zu einer Avantgarde, Kontakte, die für seine Hinwendung zum Neuen Bauen nicht unerheblich waren. Zu diesem festen Kreis zählten, neben den Gebrüdern Bodo und Heinz Rasch, auch Adolf Schneck und die beiden Stuttgarter Maler Willi Baumeister und Oskar Schlemmer, die gemeinsam, jeder in seiner bevorzugten Technik, neue moderne Ausdrucksformen suchten und erarbeiteten. Oft zu Gast bei Hildebrandts waren auch Mendelsohn und Le Corbusier, zu dem Döcker ein gutes Verhältnis hatte. Außer dem Kreis um Hildebrandt gab es in Stuttgart noch einen weiteren Bekanntenkreis, zu dem das Ehepaar Stotz, die Geschwister Mia und Gabriele Seeger[65] sowie Ludwig Mies van der Rohe zählten. Zu Mies hatte Döcker seit der Werkbundausstellung Am Weißenhof ein sehr gespanntes Verhältnis.[66]

Unabhängig von diesen Zusammenkünften gab es zahlreiche Einzelkontakte der Beteiligten untereinander.[67] Im Deutschen Werkbund unterhielt Döcker engere Beziehungen lediglich mit den dort organisierten, fortschrittlicheren Kollegen[68], die u. a. für das Neue Bauen eintraten. Doch blieben die Kontakte über den Deutschen Werkbund im Grunde auf die württembergische Arbeitsgemeinschaft des Werkbundes unter Vorsitz des Silberwarenfabrikanten Peter Bruckmann[69] beschränkt.
1926 wurde Döcker in die Architektenvereinigung ‚Der Ring' aufgenommen.[70] Zu den im ‚Ring' organisierten Architekten unterhielt er enge Verbindungen – neben Mendelsohn zu Häring, Scharoun, Poelzig, Wagner und nicht zuletzt zu Gropius und May.
Die Mitgliedschaft im ‚Ring' sowie der Einfluß des württembergischen Werkbundvorsitzenden Bruckmann waren mitbestimmend dafür, daß 1927 die Werkbundausstellung ‚Die Wohnung' in Stuttgart Am Weißenhof stattfinden konnte. Hier leisteten, neben den Berliner Architekten, auch ausländische Kollegen wichtige Beiträge, wie Le Corbusier, die Holländer J. J. P. Oud und Mart Stam, sowie der Belgier Victor Bourgeois.[71] Engere Kontakte unterhielt Döcker zu Oud, wie er auch die holländische Zeitschrift *Wendingen* stets interessiert las.
Während er zur Reimannschule über Häring recht intensive Beziehungen pflegte, waren die zum Dessauer Bauhaus etwas distanzierter. Wenn er auch die Arbeit des Bauhauses mit Vorbehalten akzeptierte – „Bauhaus oder Gropius, hin oder her – ich freue mich immer, daß es diese Idee real gab, daß sie ein Begriff war, ein Inhalt mit vielen Vorbehalten, aber im ganzen gesehen, eine Sache, die man machen müßte, wenn sie nicht schon gemacht worden wäre"[72], so waren es lediglich der ehemalige Stuttgarter Schlemmer sowie Gropius, zu denen er Verbindung hatte. Daß Schlemmer auch Döcker fachlich schätzte, geht aus einem Schreiben [73] hervor, in dem Tut Schlemmer Döcker mitteilt, daß Gerhard Marcks, seinerzeit stellvertretender Direktor der Kunstgewerbeschule in Halle, Döcker als Direktor der Schule vorgeschlagen habe. Döcker ist jedoch nicht nach Halle gegangen.[74]
Nach Vorgesprächen über die Notwendigkeit eines internationalen Zusammenschlusses der Architekten des Neuen Bauens am 1. Oktober 1927, in Stuttgart, zum Zeitpunkt der Werkbundausstellung Am Weißenhof, wurde Döcker Gründungsmitglied der 1928 konstituierten CIAM.[75]
Viele Strömungen in Kunst, Kultur und politisch-gesellschaftlichem Leben hat Döcker aufgenommen und durchlebt; doch wäre es falsch, nach dem entscheidenden Ereignis zu fragen, das Döckers Wendung zum Neuen Bauen bewirkt hat. Es war ein allmählicher Prozeß. Döckers verschiedenartige architektonische Aussagen sind nicht chronologisch faßbar. Moderne Architekturgesinnung entsteht zuweilen zeitgleich mit und teilweise schon vor einer eher der Tradition verhafteten Baukunst.

3.3 Entwürfe aus der Studenten- und Frühzeit

Entscheidender als die Stuttgarter Jahre waren für Döckers eigene architektonische Sprache die damaligen Strömungen in Gesellschaft, Politik, Kultur und den Künsten, einschließlich der Architektur und Kontakte zur Avantgarde. Die Zeit zwischen seinen ersten selbständigen Schritten (1917) bis zur Schwelle des Neuen Bauens (1924/1925) war eine Phase der Entscheidung zwischen Tradition und Neuem Bauen. Die Suche nach einer neuen Architektur war stets spürbar, ja, sie kennzeichnete Döckers Weg des Aufbruchs in die Moderne.

Kirchenentwürfe von 1917 und 1920/1921

Der Kirchenentwurf von 1917 war Döckers letzte Studentenarbeit. Das Entwurfsthema war eine Kriegergedächtniskirche für die Gefallenen des Ersten Weltkrieges am Knick der Neckarstraße (Neckartor in Stuttgart). Döcker wählte eine Mischform aus Hallenkirche und Basilika, bei welcher der als Hallenkirche erscheinende Hauptbaukörper die wesentlich niedrigeren Seitenschiffe, die den Chor umlaufen, überragt. Auffällig ist hier die Gestaltung der Außenhaut. Die Vertikalbänder an den Türmen, vor allem aber das Dreiecksmotiv an Westwerk und Seitenschiffen tragen stark expressionistische Züge. 14

Auch Döckers Thema für die Regierungsbaumeisterprüfung 1920/1921 war wieder ein Kirchenentwurf. Das Dreiecksmotiv liegt auch dieser Arbeit zugrunde; hier sogar beim Gebäudequerschnitt und beim Dachbinder. Döcker wählte eine „trichterförmige Grundrißanlage mit Dreiecksquerschnitt für den Raum".[76] Durch die dem Grundriß eingeschriebene Parabel ähnelt Döckers Entwurf der Stahlkirche Bartnings,1928 anläßlich der Kölner Ausstellung ‚Pressa' erbaut, deren Bedeutung für die Entwicklung des modernen evangelischen Kirchenbaus gewürdigt wurde.[77] 15, 16

Auch wenn es sich bei Döckers Entwurf lediglich um eine Prüfungsarbeit ohne Verwirklichungschance handelte, so nimmt er doch innerhalb der Entwicklung des modernen Kirchenbaus eine interessante und bemerkenswerte Stellung ein. Im evangelischen Kirchenbau war immer noch die Nachwirkung des Eisenacher Regulativs von 1861 spürbar, das damals vorzugsweise den „sogenannten germanischen (gotischen) Styl" verlangte.[78] Das Wiesbadener Programm von 1891[79] läßt die Frage nach einem Baustil völlig offen, gibt aber vergleichsweise klare Empfehlungen zur Stellung der Prinzipalstücke für den liturgischen Vollzug, wie es auch den einheitlichen Kirchenraum „im Gepräge eines Versammlungshauses" forderte. Diese Empfehlungen hinderten die Kirchenbauarchitekten kaum daran, weiter in Neogotik zu schwelgen und, wie Otto Bartning feststellt, Prunkkirchen zu schaffen, deren „architektonische Form die Leere des Saales" war[80]. Bartning weiter: „Das Ergebnis der vorgeschriebenen Epoche sind Verwirrung und Unsicherheit (…). Am meisten verblieb man bis

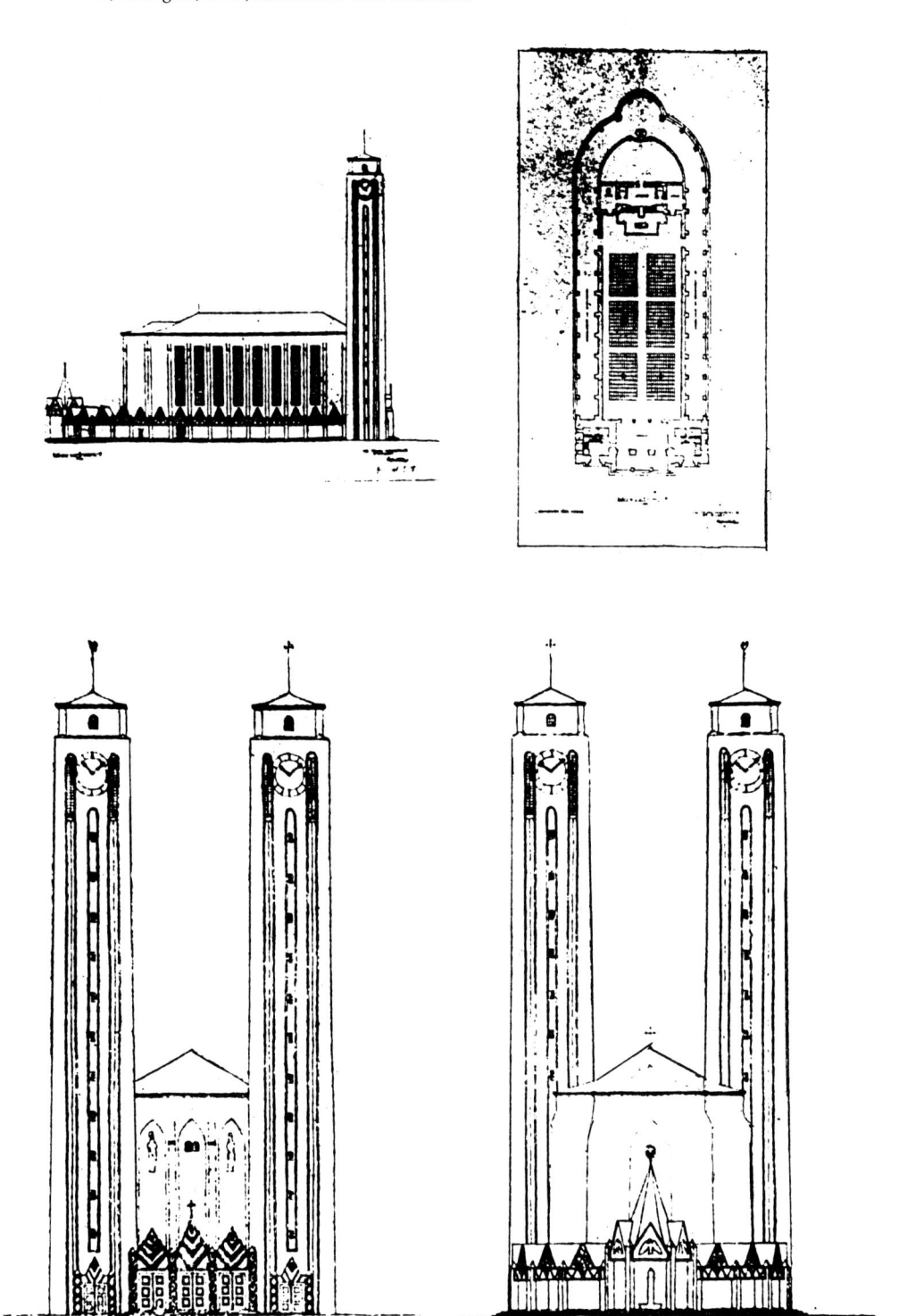

14 KIRCHE, Stuttgart, 1917, Ansichten und Grundriß

KIRCHENENTWURF FÜR DIE REGIERUNGSBAUMEISTERPRÜFUNG 1920/1921

15 Modellfoto

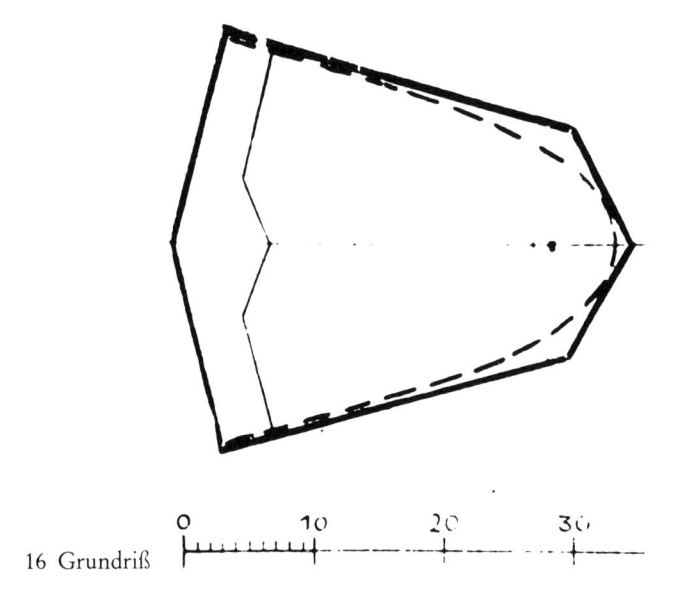

16 Grundriß

51

zum Anfang des 20. Jahrhunderts bei falsch verstandener Gotik. Ein wirkliches Leitbild fehlt."[81] Konkrete Anstöße zu neuen Ausdrucksformen im evangelischen Kirchenbau waren erst in den zwanziger Jahren mit Beiträgen, vornehmlich von Bartning und Elsässer, zu verzeichnen, die ab 1924 öffentlich auf Kirchbautagungen diskutiert[82] und ab 1928 in ausgeführten Bauten realisiert wurden[83]. Als Beispiele seien genannt Bartnings Pressa-Kirche, Köln 1928, sowie seine Auferstehungskirche in Essen, 1929; Theodor Fischers Kirche in Planegg, 1928; Martin Elsässers Projekt für eine Kirche in Esslingen; Bartnings Gustav-Adolf-Kirche in Berlin, 1932.
Die Entwicklung des katholischen Kirchenbaus vollzog sich nahezu parallel zum evangelischen.
Erst 1923 regten sich in Deutschland wie auch im benachbarten Frankreich Kräfte, den Historismus zu überwinden. Hier war es besonders Dominikus Böhm, der zunächst noch, in scheinbarer Anlehnung an gotische Formen, Räume eigenen Gepräges schuf, aber erst 1933 mit St. Engelbert in Köln-Riehl eine Bauform gestaltete, die frei von letzten Reminiszenzen war.[84]
Döcker brachte in seinem Entwurf für die Regierungsbaumeisterprüfung Ideen zu Papier, die für 1920/1921 als Novum angesehen werden müssen. Selbst von Bartning oder Elsässer sind derart frühe Gedanken für einen neuen Kirchenbau noch nicht bekannt. Doch die Veröffentlichung des Modellfotos seiner Arbeit im Jahre 1923[85] hat offenbar keine nachhaltige Wirkung ausgelöst; die Aufnahme ist lediglich geeignet, auf einen weiteren Aspekt der Bedeutung des Entwurfs hinzuweisen. Döcker schlug eine Dachkonstruktion aus außen sichtbaren Eisenbetonbindern vor, an deren Untergurten die Dachhaut hängen sollte. Bedingt durch den parabelförmigen Grundriß, entstand ein sehr eigenwilliger Baukörper. „Durch die trichterförmige Raumform ergibt sich eine ansteigende Firstlinie, die architektonisch im Turm den Abschluß bildet."[86]
Eine Sichtbarmachung der Konstruktion für den sakralen Bereich – vergleiche die von Anatole de Bandot entworfene Kirche St. Jean de Montmartre (1877 bis 1904) in Paris[87] – war schon bekannt; Döcker sollte dennoch eine gewisse Anerkennung für den Mut zu ‚neuen' Konstruktionen und Baugedanken nicht verwehrt bleiben.

Haus Krauter, Plüdershausen/Remstal (1920)

17, 18   Das Haus Krauter kann wahrscheinlich als Döckers Erstlingswerk angesehen werden. Die Außenhautgestaltung weist noch zahlreiche Verwandtschaften zum Heimatstil auf. Der zweigeschossige Bau erhebt sich über einem massiven, fast deftig wirkenden Bruchsteinsockel. Die Wandflächen sind durch asymmetrisch gesetzte, aber durch die Sprossenteilung kleinteilig gehaltene Fenster gegliedert, die zumeist mit Klappläden versehen sind. Süd- und Ostfront erhalten zudem je einen polygonalen Fenstererker. Ähnlich kleinteilig angelegt sind auch die Brüstungen der Terrassen,

HAUS KRAUTER, Plüdershausen

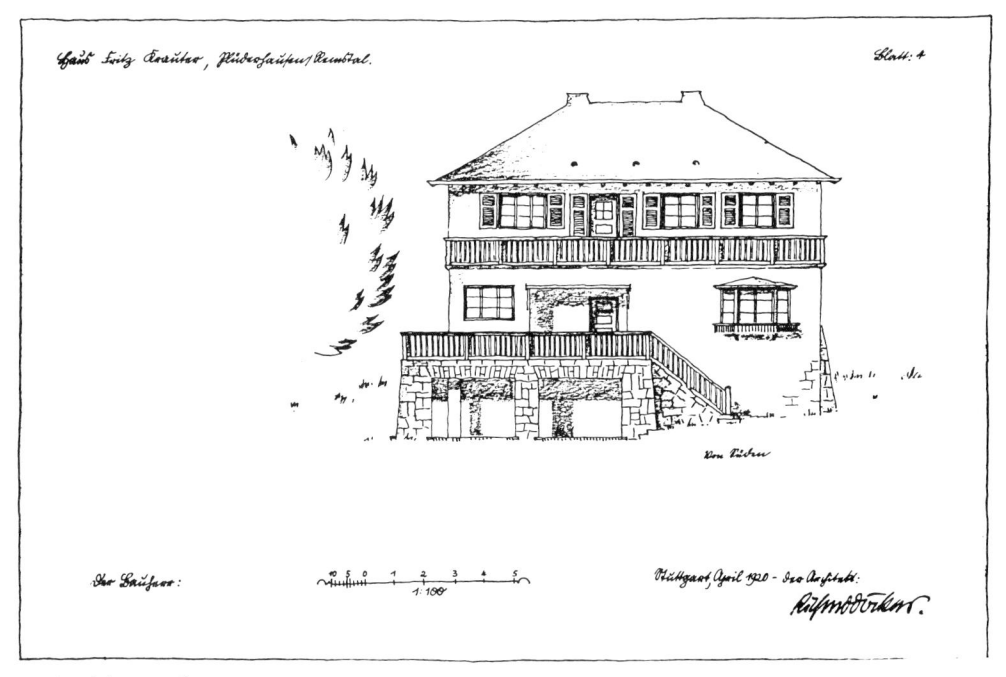

17 Ansicht, April 1920

18 Grundrisse Erdgeschoß und Obergeschoß, Februar 1921

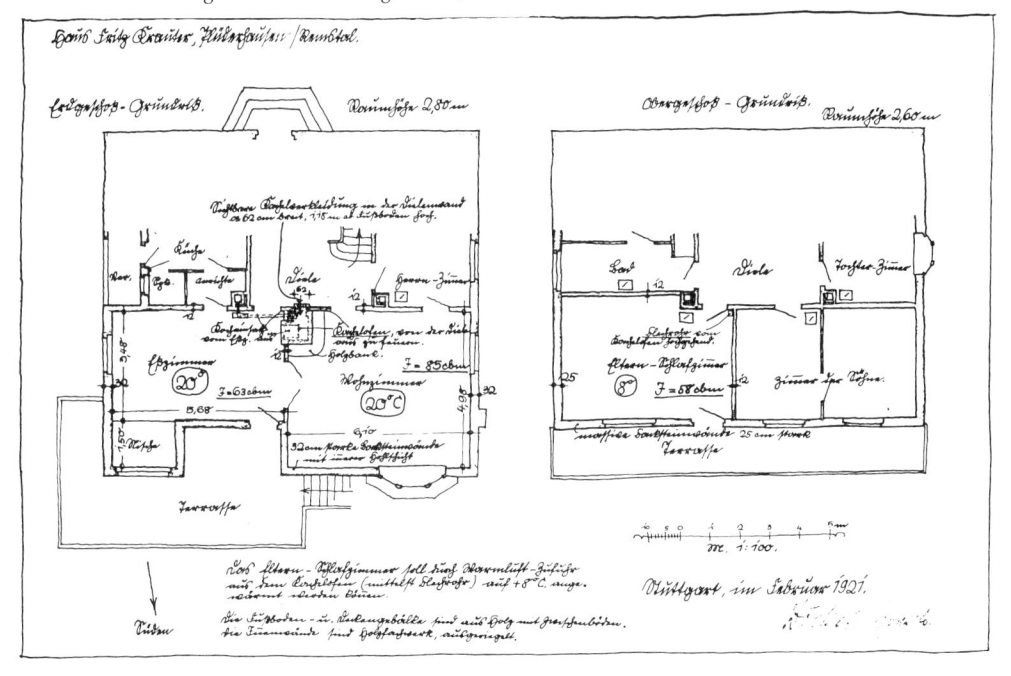

53

die nach Süden ausgerichtet sind. Der Baukörper wird von einem Walmdach mit Fledermausgaupe an der Nordseite abgedeckt.

Beim Grundriß verzichtete Döcker auf traditionelle Figuren wie etwa auf die Axialität. Anstelle einer zwanghaften Ausrichtung der repräsentativen Gebäudefront zur Straße, wie es konventionell arbeitende Architekten zu tun pflegten, legte Döcker die Wohnräume sowie die überwiegende Zahl der Schlafräume mit einer vorgelagerten Terrasse auf die Gebäudesüdseite. Als großzügiges Wohnhaus konzipiert, ist das Gebäude mit geräumigem Bad und separatem WC ausgestattet. Für die Beheizung vermerkte Döcker auf dem Grundrißplan, daß die Wohnräume auf 20° und „das Elternschlafzimmer (...) durch Warmluftzufuhr aus dem Kachelofen (mittels Blechrohr) auf plus 8° angewärmt werden" können.[88]

Beim Haus Krauter setzt Döcker einen Akzent, der für seine späteren Bauten bestimmend werden soll – die Terrassierung des Baukörpers. Er setzt die Außenwände von Erd- und Obergeschoß nicht bündig übereinander, sondern zieht das Obergeschoß so weit hinter die Erdgeschoßflucht zurück, daß im Obergeschoß eine Terrasse entsteht. Das Elternschlafzimmer hat „so Austritt ins Freie, ohne daß die Erdgeschoßräume" hinsichtlich der Belichtung „benachteiligt werden".[89] Dem Erdgeschoß selbst lagerte er eine Terrasse vor.

Die ursprünglichen Entwürfe zu diesem Haus wandelte Döcker später ab; an der Südseite des Wohnhauses wurde die türhohe Nische auf Kosten des westlichen Fensters erweitert, wodurch eine Loggia entstand. Ein Vordach für die Terrasse, das man bei den späteren Bauten häufig findet, sah er hier noch nicht vor; „es wird erdgeschossig durch die Loggia und obergeschossig durch den Dachvorsprung einigermaßen ersetzt[90]."

19 Die Art der Terrassierung einschließlich der Öffnung des Untergeschosses mit dazwischengestellter freier Stütze fand in dem Stuttgarter Haus Sebald von 1923 eine fast unmittelbare Nachfolge. Döckers vermutlich erstes Flachdachobjekt wirkt allerdings in seiner Staffelung durch die Vorkragung von Dach und Terrassen noch geschichteter und kommt somit Bauten F. L. Wrights wesentlich näher.[91]

Mit dem Haus Krauter formulierte Döcker seinen Prototyp des terrassierten Baukörpers, der dann in späteren Arbeiten präzisiert und als Bautyp zu einem der architektonischen Charakteristika Döckers werden sollte.[92]

Vorschlag zu einem Landhaus (1921)

20 Der Vorschlag zu einem Landhaus war nie an einen konkreten Auftrag gebunden. Die Studien hierzu müssen eher im Kontext einer übergreifenden Behandlung des Themas Land- oder freistehendes Einfamilienhaus gesehen werden.

19 HAUS SEBALD, Stuttgart, 1923

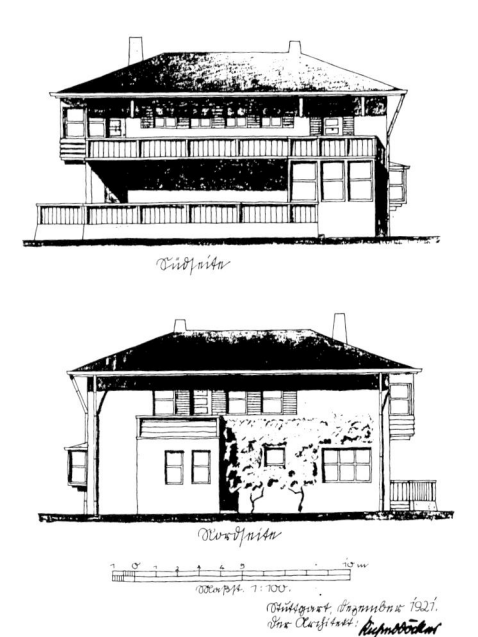

20 VORSCHLAG ZU EINEM LAND-
    HAUS, Ansichten, Dezember 1921

Während das Haus Krauter auf den ersten Eindruck noch eine größere Nähe zum Heimatstil zeigt, nimmt Döcker hier das historisierende Vokabular noch weiter zurück.
An die Stelle des Walmdaches mit einer Neigung von 29° (Haus Krauter) tritt ein stark auskragender, flacherer Walm von nur 20°, der die Horizontalität des Hauses betont, die durch die langgestreckten, beinahe die gesamte Südfront einnehmenden Terrassenbrüstungen noch unterstrichen wird. Hinzu kommt, daß die Kleinteiligkeit der Terrassenbrüstungen, wie man sie beim Haus Krauter findet, nun durch größere Abstände der Geländerstäbe aufgehoben ist, was diese schlichter wirken läßt. Das gleiche gilt für die Abstände der Fenstersprossen, sofern er nicht Fenster mit waagerechter Gliederung (Vertikalschiebefenster) verwendet. Eine Abwendung von der Kleinteiligkeit drückt sich auch darin aus, daß der Polygonalfenstererker von Haus Krauter hier auf einen Dreieckserker reduziert ist. Einzige Ornamente neben der Sprossen- und Geländerstabgliederung sind die Horizontalbänder unter einigen Fenstern, wie sie von dem späteren Haus Koepff in ausgeprägter Form bekannt sind. Doch scheinen sie weniger ornamentale Funktion zu haben, als vielmehr zusätzliches Horizontalisierungsmittel zu sein.

8-10

3.4 Eigene Ideen – Diskussionsbeitrag zur Errichtung von Turmhäusern im Stadtbild von Stuttgart

22-25 Die Turmhausstudien vom März 1921 sind eine Gemeinschaftsarbeit von Döcker und Keuerleber. Sie waren nicht an bestimmte Aufträge gebunden, sondern reines Ideenspiel, gedacht als ein Beitrag zur damals in Deutschland aktuellen Hoch- und Turmhausdebatte.[94] Während Wolkenkratzer in den USA schon länger die ‚Stadtlandschaften', vornehmlich von New York und Chicago prägten[95] und die Mängel und Nachteile des Hochhausbaus, besonders das Belichtungs- und Raumproblem, bekannt waren, entfachte sich die Hochhausdiskussion in Deutschland, wie auch in anderen europäischen Ländern, erst um 1910. Geführt wurde diese Diskussion hauptsächlich von den erstarkenden liberalistischen Kreisen. Für sie war das Hochhaus – neben dem geschäftlichen Vorteil der Konzentration des Kommerzes im Stadtzentrum – zum Symbol der modernen Industriegesellschaft geworden, ohne aber die amerikanischen Probleme in die deutschen Städte translozieren zu wollen. Die fortschrittlichen deutschen Architekten begriffen das Hochhaus als Ausdruck ‚kapitalistischer Architektur', die die Ballung des tertiären Sektors in den Stadtzentren fördere, soziale Belange und städtebauliche Probleme aber außer acht lasse.
Erst als Max Berg 1920 eine Möglichkeit zeigte, das Hochhaus als Mittel zur Bekämpfung des akuten Wohnungsproblems einzusetzen, griffen sie in die Turmhausdiskussion ein. Ausgehend davon, daß im Innenstadtbereich zahlreiche Wohnungen für kommerzielle und Verwaltungszwecke genutzt worden waren, die Erschließungskosten für Baugelände am Stadtrand aber enorm hoch waren und ein preisgünstiger Wohnungsbau dadurch nicht zu realisieren wäre, regte Berg den Bau von Bürohochhäusern im Zentrum an: Der Wirtschaftsverkehr würde sich noch weiter vereinfachen und zahlreiche Stadtwohnungen würden sich durch Umzug der Büros in attraktivere Räumlichkeiten wieder zu Wohnzwecken nutzen lassen.[96]
Die Turmhausentwürfe von Döcker und Keuerleber entstanden ein Jahr später. Um diese Zeit ging es den beiden weniger darum, einen Beitrag zur Wohnungsfrage zu leisten, als vielmehr eine städtebauliche Komponente in die Debatte einzubringen. Ihre Arbeiten, schrieb Richard Herre, werden „aus einem anderen Geist erkannt werden müssen, der uns ebenfalls durchaus modern und stark zu sein scheint, so stark, daß er sogar den ‚Individualismus' (…) wieder verträgt und trägt, freilich nicht als Kostümierung, sondern als notwendiges Kleid."[97]
In ihrem selbstgestellten Thema wollten Döcker und Keuerleber in einer städtebaulichen Studie auf die spezifische Situation Stuttgarts eingehen. Der Stadtkern liegt in einem weiten, von Weinbergen umgebenen Talkessel. Die beiden Architekten bezogen das gesamte Stadtbild von Stuttgart in ihre Untersuchung mit ein. Für das im Zentrum liegende Tal schlugen sie Hochhäuser, für die Berge eine zusammenfassende Kuppenbebauung bzw. Kuppenbekrönungen vor. Die Hochhäuser im Tal, die sich deutlich von den niedrigen Baumassen absetzten, orientierten sich in ihren Propor-

tionen an den vorhandenen höheren Bauten der Stadt, dem Rathaus- und Stiftskirchenturm, sowie dem damals gerade ausgeführten Bahnhofsturm von Bonatz.
Die Wirkung der ansteigenden Berge blieb von der Hochhausbebauung dennoch unbeeinträchtigt. Döcker und Keuerleber waren um die Wirkung der Bauten im Tal selbst bemüht. Es galt ‚Dominanten' zu schaffen, um dem Autofahrer, der bislang in der innerstädtischen Verkehrsführung kaum Zielpunkte fand, Orientierungshilfen zu geben. Entscheidender Gesichtspunkt der städtebaulichen Untersuchung war daher, besondere Standorte für Turmhäuser zu finden und die Proportionen der Hochhäuser festzulegen. Im Schloßplatzbereich war ein ‚Turmhausbündel' vorgesehen, das den Stadtkern markierte. Die übrigen Hochhäuser waren so angeordnet, daß sie für die städtischen Hauptverkehrsstraßen – Schloß-, Friedrich-, Calwer-, Rotebül-, Tübinger-, Hauptstätter-, Charlotten- und Neckarstraße[98] – Abschluß- und Orientierungspunkte bildeten. Das Turmhausgebiet war somit klar umgrenzt.
Als Döckers und Keuerlebers städtebauliche Leistung ist zu werten, daß sie Turmhäuser nicht willkürlich im Stadtgefüge oder im Sinne der Symmetrie angeordnet haben – „wem heute nichts mehr einfällt, der entwirft Hochhäuser (…)"[99] –, sondern gezielt Standorte auswählten, die im Stadtbild von ihrer exponierten Lage her wirkungsvoll, aber ordnend die Hochhäuser zur Geltung gebracht hätten. Behne schrieb: „Während die sonstigen Hochhausprojekte fast ausnahmslos städtebaulicher Romantizismus sind, wenn auch im Gewande des Amerikanismus, handelt es sich hier um eine aus modernem Geist und nach sachlichen Notwendigkeiten entwickelte städtebauliche Idee (…)."[100]
Die besondere Situation Stuttgarts hat die beiden Architekten zweifellos dazu veranlaßt, eine städtebauliche Lösung zu suchen, die für Städte auf ebenem Gelände zwar problemloser, in der Wirkung aber dennoch bescheidener ausgefallen wäre.

Die Turmhausentwürfe

Döcker und Keuerleber haben für ihre städtebauliche Studie eine Reihe verschiedener Hochhaustypen skizziert. Die genaue Anzahl läßt sich nicht mehr zuverlässig ermitteln; nachweisbar sind es allein neun Zeichnungen unterschiedlicher Turmhausbauten für den Stuttgarter Talbereich.[101] Dazu kommt ein weiteres, nicht ausgeführtes Projekt des Geschäftshochhauses Hahn und Kolb von 1921/1922 in der Stuttgarter Königstraße. Dieser Entwurf ist Döcker allein zuzuschreiben.[102]   21
Die perspektivischen Skizzen, die die Einbindung der Turmhäuser in die städtische Situation verdeutlichen sollen, tragen Döckers Handschrift. Diese Skizzen waren   22, 25
Grundlage für die Konzeption der Turmhäuser im einzelnen. Oftmals galt es für unregelmäßig zugeschnittene Grundstücke Turmhäuser zu konzipieren, was sich zuweilen in den polygonalen Gebäudeumrissen widerspiegelt.

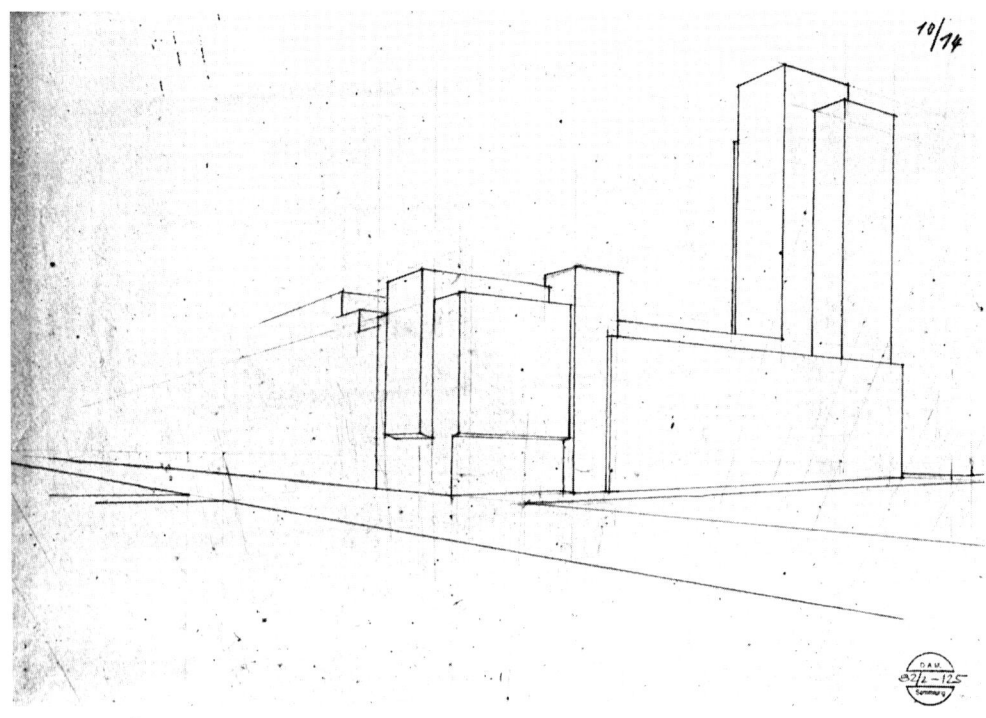

21 GESCHÄFTSHAUS HAHN UND KOLB, Stuttgart 1921/1922, Perspektive

23-25 So sind die Turmhäuser an der Friedrichstraße und am Alten Postplatz aus gegeneinanderstoßenden, höhengestaffelten Bauteilen zusammengefügt und der Straßenführung angepaßt. Die Bebauungsflächen für die Turmhäuser am Charlottenplatz und am Schloßplatz ließen rechteckige Grundrisse zu. Im Aufriß zeigt das zwölfgeschossige Gebäude zum Charlottenplatz einen Treppengiebel. Das 82 m hohe Gebäude am Schloßplatz ist mit einem hinter die Mauerfluchten zurückversetzten Pyramidendach gedeckt. Dieses 20 Stockwerke zählende Gebäude sollte neben dem städtebaulichen wichtigen Standort auch die Erweiterung des benachbarten Postamtes ermöglichen.[103] In der Außenhautgestaltung rezipiert keines der Gebäude die oftmals eklektischen Fassaden der amerikanischen Vorbilder. Lediglich die Turmhäuser am Charlotten- und am Schloßplatz erinnern vage an eine Dreizonigkeit – Sockel (Base), Schaft, Dachabschluß (Kapitell) – der ‚akademischen Hochhausarchitektur'.
Konstruktiv bauen die Turmhäuser größtenteils auf einem Grundrißraster auf.[104] Wie ein Turmhaus am Alten Postplatz städtebaulich gewirkt hätte, wenn das Projekt zur Ausführung gekommen wäre, wird am Beispiel des Stuttgarter Tagblattturms deutlich. Dieser Bau, von Oswald wenige Jahre nach Döckers und Keuerlebers Turmhausstudien entworfen, zeigt im Grundriß wie auch von der Architekturauffassung eine Verwandtschaft zu Döckers Turmhausentwurf am Alten Postplatz.[105]

22 TURMHAUSSTUDIEN FÜR STUTTGART, 10. März 1921

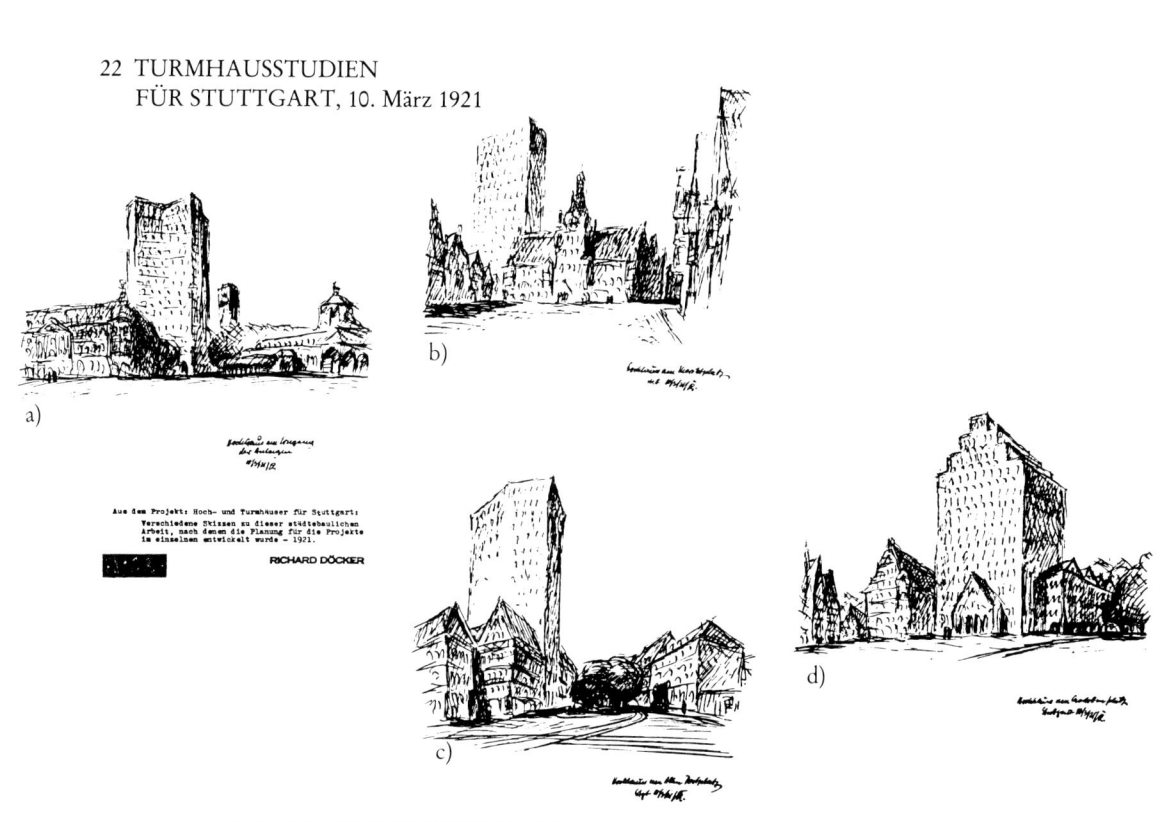

a)
b)
c)
d)

Aus dem Projekt: Hoch- und Turmhäuser für Stuttgart:
Verschiedene Skizzen zu dieser städtebaulichen
Arbeit, nach denen die Planung für die Projekte
im einzelnen entwickelt wurde - 1921.

RICHARD DÖCKER

23 TURMHAUS AM ALTEN POSTPLATZ, Stuttgart 1921

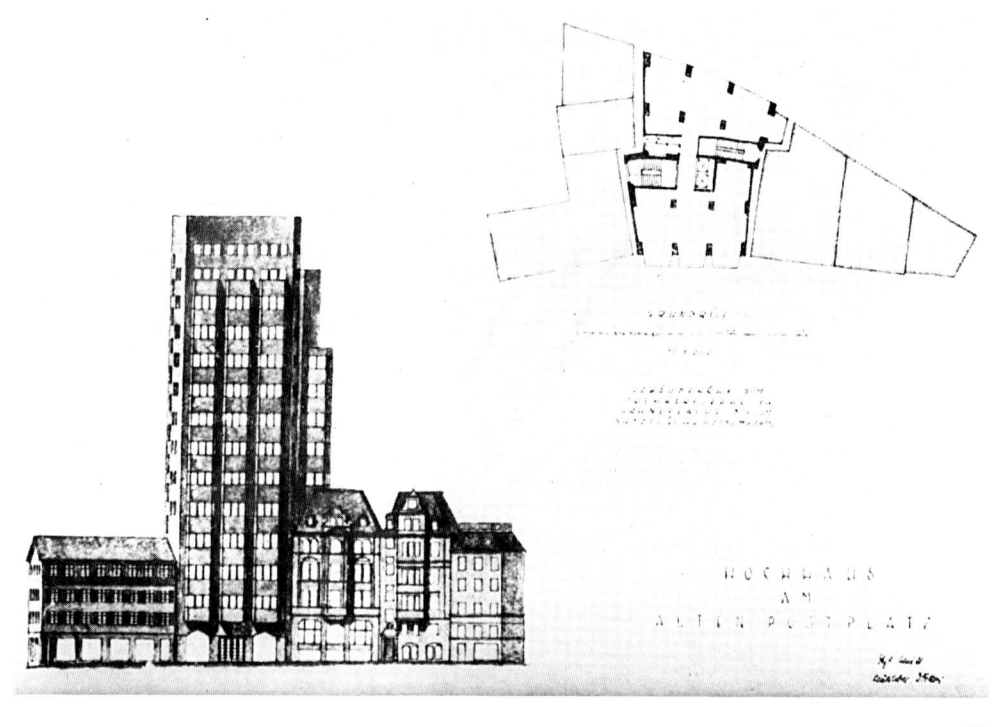

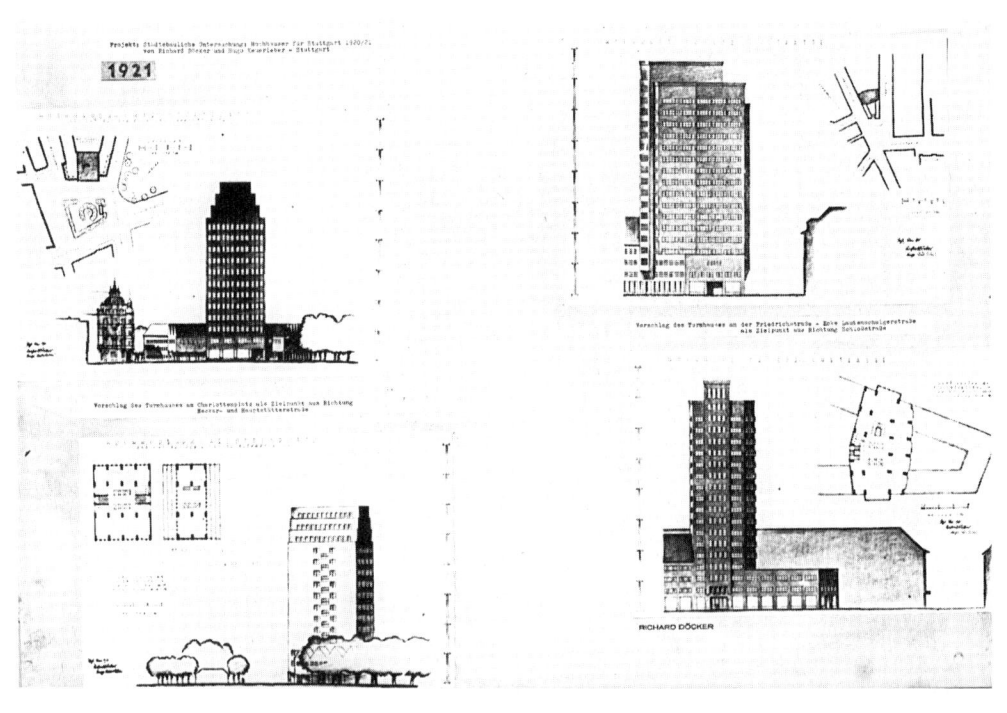

24 TURMHÄUSER CHARLOTTENPLATZ UND FRIEDRICHSTRASSE, Stuttgart, 1921

25 TURMHAUS AM SCHLOSSPLATZ, Stuttgart, 1921

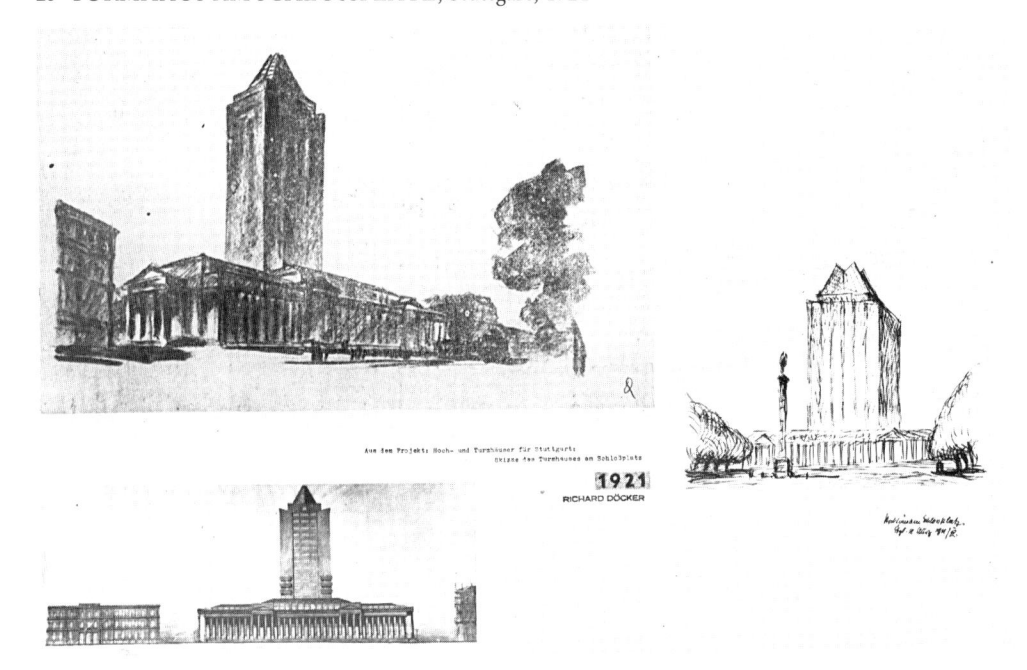

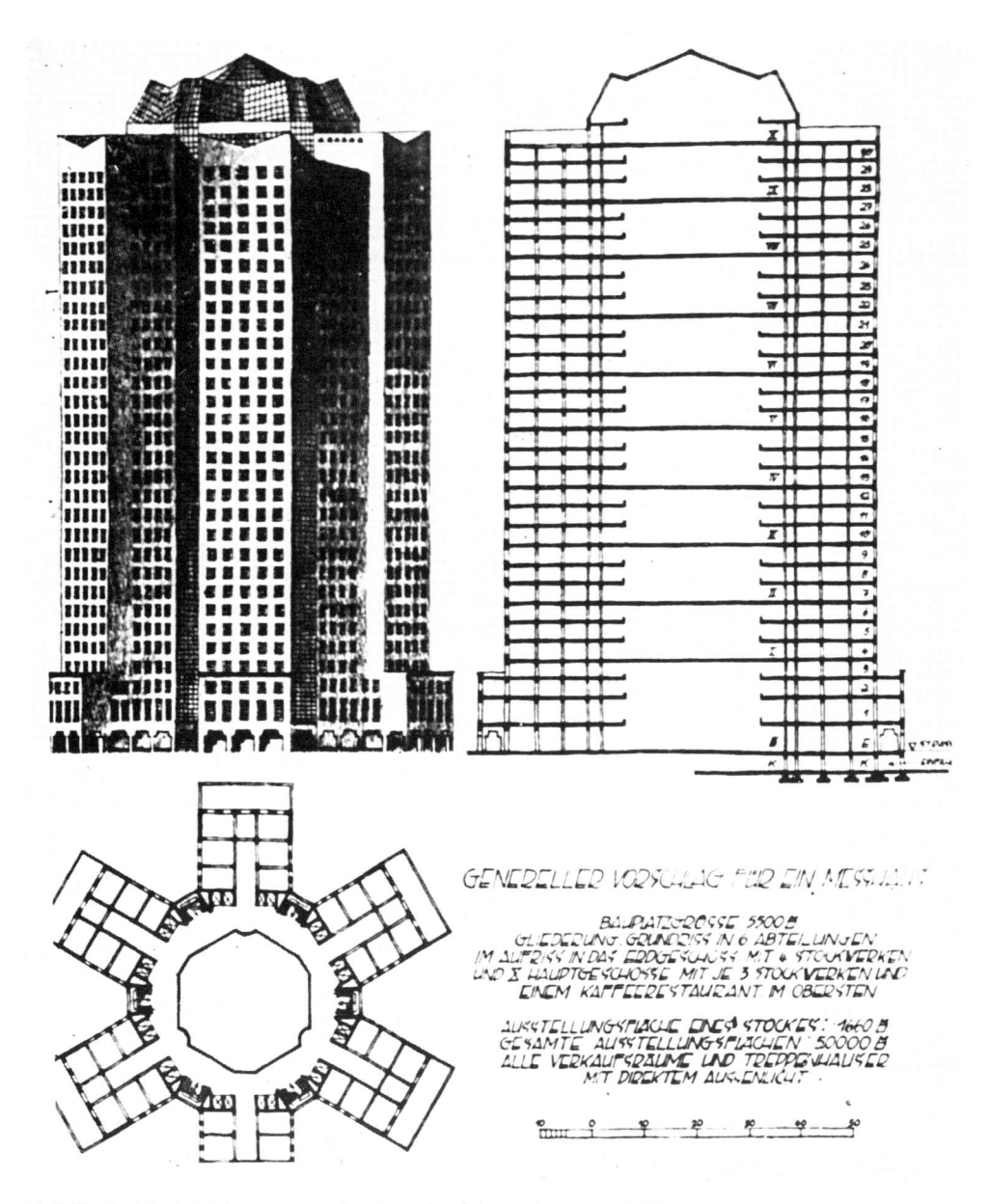

26 STERNBAU, Wohn-, Büro- oder Messehochhaus, Stuttgart, 1921

26 Eine Besonderheit in der Reihe der Turmhäuser stellt der ‚Sternbau' dar, den Döcker im November 1920[106] entwarf. Hier stand die Nutzung des Gebäudes im Vordergrund. Der ‚Sternbau' war als multifunktionaler Bau geplant, der sich wahlweise als Büro-, Messe- oder Wohnhochhaus eignen sollte. Sein Standort war nicht festgelegt, sondern richtete sich vielmehr nach der Funktion des Gebäudes. Als Messe- und Bürohochhaus beanspruchte es von seiner Grundfläche (5 500 qm) her kein allzu großes Grundstück im Stadtzentrum; bei Verwendung als Wohnhochhaus sollte das Gebäude Kuppenbekrönung sein.

Die vier unteren Geschosse des Sternbaus sollten, wie Döcker erläutert, zu einem Hauptgeschoß zusammengefaßt werden, wobei alle sechs den Stern bildenden Flügel von der gleichen hohen Halle ausgehen sollten, die im Kern der Anlage vier Geschosse umfaßt. In den darüber liegenden Stockwerken sollten jeweils drei Geschosse zu einem Hauptgeschoß mit gemeinsamer, dreigeschossiger Halle verbunden werden. Über diesen insgesamt zehn Hauptgeschossen bzw. 31 Einzelstockwerken sollte sich eine weitere, gebäudeabschließende Ebene erheben. Hier stellte sich Döcker ein Kaffeerestaurant vor, dessen Wände, Decken und Dach weitgehend aus Glas bestehen sollten.

Das untere, vier Stockwerke umfassende Hauptgeschoß verfügt über eine größere Grundfläche als die höherliegenden Stockwerke. Das Gebäude enthält im Erdgeschoß in jedem der sechs Flügel drei durch Arkaden überdeckte Eingänge. Da auch die darüberliegenden beiden Obergeschosse die gleiche vergrößerte Gebäudetiefe besitzen, wirkt das untere Hauptgeschoß wie ein breitgelagerter Sockel, aus dem die anderen Obergeschosse herauswachsen.

Bei Nutzung des Gebäudes als Wohnhochhaus sollten nach Döckers Vorschlag im Erdgeschoß Restaurants und Cafés untergebracht werden. Daneben sollte es die Möglichkeit geben, dort eine zentrale Küchenanlage einzurichten, durch Speiseaufzüge alle 60 Wohnungen in den Gebäudetrakten zu versorgen und den Haushaltsbetrieb somit „auf ein Minimum der persönlichen Inanspruchnahme"[107] zu beschränken, um den Bewohnern mehr Freizeit und ein ungestörtes Familienleben zu ermöglichen. Die großen Hallen in den einzelnen Hauptgeschossen sollten zum Kommunikationsort der „Zellenbewohner" werden und zudem „einen würdigen Repräsentations- - und Empfangsraum des Massenmiethauses"[108] darstellen. Darüber hinaus sollte der Sternbau als Wohnhochhaus durch die Grundrißanordnung und die Lichtverhältnisse Wohnmöglichkeiten bieten, wie sie in einem gewöhnlichen Miethausblock nicht zu schaffen sein würden.

Neben den Vorteilen, die Döcker dem Wohnhochhaus zuschrieb, ist allein der Vorschlag, ein Hochhaus zu Wohnzwecken zu nutzen, für das Jahr 1920/1921 beachtenswert.[109] Auch Döckers zweiter Vorschlag, das Gebäude als Bürohochhaus zu nutzen, steht im Zusammenhang mit der Wohnungsproblematik. Ähnlich wie Berg wies auch Döcker auf den Vorteil[110] vieler freiwerdender Wohnungen hin, wenn die Büros in einem Hochhaus untergebracht würden. Eine weitere Nutzungsmöglichkeit sah Döcker in der Verwendung des Gebäudes als Messehochhaus[111]: Der ‚Sternbau' ermögliche eine gute Belichtung aller Ausstellungs- und Verkaufsräume und enthielte eine Ausstellungsfläche von insgesamt 50000 qm bei 1660 qm je Stockwerk. Das oberste Geschoß mit der Glaskuppel böte sich sowohl beim Büro- wie auch beim Messehaus als Cafeteria an.

Die Hochhausbebauung im Tal war ein Gesichtspunkt, den Döcker aber nicht getrennt von der unmittelbaren landschaftlichen Besonderheit behandelte. „Eine Stadt wie Stuttgart, deren Landschaftsplastik eine wohl einmalige Modellierung für eine deutsche Großstadt darstellt, verführt dazu, gewisse Punkte dieser Landschaftsbildung durch eine Überbauung noch zu steigern (…)."[112]

In Anbetracht der Aufteilung des zu der Zeit noch spärlich bebauten Stuttgarter Hanggeländes in kleine Grundstücksparzellen bestand die Gefahr, daß das Stadtbild durch eine ein- bis zweigeschossige Bebauung im Verlauf der Höhenkurven an seinen Hängen zerfließen könnte. Döcker beabsichtigte daher eine Betonung des Berges, die „den Rhythmus der Bewegungen zwischen Haus und Berg, ein Hinaufklettern der Baukörper zur Höhe, ein Hinstrahlen (…) zum höchsten Punkt des Berges" berücksichtige. Bei „Steigerung der Vertikalen" sollte durch den „‚Sternbau' die Krone des Stadtteils und der Kopf des Bergkörpers geschaffen"[113] werden.

Für das ehemalige Gelände des Freiherrn von Gemmingen-Hornberg im Stuttgarter Vogelsang sah Döcker 1919[114] eine hangbetonte Bebauung vor. Sein Bebauungsvorschlag stellt alternierende Entwürfe vor. Eine skizzierte Geländeansicht zeigt eine Bebauung im Sinne der Höhenkurven. Mit dieser Skizze wollte Döcker verdeutlichen, daß dies zwar eine Möglichkeit der Hangbebauung sei, die „Lebendigkeit des hügeligen Geländes" jedoch durch eine derartige Horizontalbebauung negiert und „dem Berghang das Symbol der Ebene, die horizontale Linie aufgezwängt" würde. „Man ist auf diese Weise aber den Schwierigkeiten und dem Problem ‚Berg' nur ausgewichen."[115] In der Alternativskizze, der sogenannten Arbeit ‚Staffelberg', betont er die ‚Vertikalität' des Hanggeländes, indem er eine senkrecht zu den Höhenkurven verlaufende Bebauung vorsieht. Eine Reihe von fast quadratischen Wohnhäusern setzt er gestaffelt am Hang hintereinander. Die einzelnen flachgedeckten Baukuben sind typisierte Einfamilienwohnhäuser. Ihre Anordnung am Hang richtet sich nach dem jeweiligen Gefälle. Bei flacherer Neigung sind die Gebäude freistehend und lediglich durch eine Mauer, die einen Hof zwischen den Gebäuden einschließt, mit den Nachbarhäusern verbunden. Bei zunehmendem Gefälle faßt Döcker die Baukuben zu Einfamilienreihenhäusern zusammen, wobei das Dach des tiefer liegenden Hauses dem höher liegenden als Wohnterrasse dient. Die einzelnen Gebäude werden über eine gemeinsame Treppe erschlossen, die vor den Häusern den Berg hinaufführt.

Bemerkenswert ist, daß Döcker hier bereits eine Typisierung von Wohnhäusern vorschlug.[116] Auf einer Grundfläche von 10,75 × 10 × 10,75 m sieht er für das Einfamilienwohnhaus mit vier Zimmern des Typs 4 im Erdgeschoß zwei Schlafräume, ein separates WC, Bad, Keller, Waschküche, Treppe und Flur vor. In das Oberge-

HANGBEBAUUNG DES EHEMALIGEN GELÄNDES FREIHERR VON GEMMINGEN-HORNBERG, Stuttgart, 1922

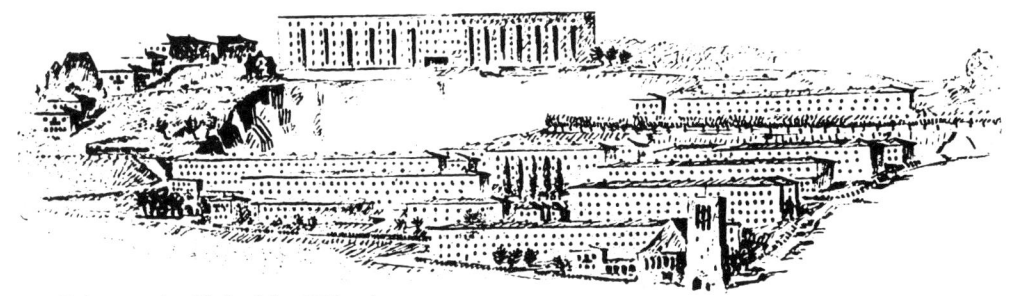

27a Bebauung im Verlauf der Höhenkurven

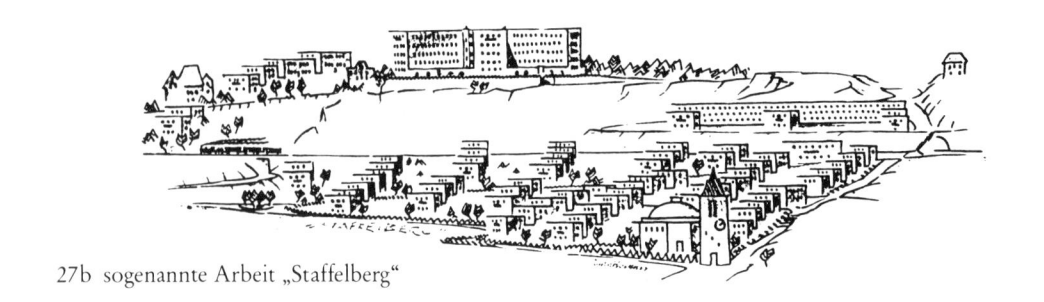

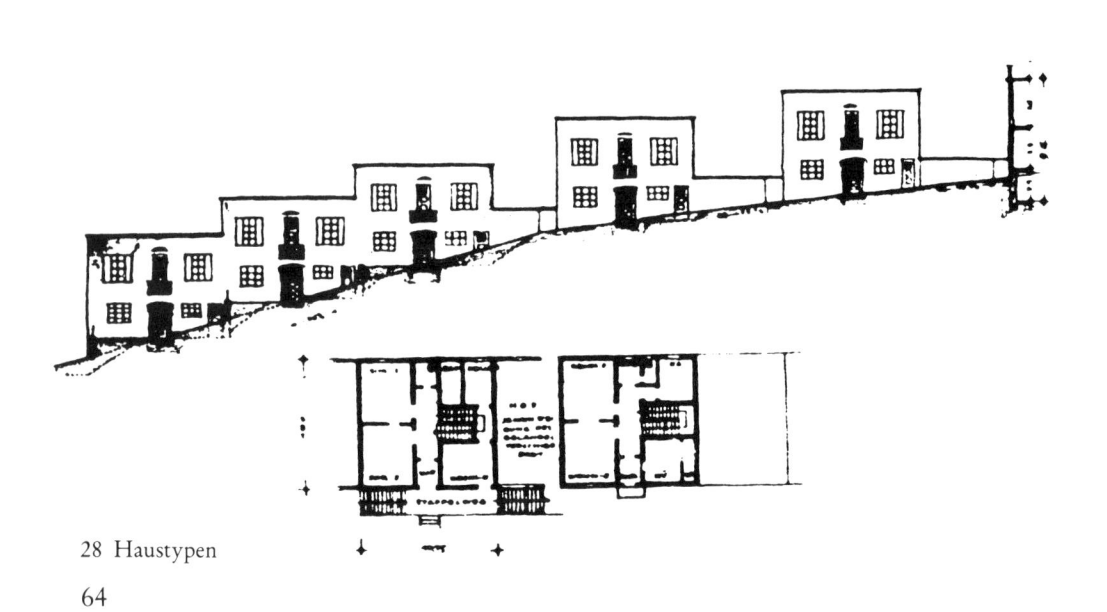

27b sogenannte Arbeit „Staffelberg"

28 Haustypen

schoß hingegen legt er die eigentlichen Wohnräume mit zwei Wohnzimmern, einer Kammer, Küche mit Vorratsraum, Garderobe und WC. Die Haupträume haben Südlage, die Nebenräume sind nach Norden ausgerichtet.

Daß Döcker, entgegen der üblichen Raumaufteilung, die Wohnräume im Obergeschoß ansiedelte, erfolgte aus Gründen einer besseren Besonnung. Da die Bauten dicht zusammenstehen, erhalten die Erdgeschoßräume weniger Licht und haben daher eine geringere Wohnqualität. Die Staffelung der Häuser hat zudem den Vorteil, daß man vom Obergeschoß über die darunterliegende Bebauung hinwegblicken kann.

Die Größe des Hofes zwischen den Häusern richtet sich nach der Steigung des Geländes. In der Ebene ist dieser typisierte Siedlungsbau ebenso verwendbar, wenn die Zwischenhöfe durch einen größeren Gebäudeabstand aus Gründen der besseren Besonnung erweitert werden.

Der Vorteil einer am Hang gestaffelten Bauweise gegenüber einer Horizontalbebauung im Verlauf der Höhenkurven besteht in der geländegerechten ‚Bergarchitektur' und darin, daß preisgünstigerer, menschenwürdiger Wohnraum geschaffen werden kann. Aber auch im Staffelbergentwurf hat Döcker nicht ganz auf große Miethäuser mit Etagenwohnungen verzichtet. Er ordnet sie an markanten Geländestellen an, um städtebaulich eine gute Wirkung zu erzielen. Als Abschluß der gesamten Hangbebauung und als ‚Kuppenbekrönung' setzt er an die höchste Stelle im Gelände die größte Baumasse – ein siebengeschossiges Miethaus mit Zentralküche.[117]

4 Tendenzen zum Neuen Bauen –
Streben nach größerer Klarheit und nach Vereinfachung der Baukörper

4.1 Die Aufgabe der Architektur aus dem Blickwinkel Richard Döckers im Spiegel seiner veröffentlichten Äußerungen

Die Wurzeln von Döckers ablehnender Haltung gegenüber der tradierten akademischen Architektur des Klassizismus, Eklektizismus und Heimatstils lassen sich bis in seine Studienzeit zurückverfolgen. Zu einer ‚gereiften' eigenen Haltung, die letztlich den endgültigen Bruch mit der architektonischen Konvention einleiten sollte, kam es aber erst in der Zeit zwischen 1922 und 1925. In diesen Jahren stellte Döcker vermehrt seine Architekturauffassung und seine Bauten in verschiedenen Fachzeitschriften vor.[1] Die Abkehr von der Tradition, verbunden mit einer heftigen Kritik an dieser, und die Forderung Döckers nach einer neuen Architektur ist nunmehr unübersehbar: „Die großen Ereignisse des späten 19. und des begonnenen 20. Jahrhunderts auf dem Gebiet wissenschaftlicher Forschungen und technischer Erfindungen haben (…) neue Gesetze und Probleme für die Formgestaltung geschaffen. Die Wissenschaft (Elektrizität, Chemie usw.) als Ausgangspunkt, die Maschine (Eisenbahn, Automobile, Flugzeuge, Kino, Photographie usw.) als Auswirkung und die wirtschaftlichen und politischen Entwicklungsstadien (Industrialisierung, Weltkriege, Revolutionen, soziale Umschichtungen) als Ergebnis bedeuten die Wirklichkeit der Gegenwart."[2]

Die neue wirtschaftliche, politische und soziale Realität in der Weimarer Republik war mit der vorhergehenden Situation, die die Ausdrucksinhalte der traditionellen Architektur gerechtfertigt hatte, nicht mehr vergleichbar. Die fortschreitende Industrialisierung hatte im großen Maße zu Veränderungen der sozialen Verhältnisse geführt. Die Wohnsituation in den Städten, den Ballungszentren der Industrie, hatte sich durch die zugezogenen Arbeitsuchenden verschlechtert.[3] Durch den Ersten Weltkrieg war die Wohnungsnot noch eklatanter geworden. An die Architektur waren neue Forderungen gestellt, und daher mußte „die scheinbar so fest begründete statische Erscheinungsform der Bauwerke, die so gut gelernte und landauf landab in den letzten Jahrzehnten und auch heute noch so sicher geübte Methode Architektur zu machen (…) für die Zukunft grundsätzliche Veränderungen erfahren (…)"[4].

Neben einem entsprechenden Wohnungsbau galt es Fabrikgebäude zu errichten, die dem modernen Stand der Technik entsprachen. Neue Konstruktionsprinzipien und Baustoffe gaben den Architekten[5] neue Möglichkeiten des Bauens an die Hand. Zu dieser veränderten Situation schreibt Döcker:

"Die große Linie gegenüber dem Alten bedeutet für das Neue ein völliges Freimachen vom Hergebrachten, von Sitte und Gewohnheit, die meist nur aus Mangel an Lebenskraft und aus Gleichgültigkeit als solche gelebt werden. Das Neue kümmert sich nicht um Tradition, um Philosophie und Ästhetik des Bisherigen. Das Neue, Kommende sucht für die Gegenwart und Zukunft die Welt zu schaffen mit allen Mitteln und Möglichkeiten des Fortschrittes und mit den Menschen von heute.
Das Neue hat keine Klagen über böse Zeiten und schlechte Menschen von heute, das Neue hat keine Sehnsucht nach allem der guten alten Zeit. Die Menschen von heute und die Menschen der Zukunft sind froh, gesund und mutig, frei, lebensbejahend und ohne ‚Paragraphen'."[6]
Döckers dringlichste Forderung galt der Bekämpfung der ‚bürgerlich verbrauchten Normenkonvention' mit ihren akademischen Kompositionsschemata, die ein unbedingtes Zugrundelegen von Symmetrie und Axialität in Grund- und Aufriß voraussetzte. Döcker verurteilte, daß noch viele seiner Kollegen die symmetrische Lösung als Basis ihrer Entwürfe betrachteten, ganz gleich, ob es sich dabei um ein Gebäude, eine Platzanlage oder ein Möbelstück handelte.[7] Die Symmetrie und die großen axialen Platzanlagen hatten für Döcker höchstens in der Architektur des Feudalismus eine Berechtigung, da der Bauherr durch sie seine Macht auszudrücken pflegte und die Gebäude seiner Verherrlichung dienten. Die Symmetrie und die Achse waren das „Höchste, Seltenste und Erhabenste, was für die Gestaltung zur Verfügung stand"[8]. Nach der feudalen Epoche wurde die symmetrische Baugestaltung als Symbol bürgerlicher Repräsentanz aufrechterhalten und letztlich, nach Döckers Ansicht, „herabgewürdigt (...) für jeden Hinterhausbau, für die geringfügigsten Bauaufgaben (...)"[9].
„Der Grundriß einer solchen Lösung beispielsweise, der in seiner Forderung durchaus nicht symmetrisch ist, wurde künstlich gezwängt und gequält, bis er in die Achse des Äußeren hineinpaßte. Die vorhandene Umgebung und vielfach der Zweck und der Sinn der Sache, die Notwendigkeit, wurde eliminiert, anstatt aus den verschiedenartigen Forderungen eine Tugend zu machen. Es ist wohl nicht nötig, die kümmerlichen Achsen der Kleinhausfassaden anzuführen, um die ganze Unhaltbarkeit und Lächerlichkeit solcher Lösungen zu beweisen."[10]
Döckers Ablehnung der axial gestalteten Architektur veranlaßte ihn zur Verachtung der Kollegen, die an der traditionellen Bauauffassung festhielten; er warf ihnen vor, sie würden sich lediglich der Symmetrie bedienen, um einem Gebäude Haltung und Ausgewogenheit zu geben. Der Rückgriff auf die axiale Gestaltung des Baukörpers sei aber lediglich eine bequeme und billige Reißbrettarbeit, um einen geordneten und gesetzmäßig einleuchtenden Eindruck hervorzurufen.[11]
Mit einer Architektur, die im Dienste des Menschen stehen sollte, wie es Döcker forderte, hatten diese symmetrischen Lösungen nicht viel gemein; denn wie sollte man mit einer so schablonenhaften Haltung für den Menschen bauen?
„Haus und Mensch sind eine Einheit. Die Beziehung zum Menschen bildet das Wesen allen Bauens. Des Baues Funktionen erfüllen sich mit dem Menschen. Die zwischen

Haus und Mensch bestehenden Bindungen sind das Wesen und der Sinn des Bauens. Aus diesen gegenseitigen Forderungen und Pflichten – Spannung –, aus dem ewig lebendigen Hin und Her – Bewegung – schöpft der Bau Körper und Form – Gestaltung. So ist Architektur Gestaltung und Wirklichkeit."[12]

Aufgabe des Architekten sei es, die Bedürfnisse und Gewohnheiten der Menschen als den Architekturbenutzern zum Ausgangspunkt des Entwurfs zu nehmen und zu berücksichtigen, daß das Wohnen unmittelbar das Leben berühre und das Leben im Wohnen zum Ausdruck komme. „Der Bau ist Erfüllung von Lebensforderungen, ist organischer Körper (...), Funktion ist Form, Gefühl wird Organismus. Haus, Mensch, Sonne, Landschaft bilden den Komplex der gegenseitigen Beziehungen."[13]

Döckers Forderungen nach menschengerechten Gebäuden und danach, diese als Organismus des Lebens zu begreifen, ließen architektonisches Dekorum und die Fassade schlechthin zur überflüssigen und sinnentleerten Attitüde einer unzeitgemäßen und nicht mehr haltbaren Architektur werden. Fassaden waren für ihn nichts als ‚Kulissen, Attrappen, Dekoration und Graphiken'[14], wesensfremd dem inneren Organismus des Gebäudes"[15].

Neben der 1908 vertretenen Auffassung von Loos[16], das Ornament sei ein Verbrechen, durch das unnötig kostbare Arbeitskraft und volkswirtschaftliches Kapital vergeudet würde, war besonders der im gleichen Jahr formulierte Anspruch Wrights, „Ich verlange von einem Bauwerk dasselbe, das ich von einem Menschen fordere, nämlich, daß es ehrlich und innerlich wahrhaftig sei"[17], für Döcker Wegweiser zu einer ehrlichen und menschengerechten Architektur. Parallel zu den Auffassungen von Loos und Wright forderte Döcker, ein Gebäude müsse „klar, in reiner Nacktheit" entstehen, „um ehrlich und wahr sich zur Erfüllung seiner Funktion zu bekennen"[18].

Der Widerspruch zwischen moderner und traditioneller Architekturauffassung ist offenkundig. Sind aus dem frühen Oeuvre Döckers noch Versuche ablesbar, ‚Altes mit Neuem' zu kombinieren, so dokumentieren seine Äußerungen der Jahre 1922 bis 1925 den endgültigen Bruch mit der Konvention. In seinen Forderungen und in der Suche nach einer eigenen modernen Ausdrucksform erhielt Döcker Unterstützung von seinem Freund und Lehrer Hildebrandt. So mag es kaum verwundern, daß auch Hildebrandt es als die Pflicht des modernen Architekten auffaßte, von jeder romantischen Träumerei Abstand zu nehmen. „Der Sinn der Architektur muß auf das Notwendige, Zweck- und Sachgemäße, auf äußerste Ordnung und Klärung gerichtet sein (...). Die Tage des Dekorativen in der Architektur sind gezählt. Man hat keine Zeit mehr für ein behagliches Ausschmücken, (man hat nicht einmal mehr die Zeit, sich in seine Betrachtung zu versenken)."[19]

Die Ablehnung der tradierten Kunst und Architektur äußerte sich gleichermaßen in den Bereichen Graphik, Kunstgewerbe und Plastik. Döcker wertete die meisten dieser Äußerungen als Modeerscheinung[20] und unterstellte, daß sie zum allergrößten Teil von falschen Voraussetzungen ausgingen, „von denen der spielerischen Laune

oder der gedankenlosen Wiederholung der Konvention, von denen der ganz privaten, individuellen und original sein wollenden oder vielfach welt- und zeitfremden Einstellung des Schöpfers". Es zeige sich „neben dem Kampf mit der Tradition seit Beginn der Umwälzung schöpferischen zeitgemäßen Erlebens – dem Jugendstil – ein nahezu systemloses Tasten und Suchen einer neuen Formensprache, einer Verwirklichung neuer Gesinnung. Die Einheitlichkeit bestand vorläufig darin, mit allem Hergebrachten und Gewohnten zu brechen.
Um zur Entwicklung heutiger Gestaltung beizutragen und die Einheitlichkeit in der Gesinnung der Lösung einer künstlerisch-schöpferischen Aufgabe zu schaffen, bedarf es zunächst der Feststellung von allgemein gültigen Erkenntnissen. Es ist wichtig, die bisher vermeintlichen Richtigkeiten als falsch zu beweisen und die besondere Bedeutung der Verantwortung architektonischer Arbeit in einem erweiterten und allgemeinen Sinne festzustellen. Bisherige Baugestaltung war zusammenstellend kombinierend; individuell, launenhaft, spielerisch und kunstgewerblich historisierend bis zum Geschmäcklerischen; das neue Bauen ist konstruierend-organisierend systematisch, typisch, wesentlich, funktionell und exakt."[21]
Hatten Döckers publizistische Äußerungen in der Fachpresse[22] zur Klärung seines architektonischen Standpunktes beigetragen und gleichsam einen Aufruf an seine Kollegen bedeutet, so faßte er 1925 in seinem Aufsatz „Zum Bauproblem der Zeit", erschienen in der Zeitschrift *Die Form* zur Themenreihe „Die Gestaltungsprobleme der Zeit"[23], die Aufgaben der Architektur resümierend zusammen:
„Architektur ist keine Sache des Zeichnens oder der Erfindung formaler Äußerlichkeiten,
Architektur ist nicht die Erfüllung des dekorativen, sondern des konstruktiven Prinzips und der Zweckbefriedigung,
Architektur ist eine Sache der Verantwortung vor sich selbst und der Welt gegenüber, eine Erfüllung von Notwendigkeiten,
Architektur ist räumliche Vorstellungsgabe und Durchbildung ihrer organischen Zusammenhänge,
Architektur ist eine im weiten Sinne allen künstlerischen Aufgaben heute verbindliche Pflicht, wahr zu sein. Sommer 1923/25."[24]
Der Grundstein von Döckers moderner Bauauffassung war somit gelegt, der Prozeß der Formulierung einer eigenen architektonischen Sprache im wesentlichen abgeschlossen. Er stand an der Schwelle zum Neuen Bauen und in den Bauten nach 1925 konnte er nun seine Baugedanken konkretisieren.

4.2 Der Grundriß

„Aus dem Grundriß entsteht alles. Ohne Grundriß ist Unordnung, Willkür. Der Grundriß bedingt bereits die Wirkung auf die Sinne.

Die großen Probleme von morgen, die von den Bedürfnissen der Gesamtheit diktiert werden, werfen die Frage des Grundrisses erneut auf. Das moderne Leben verlangt, ja fordert für das Haus und die Stadt einen neuen Grundriß."[25]

Ob Döcker diese Leitsätze von Le Corbusier in den ersten Jahren seines Architekturschaffens gekannt hat, mag offen bleiben. Daß sie aber seinen Absichten entsprachen, kann vorbehaltlos bestätigt werden.

In seinen Schriften legte er mehrfach dar, welche fundamentale Bedeutung er dem Grundriß beimaß. „Das Neue Bauen erfordert das eigentliche Planen, die schöpferische Arbeit. Planen ist wohl umfassend verstanden, die eigentliche Arbeit des Architekten, nicht das Zeichen."[26]

Nicht irgendwelche vorgefaßten Formvorstellungen dürften eine Planung beeinflussen, ihr Ausgangspunkt sei in der eigentlichen Bauaufgabe zu sehen, für die bestimmend sind:

„Die vorhandene Umgebung eines Bauplatzes, die Südrichtung, die Zugangsrichtung zum Gelände (...), die Beschaffenheit des Geländes (Hang, Ebene), die Verkehrsverhältnisse, der Charakter der Landschaft und ihr Klima, das Bauprogramm und seine wirtschaftlichen Bedingungen."[27]

Wie falsch es sein kann, von bestimmten äußeren Architekturformen auszugehen, erläuterte Döcker am Beispiel der Planung eines einfachen Wohnhauses:

„Ein solches Wohnhaus zu planen, kann nicht von dem Ziel ausgehen, einen Lebensablauf, was das Wohnen nun ist, von vornherein in ein geschlossenes Viereck einzuschachteln, weil ein Walmdach zum Beispiel darübergesetzt werden soll. Gerade jene Dachform verlangt allerlei Bindung. Sie verlangt eigentlich die symmetrische achsiale Aufteilung der Hauswände, um dem Gesetz des Baukörpers mit seinem Dach gerecht zu werden. Sie verlangt in dem darunter liegenden Grundriß die Konsequenz der geometrischen Figur als Ornament der Einteilung, so zum Beispiel auch die Lage der Schornsteine mit der Ausmündung im First, die Lage und Art des Treppenhauses so, daß kein Dachausbau erforderlich ist (...). Liegt daher die Aufgabe nicht (...) überhaupt anders? Gilt es nicht (...) die Beziehung der Räume untereinander folgerichtig und zweckmäßig herzustellen, die Lage derselben zur Sonne, zur Aussicht, zum Gelände usw. so zu organisieren, daß nichts mehr besser und behaglicher, nützlicher und gebrauchswertiger, – d.h. sinnvoller gemacht werden kann? (...) Und ist es nicht richtiger, anstelle des Walmdaches zum Beispiel die Begrenzung des Baukörpers der Gliederung und Anlage des Grundrisses zu überlassen und nicht etwa des Schornsteines wegen das Wesen des Hauses zu bauen?"[28]

Typisierte Wohnhäuser – Döcker und Schmitthenner im Vergleich

29 Daß es möglich ist, für ein relativ bescheidenes, gleichwohl menschengerechtes Wohnhaus geeignete Grundrisse zu entwickeln, wenn der Zwang zur Einpassung in einen

Schaubild mit den beiden Erweiterungen

Der Bauteil 1 enthält einen großen Wohnraum mit Terrasse, zwei Schlafräume für je zwei Betten, ein Bad, zwei Einbauschränke, einen Abstellraum und die erforderlichen Wirtschafts- und Nebenräume. Der Bauteil 2 gibt als Erweiterung des Wohnraums einen Eßraum mit Blumenfenster und eine Waschküche neben der Küche, der Bauteil 3 ein Mädchenzimmer und ein weiteres Zimmer als Arbeitszimmer oder als Schlafraum für zwei Betten.

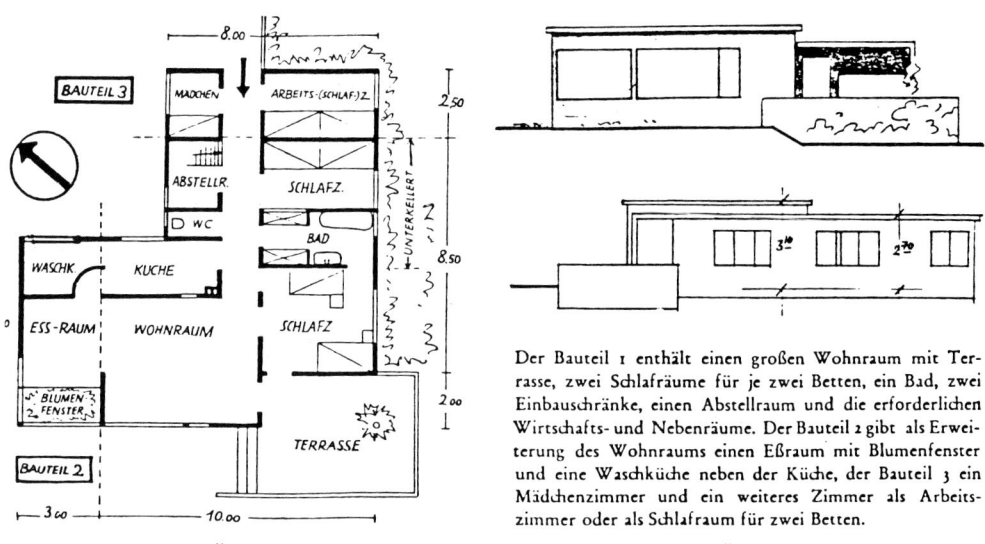

29 VORSCHLAG FÜR EIN TYPENHAUS MIT ERWEITERUNGSMÖGLICHKEITEN

30 HAUS DR. G., Stuttgart, Architekt Paul Schmitthenner

Ansicht Gartenseite

Grundriß

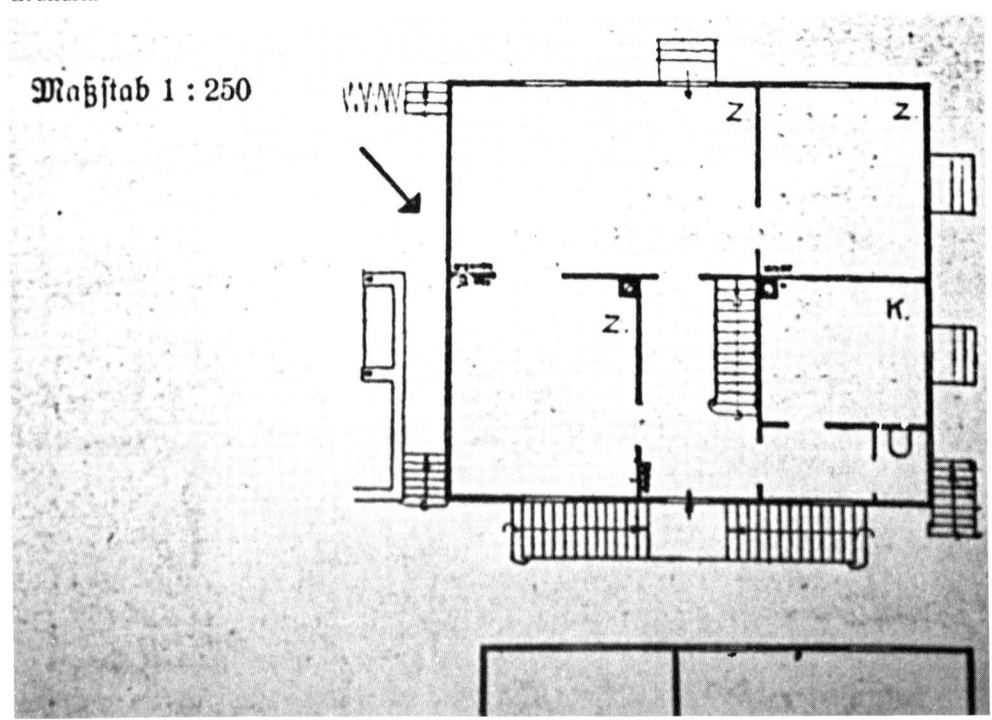

Maßstab 1 : 250

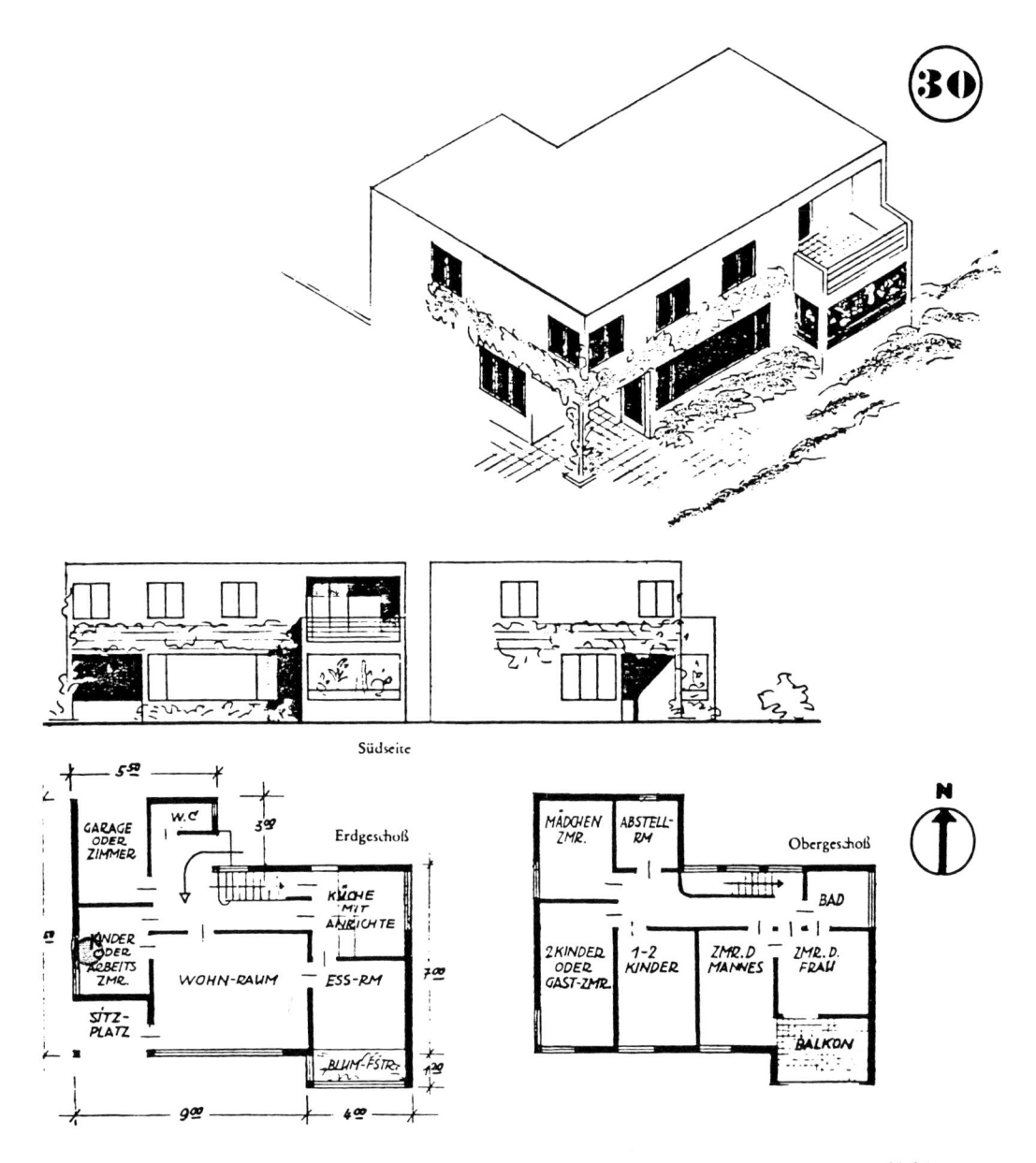

Das Erdgeschoß mit Anrichte und Küche zeigt einen Eßraum mit Blumenfenster, einen Hauptwohnraum mit überdecktem Sitzplatz, ein Kinder- oder Arbeitszimmer und Garage (die evtl. auch als Zimmer ausgeführt werden kann). Das Obergeschoß hat zwei getrennte Schlafzimmer für Mann und Frau mit Bad und Balkon, zwei Kinderschlafzimmer mit je zwei Betten, ein Mädchenzimmer und einen Abstellraum bzw. Schrankzimmer.

31 VORSCHLAG FÜR EIN TYPENHAUS, Stuttgart, 1930

vorgegebenen Baukörper nicht mehr besteht, zeigt Döcker 1930 im Entwurf für ein eingeschossiges Haus mit Erweiterungsmöglichkeiten.[29] Die Hauptwohnräume sind nach Südwesten ausgerichtet, die Wohnterrasse ist vom Wohn- und Elternschlafzimmer zugänglich. Alle Schlafräume sind der Morgensonne zugekehrt, und die Wirtschaftsräume werden an der Schattenseite des Hauses angeordnet. Die Konzeption des flach gedeckten Gebäudes beruht auf einem Grundriß, der durch zwei gegeneinanderstoßende Baukuben gebildet wird. Wohn- und Schlafflügel erhalten unterschiedliche Raumhöhen, wodurch das Haus als eine in sich ausgewogene Baumasse erscheint.

30 Anders stellt sich Schmitthenners Entwurf dar; dieser entwickelte für ein ähnliches, eher etwas großzügigeres Raumprogramm ein vorzufertigendes Haus auf fast quadratischem Grundriß mit Walmdach.[30] Hier kommt nicht nur im Äußeren die bewußte Fortführung einer traditionellen Formensprache zum Ausdruck – viele Architekten jener Zeit, wahrscheinlich von Schmitthenner beeinflußt, zeigten ihren Ehrgeiz, die Proportionen des Gartenhauses von Goethe in Weimar nachzuempfinden oder gar zu übertreffen –; hier ist im Grundriß das symmetrische Prinzip für Zuschnitt und Aufteilung der Räume weitgehend bestimmend. Das Erdgeschoß besitzt drei größere Zimmer, vermutlich Wohnräume. Es drängt sich aber die Frage auf, warum keines davon mit der Küche verbunden ist. Ist eine Zuordnung von Vorraum (wahrscheinlich Garderobe) und WC zur Küche wichtiger?

31 Ein etwas großzügigeres Raumprogramm gab Döcker weit bessere Möglichkeiten, die für den guten Wohnwert wichtigen, engen Verbindungen der miteinander korrespondierenden Räume herauszuarbeiten. Das ebenfalls als Typus vorgeschlagene zweigeschossige Einfamilienhaus[31] mit acht bis neun Zimmern zeichnet sich neben einer guten Besonnung und Öffnung des Hauses zum Außenbereich durch die folgerichtige Verbindung von Küche mit Anrichte und Eßraum sowie durch die einfache und relativ großzügige Eingangslösung aus.

Döcker, der trotz wirtschaftlicher Krisen in der Zeit von 1922 bis 1933 eine beachtenswerte Reihe von relativ großzügigen Einfamilienhäusern bauen konnte, beabsichtigte mit den beiden Entwürfen für typisierte Wohnhäuser, die er 1930 in seinem Buch *42 Wohnhäuser von 8.000 bis 30.000 RM* vorgestellt hatte, einen Beitrag dazu zu leisten, Familien mit geringerem Einkommen den Bau preisgünstiger, gut durchdachter Wohnungen zu ermöglichen.

Entwürfe in Holzbauweise für die Stuttgarter Kochenhofsiedlung – ein Beitrag zur geplanten Werkbundausstellung „Deutsches Holz für Hausbau und Wohnung"

Den gleichen Anspruch zeigen auch Döckers Anfang 1933 entstandene Typenentwürfe für die Kochenhofsiedlung, die im Rahmen einer weiteren Stuttgarter Werkbundausstellung gebaut werden sollten. Zu einer Realisierung seiner Entwurfsgedanken kam

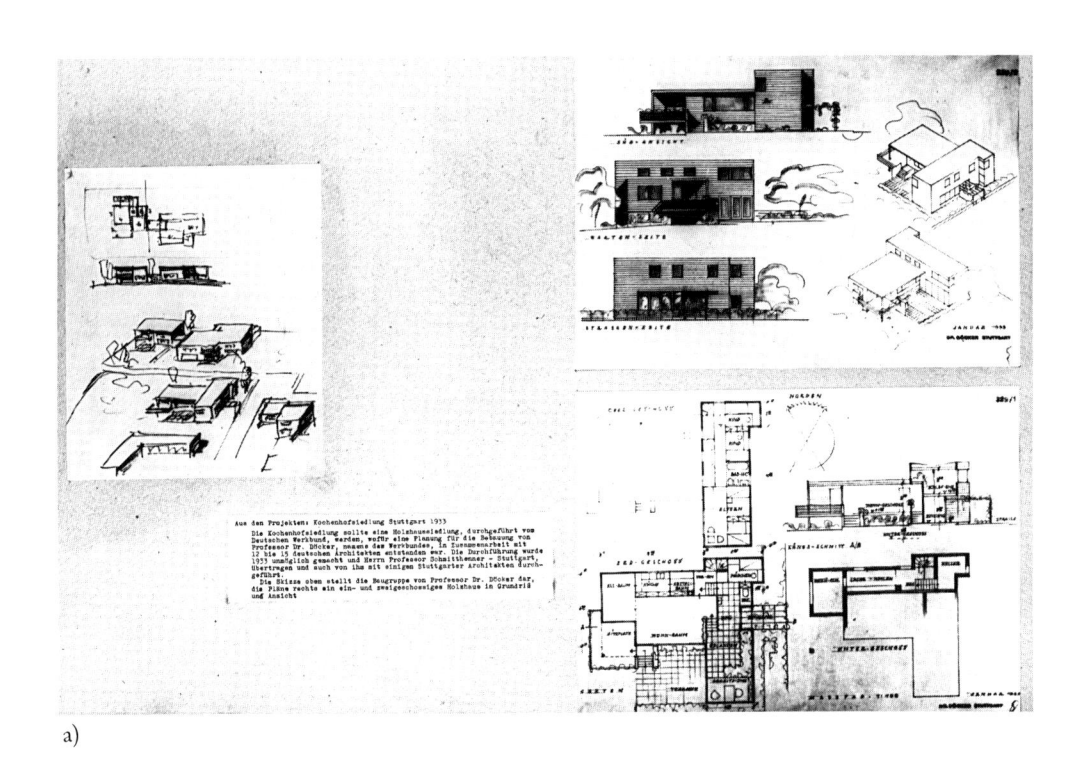

a)

32a,b HOLZHÄUSER FÜR DIE KOCHENHOFSIEDLUNG, Stuttgart, 1933

b)

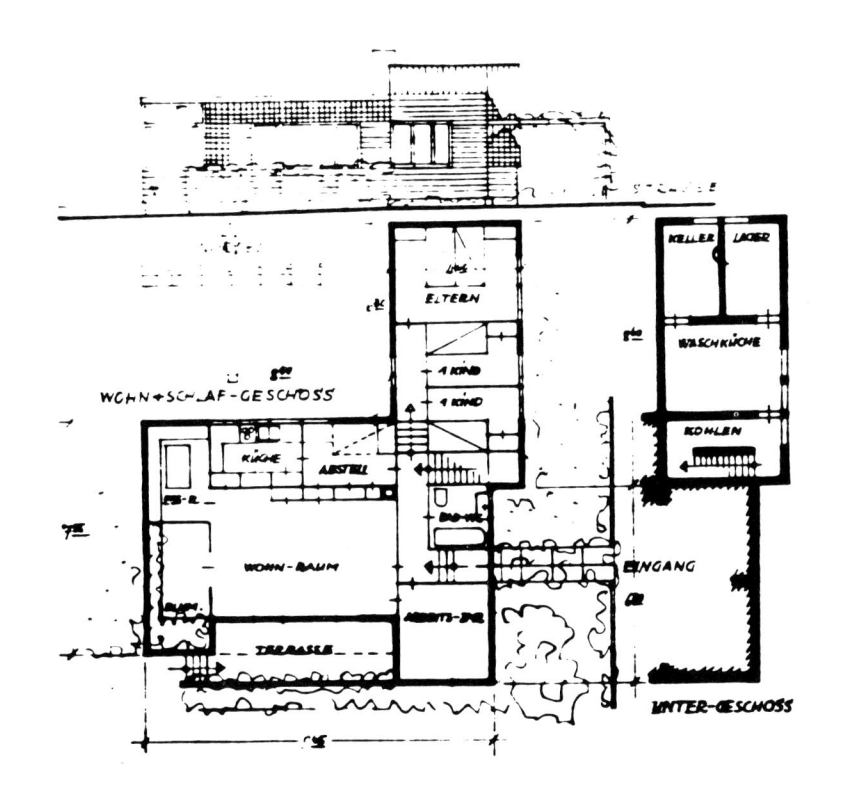

es jedoch nicht mehr, da Döcker im Zuge der politischen Machtverschiebung von der Teilnahme an diesem von Architekten des Neuen Bauens geplanten Projekt[32] ausgeschlossen wurde. Für die ursprünglich für diese Siedlung konzipierten Häuser entwickelte Döcker interessante Grundriß- und Entwurfsideen. Bei einem der Häuser, für ebenes Gelände geplant, sah er Eingangsbereich, Wohngeschoß und Schlafräume höhenversetzt auf verschiedenen Ebenen vor. Mit niveaugleichem Zugang von der im Osten vorbeiführenden Straße wurden in Eingangshöhe lediglich ein weitläufig wirkender Garderobenflur, WC und Mädchenzimmer, sowie, nach Süden vorgeschoben, ein Raum für Pflanzen und ein Arbeitszimmer angeordnet. Ein halbes Geschoß höher liegen die Wohnräume, die Küche und der äußere, überdachte Sitzplatz. Um ein weiteres halbes Geschoß angehoben, befinden sich über der Eingangsebene die Schlafräume. Die Ansichten, besonders die der Gartenseite, zeigen deutlich, daß diese gelungene Grundrißgestaltung nur in einem höhenversetzten Flachdachbau möglich ist, denn ein Steildach über dem Wohnbereich hätte zu kritischen Überschneidungen mit dem Schlafgeschoß und zur Beeinträchtigung von dessen Belichtung geführt.

32a

Ein ebenfalls für die Kochenhofsiedlung geplantes Haus, das im Prinzip auf der gleichen Grundidee aufbaut, ist, im Vergleich zu dem anderen Typ, wesentlich bescheidener und erstreckt sich lediglich über zwei Ebenen. Die Vereinfachung aus Gründen der Kostenersparnis geht hier aber stark zu Lasten des Gebrauchswertes der Wohnung. Die Anordnung des Baus mit dem einzigen WC, weit abgesetzt von den Schlafräumen und um ein halbes Geschoß tiefer als diese liegend, ist ein erheblicher Schwachpunkt dieses Entwurfes.

32b

Haus Stephan in Stuttgart (1929)

Nicht jede Entwurfsidee eines Architekten, mag sie noch so schwungvoll und spontan skizziert worden sein, findet die sofortige Zustimmung des Auftraggebers, sei es, daß dieser andere Vorstellungen von dem geplanten Gebäude hat oder daß wirtschaftliche Überlegungen eine Reduzierung des Bauprogramms bewirken.

Für Haus Stephan, im Kienbach in Stuttgart, läßt sich anhand der Planunterlagen der Weg von der ersten Entwurfsskizze bis zur ausführungsreifen Lösung verfolgen.

33, 34 Die Grundrißskizze vom 22. März 1929 und die dazugehörige Perspektivzeichnung zählten zu Döckers erstem Lösungsvorschlag. Wie locker und flüchtig das Ergebnis auch dargestellt sein mag, es drückt doch eine konzeptionell gute Entwurfsidee aus, die in allen Geschossen und Bereichen eine makellose Zuordnung aller Räume aufzeigt. Im Gegensatz zu vielen anderen geplanten und gebauten Häusern jener Zeit fällt die Großzügigkeit der Räume für das Haus- und Küchenpersonal auf. Bemerkenswert sind bei dieser Lösung der eigene Aufenthaltsraum neben der Küche, die

HAUS STEPHAN, Stuttgart

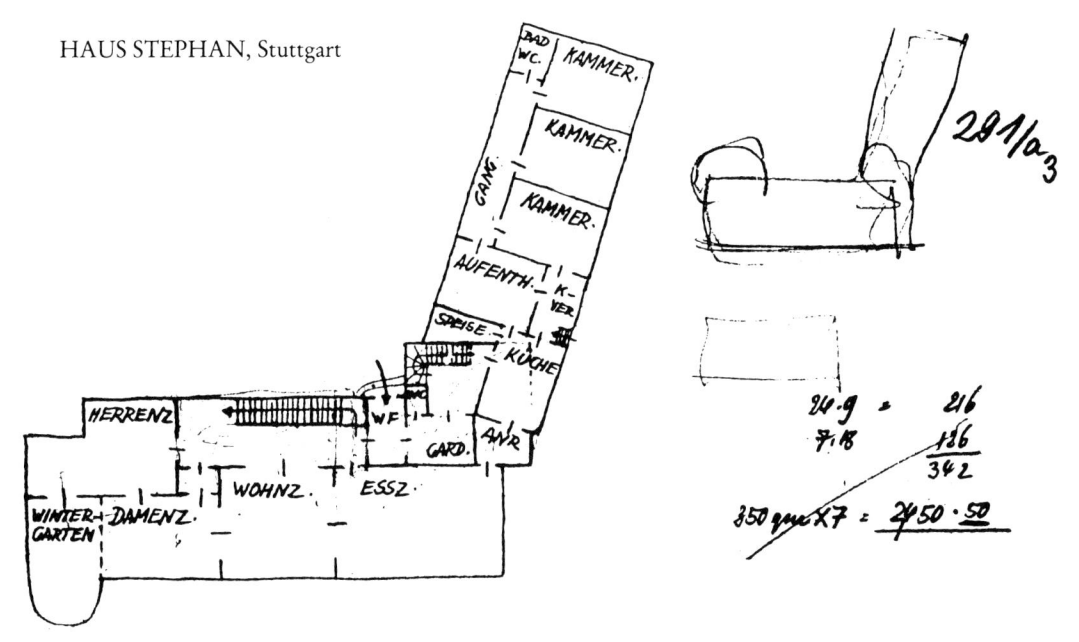

33 Grundriß Erdgeschoß, Erste Entwurfsstudie, 22. März 1929

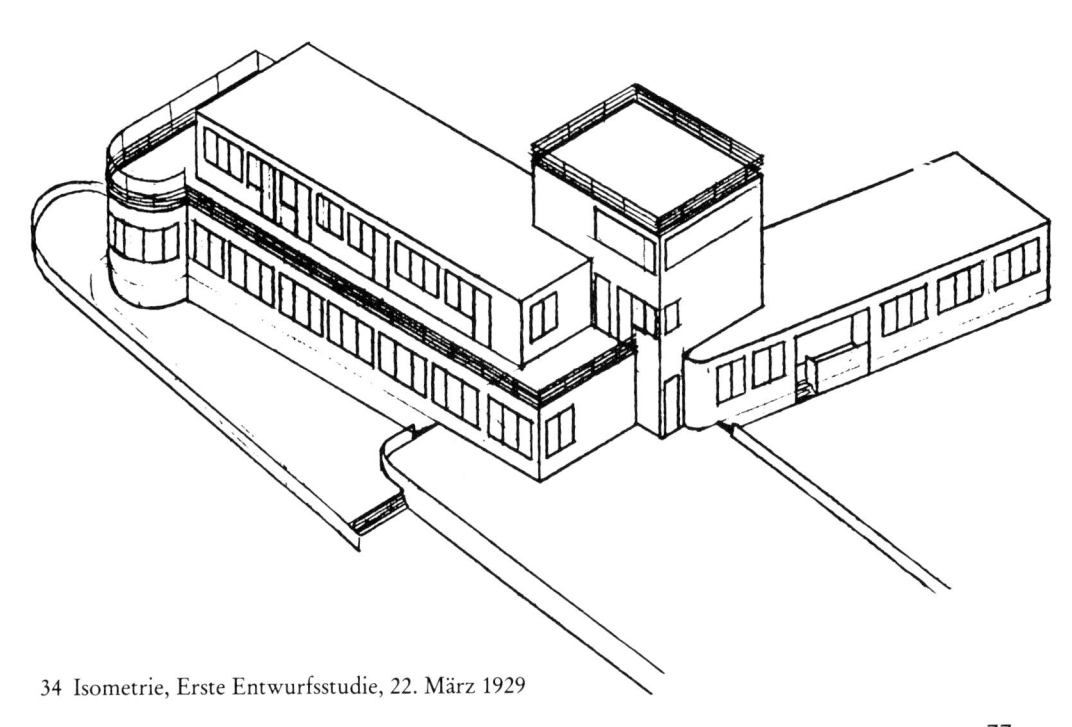

34 Isometrie, Erste Entwurfsstudie, 22. März 1929

HAUS STEPHAN, Stuttgart

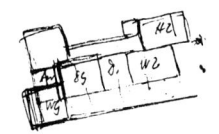

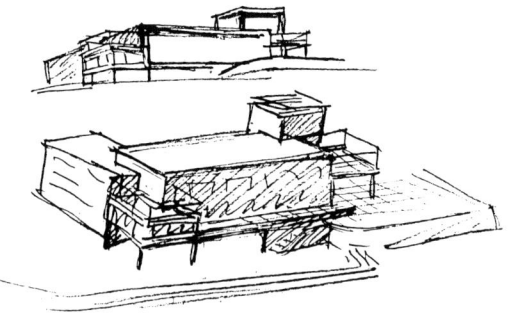

35 Grundriß und Perspektivskizzen, Zweite Entwurfsstudie, 27. März 1929

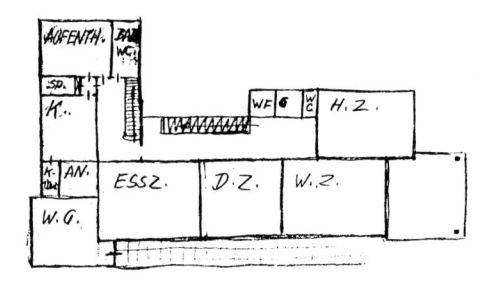

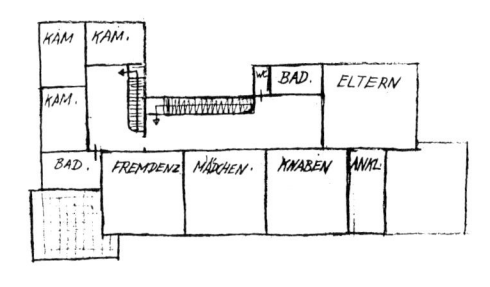

36 Grundrisse Erdgeschoß und Obergeschoß, Zweite Entwurfsstudie, 27. März 1929

37 Grundriß Untergeschoß, 23. Mai 1929

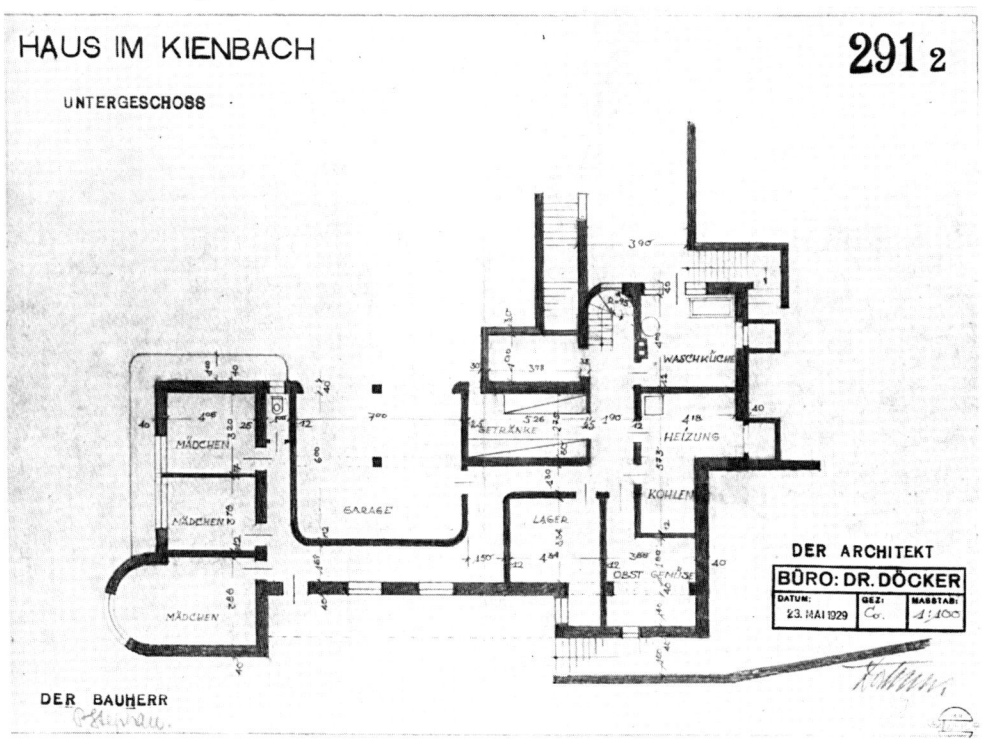

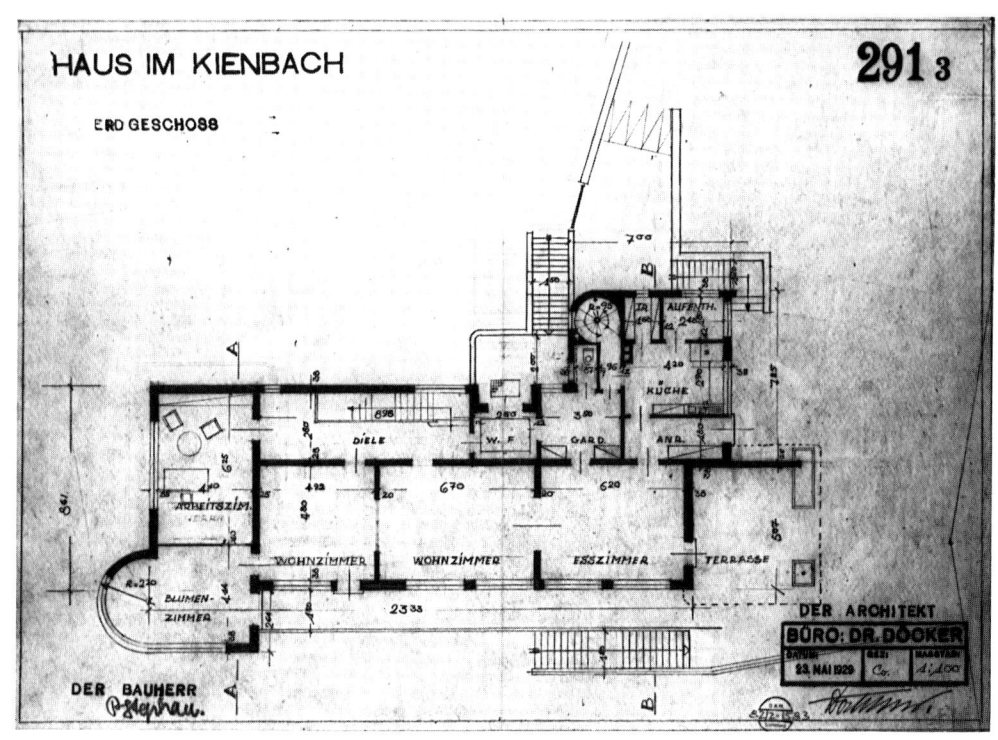

HAUS STEPHAN, Stuttgart

38 Grundriß Erdgeschoß, 23. Mai 1929

39 Grundrisse Obergeschosse, 23. Mai 1929

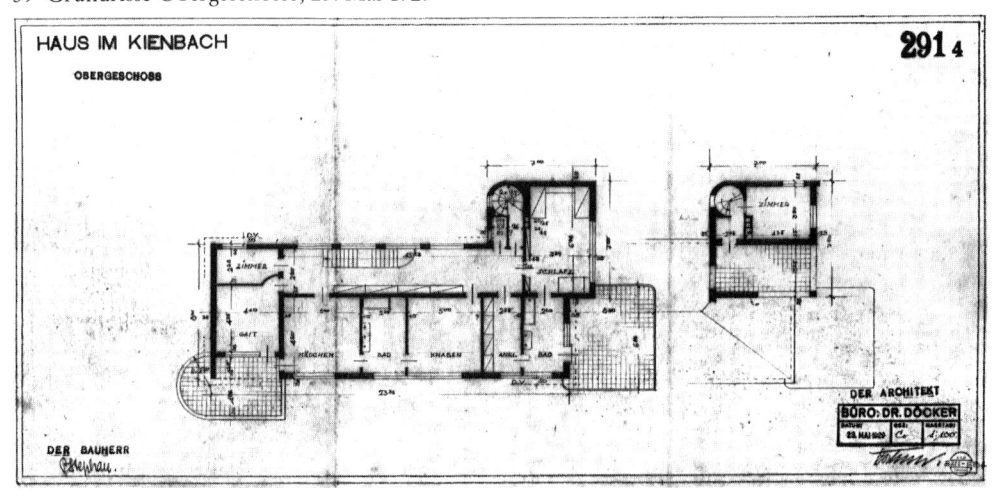

HAUS STEPHAN, Stuttgart

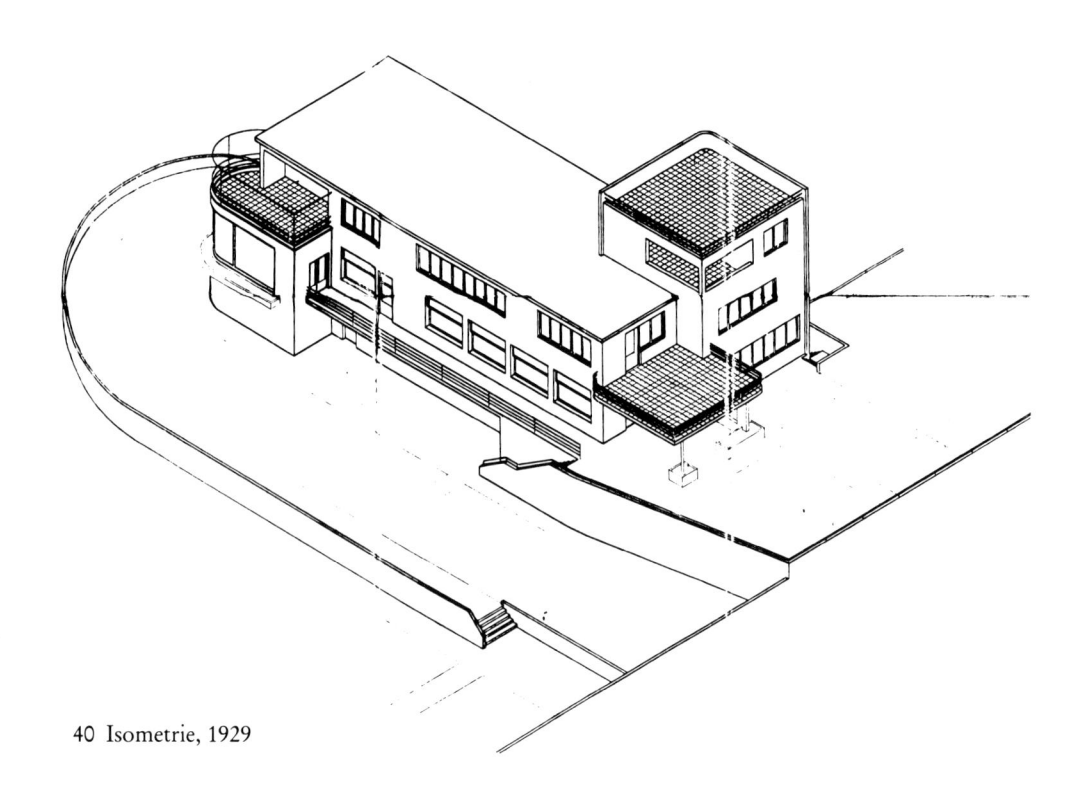

40 Isometrie, 1929

41 Ansicht, 23. Mai 1929

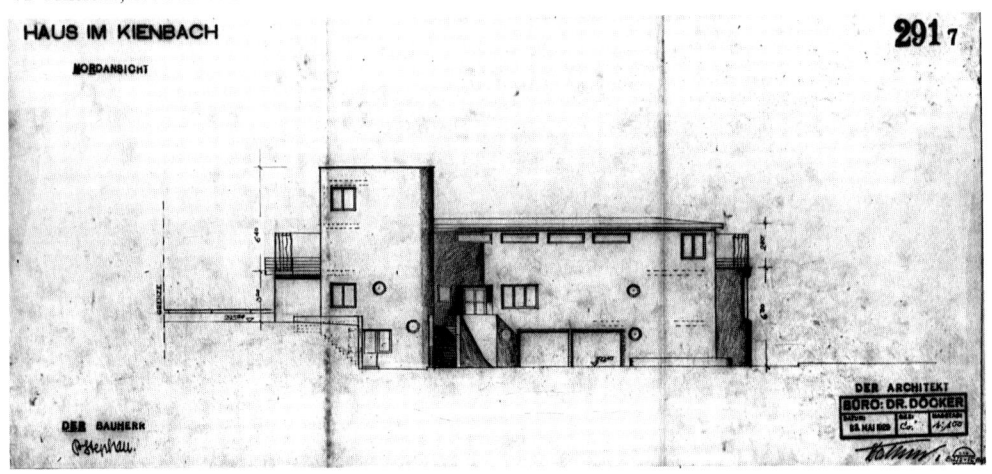

80

gut besonnten Einzelzimmer und ein in einem separaten Trakt untergebrachtes Personalbad.

Der erste Entwurf war offenbar zu aufwendig. Deshalb entstanden fünf Tage später neue Skizzen, die den Küchen- und Personalbereich, jetzt zweigeschossig, im Norden des Baukomplexes vorsahen. Die Personalschlafräume schließen sich nun, durch eine Zwischentür getrennt, an den Schlafzimmertrakt der Bauherrnfamilie an. Die im ersten Entwurf noch der ganzen Obergeschoßfront vorgelagerten Sonnenterrassen sind jetzt nur noch an den Kopfseiten der Anlage vorgesehen. Die Perspektivskizze zeigt, daß Döcker auch hier eine gut abgestufte kubische Baukörperlösung vorschwebte. 35, 36

Nach weiteren sieben Tagen lag als inzwischen fünfte Studie zu diesem Projekt eine Entwurfsskizze vor, die wohl weitgehend Anklang fand. Sie wurde in den darauf folgenden sieben Wochen mit geringen Planänderungen bauvorlagereif umgezeichnet. Drei grundlegende Unterschiede sind gegenüber der zweiten Lösung festzustellen. Der Wirtschaftsbereich mit Küche, Anrichte und Personalaufenthaltsraum wurde, wie bei den ersten Entwurfsgedanken, wieder an der rechten Kopfseite der Gesamtanlage im Südosten plaziert. Die Garagen liegen nun im Untergeschoß unter dem Wohnbereich, und die Mädchenzimmer, ohne zugehöriges Bad, wurden weitab vom Wirtschaftsflügel zur entgegengesetzten Kopfseite, nach Norden ausgerichtet ins Untergeschoß verbannt. 37-40

Insgesamt gesehen ist auch die letzte Lösung immer noch recht eindrucksvoll. Die Grundrisse vom Erd- und Obergeschoß erfüllen mit allen darin vorgesehenen Räumen, sowohl nach Größe, Belichtung und Zuordnung zueinander, die gestellten Anforderungen. Der Gesamtbaukörper ist in sich klar gegliedert, die verschiedenen Kuben sind in ihren Proportionen gut aufeinander abgestimmt.

Dieser günstige Eindruck wird durch die Außenhautgestaltung der Rückseite empfindlich gestört. Die starken Geländeabtragungen und die geschoßhohe Stützmauer, die erforderlich wurden, um einen ebenerdigen Waschküchenzugang zu schaffen, die ebenfalls geschoßhohen Freitreppen, die zum Haupteingang bzw. zum Kücheneingang führen, schließlich das unbewältigte Nebeneinander verschiedener Fensterformen sind im Oeuvre Döckers selten zu finden. Der Planungsablauf zeigt, daß jede neue Entwurfsphase zu Abstrichen in der Qualität der Planung führte, eine Schwäche Döckers, angesichts der zu fragen bleibt, ob ein Architekt sich durch seinen Bauherrn so weit von einer guten Entwurfsidee abdrängen lassen sollte.[33] 41

Haus Poehlmann, Waiblingen (1931)

Die Aufgabe, ein Haus am Hang mit einer kleinen Arztpraxis in Waiblingen zu planen, bei der die Forderung einer späteren Teilungsmöglichkeit in zwei Wohnungen erhoben wurde[34], löste Döcker, indem er von der so oft praktizierten Lösung ab- 42

HAUS POEHLMANN, Waiblingen

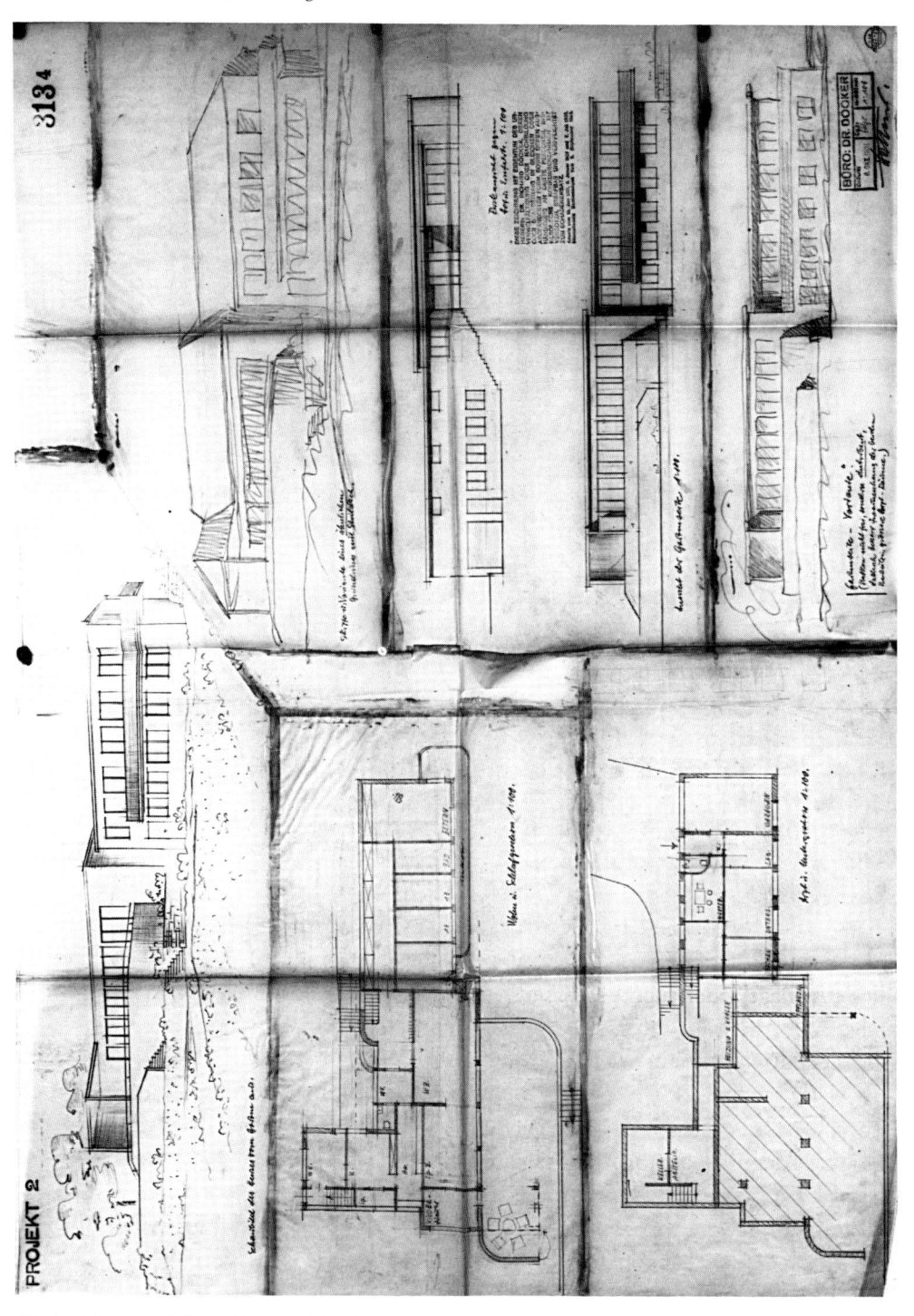

42 Ansichten und Grundrisse, 8. Oktober 1931

rückte, die Schlafräume der Familie in einem Obergeschoß über dem Wohnteil unterzubringen. Er entschied sich, in Anbetracht der Größe des Baugeländes, den Wohn- und Schlafteil in fast einer Flucht, den Höhenlinien folgend, zu konzipieren und die Praxis unter den Schlafflügel zu legen. Ein derartig langgestreckter Baukörper verlangte eine gewisse Gliederung, die neben der unterschiedlichen Geschossigkeit durch ein Zurücksetzen des Schlaf- und Praxisflügels erreicht wurde.

Wenn ab Mitte der zwanziger Jahre die Mehrzahl von Döckers geplanten Grundrissen den Flachdachkörperbau im Aufriß bedingten, so galt dieser Zwang hier nicht. Diese Tatsache hat Döcker wohl stark beschäftigt, denn auf ersten Skizzen stellt er der Flachdachlösung sogleich eine Alternative mit Walm gegenüber. Der gegenwärtige Bewohner des Hauses[35] erklärte, daß Döcker selbst zu dem auch ausgeführten Satteldach geraten habe.

Haus Kauffmann, Offenburg (1933/1934)

Ein weiteres, sehr langgestrecktes Haus mit Satteldach, das in der Außenflucht leicht versetzt ist und einen zweigeschossigen Schlafflügel mit darunter angeordneten Wirtschaftsräumen besitzt, während der Wohnteil eingeschossig bleibt, wurde im März 1933/1934 für Frau Kauffmann in Offenburg entworfen.

Ungeklärt bleibt, warum Döcker in einer auf den 25. August 1933 datierten Entwurfsvariation auf die überzeugend wirkende Höhendifferenz zwischen Wohn- und Schlafteil verzichtete und eine einheitliche Firsthöhe vorzog, obgleich das lange Satteldach mit unterschiedlicher Firsthöhe, an der Straßenseite flächig ineinander übergehend, durchaus der Grundstückskonzeption entsprochen hätte.

Ob Döcker, als Verfechter des Neuen Bauens, diesen in der Variante vom August 1933 ungewöhnlichen Landhaus-Bungalow aus innerer Überzeugung vorgeschlagen hat, wird wohl eine unbeantwortete Frage bleiben. Handelte es sich um eine behördliche Auflage, oder suchte Döcker, der zu dieser Zeit schon als ‚Kulturbolschewist' galt, eine Überlebenschance?

Döcker entwickelte aber auch ein Geschick, behördliche Auflagen zu unterlaufen, wie die Ausführung des Hauses seiner Schwiegereltern Grosse in Freiburg zur Zeit des Nationalsozialismus zeigen mag. Zur Zufriedenstellung der Bauaufsichtsbehörde ließ Döcker Klappläden anbringen, sah aber dennoch Rolladenkästen vor, um eine nachträgliche Demontage der Fensterläden zu ermöglichen. Der geforderten Fenstergliederung durch Sprossen kam er nur halbherzig nach – er ließ kleinteilige Sprossen aufmalen. Bei der Bauabnahme wurde die Glasaufmalung kritisiert, da sie nicht ewig halten würde, worauf Döcker entgegnete: „Ihre Gesetze und Ihr Regime auch nicht."[36]

HAUS KAUFFMANN, Offenburg

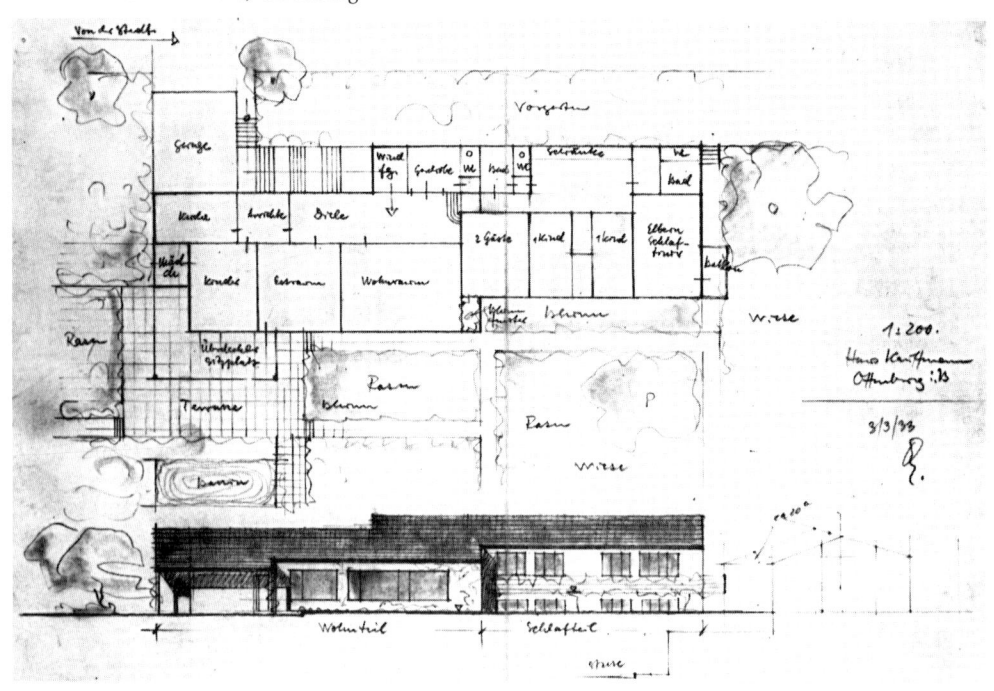

43a Grundriß Erdgeschoß und Ansicht, Vorentwurf, 3. März 1933

43b Isometrie, 1933

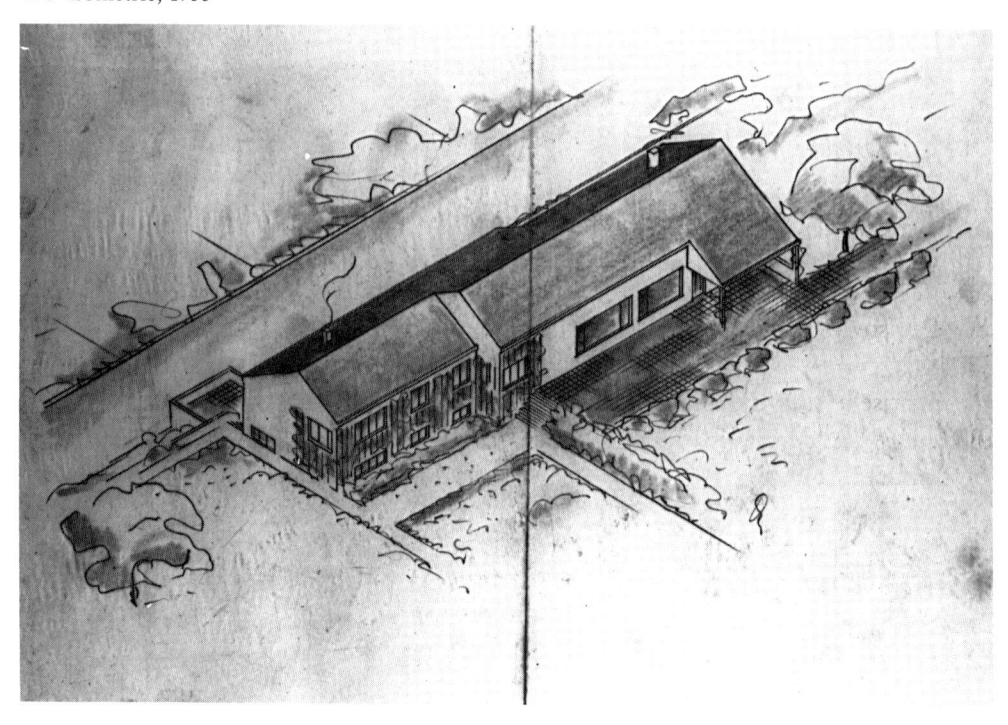

4.3 Der Baukörper als architektonische Gestaltungsaufgabe

Döcker begriff ein Gebäude als ‚Organismus', als ein Ganzes, das den Bedürfnissen seiner Nutzer gerecht werden sollte. Dieser Anspruch ließ sich nur durch eine entsprechende Grundrißlösung erfüllen.
Die Außenhaut des Gebäudes stand für ihn in Abhängigkeit zum Inneren, die Gestaltung der Außenwände in unmittelbarer Beziehung zur Grundrißanordnung.
Von der Architektur verlangt Döcker, daß sie alle „den ganzen Bau umspannenden Kräfte" zum Ausdruck bringt, „also Beziehungen und Bindungen der verschiedenen Körperseiten untereinander und damit auch Bewegungstendenzen außen und innen als Forderung des Organismus und Folgerung seiner Existenz"[37].
Döckers Anliegen bestand darin, die einzelnen Außenwände zueinander in Beziehung zu setzen. Er forderte die Komposition der gesamten Außenhaut und wandte sich daher gegen die Gestaltung einer meist besonders hervorgehobenen und von den übrigen Wänden bevorzugt behandelten Fassade. Fassadengestaltung bedeutete für Döcker lediglich die Behandlung einer Fläche; ‚Fassade' sei deshalb abzulehnen.
Für die Architektur forderte er hingegen, daß sie „räumlich gedacht und auch so erlebt"[38] werden solle. Die Gestaltung der Außenhaut dürfe nicht an den Kanten der jeweiligen Wandfläche enden, sondern müsse die Ecken des Baukörpers umgreifen. Architektur solle „ringsumlaufend, räumlich, körperlich"[39] sein. Bestimmend für die Baukörpergestaltung sei immer eine „gesetzmäßige Ordnung", sie sei „ein gleichmäßiges Verteilen von Wand und Öffnung, von Vor- und Rücksprung (…), von Stütze und Last, von dick und dünn, von schwarz und weiß – von Raum und Körper", wobei es Döcker „um die Herstellung des Gleichgewichts aller die Komposition bestimmenden Größen des Organismus-, um eine Herstellung völliger Harmonie" geht. „Symmetrie oder Nichtsymmetrie ist nicht zu verwechseln mit ruhig oder unruhig, mit geordnet oder ungeordnet."[40] Ähnliche Gedanken formulierte J.J.P. Oud, der die „neuen Baukompositionen als ausgewogene Balancen aufeinander bezogener Teile"[41] beschrieb, „wobei jeder Teil in Stand und Maß so sehr im Verhältnis steht zu den anderen Teilen, für sich selbst und als Ganzes, daß jede – auch die kleinste – Veränderung eine völlige Störung des Gleichgewichts zur Folge hat"[42].
Die „statische und dynamische Erscheinungsform wird durch die Konstruktionsprinzipien und der den einzelnen Konstruktionskräften innewohnenden Bewegung (bestimmt)."[43]

Haus Kamm, Stuttgart (1932/1933)

Als Beispiel dafür, wie bei einem Haus Inneres und Äußeres einander entsprechen, wie die äußere Erscheinung als ein in sich abgestimmtes Ganzes erscheint, steht der in

44, 45

HAUS KAMM, Stuttgart

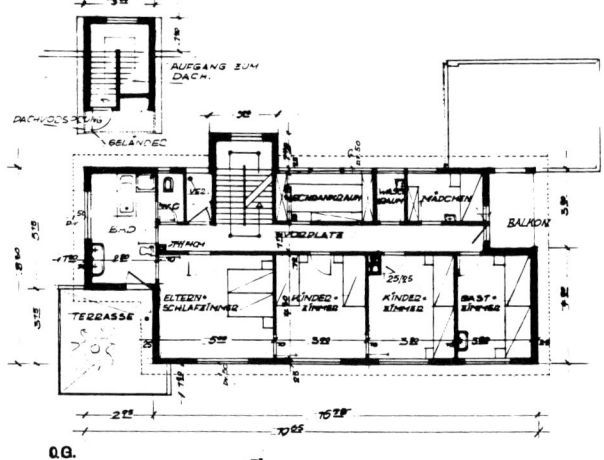

44 Grundrisse Obergeschoß
    und Erdgeschoß,
    22. Juli 1932

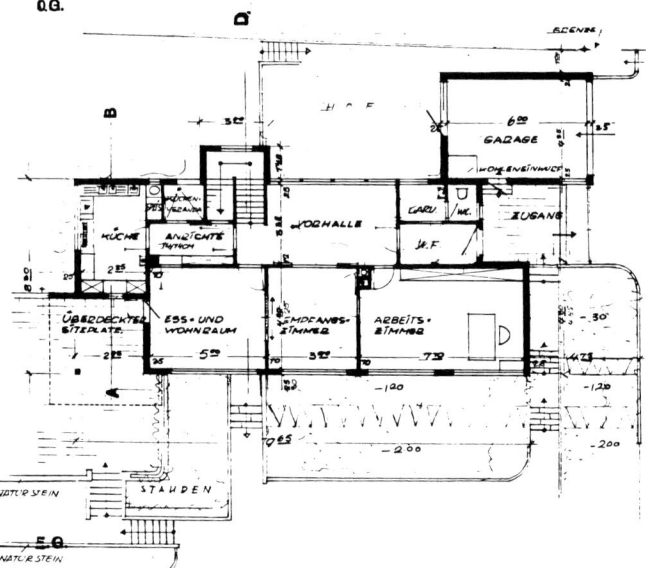

45 Ansichten, 22. Juli 1932

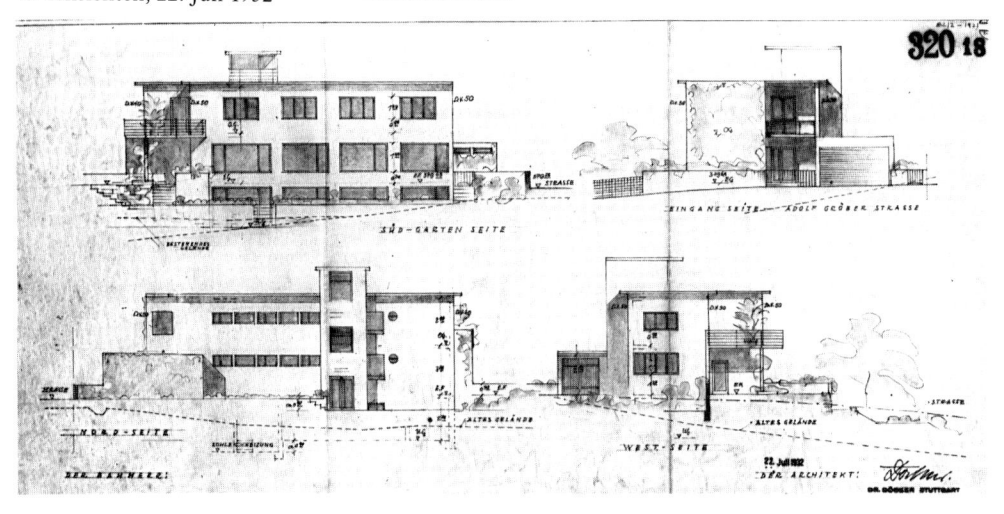

der geplanten Form nicht ausgeführte Entwurf für das Haus Kamm aus dem Jahre 1932, einer Zeit, in der Döcker die Formensprache und die Gestaltungsprinzipien des Neuen Bauens sicher beherrschte.

Für eine gute, das Innere widerspiegelnde Gestaltung der Außenhaut eines Gebäudes ist das Thema Einfamilienhaus eine der schwierigsten Entwurfsaufgaben überhaupt. Bei kaum einer anderen Gebäudeart gilt es so viele, in sich völlig unterschiedliche Räume mit andersartiger Nutzung zu einem harmonischen Ganzen zu vereinen, wie bei dieser scheinbar so simplen Aufgabe.

Noch relativ einfach mag die Gestaltung der Süd- und Gartenseite erscheinen. Im Obergeschoß gab es die wenigsten Probleme. Drei gleichgroße Kinder- und Gastzimmer bedingten Fenster gleicher Größe. Döcker wies dem sehr viel geräumigeren Elternschlafzimmer dasselbe Fensterformat zu, was für die Belichtung des Raumes ausreichend war. Durch die Reihung von vier übereinstimmenden Elementen stellte er eine Ordnung im Obergeschoß her. Denkbar wäre es auch gewesen, das Fenster des Elternschlafzimmers um einen Flügel zu verbreitern, doch legte Döcker wahrscheinlich Wert darauf, hier genügend Wandfläche bis zum Beginn der Obergeschoßterrasse einzuhalten. Im Erdgeschoß wurde das gleiche Prinzip verfolgt. Die größeren Wohn- und Arbeitsräume verlangten mehr Licht und benötigten daher größere Fenster. Sie wurden, wie diejenigen im Obergeschoß, in eine klare Reihung gebracht. Die größeren Lichtöffnungen im Erdgeschoß beeinträchtigen aber keineswegs das Gesamtbild. Die so durchgeführte Reihung der Fenster im Ober- und Erdgeschoß, die auch im Untergeschoß fortgesetzt wurde, führte zu einer sehr ruhigen, in sich geschlossenen Wandgestaltung, die keines Zusatzes mehr bedurfte.

Mit der Anordnung der Terrassen in den Wohn- und Schlafgeschossen wurde aber ein Spannungsverhältnis eingeführt, das zu einer gut ausgewogenen und interessanten architektonischen Lösung führte. Die sich anschließende Westseite erhielt mit den in den Baukörper eingeschnittenen, überdachten Terrassen den gleichen Schwerpunkt, so daß es als unwesentlich bezeichnet werden kann, wenn die Fenster des Bades im Obergeschoß und der Küche im Erdgeschoß verschieden breit sind.

Was es heißt, das Innenleben eines Hauses bei der Gestaltung der Außenhaut sichtbar zu machen, ist wohl am besten bei der Nordwand zum Ausdruck gekommen. Blick- und Schwerpunkt ist hier das aus der Mauerflucht heraustretende und den sonstigen Kubus überragende Treppenhaus. Erdgeschoßflur, wie Schrankraum und Mädchenzimmer, nebst Waschraum im Obergeschoß erhielten das gleiche Fensterband. Die nicht durch Fenster abgeschlossenen Wandöffnungen, Döcker nannte sie Veranden, stehen ohne jegliche Zutat wie selbstverständlich in der Fläche, wie schließlich die kleine Okuli[44] eindeutig auf die dort plazierten, untergeordneten Räumlichkeiten, wie Speisekammer im Erdgeschoß und WC im Obergeschoß, verweisen.

Fünf verschiedene Wandöffnungen dokumentieren nach außen die Funktion der dahinterliegenden Räume. Diese im Format so unterschiedlichen Elemente ins Gleichgewicht zu setzen, ist hier überzeugend gelungen.

Ziegelbänder

Der Ziegel war für den Stuttgarter Raum zu Beginn der zwanziger Jahre kein gebräuchlicher Baustoff. In Döckers früher Architektur findet er jedoch vielfach Verwendung. Döcker sah den Ziegel allerdings nicht für die Ausführung des Gesamtbaues vor, sondern nutzte ihn nur partiell zur Hervorhebung bestimmter Gebäude- oder Geschoßteile. Das Rot des Ziegelsteines bildete einen reizvollen Kontrast zum weißen Putz der übrigen Wandfläche und befähigte Döcker, mit diesem Baumaterial Akzente zu setzen. Oft war beabsichtigt, langgestreckte, waagerechte Ziegelbänder in die Fassade einzufügen, um dem Gebäude eine horizontale Ausrichtung zu geben. Zumeist waren es keine glatten Bänder aus flachem Ziegelmauerwerk, sondern im wechselnden Rhythmus höhenversetzte Ziegel, die eine Art Reliefband ergaben und beinahe als abstraktes Ornament wirkten[49], ein häufiges Gestaltungsmoment in der Architektur des frühen Döcker. Paten mögen hier F.L. Wright oder Mendelsohn gestanden haben.

Darüber hinaus muß das Ziegelreliefband im Zusammenhang mit dem zeitgenössischen Expressionismus verstanden werden.[50] Ungeachtet aber jeglicher Formadaption war das strukturierte Ziegelreliefband zu einem so charakteristischen Indiz für Döckers frühe Bauten geworden, daß man es in der angewendeten Art schon als eigene und typische Handschrift ansehen kann.

Bandwirkungen durch konstruktive Elemente

Für die Horizontalausrichtung eines Baukörpers nutzte Döcker auch konstruktiv notwendige Gebäudeteile, um sie ebenfalls als waagerechte Bänder erscheinen zu lassen. Bei dem Stuttgarter Haus Sebald (1923) ordnete Döcker drei fast schwebend wirkende Scheiben übereinander an, die prägend für das Gesamtgefüge des Gebäudes wurden. Durch den Verzicht auf eine Abstützung der Gebäudeecken sowie durch ein teilweise offenes Untergeschoß kommen die Terrassenbrüstungen und das Dachgesims als ‚Bänder' voll zur Geltung. Der durch einen Schattenwurf verstärkt zurückversetzte Sockel der Erdgeschoßbrüstung und der vorkragende Brüstungsabschluß an der Obergeschoßterrasse sind weitere unterstützende Momente der Horizontalgestaltung durch Bänder.[51]

Gesimse

Das Gurtgesims hatte für Döcker nicht die Bedeutung eines Zitats traditioneller Baukunst; er setzte auch dieses Element als waagerechtes Band ein. Selten umzieht es die gesamten Gebäudefronten. So läßt er es beispielsweise in dem Entwurf für Haus Se-

47 FRIEDENSSCHULE, Trossingen, 1923 / 1924

48 HAUS SEBALD, Stuttgart, Ansicht, September 1923

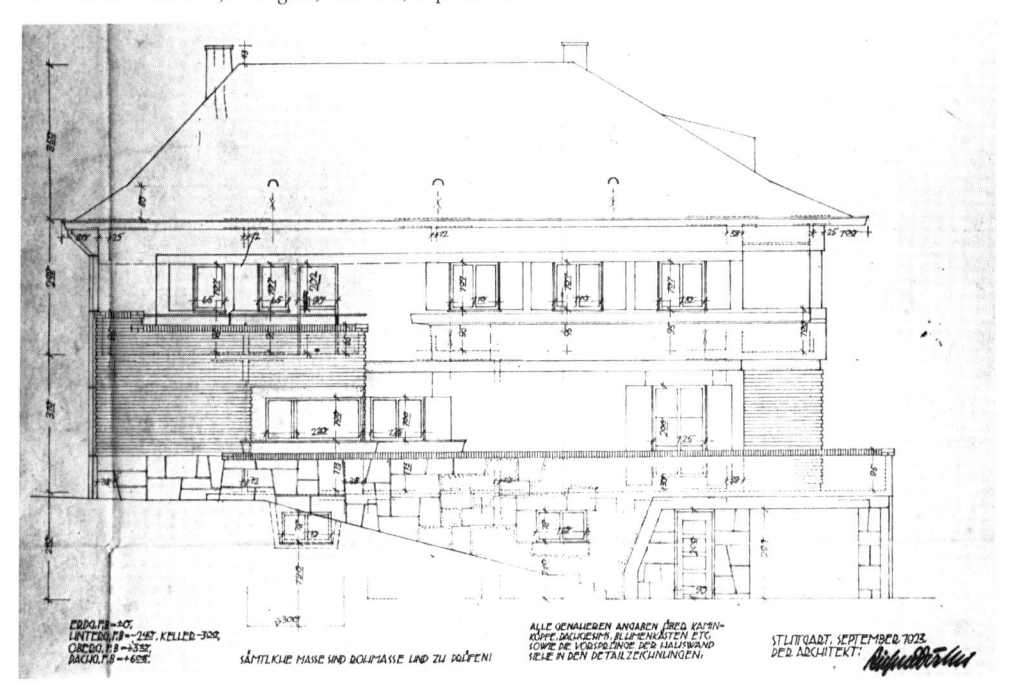

10   bald gegen den Terrassenvorbau laufen. Bei Haus Koepff von 1924/1925 führte er ein
Gesimsband als Abschluß der Fensterreihe übereck um zwei Gebäudeseiten entlang
der Balkonüberdachung. An Balkon und Fensterreihenende knickt es senkrecht ab
und korrespondiert mit dem waagerechten, vorkragenden Band der Terrassenbrüstung. Das gleiche Motiv verwendet Mendelsohn bei Haus Sternfeld, 1923 in Berlin;
bei Döcker muß es wohl als Rezeption dieser Idee verstanden werden.

Fensterreihung und Fensterband

Neben den bislang genannten Methoden der Horizontalisierung eines Gebäudes sind
die Fensterreihung und das Fensterband weitere wesentliche und dominierende Mittel zur Erreichung der beabsichtigten architektonischen Wirkung. Ein recht gebräuchliches Motiv Döckers ist die partielle Hervorhebung einer Fensterreihe. Von
vertikalen Fensterachsen sah er vielfach ab; um so deutlicher ging sein Bestreben aber

47   dahin, eine waagerechte Fensterreihe als Einheit zusammenzufassen. Ein fensterverbindendes Mittel war das Ziegelband in Abgrenzung zur übrigen Wandfläche, gelegentlich auch unterstützt von einem durchgehenden Fenstersturz aus Sichtbeton.[52]

10, 19   Die übereck laufende Fensterreihung, eingefaßt in Ziegelrelief- oder Gesimsband,
wie auch der durchlaufende Fenstersturz, zeigen die Hinwendung und Verwandtschaft zum Übereckfenster, das häufige Anwendung in der artikulierten klassischen
Moderne fand. Für Döcker war die eingefaßte Fensterreihe freilich ein Vorstadium
auf dem Wege zum Neuen Bauen.

49   Eine Wende von der eingefaßten Fensterreihung durch Gesimsbänder zur offenen
Fensterreihe kündigt sich in den Planungen zum Hotel Neipp in Trossingen (1924)
an.[53] Während die Fenster des ersten Obergeschosses in bislang bekannter Weise
durch Gesimsbänder zusammengefaßt werden, fällt dieses architektonische Mittel
im zweiten Obergeschoß weg. Die Fensterreihung zieht sich hier in ‚Offenheit' um
alle Außenseiten.

Kaschierungsversuche des Steildachs zur Erzielung einer Horizontalwirkung

Döcker hat verschiedene Lösungsmöglichkeiten, einem Gebäude einen mehr horizontalen Charakter zu verleihen, entwickelt und erprobt. Dennoch blieb es ihm oft
verwehrt, den konsequenten Weg des Flachdachs zu gehen, ein Weg, der seiner Absicht der Horizontalisierung des Baukörpers vollends entsprochen hätte. So suchte er
nach Auswegen, um die Wirkung des Steildachs optisch zu mildern.
Dafür boten sich insbesondere der Dachfuß und das Traufgesims an.
Horizontalität trotz unübersehbarer, durch das Steildach bedingter Vertikalität des

47   Gebäudes – dafür ist die Friedensschule in Trossingen (1923/1924) ein Beispiel: Der

49 HOTEL NEIPP, Trossingen, Perspektivskizze, 1924

50 FRIEDENSSCHULE, Trossingen, Gesimsdetails, Dezember 1923

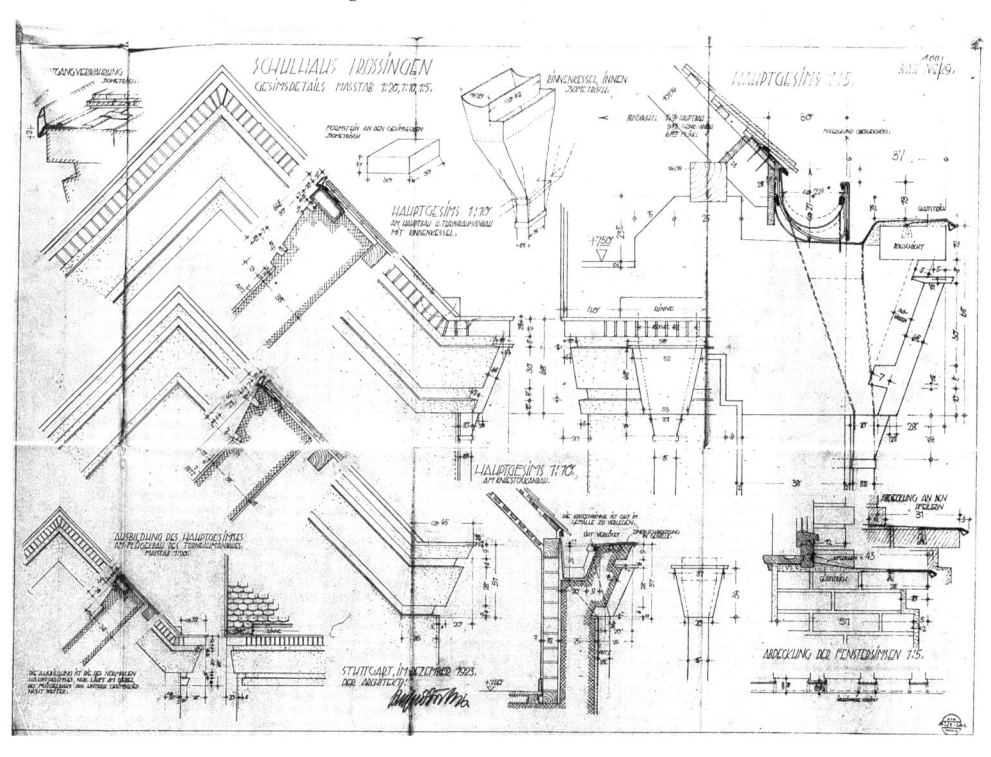

zweigeschossige Bau, der allein schon durch seine langgestreckten Volumen eine gewisse Horizontalität besitzt, erhält durch Ziegelbänder und durchgehende Fensterstürze eine zusätzliche lineare Ausrichtung. Döcker trennte die Vollgeschosse vom massiv aufsteigenden Dach durch ein kräftig ausgebildetes Traufgesims, das über die Außenwände (um 40 cm) vorkragt und das steile Dach in den Hintergrund treten läßt. Das Gesims selbst ist konisch, verjüngt sich nach unten und wird durch zwei Schattenkanten durchbrochen. Den oberen, vorkragenden Abschluß bilden in Beton gesetzte Formsteine. Die Regenrinne ist zwischen Gesims und Dachansatz unter Ausnutzung der Höhe des bis zum Dachfußpunkt reichenden Gesimses eingelassen. Der Dachansatz weicht optisch zurück, obwohl er bündig zur Fassade steht. Das Traufgesims ist, wie der Fenstersturz, in Sichtbeton ausgeführt.[54]

Als konsequentester Versuch der Steildachkaschierung muß der vorausgegangene ‚Syntheseentwurf' für die Harmonie Trossingen von 1923 angesehen werden. Hier zieht Döcker die Außenwand mit abschließendem Gesims über den Dachfußpunkt hinweg.[55] Das Walmdach mit geringer Neigung tritt somit hinter die Außenwand zurück, so daß der Walm von unten kaum wahrzunehmen ist.

Vier Monate nach dem ‚Syntheseentwurf' zur Harmonie Trossingen erarbeitet Döcker einen weiteren Lösungsweg zur optischen Verminderung des Steildaches. Analog der Dachgestaltung, die Döcker beim ‚Vorschlag zu einem Landhaus' (1921) angewendet hat, plant er für das Haus Sebald auch ein weit über die Fassade vorkragendes Dach, indem er es über die tragende Dachkonstruktion hinaus durch Aufschieblinge am Fußpunkt abflacht und verlängert, was den eigentlichen Dachaufbau optisch zurücktreten läßt.

Der Planungsprozeß vom Steil- zum Flachdach im Oeuvre Döckers

Eine Tendenz zur Abschwächung der Vertikalität des Steildaches ist bereits in Döckers frühen Entwürfen ablesbar. Scheint er bei Haus Krauter (1920/1921) das Steildach und den Vertikalcharakter des Gebäudes noch ganz zu akzeptieren[56], so weist der ‚Vorschlag zu einem Landhaus' (1921) schon auf seine Intention hin, die Wirkung des steilen Dachs zu reduzieren. Seine Absicht, auf das steile Dach ganz zu verzichten und, damit einhergehend, die Horizontalisierung des Baukörpers zu erreichen, kommt vollendet mit der Skizze zur Harmonie Trossingen zum Ausdruck. Der Schritt zum Flachdach war somit vollzogen. Da Döcker aber Anfang der zwanziger Jahre mit solchen neuartigen Gedanken bei Bauherren zumeist auf wenig Resonanz stieß, suchte er nach Möglichkeiten, den Vertikalcharakter des noch unvermeidlichen Steildaches zu mildern.

So sind die Steildachkaschierungsversuche im Jahre 1923, das kräftige Dachgesims der Friedensschule Trossingen, das ‚zurückversetzte' Steildach der Harmonie Trossingen, sowie der abgeflachte Walm im Vorentwurf zu dem Haus Sebald als Zwi-

schenschritte und Kompromisse auf dem Weg zur endgültigen Ausbildung und
Durchsetzung des Flachdaches zu werten. War Döcker beim Haus Sebald zunächst 48
um einen Lösungsweg zur Verminderung der Steildachwirkung bemüht, so konnte
hier schließlich die Dachlösung zugunsten des flachen Daches entschieden werden. 19
Das Flachdach als kompromißloseste und befriedigendste Formulierung des horizontal betonten Baukörpers ist 1923 mit dem Haus Sebald für Döcker wahrscheinlich
erstmalig zur Ausführung gelangt.

4.5 Die Dachform

Abgesehen von Turmhäusern, die Döcker zufolge dort plaziert werden sollten, wo es
besondere städtebauliche Akzente zu setzen galt[57], strebte er den horizontal gelagerten, dem Gelände sich anschmiegenden Baukörper an. In seinen Frühwerken ist ja
schon zu beobachten, daß er bereits zu Beginn der zwanziger Jahre bei verschiedenen
Projekten gern das Flachdach durchgesetzt hätte.[58] Ein kurzer Exkurs zur Flachdachthematik jener Zeit – das Flachdach war bis zum Beginn des zwanzigsten Jahrhunderts in hiesigen Breiten bis auf wenige Ausnahmen nicht üblich – soll Döckers
architektonischen Rang innerhalb des Neuen Bauens verdeutlichen.
Die Frage, ob das Flachdach dem steilen Dach vorzuziehen sei, ließ sich nicht einfach
nach ästhetischen Gesichtspunkten entscheiden. Zu diesem Problem äußerte sich bereits Schopenhauer in seinen Bemerkungen zur Ästhetik der Architektur:
„Daß in Italien die einfachsten und schmucklosesten Gebäude einen ästhetischen
Eindruck machen, in Deutschland aber nicht, beruht hauptsächlich darauf, daß dort
die Dächer sehr flach sind. Ein hohes Dach ist nämlich weder Stütze noch Last, denn
seine beiden Hälften unterstützen sich gegenseitig, das Ganze habe kein seiner Ausdehnung entsprechendes Gewicht. Daher bietet es dem Auge eine ausgebreitete Masse dar, die dem ästhetischen Zweck völlig fremd, bloß dem Nützlichen dient, mithin
jenen stört, dessen Thema Stütze und Last ist."[59]
Gropius hielt ein Plädoyer für das Flachdach und bezeichnete es als Charakteristikum einer neuen Baugesinnung:
„Die moderne Architektur geht darauf aus, mit Hilfe moderner technischer Mittel,
die bisher üblichen schräggeneigten Dächer durch horizontalabgedeckte zu ersetzen.
Zahlreiche Entwürfe und Ausführungen der besten modernen Architekten aller Länder lassen als Merkmal einer modernen Formgebung kubische Gestaltung mit horizontalen Dachflächen erkennen."[60]
Döcker schreibt:
„Die Schwierigkeit, Bauten mit Dach zu gestalten, besteht in der Lösung des organischen Übergangs von vertikalem Körper und Dachfläche (…); die Architektur wird
‚modern' sein, die die besonderen Schwierigkeiten einer solchen gegenüber der Architektur ‚ohne Dach' zu bewältigen weiß. Architektur mit Dach ist von einem gewis-

sen Standpunkt aus eine Primitivität. Architektur ohne Dach ist kein absolutes Merkmal heutiger Gestaltung. Zweifellos gibt die Lösung ohne Dach bei den heute vielfach verschieden gestalteten Baukörpern nach Größe und Form ein klares Ergebnis (...). Letzten Endes ist aber heute vielfach die Entscheidung ‚mit oder ohne Dach' (...) eine Überlegung der Konstruktion, des Raumbedürfnisses, der Wirklichkeit und der Möglichkeit über den betreffenden Grundriß-Organismus und seiner Körperform ein organisches Dachgebilde zu gestalten (...)."[61]

Der jüngere Döcker zeigte in bezug auf die Dachlösung eine undogmatische Haltung, wobei er gleichwohl dem Flachdach, dem Baukörper ‚ohne Dach', den Vorzug gab. So ist also seine Forderung nach dem klaren Baukörper zu verstehen, so muß man die mannigfaltigen Versuche begreifen, das ihn noch nicht befriedigende Ergebnis des Übergangs von der Vertikalen zur Schrägen zu vermeiden oder zumindest durch architektonische und technische Mittel, wie Gesimse, Aufschieblinge u. a., abzuschwächen oder gar optisch zu überspielen.

Betrachtet man Döckers Oeuvre aus der zweiten Hälfte der zwanziger und zu Beginn der dreißiger Jahre, so läßt sich als Fazit daraus ziehen, daß die Dachlösung für ihn eindeutig zugunsten des Flachdaches entschieden war. Selbst in den wenigen Fällen, in denen er noch geneigte Dächer plante, konnte er den Zusammenschluß der Flächen architektonisch sauber vollziehen. Es erscheint daher sehr interessant, was der durch die Ereignisse des ‚Dritten Reiches' wie des Zweiten Weltkrieges abgeklärte Döcker im April/Mai 1945, zu einer Zeit, da noch nicht an praktisches Bauen zu denken war, zum Dachproblem schrieb:

„Es wird so sein, daß die Dachfrage, vielmehr die Dachart, eine wesentliche Angelegenheit zum Schluß wird. Dies aber nicht von vornherein als bedingungslose Feststellung, wie es im letzten Jahrzehnt befohlen, gelehrt und jede andere Überlegung diffamiert wurde – sonst wäre ja wieder Baukunst oder Bauen eine Dachaufgabe. Und das Neue Bauen ist doch eine Planungs-, eine Bauaufgabe. Das Dach kommt wie beim Bau allgemein erst zuletzt, es ist vielfach auch eine Sache der konstruktiven Ausführung und eine Materialfrage.

Die Anlage des Grundrisses, der Umriß und die Art des Baukörpers wird die Dachfrage fast von selbst entscheidend bestimmen, die Dachart kann aber nicht Ausgangspunkt sein."[62]

Dreifamilienhaus, Stuttgart (1930)

51 Mancher Entwurfsgedanke Döckers wäre nicht realisierbar gewesen, hätte er auf den dachlosen, flachen Abschluß des Baukörpers verzichten müssen. Daß ein gelockerter Mehrfamilienhaus-Grundriß ohne Flachdach kaum denkbar war, zeigt Döckers Entwurf zu dem Dreifamilienhaus für die Speemannstraße in Stuttgart von 1930. Die geschickte Staffelung der Wohnungen, die Abkehr von einer geradlinigen Flucht

DREIFAMILIENHAUSGRUPPE, Stuttgart

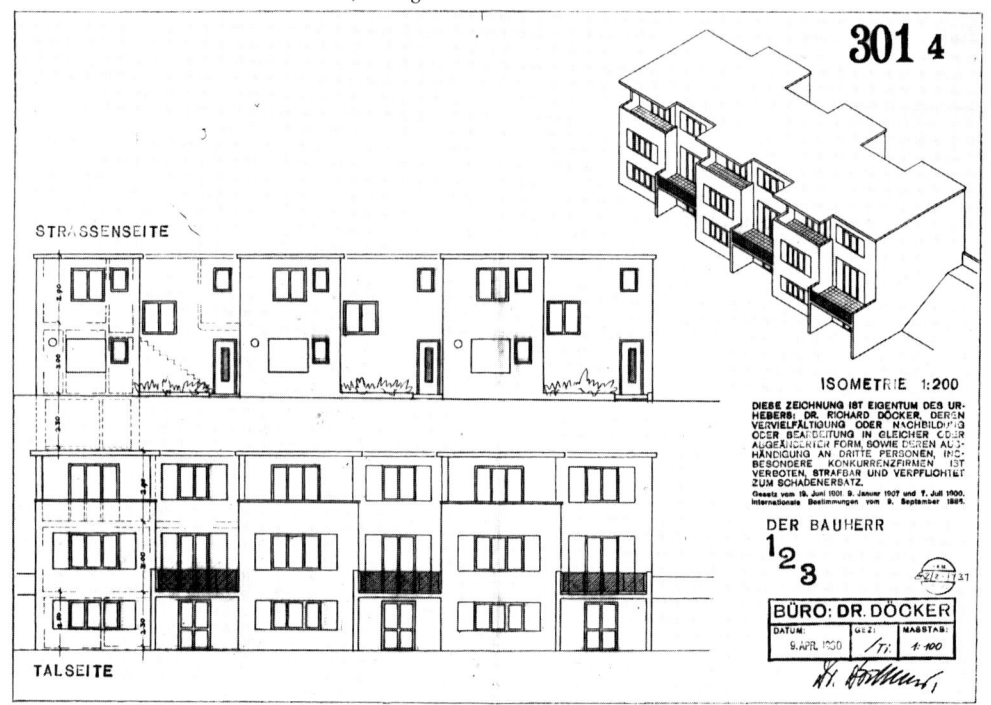

51a Isometrie und Ansichten, 9. April 1930
51b Grundrisse Erdgeschoß und Obergeschoß, 9. April 1930

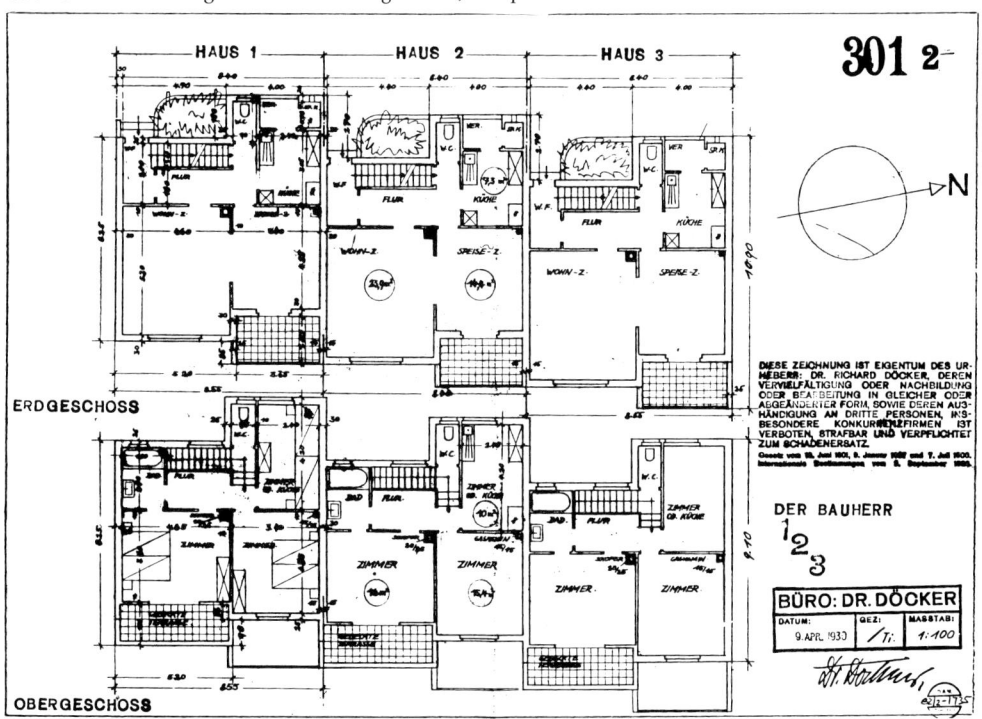

und die Vor- und Rücksprünge innerhalb eines Wohnungsgrundrisses, vornehmlich aber die angestrebte gute Besonnung aller Wohnungen wären schwerlich erreichbar gewesen, wenn eine andere Dachkonstruktion als die des Flachdachs den Baukörper abgeschlossen hätte.

Das Flachdach im städtebaulichen Ensemble

Im städtebaulichen Ensemble am Hang betrachtete Döcker das Steildach verschiedentlich als Störfaktor im Stadt- und Landschaftsbild. Bei der 1927/1928 erfolgten Planung des Hauses Vetter an Stuttgarts Birkenstraße – eines seiner markantesten Bauwerke[63] – hat er eingehend die Frage untersucht, ob für den am Steilhang terrassierten Baukörper ein Walmdach denkbare wäre. Dazu stellte er das Haus, wie ausgeführt, ohne Dach und alternativ, mit Hilfe einer Fotomontage, mit Dach dar; dies wahrscheinlich nicht zur Überprüfung der eigenen Gedanken, sondern vielmehr um den Nachweis zu führen, daß die damals geltenden Anbauvorschriften der vorhandenen Situation nicht gerecht wurden. Es dürfte ein mühsames Ringen mit den Baubehörden gewesen sein, die eigene Meinung durchzusetzen und sich Anerkennung und Zustimmung zu verschaffen. Denn der ungewöhnliche Weg, den Döcker hier beschritten hat, zusätzlich zu den üblichen, für das Genehmigungsverfahren erforderlichen Bauzeichnungen des Hauses einen kompletten Siedlungsplan im Maßstab 1:500 vorzulegen, weist auf Kontroversen mit der Behörde hin.

Dieser Siedlungsplan enthält nicht nur den Lageplan, in ihm wurden die Abweichungen von den behördlichen Festsetzungen eingetragen und ein Aufriß der Siedlung – eine Talansicht – gezeigt. Damit demonstrierte Döcker, wie ruhig ein Straßenbild mit einer kubischen Flachdachbebauung wirken kann, wie die oberen Gebäudekanten den Verlauf der Höhenlinien des Geländes in gewisser Parallelität nachzeichnen.

Döckers Bemühungen haben offensichtlich zum Erfolg geführt, denn das Haus wurde nach seinem Vorschlag gebaut, und in den Unterlagen zum Baugesuch des eigenen Hauses, Hermann-Kurz-Straße 44[64], finden sich seine Ideen im Vorschlag 4 des Stadterweiterungsamtes vom 2. Juni 1933 wieder. Eine weitere Bestätigung der Richtigkeit von Döckers Vorschlag für die Flachdachbebauung an der Birkenwald- und Hermann-Kurz-Straße zeigt die Totalansicht des Amtes, wo im Gegensatz zu dem ruhigen, in sich fast geschlossenen Verlauf der Dachlinie der Flachdachkuben, die darüberliegende, damals wohl schon vorhandene Steildachbebauung ein sehr unruhiges und zerrissenes Bild ergibt.

Das seinerzeit für den Stuttgarter Raum recht beliebte Walmdach zeigt hier seine unangenehmen Seiten besonders im städtebaulichen Ensemble. Es ist nachbarschaftsfeindlich, vermag nur ungenügend einen Straßenraum zu bilden und kommt nur dann richtig zu Geltung, wenn es einen ausreichend großen freistehenden Baukörper bedeckt.

HAUS VETTER, Stuttgart, 1927/1928

52 Isometrie

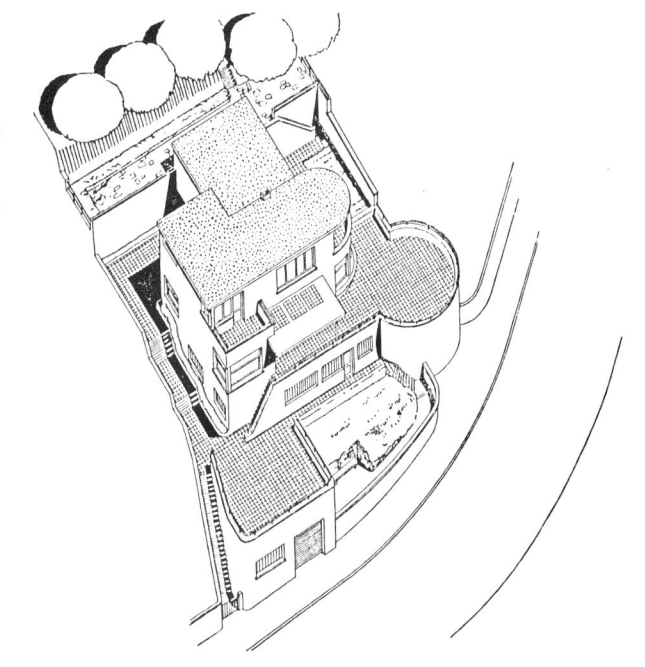

53 Ausführungszustand

54 Mit eingezeichnetem Steildach

99

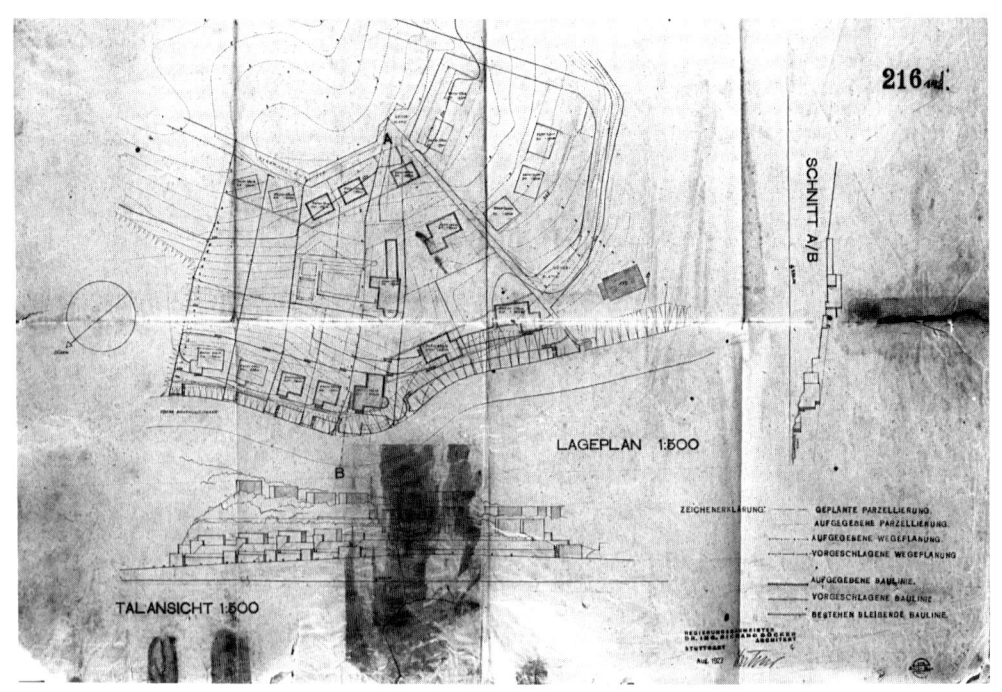

55 BEBAUUNGSPLAN OBERE BIRKENWALDSTRASSE, Stuttgart, Lageplan, Talansicht, Schnitt, August 1927
56 BEBAUUNGSPLAN HERMANN-KURZ-STRASSE, Stuttgart, mit Vorschlag 4 des Stadterweiterungsamtes vom 2. Juni 1933, Isometrie und Ansichten, Januar 1934

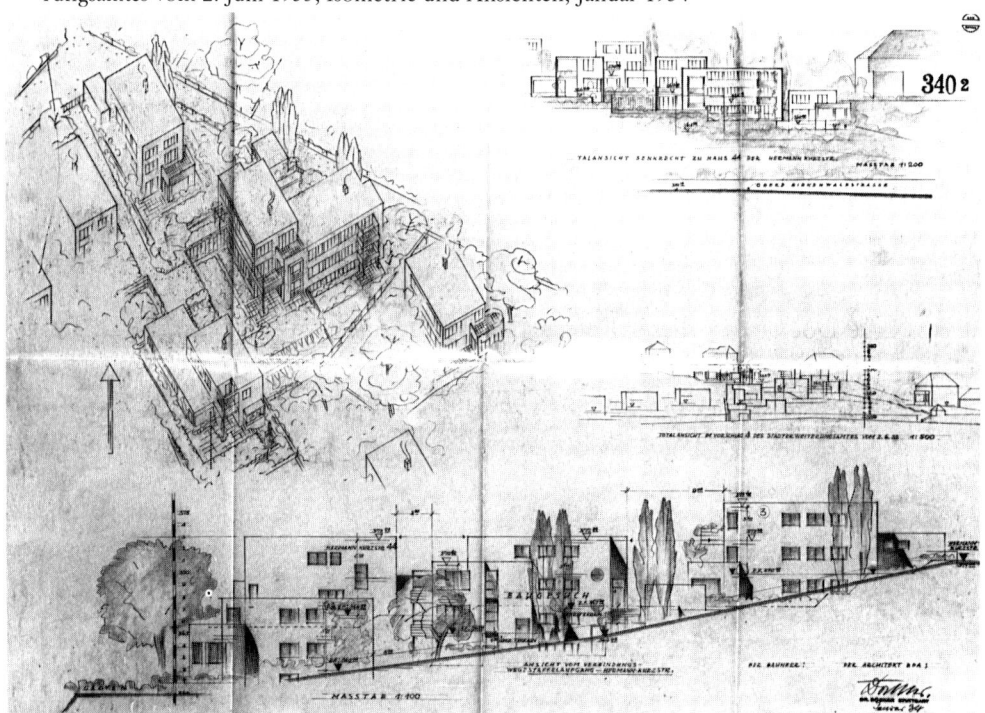

4.6 Der kubische Baukörper

Die Auseinandersetzung mit geometrischen Formen war zu Beginn der zwanziger Jahre zum Thema in der Bildenden Kunst geworden. Eine Tendenz der Verwendung geometrischer Primärformen zeichnete sich auch in der Baukunst ab. Hier bedeutete der Kubus eine Vereinfachung der Baukörper, eine Verneinung und Abkehr vom sinnentleerten, überwiegend eklektischen Fassadendekorum des Historismus. Die Architektur sollte auf ihre elementaren geometrischen Grundformen reduziert werden, sie sollte keinen ‚künstlerischen' Anspruch erheben, sondern ehrlich und für den Menschen gebaut sein.
Bereits 1919/1921 hatte Döcker für die Bebauung des ehemaligen Geländes des Freiherrn von Gemmingen-Hornberg[65] als Baukörper der typisierten, fast quadratischen Einfamilienwohnhäuser einfache Kuben mit flacher Deckung vorgesehen. Die Außenhaut der Gebäude zeigte noch eine axiale Gliederung.[66]

Haus Hellwig, Sofia (1925)

Das Thema Kubus war auch für Döckers Entwurf zu Haus Hellwig bestimmend. Er modifizierte hier allerdings den klaren, einfache Kubus, indem er dem Obergeschoß durch Vorkragung eine größere Grundfläche als dem Erdgeschoß gab. Der Baukörper gewann optisch an Leichtigkeit, einen Eindruck, den Döcker dadurch erreichte, daß er an zwei Hausecken die Außenwand des Erdgeschosses hinter die Mauerflucht des Obergeschosses zurückzog. Die beiden übrigen Gebäudekanten löste er mit Hilfe von Übereckfenstern auf. Unterstützend wirkte dabei die Transparenz des Materials Glas. Die Außenwände verloren an Massivität, und es entstand der Eindruck, als wäre auch hier das Erdgeschoß zurückgezogen. Im Obergeschoß hingegen betonte er die Gebäudekanten, indem er die Ecken geschlossen und massiv gestaltete. Das Obergeschoß erschien so als der eigentliche Baukörper (und -kubus), der über dem Erdgeschoß zu schweben scheint.

Im Oeuvre Döckers ist dieser Entwurf, soweit heute noch feststellbar, ein Unikat. Hätte er diese Linie weiterverfolgt, wäre er grundrißlich stark gebunden gewesen. Überdies wäre das Flachdach für einen beinahe quadratischen Grundrißtyp nicht unbedingt erforderlich gewesen, da dieser Grundriß ohne weiteres für ein Steildach zu verwenden ist.

In der Grundrißgestaltung hat Döcker andere Ideen verfolgt, die auf die unterschiedlichen Funktionsbereiche abgestimmt waren. Eine grundrißliche Trennung beispielsweise von Wohn-, Schlaf- und Wirtschaftsbereich gelang Döcker durch verschiedene, gegeneinanderstoßende Bauteile, was die Aufrißgestaltung bereits vorgab. Nicht mehr der einzelne, einfache Kubus war für die Außenhaut bestimmend, sondern ein Konglomerat von mehr oder weniger umgreifenden Baukuben.

HAUS HELLWIG, Sofia, Mai 1925

57a Perspektivskizze

57b Grundrisse Erdgeschoß und Obergeschoß

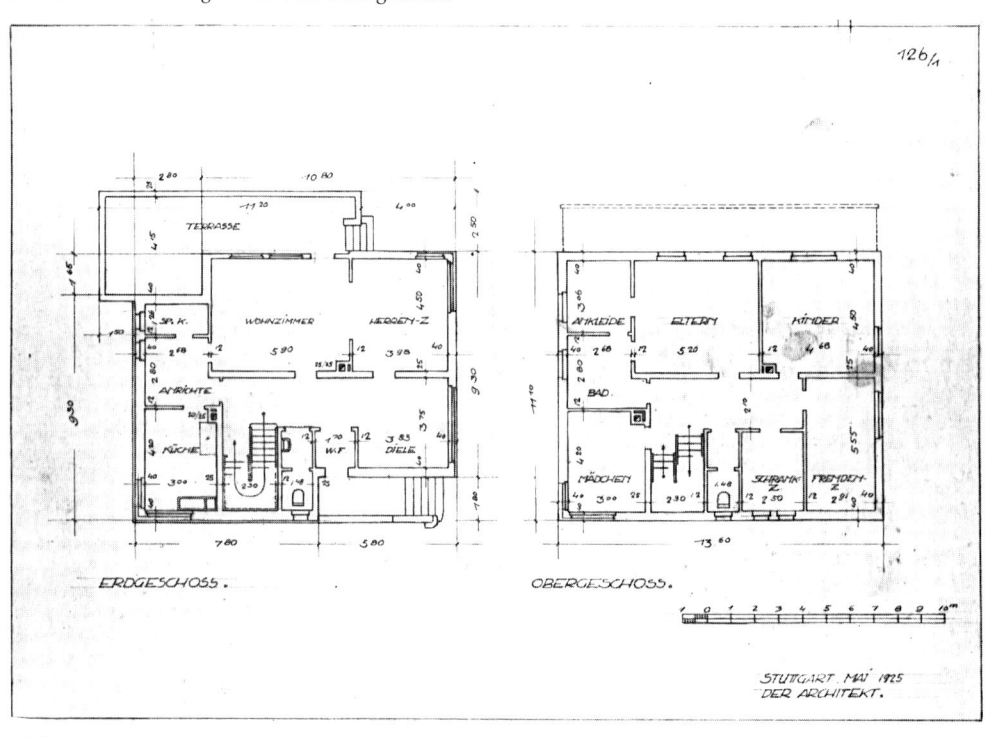

Haus Junghans, Villingen (1924)

Die Gestaltung des Baukörpers durch gegeneinanderstoßende Kuben war ein Motiv, das bereits in Döckers Frühwerken auftaucht[67], und für seine Architektur des Neuen Bauens charakteristisch war. Die Bauaufgaben der Wohnhäuser Junghans und Koepff (1924/1925)[68] sind vergleichbar. In beiden Fällen war der Entwurf eines großzügigen Einfamilienwohnhauses mit separatem Hausangestelltenbereich das Planungsthema. Haus Koepff, dessen Entwurfsstudien Döcker im Juni 1924 skizzierte, baute unmittelbar auf Grundrißideen des Hauses Junghans vom Februar des gleichen Jahres auf. Doch während das erstere im wesentlichen aus zwei gegeneinanderstoßenden Baukuben zusammengefügt war, wurde das letztere grundrißlich durch drei Gebäudetrakte gegliedert.

Den linken Flügel sah Döcker als Wirtschaftstrakt mit separatem Treppenhaus vor. Im mittleren Trakt brachte er im Erdgeschoß die Wohnräume, im Obergeschoß die Schlafräume der Familie unter, alle nach Süden ausgerichtet. Ein dritter Baukubus, der im Osten die Ecke des mittleren Traktes umgreift, nimmt im Obergeschoß das Elternschlafzimmer und im Erdgeschoß das Herrenzimmer mit Bibliothek sowie Teile des Flures und Musikzimmers auf.

Die Trennung in zwei verschiedene Kuben ist im Obergeschoßgrundriß konsequent durchgeführt, während sie im Erdgeschoß nicht klar ablesbar ist.

Ein weiterer eingeschossiger Baukubus stößt gegen den südlichen Gebäudeteil, doch kommt ihm grundrißlich keine besondere Funktion zu, da er lediglich die Grundfläche des Speisezimmers vergrößert und dem Obergeschoß als Balkon dient. Die Grundrißanordnung läßt erkennen, daß zur Trennung von familiärem und Hausangestelltenbereich nur zwei Gebäudetrakte notwendig gewesen wären. Die Tatsache, daß Döcker Haus Junghans ungeachtet von nutzungsbedingten und grundrißlichen Notwendigkeiten aus drei Kuben zusammenfügte, weist daraufhin, daß hier ästhetische Aspekte im Vordergrund standen. Zur Erreichung einer Differenzierung des den Gesamtbaukörper bildenden Kubus wies er dem Hausangestelltentrakt im Erdgeschoß eine geringere Raumhöhe zu, so daß im Obergeschoß Differenzstufen erforderlich wurden. Umgekehrt ist sein Vorgehen im Schlafbereich. Das elterliche Schlafzimmer im östlichen Gebäudeflügel erhielt eine größere Raumhöhe. Die Differenz der Raumhöhen erfolgte aber nicht unter dem Aspekt, bestimmte Gebäudeteile zu betonen, um somit die Architektur gleichsam zum Ausdrucksträger der sozialen Realität werden zu lassen, sondern aus Gründen der Raumproportionen. Ein größerer Raum benötigt maßstäblich eine wesentlich größere Raumhöhe als die kleineren Zimmer im Hausangestelltentrakt. Optisch erzielt Döcker durch die Unterschiedlichkeit der Raumhöhen in den drei Hauptgebäudeteilen im Aufriß eine Abstufung der Gebäudeteile, obgleich alle zweigeschossig sind. Durch die Anordnung der gegeneinanderstoßenden, eckenumgreifenden und höhenversetzten verschiedenen Trakte ergibt sich eine interessante, bewegte und gelungene Stellung der Kuben zueinander.

HAUS JUNGHANS, Villingen, 1924

58 Skizze

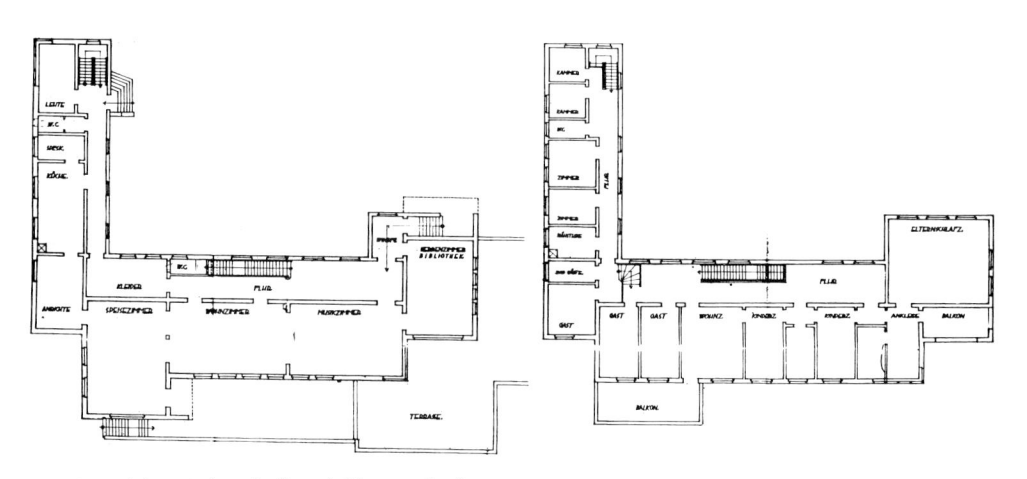

59 Grundrisse Erdgeschoß und Obergeschoß

Mehrfamilienhaus Köpf, Ulm (1929)

Döckers Experimentieren mit dem Kubus wird besonders durch die verschiedenen Entwürfe zum Mehrfamilienhaus Köpf in Ulm deutlich, die alle das Datum 6. Mai 1929 tragen. Das Raumprogramm mit Wohn-, Schlaf-, Küchen-, Eingangs- und Sanitärbereich auf einer Geschoßebene liegt unverändert vermutlich[69] allen Entwürfen zugrunde, während Grundrißanordnung und Gebäudeabmessungen variieren.

60, 61

Das Thema Kubus wird vom einfachen, nur für Balkone an einer Gebäudekante aufgeschnittenen Körper über das höhengestaffelte, aus zwei gegeneinanderstoßenden Kuben bestehende Gebäude bis zum lediglich in der Höhe abgestuften Kubus behandelt.

Unbefriedigende, wenn nicht gar mißglückte Lösungen zeigen die erste und vierte Skizze. Im ersten Entwurf sind zwei Kuben mit unterschiedlicher Geschoßzahl gegeneinandergesetzt. Der dreigeschossige Baukörper ist mit einem flachgeneigten Walm, der zweigeschossige hingegen mit einem Flachdach versehen. Die Verwendung von verschiedenartigen Dachformen an einem Baukörper vermag nicht zu überzeugen. Diese architektonische Schwäche wurde in der zweiten Entwurfsskizze korrigiert. Der vierte Entwurf mag zwar durch das teilweise offene Erdgeschoß und die aus dem Kubus ‚herausgeschnittenen' d.h., hinter die Außenwände zurückversetzten Balkone interessant erscheinen; Schwächen liegen jedoch dort, wo im dritten Obergeschoß links ein auf die darunter liegenden Geschosse aufgesetzter Kubus vorgesehen ist. Da dieser Kubus auf der Längsseite und im hinteren Bereich auch auf der Schmalseite des Gebäudes ohne Absatz aus der Fläche der beiden darunter liegenden Geschosse herauswächst, andererseits in seiner massiven Gestalt sich über den Freiraum der obersten Balkonterrasse schiebt, entsteht ein unbefriedigendes Bild. Dieser Eindruck wird noch dadurch unterstrichen, daß die rechte Kante des Kubus den Sturz eines darunter liegenden Fensters belastet.

Die Anordnung einer zusätzlichen Dachterrasse auf diesem Kubus ist hingegen durchaus einleuchtend.

Als gelungene Zusammenführung von Kuben zu einem überzeugend wirkenden Baukörper kann nur der zweite Entwurf angesehen werden.

Durch die Verschiebung der fast gleichlangen Kuben gegeneinander entsteht ein ausgewogenes Spannungsverhältnis zwischen beiden. Der beide Kuben umgreifende Balkon unterstreicht die gute Wirkung der Entwurfsidee.

Haus Kamm, Stuttgart (1932/1933)

Eine weitere Variante des Themas Kubus in der Architektur zeigen Döckers Entwürfe zum Haus Kamm in Stuttgart.[70]

44, 45

Ausgangspunkt dieser Planung war ein gebäudebestimmender Kubus, der von dem

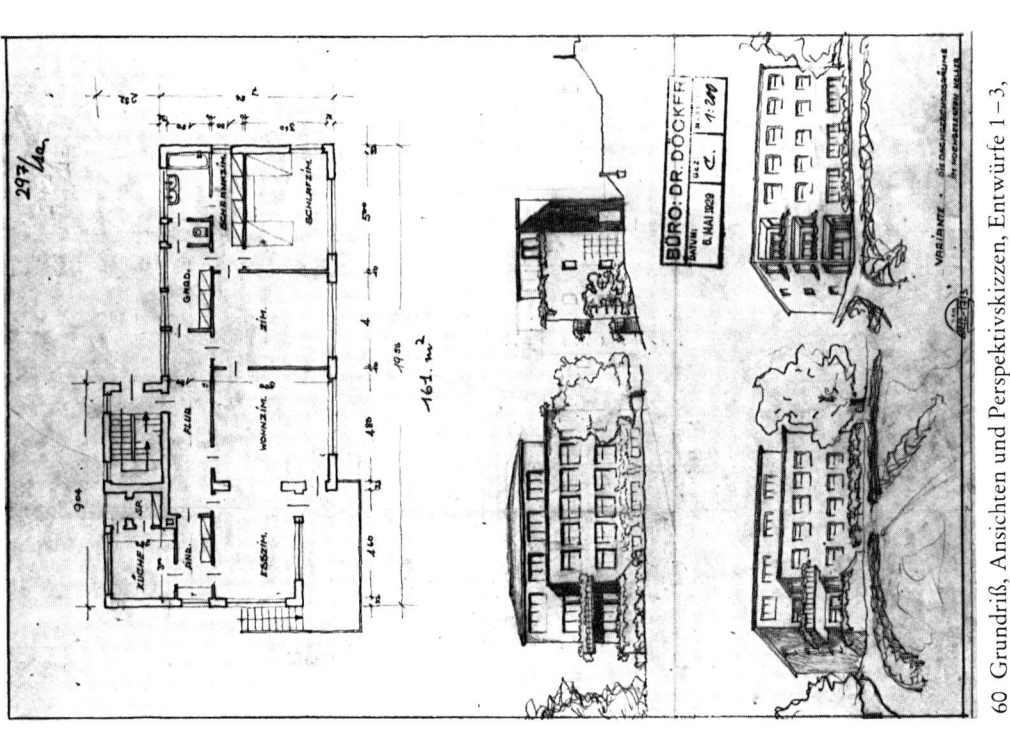

HAUS KÖPF, Ulm

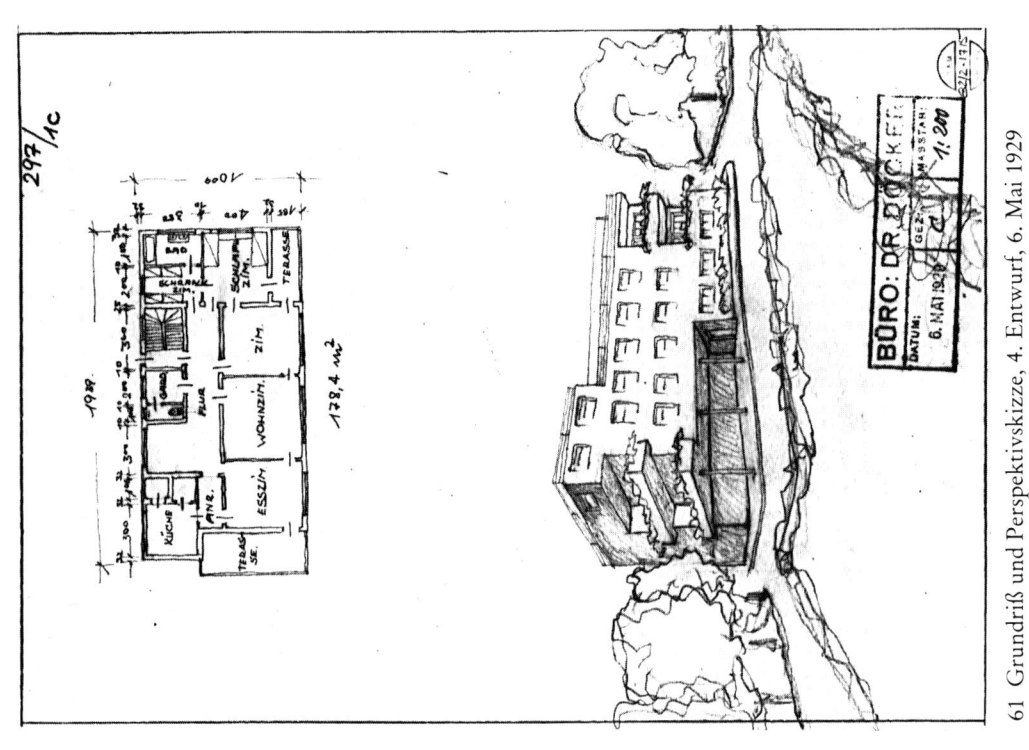

61 Grundriß und Perspektivskizze, 4. Entwurf, 6. Mai 1929

60 Grundriß, Ansichten und Perspektivskizzen, Entwürfe 1–3, 6. Mai 1929

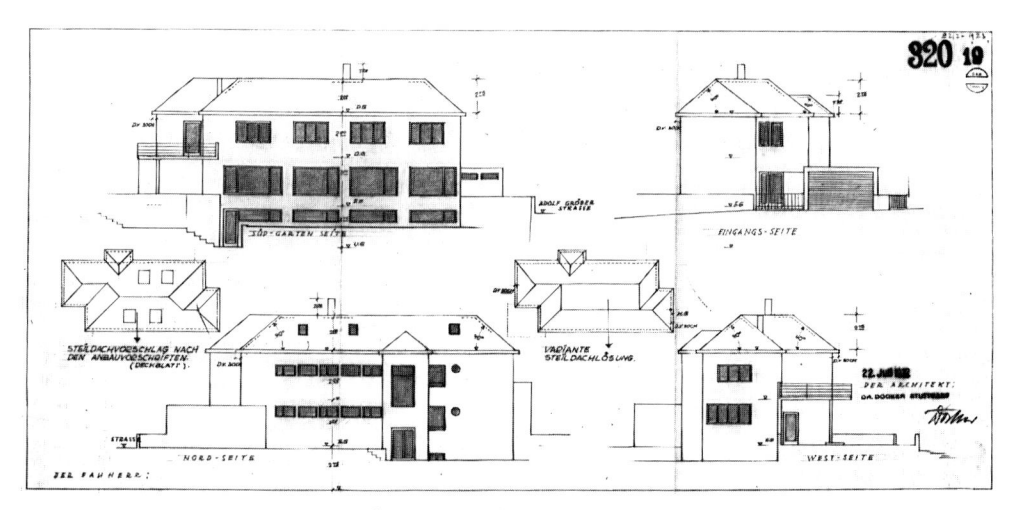

62 HAUS KAMM, Stuttgart, Ansichten mit Steildach, 22. Juli 1932

63 Neubau KAUFHAUS BREUNINGER, Stuttgart, Perspektivskizzen, 1928

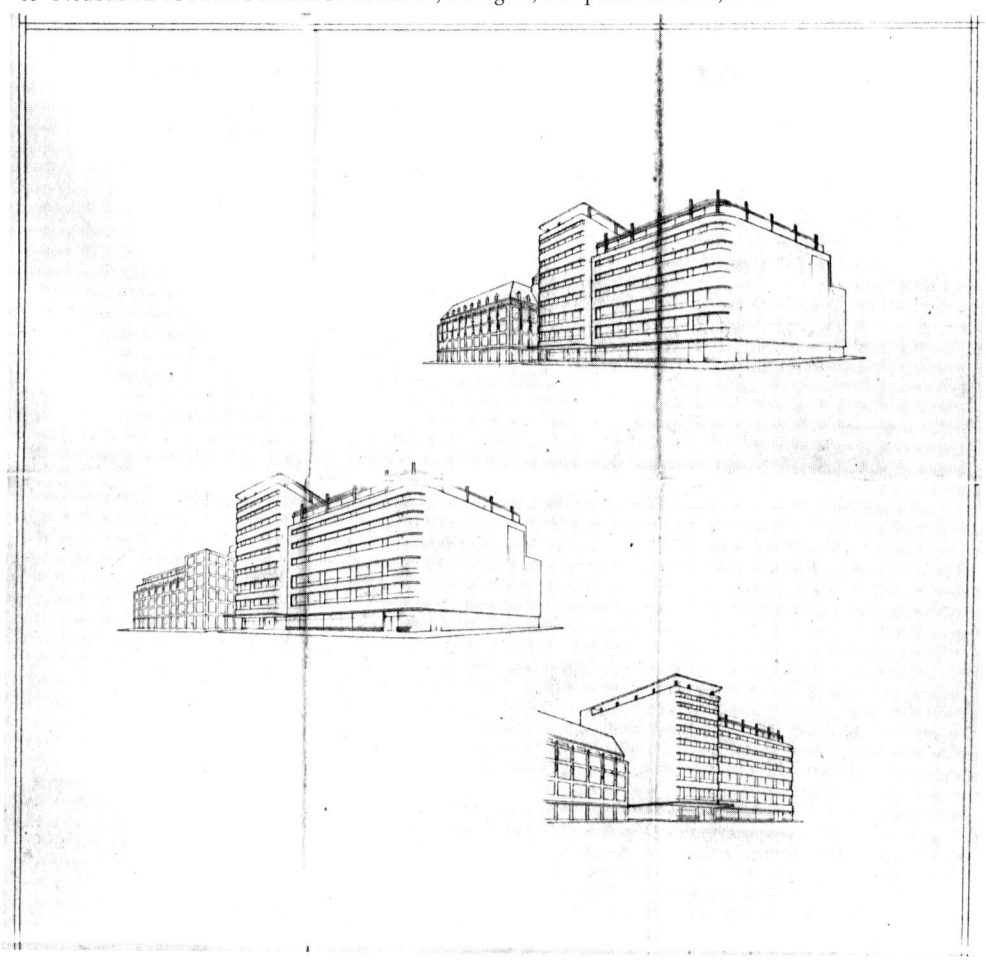

eingeschossigen Garagenbau an der Eingangsseite flankiert wird. Der Eindruck einer zusammengehörigen Gebäudeeinheit wird durch die Verkröpfung von Garagen- und Hauswand verstärkt. Das Wohnhaus, als dominierender Gebäudekubus, ist an der südwestlichen und nordöstlichen Hausecke durch grundrißlich bedingte Einschnitte – eingezogener Eingang sowie Obergeschoßbalkon und Sitzplatz im Erdgeschoß – aufgelockert. Das Treppenhaus bringt weitere Bewegung in die Architektur. Der nördlichen Außenwand vorgesetzt, erinnert es beinahe an einen Treppenhausturm, wie er im Siedlungsbau der klassischen Moderne häufig ausgebildet wurde. Zudem ermöglicht das hochgezogene Treppenhaus einen leichten Zugang zum Dach. Die Hanglage des Grundstücks erlaubt die Unterbringung belichteter Wirtschaftsräume im Untergeschoß der südlichen Gebäudehälfte.

Die im Nordwesten vorgelagerte Freiterrasse, durch eine Stützmauer talseitig eingefaßt, setzt das Bestreben einer kubischen Baugestaltung bis in den Außen- und Gartenbereich fort.

62 Der Flachdachentwurf von Haus Kamm gelangte nicht zur Ausführung, da die Anbauvorschriften das Steildach verlangten.[71] Die Dachaufsicht zeigt, zu welch komplizierter Lösung ein Walm auf einem derartigen Grundriß führt.

Geschäftshaus Hahn und Kolb, Stuttgart (1921/1922)

21 Das Thema des Aneinandersetzens von Kuben bearbeitete Döcker in seltener Klarheit bei dem Projekt des Geschäftshauses Hahn und Kolb an der Königstraße in Stuttgart.

Formale Überlegungen standen bei diesem Entwurf im Vordergrund. Er zeigte, wie kaum ein zweites Mal, die Wirkung des Gegeneinanderstoßens von Kuben in einem Baukörper. Architektur wird hier zur Großplastik, die sich aus einer Reihe von einzelnen, in der Höhe unterschiedlichen, gegeneinanderlaufenden Kuben zusammensetzt. Es kommt zu reizvollen Überschneidungen, einem Übergreifen und Heraustreten von einzelnen Baukuben.

Ein ähnlich überzeugendes Beispiel, bei dem ein solcher Gedanke realisiert wurde, ist das sogenannte Dreischeibenhaus in Düsseldorf, 1957–1960 von Hentrich und Petschnigg erbaut.[72] Dagegen kam der interessante und kühne Entwurf Döckers für Stuttgarts Hauptgeschäftsstraße nicht zur Ausführung. Realisiert wurde statt dessen ein weniger ausdrucksstarker Bau des Stuttgarter Architekten Schieber.[73]

Kaufhaus Breuninger, Stuttgart (1928)

63 Für das Kaufhaus Breuninger galt es, einen Erweiterungsbau mit Verkaufsräumen in Nachbarschaft zu dem alten Geschäftshaus zu konzipieren. Im Zuge dieser Baumaßnahme sollte der Altbau im Inneren ebenfalls umgestaltet werden.

Der Neubau basierte auf einem Rastergrundriß und bestand aus zwei zusammengefügten Baukuben. Der Gebäudeteil gegenüber dem Altbau zählte zehn Geschosse, der andere Bauteil hingegen nur sieben Etagen. Die Gebäudekanten rundete Döcker ab und gliederte die Außenhaut durch die horizontal angelegten Bänder der Fenster und Wandelemente. Diese Außenhautgestaltung erinnert an Mendelsohns Kaufhaus Schocken in Stuttgart (1926/1928). An Döckers Entwurf ist aber vor allem der Umgestaltungsvorschlag für die Fassade des benachbarten Kaufhaus-Altbaus interessant. In Angleichung an den Aufriß des Neubaus schlug Döcker vor, dem Altbau anstelle seiner bisherigen Fassade eine moderne Außenhaut zu geben, die zwar individuell ausgeprägt war, aber dennoch eine Beziehung zum Neubau aufweist. Er nahm das Motiv der gegeneinanderstoßenden, höhenversetzten Kuben des Neubauentwurfs auf, ordnete aber ihre Stellung spiegelbildlich an. Den Alt- und Neubau verband er durch eine über die Karlstraße hinwegführende dreigeschossige Brücke, die jeweils im ersten Obergeschoß der beiden Gebäude ansetzte. Bemerkenswert an dieser Konzeption ist Döckers städtebauliche Idee. Durch die sich gegenüberstehenden hohen Baukuben der benachbarten Kaufhäuser markierte er die Einmündung der Karlstraße in die Marktstraße und setzte für die Kaufhäuser Breuninger unverwechselbare Akzente.
Döckers Planungen zu diesem Projekt wurden nicht ausgeführt.

Börsenverein Leipzig (1930)

Ein weiteres Beispiel der kubischen Baugestaltung aus Döckers Oeuvre ist der Entwurf für das Vielzweckgebäude des Börsenvereins Leipzig, in dem Museums-, Bibliotheks-, Magazin- und Verwaltungsräume unterzubringen waren. Die Raumanordnung gliederte Döcker entsprechend den verschiedenartigen Zweckbestimmungen. Im Erdgeschoß befinden sich mit den erforderlichen Anfahrtmöglichkeiten Paketaustauschstelle und Bestellanstalt. Kernstück der Anlage ist die Museumshalle im ersten Obergeschoß, die durch eine großzügige Freitreppe direkt von außen erschlossen wird. Um eine ausreichende Belichtung der Museumshalle zu erreichen, ordnete Döcker – neben hohen Seitenlichtbändern an den Außenwänden – Oberlichter im Mittelteil des gesamten Gebäudekörpers an. U-förmig um die durch Oberlichter unterbrochene Dachfläche setzte Döcker ein weiteres Obergeschoß, in dem die Verwaltungs- und Magazinräume sowie die Bibliothek untergebracht sind. Die Isometrie zeigt, daß die Eingangsseite durch eine größere Geschoßhöhe leicht über die Seitentrakte des zweiten Obergeschosses hinausragt. Das Treppenhaus mit umschlossenem Aufzug bildet den höchsten Punkt des Gebäudes und basiert auf kreisförmigem Grundriß. So gehört – neben den gegeneinanderstoßenden quaderförmigen Kuben – der Zylinder als weiteres geometrisches Element zur Architektur dieses Gebäudes. Es entsteht ein interessantes und bewegt wirkendes Gesamtbild. Hinzu kommt, daß

64-66

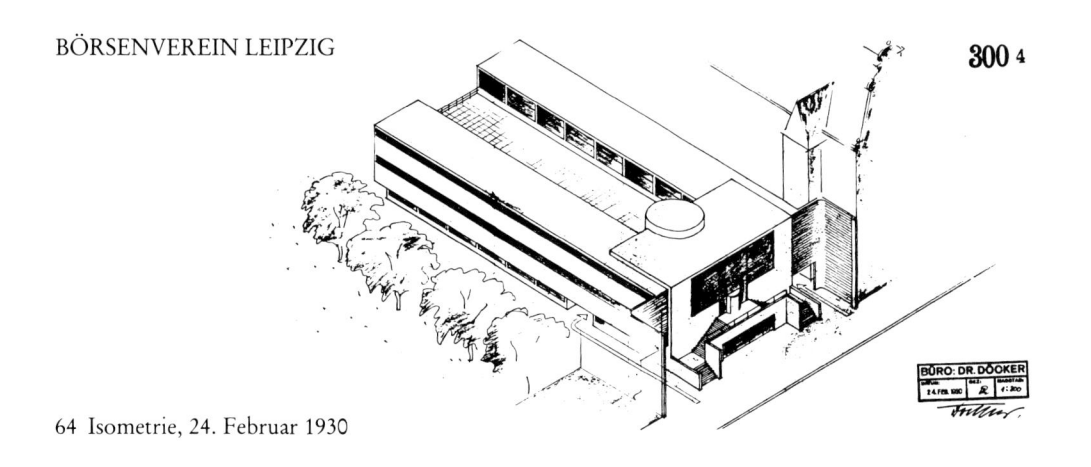

BÖRSENVEREIN LEIPZIG

64 Isometrie, 24. Februar 1930

65 Ansichten, Schnitte und Gundrisse, 24. Februar 1930

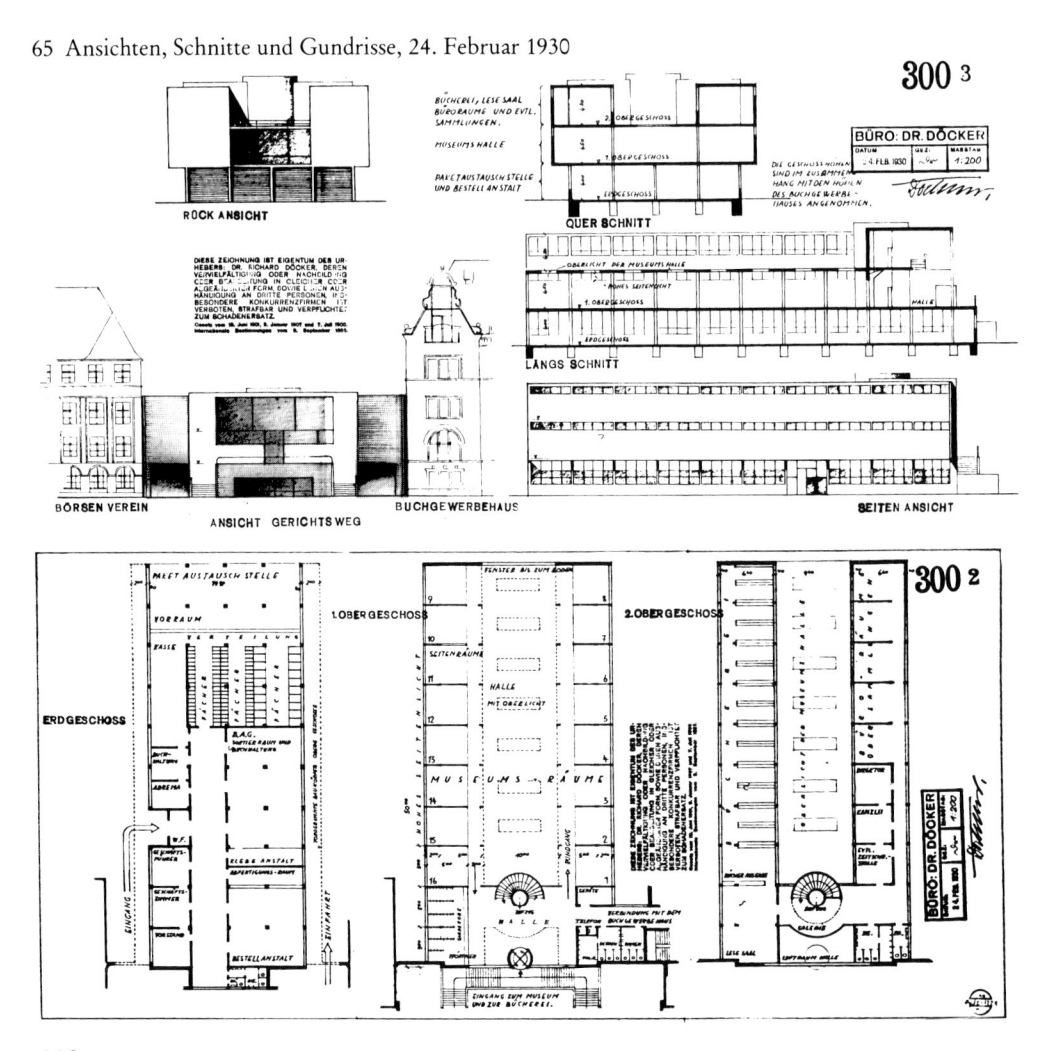

110

66 BÖRSENVEREIN LEIPZIG, Perspektive Eingangshalle, 24. Februar 1930

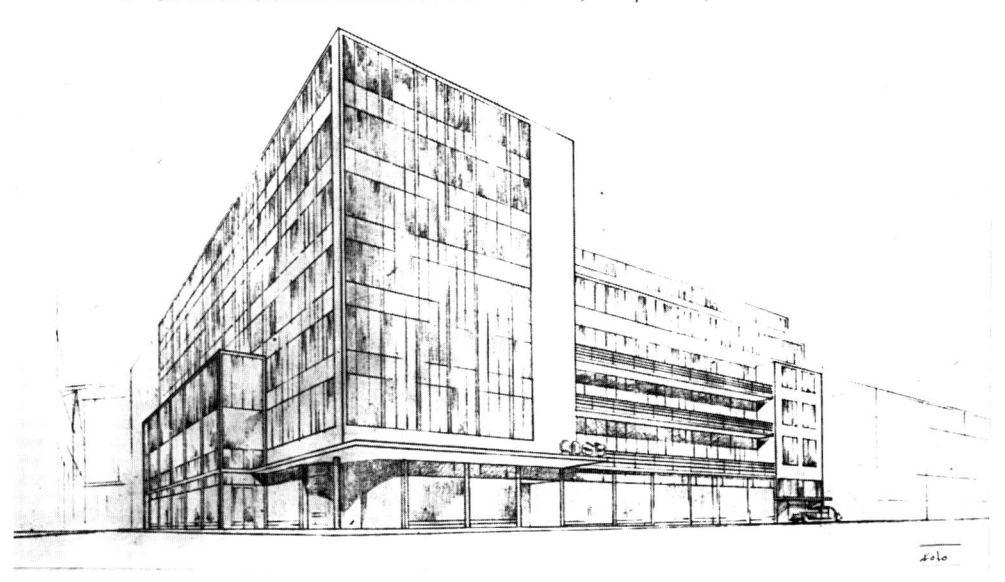

67 GEWERKSCHAFTSHAUS STUTTGART, Perspektive, 1930

der Baukörper an Leichtigkeit gewinnt, da das Erdgeschoß auf geringerer Grundfläche aufbaut und die Außenwände hinter die Fluchten der Obergeschoßwände zurücktreten.

Von der Straße aus betrachtet, ist diese Lösung des Baukörpers nicht erkennbar, da abgewinkelte Wände in Gebäudehöhe den unmittelbaren Anschluß an die Nachbarbebauung herstellen. Auf Straßenniveau werden diese Wände durch Zufahrtsöffnungen durchbrochen. Mit den Anschlußwänden an die benachbarten Gebäude und dem von der Straßenfront zurückgezogenen Neubau entsteht eine Erweiterung des Straßenraumes in Gestalt eines flach gelagerten U.

Die Freitreppenanlage, die zur Museumshalle im ersten Obergeschoß führt, wiederholt in verkleinerter Form dieses U-Motiv, und der zylinderförmig, leicht aus der Front heraustretende Haupteingang weist auf den größeren Zylinder des Treppenhauses hin.

Gewerkschaftshaus Stuttgart (1930)

67 Das Gebäude des Allgemeinen Deutschen Gewerkschaftsbundes (ADGB) besitzt ähnlich hohe gestalterische Qualität wie der Entwurf für das Stuttgarter Geschäftshaus Hahn und Kolb von 1921/1922. Auch hier zeichnet sich der Entwurf durch ein gelungenes Überschneiden und Heraustreten von Baukuben aus. Die Straßenecke ist wieder durch den höheren, siebengeschossigen Baukörper betont; der quergestellte Gebäudeteil ist vom dritten Obergeschoß an über zwei weitere Geschosse abterrassiert. Die Balkongeländer dieses Gebäudetraktes ließ Döcker gegen einen vortretenden Kubus auslaufen. Neben der wirkungsvollen Stellung der Kuben wird das Erscheinungsbild des Baukörpers noch durch die vornehmlich mit Glas gestaltete Außenhaut gesteigert. Diese Abkehr von einer gerasterten Wand aus Stützen, Fenstern und Brüstungselementen, an deren Stelle hier eine fast nur aus Glas bestehende Außenhaut tritt, bedeutet innerhalb des Neuen Bauens für Döcker einen weiteren Schritt nach vorn.

4.7 Der terrassierte Baukörper

„Unsere Zeit stellt gebieterisch die Forderung nach hygienischer Gestaltung des Lebens aller Schichten der menschlichen Gesellschaft. Wie ein roter Faden zieht sich daher die Erfüllung des Wunsches nach Licht, Luft, Sonne wie noch nie durch alle Architekturentwürfe der letzten 20 Jahre, sofern sie überhaupt als Glied in der Entwicklung des Fortschrittes gewertet werden können. Die Sprengung des alten, gewohnten Blockes eines geschlossenen vollen Baukörpers ist erfolgt, die abgeschlossene Welt innerhalb des Hauses hört auf, sie drängt heraus an das Licht, an die Sonne und sucht die Verbundenheit mit der Natur und der Landschaft. Die Trennung zwischen Haus und Garten, zwischen Innen und Außen verschwindet. Alles ordnet sich dem Wunsche nach Licht, Luft, Sonne unter, und es entstehen allein schon von dieser Forderung aus andere Hauskörper, andere Gebilde."[74]

Die Wichtigkeit einer Gebäudeausrichtung nach Licht, Luft und Sonne, die Herstellung einer Beziehung zwischen Innen- und Außenraum kam bei Döcker in den verschiedensten Bauaufgaben zum Ausdruck. So sind es nicht nur Einfamilienwohnhäuser, bei denen diese Gebäudestellung zu beachten war, gleichrangig behandelte er den Miet- und Siedlungsbau, denn eine gute Belichtung sollte nicht Privileg der Begüterten bleiben. Als ebenso wichtig betrachtete Döcker aber auch eine gute Belichtung und Durchdringung von Innen- und Freiraum bei Büro- und Geschäftsgebäuden, öffentlichen Anlagen, wie Schulen und Bädern, vor allem aber auch für Gebäude der Freizeit und Genesung, wie Hotels, Erholungsheime, Sanatorien und Kliniken.[75]

Schließlich forderte Döcker selbst für ein Stadtgefüge als übergeordnetes Ganzes eine Rücksichtnahme auf so notwendige Bedürfnisse. „Sonne und Luft für alle Räume! und damit das Einbeziehen des *Außen*-Raumes und die Verbindung mit dem Freien durch die ‚Terrasse' in ihren verschiedenen Möglichkeiten und Konsequenzen ist voraussichtlich das Merkmal, das die Bauten der Gegenwart und Zukunft (wenigstens in dem Himmelsstrich der gemäßigten Zone unserer Halbkugel) von denen der Vergangenheit scheidet."[76]

Noch heute befriedigt der terrassierte Baukörper ein Maximum an Belichtungs- und Besonnungsbedürfnissen. Die Terrasse wird zum Bindeglied von Haus und Natur, von Drinnen und Draußen.

Da in Döckers Oeuvre der Terrassenbau in den verschiedensten Variationen so häufig vorkommt, kann das terrassierte Haus als seine persönliche architektonische ‚Spezialität' verstanden werden. Freilich ist Döcker nicht der ‚Erfinder' und geistige Vater des Terrassenbaus. Verwiesen sei hier nur auf das Hotel Babylon von Adolf Loos (1923), der als prägendes Vorbild für manche Bauten Döckers angesehen werden kann.

Loos voraus ging Antonio Sant' Elia, einer der futuristischen Vertreter der Avantgarde, den Döcker sehr schätzte. Im Zuge von Sant' Elias Studien zur ‚Città Nuova' (1913/1914) hatte er der Öffentlichkeit ein gestaffeltes Hochhaus[77] vorgestellt. Letztlich ist auch Hans Poelzig zu nennen, dessen projektiertes ‚Haus der Freundschaft' in Istanbul (1917) Döckers Gedanken vorwegnahmen.[78]

Hatte Poelzig, vermutlich durch die wärmeren und ohnehin sonnigeren klimatischen Verhältnisse in der Türkei, die Anregung zum Entwurf eines Terrassenbaus gefunden, so ließ sich auch Döcker durch natürliche Vorgaben inspirieren. Das hügelige Gelände in und um Stuttgart mit den zahlreichen abgetreppten Weinbergen, die zu Döckers Lebzeiten noch stadtbildbeherrschender waren als heute, sind geradezu eine Aufforderung zum Bau terrassierter Anlagen.

In seinem architektonischen Ansatz bestätigt und in seiner ‚Propagierung' des Terrassenbaus bestärkt sah sich Döcker darin, daß eine „Gleichartigkeit der prinzipiell grundrißlichen und architektonischen Anlage überraschend zahlreich und vielseitig die verschiedensten Verfasser aller Nationen umfaßt, die unabhängig voneinander zu denselben und wahrscheinlich damit eben lebensnotwendigen Ergebnissen in Planung und Ausführung gekommen sind"[79].

Döckers Ansicht zufolge gab es zwar auch bei vorhergehenden, nicht terrassierten Bauweisen Versuche, den Besonnungsansprüchen zu genügen, doch waren dies alles keine ausgereiften Lösungen. Als Beispiele nannte er zwei Hotelbauten in der Schweiz, Bauten, wie sie überall zu finden seien, „schreckliche Hotelpaläste"[80] mit überdachten Terrassen vor jedem Geschoß, die den Räumen eher Licht nehmen als geben. Den Terrassenbau empfand Döcker als befriedigendste Lösung, um jedem Raum ein Höchstmaß an Belichtung zu garantieren und den Menschen den lebensnotwendigen Zugang zum Freien zu ermöglichen. Eine Beziehung zwischen Architektur und Landschaft war somit hergestellt. Unter Berücksichtigung der Stuttgarter Topographie betrachtete Döcker den terrassierten Baukörper überdies als städtebaulich geeignetste Lösung, um der hügeligen Landschaft gerecht zu werden. Döckers Forderung, den terrassierten Baukörper auch für Büro- und Geschäftshäuser anzuwenden, erscheint dagegen verfehlt. Eine gute Belichtung ist notwendig, und die Terrassierung ist angebracht, wenn relativ hohe Gebäude sehr dicht beieinander stehen; aus diesem Grunde schrieb die Chicagoer Bauordnung, nachdem die Nachteile der Hochhausbebauung erkannt worden waren, eine Verjüngung der Gebäude nach oben vor. (Mögen die von Döcker projektierten Büro- und Geschäftshäuser städtebaulich zweifellos reizvoll gewesen sein, die Chicagoer Bauhöhen erreichten sie jedoch nicht.) Die Terrassierung ging auf Kosten der inneren Nutzfläche; selbst wenn Döcker den Terrassenbau einer humanen Arbeitsplatzgestaltung wegen vorgeschlagen haben mag[81], bei den Bauherren stieß er wohl auf Ablehnung.

Haus Kilpper, Stuttgart (1927)

68, 69 Haus Kilpper, ein großzügiges Einfamilienwohnhaus, liegt an einem Steilhang. Das gut gestaltete Gebäude zeigt auch heute nach inzwischen üppigem Baumbewuchs des Grundstückes eine vorzügliche Einbettung in die Landschaft. Mit seiner dem Hang folgenden Terrassierung steht es im Gegensatz zu vielen Häusern ähnlicher Lage, bei denen die Architekten es nicht verstanden oder sich nicht der Mühe unterzogen haben, Gebäude zu entwerfen, die dem Gelände entsprachen, sondern gedankenlos das Haus der Ebene, auf hohe Sockel oder Stützmauern gesetzt, in die Hanglandschaft gestellt haben. Vom Grundriß und von der Art der Staffelung und Stellung der Kuben zueinander ähnelt das Haus Kilpper dem 1924 entworfenen Haus Junghans in Villin-

HAUS KILPPER, Stuttgart, 1927

68 Gartenseite

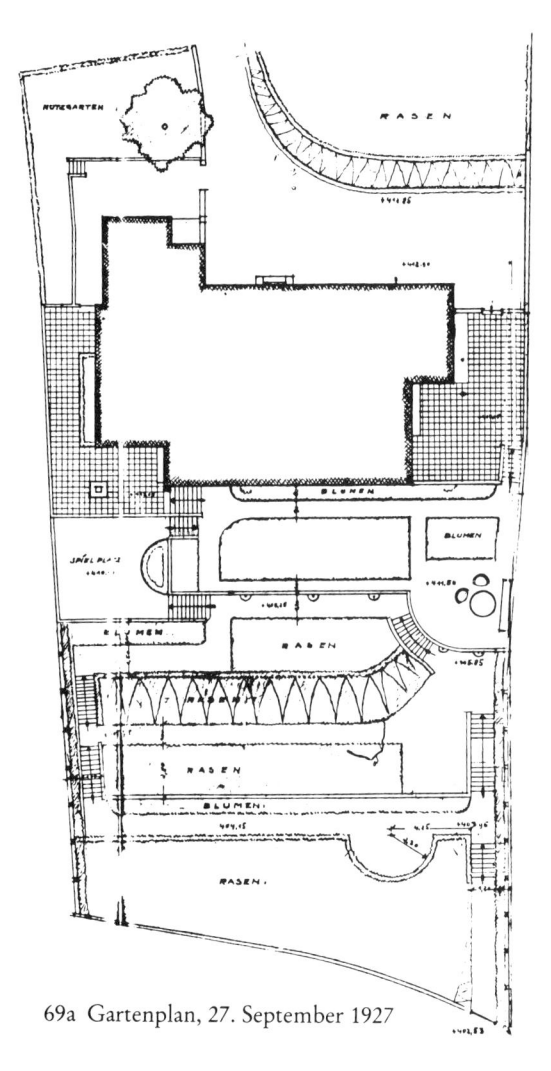

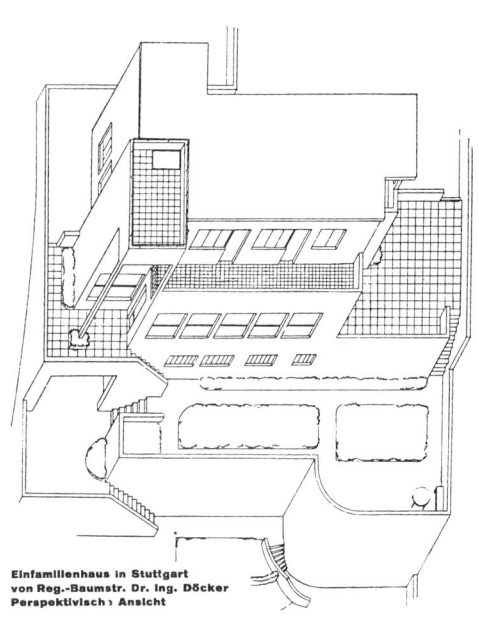

69a Gartenplan, 27. September 1927

69b Isometrie

gen.⁸² Die Terrassierung des Baukörpers ist aber bei Haus Kilpper stärker ausgeprägt und erfolgt in zwei Richtungen.

Das Gebäude ist nach Süden hin durch Terrassen gestaffelt, wobei sich die Terrassierung im Gartenbereich talwärts fortsetzt. Aber auch die Gebäudeschmalseiten zeigen eine Terrassierung. Der Wunsch nach Licht, Luft und Sonne und das natürliche Gefälle des Grundstücks forderten geradezu eine solche Abstufung des Baukörpers. Durch zahlreiche Zugänge ins Freie entsteht eine Beziehung zwischen Haus und umgebender Natur.

Zur Nutzung des Flachdachs als Dachgarten erhöhte Döcker den teilweise auf freien Stützen ruhenden Bauteil, um so einen Zugang über einen Dachaustritt oberhalb des Schlafgeschosses zu ermöglichen. Den nach Südwesten ausgerichteten Schlafräumen im Obergeschoß legte er, wie in vielen anderen seiner Entwürfe, eine Terrasse vor. Die nächst tieferen Terrassen im Südwesten und Südosten liegen auf dem Niveau der Wohnräume im Erdgeschoß. Sie sind nur teilweise baulich überdeckt und gehen in den Außenbereich über. Eine weitere, nach unten gestaffelte Ebene ist dem überwiegend aus dem Erdreich herausragenden Untergeschoß vorgelagert. Dieses Plateau, durch eine partiell abgerundete Stützmauer befestigt, dient als Wohngarten. Von hier aus führen Stufen zu einem tiefer liegenden Zwischenplateau. Auf dieser im Südwesten befindlichen Geländeebene ist ein Spielplatz angelegt. Erst die fünfte Hangterrasse läßt eine rein gärtnerische Nutzung erkennen. Durch Böschungen befestigt, ist der Hang über eine sechste Ebene bis zur Stützmauer an der Straße weiter abterrassiert.

Haus Vetter, Stuttgart (1927/1928)

52, 70, 71 Haus Vetter liegt an einem südlichen Steilhang unweit der Weißenhofsiedlung. Für die Hangbebauung entlang der Birkenwaldstraße nimmt es eine sehr markante Stelle ein, da es in diesem Siedlungsabschnitt stark im Blickpunkt steht. Das dazugehörige Grundstück ist im Vergleich zu dem von Haus Kilpper knapp bemessen.⁸³ Von der unterhalb des Hauses liegenden Straße staffeln sich das terrassierte Gelände und der Baukörper nach oben. Neben der auf Straßenniveau befindlichen Garage führt eine Treppe aufwärts, über die alle Geschosse auch von außen erschlossen werden können. Das flache Dach der Garage bildet die unterste der Terrassen. Von dieser Ebene ist ein Zugang in das unter der Erdgeschoßterrasse liegende Untergeschoß möglich. Hier befinden sich ein Gewölbekeller, die Wirtschafts-, Heiz- und Brennstoffdepoträume und Mädchenzimmer. Außer den Innentreppen, die Garage und Erdgeschoß verbinden, führt auch eine Außentreppe vom Untergeschoßniveau auf das darüberliegende Dach, das gleichzeitig dem Erdgeschoß als große, zum Teil überdeckte Terrasse dient. Um dem hinter der Überdachung befindlichen Wohnraum, der sich durch großzügige Wandaussparungen zu dem Herren- und Eßzimmer hin öffnet, ausreichende Belichtung zu geben, sind in die massive Terrassenbedachung Oberlicht-

HAUS VETTER, Stuttgart, 1927/1928

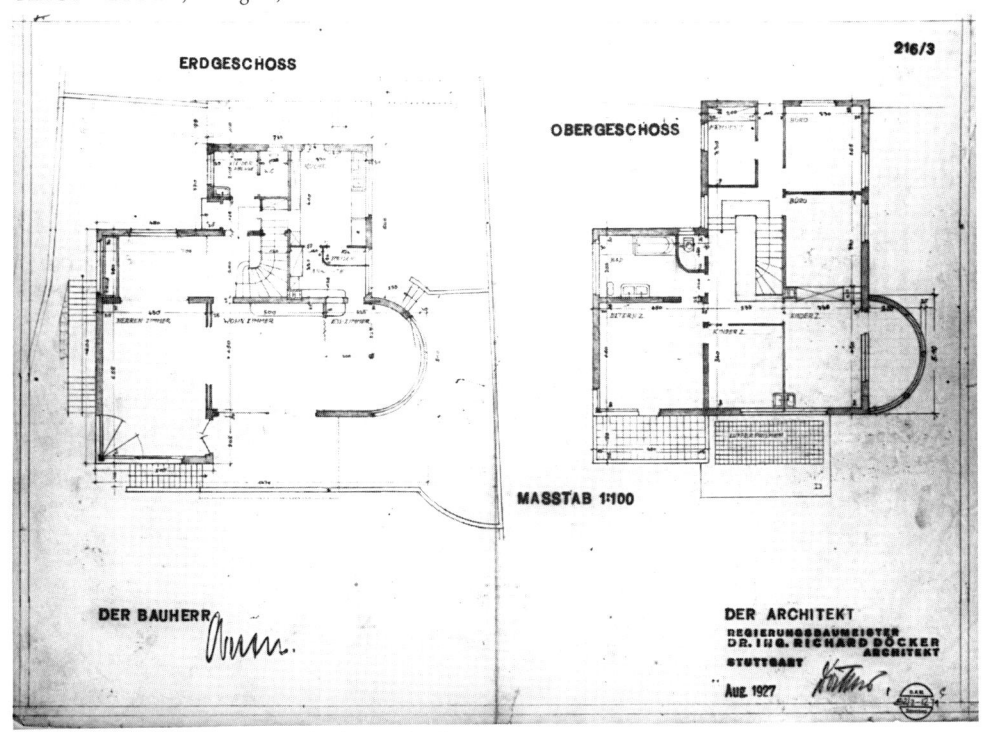

70 Grundrisse Erdgeschoß und Obergeschoß, August 1927

71 Straßenseite

prismen eingelassen. Vom Eßraum, der im Südosten durch einen halbkreisförmigen Wandabschluß begrenzt wird, besteht eine direkte Verbindung zum Küchenbereich, wodurch Döcker im Sinne von rationellen Verkehrswegen eine gute Raumaufteilung gelungen ist. Neben der Küche ist auf dieser Ebene ein bequem zu erreichender Kräuter- und Gemüsegarten vorgesehen. Eine offene Treppenanlage führt ins Obergeschoß, das aufgrund einer bergseitigen Vorkragung über eine größere Grundfläche verfügt. Hier befinden sich die Schlafräume nach Süden und die beiden im Nordosten gelegenen, von Besuchern weniger frequentierten Büroräume, sowie ein Mädchenzimmer. Dem elterlichen Schlafzimmer ist eine offene Terrasse vorgelagert, das Kinderzimmer hat Zugang zu einer überdeckten und halbkreisförmigen Terrasse im Osten. Vom Obergeschoß und den Wohnräumen im Erdgeschoß hat man einen guten Ausblick auf den Stuttgarter Talkessel.[84]

Infolge der Geländeverhältnisse liegt oberhalb des Hauses auf Obergeschoßniveau eine durch Stützmauern talseitig abgesicherte Gartenterrasse. Darüber schließt sich auf der nächst höheren Ebene der Garten an.

Für die Terrassierung des Hauses Vetter hat Döcker eine konsequente, sehr überzeugende Lösung gefunden.[85] Die Geländeausnutzung ist beispielhaft. Döcker ist der Beweis gelungen, daß es durchaus möglich ist, ein relativ kleines Steilhanggrundstück mit einem großzügigen Einfamilienwohnhaus zu bebauen. Neben der auffallend gut gelösten Gebäude- und Geländegestaltung, die Architektur und Landschaft als Einheit erscheinen lassen, erhält die Anlage durch die Kontrastierung der geometrischen Elemente, wie Rechteck und Kreis im Innen- und Außenbereich, eine unverwechselbare Gestalt. Die Rundung der Erdgeschoßterrasse ist gleichsam eine Antwort auf den halbkreisförmigen Gebäudeabschluß und den Boden der Straßenführung.[86]

Stuttgarter Baugeschäft – Projekt zu einem Doppelwohnhaus am Steilhang (1926/1927)

Unweit des Hauses Kilpper, auf einem sehr abschüssigen Gelände zwischen Pischek- und Heinestraße, war der Bauplatz für dieses nicht ausgeführte Doppelwohnhaus. Döckers Entwurf zeigt mit überzeugender Klarheit, daß das Hanggelände, vor allem aber der Steilhang, eine gestaffelte Bebauung fordert. Mit diesem Projekt veranschaulichte Döcker, daß eine geschickte Terrassierung nicht nur bei einem großzügigen Wohnhaus möglich und angebracht ist, sondern auch, daß ein bescheidenes Haus auf sehr schmalem Grundstück überzeugend konzipiert werden kann. Die Höhenstaffelung und die Anlage verschiedener Wohnterrassen gaben dem Haus einen außergewöhnlich hohen Wohnwert.

72-74 Auf Höhe des Straßenniveaus ordnete er lediglich zwei die Grundstücksparzelle flankierende Garagen an. Von dort aus wurden die beiden Wohnungen über abwärtsführende Treppen und Zugangsbrücken erschlossen. Das insgesamt viergeschossige Doppelhaus erhielt nach Südwesten zeigende Terrassen auf drei verschiedenen Ebe-

DOPPELWOHNHAUS, Stuttgart, 1926/1927

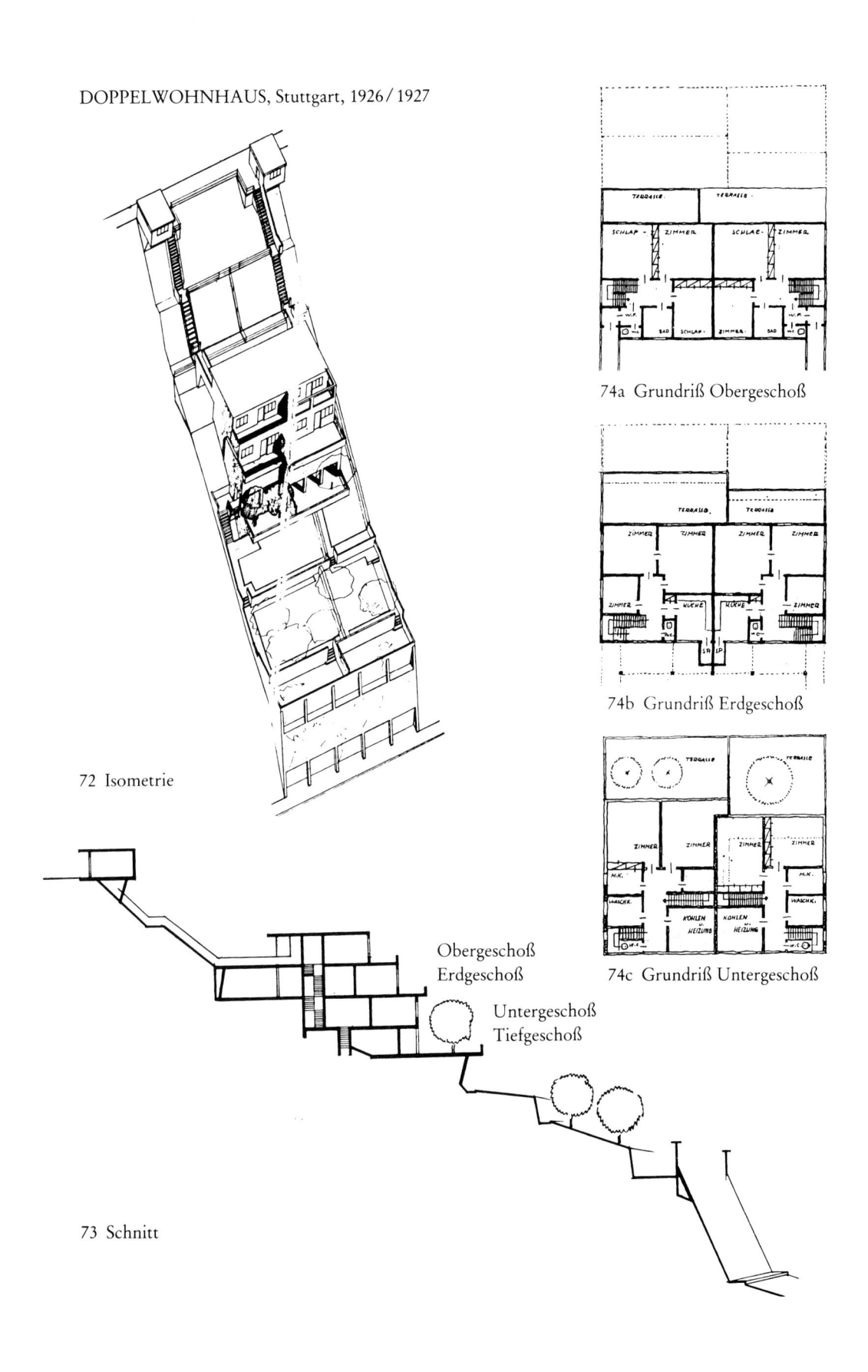

72 Isometrie

73 Schnitt

Obergeschoß
Erdgeschoß
Untergeschoß
Tiefgeschoß

74a Grundriß Obergeschoß

74b Grundriß Erdgeschoß

74c Grundriß Untergeschoß

nen. Der Gebäudeeingang war im Obergeschoß, das neben Windfang, Bad und WC, im Südwesten die Schlafräume aufnahm. Sie hatten direkten Zugang zu der vorgelagerten Terrasse. Das auf Erdgeschoßniveau bergseitig überkragende Obergeschoß wurde durch Stützen abgefangen. Das natürliche Gelände sollte hier abgetragen und durch eine Stützmauer zum Berg hin abgesichert werden. Die Stützmauer diente gleichzeitig als bergseitiges Auflager für die ins Obergeschoß führenden Brücken. Durch die Abtragung des Geländes hinter den im Erdgeschoß bergseitig befindlichen Küchen entstand ein sehr geschützter und gut nutzbarer Wirtschaftshof. Dem Küchen- und Treppenbereich waren talseitig die Wohnräume vorgelagert. Die südwestliche Außenwand des Erdgeschosses stand bündig mit der Terrassenbrüstung des Obergeschosses. Durch die bergseitige Auskragung des Obergeschosses hatte dieses dennoch die gleiche Bautiefe wie das Erdgeschoß. Die Terrasse des Erdgeschosses kragte leicht über die Außenwand des Untergeschosses vor. Dieses blieb ohne eigene Terrasse, hatte jedoch eine größere, überdachte Nutzfläche als das Erdgeschoß und das Obergeschoß. Das Untergeschoß war bergseitig gegen den Hang gelehnt. Hier lagen die notwendigen Räume für Heizung und Brennstoffe sowie die Waschküche, während auf der Talseite vollwertige, gut besonnte Zimmer angeordnet waren. Von dieser Etage aus führte eine weitere Treppe in das Tiefgeschoß, das lediglich talseitig sich öffnende überdeckte Sitzplätze mit anschließenden weiträumigen Wohnterrassen enthielt. Die Tiefgeschoßterrasse war großzügig bemessen, da sie auskragend über die darunterliegende Stützmauer gezogen war.

Von der Erdgeschoßterrasse abwärts war der Baukörper in sich zur Trennung der beiden Wohnbereiche noch einmal versetzt.

Die Terrassierung des Baukörpers fand in der gestaffelten Gartenanlage eine Fortführung. Durch die Stützmauern, die der Hangbefestigung dienten, entstanden wiederum einzelne, terrassierte Gartenplateaus. Das Thema der Terrassierung wurde zum beherrschenden Ausdruck von Architektur und Landschaft. Die abschließende talseitige Begrenzung zur Heinestraße bildete eine kräftige Stützmauer. Die Mauer, in der das Terrassierungsmoment erneut aufgenommen wurde, wiederholt das schon im Erd- und Untergeschoß angewendete Stützenmotiv.

Durch die sehr überzeugende und geschickte terrassenförmige Bebauung wurde das Grundstück baulich relativ wenig ausgenutzt. Es verblieb oberhalb wie unterhalb des Baukörpers eine verhältnismäßig große, mit hohem Aufwand durch Stützmauern mehrfach gegliederte Gartenfläche. Ob die aufzuwendenden finanziellen Mittel für die Garten- und Landschaftsgestaltung noch in einem richtigen Verhältnis zu den Gebäudekosten standen, ist fraglich. Die Anlage eines zweiten Doppelhauses weiter unterhalb, mit Zugang von der Heinestraße, wäre durchaus möglich gewesen. Doch muß diese Frage offenbleiben, da über die finanziellen Möglichkeiten des Bauherrn nichts bekannt ist.

Das terrassierte Krankenhaus

Im Rahmen der Auseinandersetzung mit dem terrassierten Baukörper hat Döcker dessen Anwendung mannigfach für verschiedene Bauaufgaben und Gebäudearten formuliert und erprobt.[87] Die Entwicklung eines neuen Krankenhaustyps – des terrassierten Krankenhauses – war dabei sein besonderes Verdienst.

Als Vorstufe zu Döckers neuem Krankenhaustyp ist eine Ideenskizze für eine Spitalerweiterung aus den Jahren 1925/1926[88] zu werten, in der Döcker den Bettentrakten Terrassen oder Veranden vorgelegt hatte. Diesem Entwurf folgte die Projektierung des Waiblinger Krankenhauses (1927/1928), das durch Versetzung der Geschosse eine konsequente Terrassierung zeigt. Mit dem Bau des Waiblinger Krankenhauses konnte Döckers neuer Krankenhaustyp erstmalig realisiert werden. Den Auftrag erhielt Döcker auf der Grundlage eines vorausgegangenen Wettbewerbs, in dem ihm der erste Preis vor Schmitthenner zugesprochen wurde.[89]

Döcker erschien gerade für ein Krankenhaus der terrassierte Bautyp am vorteilhaftesten. Jedes Krankenzimmer sollte eine gute Belichtung und Besonnung mit einer vorgelagerten Liegeterrasse erhalten.

Diese Auffassung wurde von den Ärzten auf der Basis des damaligen medizinischen Forschungsstandes unterstützt. Die Licht-, Luft- und Sonnenbehandlung wurde als ein wichtiges Moment für den Heilungs- und Regenerationsprozeß erkannt. Untersuchungen hatten erwiesen, daß sich die Gefahr der Übertragung von infektiösen Erregern durch Sonnenbestrahlung beträchtlich einschränken ließ.[90] Für eine gute Belichtung der Krankenzimmer und Besonnung der vorgelagerten Terrassen war eine dem Verlauf der Höhenkurven folgende Stellung des Gebäudes nach Süden unbedingte Voraussetzung. Für den Grundriß ergab sich daraus eine Anordnung der Krankenzimmer im Süden, während die untergeordneten Nebenräume, wie Bäder, WC, Teeküche und Personalräume, nördlich des jeweiligen Stationsganges angelegt waren. Der Sonneneinfall wurde durch eine Staffelung der Stockwerke verbessert, da bei einem mehrgeschossigen Gebäude ansonsten die obere Terrasse die Besonnung der darunterliegenden eingeschränkt hätte.

Um zwei gleichwertige Etagen zu erzielen, setzte Döcker das Obergeschoß um Terrassenbreite im Norden über das Erdgeschoß zurück. Der Raum, der durch das überkragende Obergeschoß an der Gebäudenordseite entstand, wurde geschlossen und konnte als sogenannte Wandelhalle an heißen wie an regnerischen Tagen genutzt werden.

Die Tiefe der Liegeterrassen (2,5 bis 3,0 m) bestimmte sich durch das Maß des Krankenbettes und eines dahinter liegenden, notwendigen Ganges für das Pflegepersonal. Die Planungen für das Waiblinger Krankenhaus veranlaßten Döcker, noch im selben Jahr 1927[91] generelle Entwürfe für ein terrassiertes Krankenhaus – den Krankenhaustyp schlechthin – zu entwickeln. Während die gestaffelten Bettentrakte des ausgeführten Waiblinger Krankenhauses (Figur F) zweigeschossig waren, spielte

75 Döcker nun den Gedanken des terrassierten Krankenhauses auch für drei (Figuren G und H) und vier (Figuren J und K) Stockwerke zählende Baukörper durch.[92] Als Zwischenlösung bezeichnete er seine Entwurfsstudien zu einer Krankenhauserweiterung von 1925/1926 (Figur A). Diese viergeschossige Anlage zeigt an der südorientierten Krankenzimmerseite bereits eine leichte Terrassierung: Das erste und das zweite Obergeschoß treten hinter das Erdgeschoß zurück. Die dritte Etage kragt hingegen wieder leicht über die Flucht der beiden darunter liegenden Stockwerke vor. Durch dieses Vor- und Zurückspringen der Außenwände variieren die Raumtiefen in den verschiedenen Stockwerken. Während das dritte Obergeschoß keine vorgesetzten Balkone hat, sitzen die des zweiten Obergeschosses bündig über denen der ersten Etage. Durch diese Anordnung der Balkone erhält aber nicht jedes Krankenzimmer eine gute Belichtung. Zu günstigeren Lösungen kamen Döckers Mitstreiter für den terrassierten Krankenhausbau Sarrason (Figur B) und Garnier-Lyon (Figur D).[93]
Sie staffelten die Terrassen konsequent von Geschoß zu Geschoß, Sarrason um jeweils 1,50 m, Garnier-Lyon um die volle Terrassentiefe von 2,50 m. Beide gingen in ihren Entwürfen, wie auch Döcker in der projektierten Krankenhauserweiterung (Figur A), von einer bündigen Rückfront mit übereinanderliegenden Fluren aus. Durch die Terrassierung nur einer Gebäudefront erhält man aber vor allem im Erdgeschoß eine zu große Raumtiefe, so etwa im Entwurf Sarrasons von 8,50 m. Eine derartige Raumtiefe wäre jedoch unter Berücksichtigung der guten Belichtung eines Krankenzimmers nach Döckers Auffassung unbrauchbar und somit nur teilweise nutzbar gewesen und würde zu überflüssig hohen Baukosten führen. Die Räume in den obersten Geschossen seien hingegen mit nur 4,0 m Tiefe für ein Krankenzimmer zu schmal.[94]
In Anbetracht dieser Mängel suchte Döcker eine Alternative zur Vermeidung übergroßer Räume im Erdgeschoß und zu kleiner im obersten Stockwerk. Eine einwandfreie Belichtung der Krankenzimmer mit vorgelagerter großer Terrasse war dabei oberstes Gebot. Einen Lösungsansatz sah er in der Konzeption des Waiblinger Krankenhauses (Figur F). Den diesem zweigeschossigen Gebäude zugrundeliegenden Gedanken versuchte er auf eine drei bis vier Stockwerke zählende Anlage zu übertragen. Als erneute Zwischenlösung bezeichnete Döcker die Planung für einen dreigeschossigen Baukörper (Figur G), der aber, im Verhältnis zu Waiblingen, lediglich eine ‚Stockwerksaddition' darstellt.
Die Terrassierung behielt Döcker zwar konsequent bei, setzte jedoch die rückwärtige Außenfront des dritten Obergeschosses bündig zu der darunterliegenden Wand. Da aber auch dieser Lösungsansatz auf eine beträchtliche Verminderung der Raumtiefe im obersten Stockwerk hinauslief, unterscheidet sich Döckers Entwurf in diesem Punkt nur unwesentlich von denen Sarrasons (Figur B) und Garnier-Lyons (Figur D). Hatte er diesen Mangel bei seinen Kollegen als Schwäche gewertet, so kann ihm der Vorwurf einer inhaltsleeren Kritik nicht erspart bleiben.
Die Herausbildung eines Types, entsprechend der Forderung nach Staffelung der Ge-

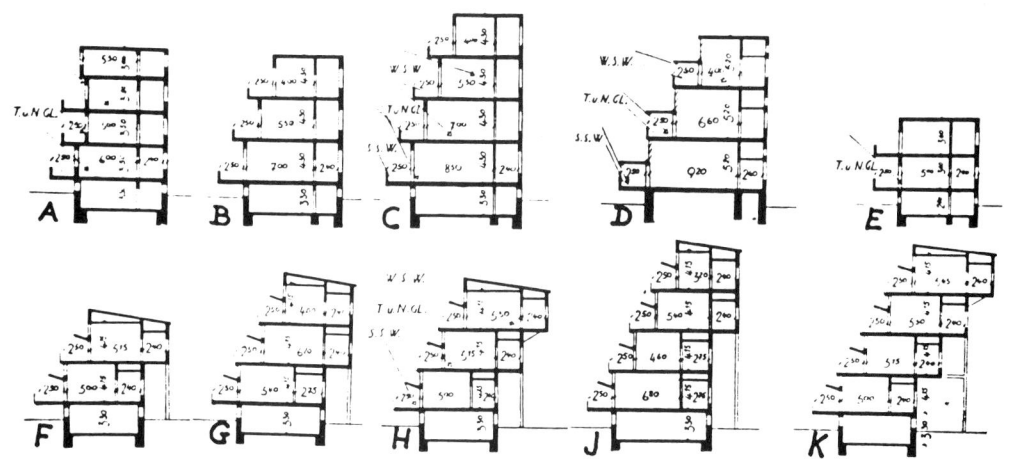

75 SCHEMATISCHE SCHNITTE FÜR KRANKENHÄUSER

76 KRANKENHAUS WAIBLINGEN, 1927/1928

77 KRANKENHAUS WAIBLINGEN, Liegeterrasse

schosse ohne Besonnungsbeeinträchtigung der darunter liegenden Terrassen bei weitgehend gleichmäßiger Raumtiefe der Krankenzimmer in allen Geschossen, ist erst in Döckers sogenannter *Idealanlage* (Figuren H und K) erkennbar.
Sowohl im Vorschlag für eine drei- (Figur H) oder viergeschossige (Figur K) Anlage wiederholte er die Terrassierung der Krankenzimmerfront im negativen Sinne als Auskragung auf der Gebäuderückseite. Die Räume erhielten dadurch in allen Etagen eine annähernd gleiche Raumtiefe, denn je Stockwerk vergrößert sich der Raum um nur 15 cm. Zum Nachweis, daß trotz einer Raumtiefe von etwa 5 m noch jedem Zimmer eine günstige Belichtung garantiert ist, führte Döcker Untersuchungen des Lichteinfallwinkels durch, bei gleichzeitiger Erforschung der Auswirkungen des Sonnenstandes in den verschiedenen Jahreszeiten.[95] Im Januar sollte das Licht ungehindert in den Raum dringen können. Im Sommer war es hingegen wünschenswert, den Innenraum schattig und dadurch kühler halten zu können. Den Schutzdächern, die die Terrassen teilweise überdeckten, maß Döcker eine bedeutende Funktion bei. Sie sollten zum einen den Lichteinfall in die Krankenzimmer im Sommer reduzieren und deren übermäßige Aufheizung vermeiden, zum anderen eine Einsichtsmöglichkeit von der darüber liegenden Terrasse verhindern und vor plötzlichem Regen schützen.[96]
Unter medizinischem Gesichtspunkt hatten die Schutzdächer den Vorteil, daß die operierten Körperpartien im Sinne einer Licht- und Sonnenbehandlung der Sonne ausgesetzt werden konnten, der Kopf der Patienten aber ohne weiteres im Schatten blieb. So war es möglich, das Bett nach Wunsch mehr oder weniger in den Schatten bzw. die Sonne zu stellen. Markisen an den Schutzdächern sollten an sehr sonnigen Tagen zusätzlichen Schatten spenden. Oberhalb der Schutzdächer sah Döcker in der wandhohen Verglasung der Südseite Oberlichter vor[97], die für eine bessere Luftzirkulation der Innenräume sorgen sollten.
Um den Patienten sowohl durch die Liegeterrassen als auch durch eine gute Belichtung der Innenräume ein Höchstmaß an Sonne und Licht zu gewähren, untersuchte Döcker auch die günstigste Bettenstellung im Krankenzimmer. In der ersten, von Döcker favorisierten Möglichkeit stehen die Betten senkrecht zur Fensterwand, wobei mit sechs Betten je Raum eine Zimmertiefe von 4,80 m bei einer Breite von 9,60 m notwendig wird. Den Vorteil dieser Möblierungslösung sah Döcker darin, daß sich die Betten direkt, ohne vorhergehendes Wenden im Raum auf die vorgelagerte Terrasse schieben lassen. Zudem verlangt diese Bettenanordnung eine geringere Raumtiefe „und damit eine leichte und billige Stützenträger- und Deckenkonstruktion"[98]. Von ärztlicher Seite wurden gegen diese Bettenstellung Bedenken erhoben: die Kranken müßten zuweilen ständig aufs Fenster und unmittelbar in die Sonne blicken. Döcker empfand dies nicht als Makel, zumal das Bett auf Wunsch des Patienten um 180° gedreht werden könne – ein Aufwand, den er gerade durch diese Bettenstellung vermeiden wollte –, und fügte wenig überzeugend hinzu, daß überdies jedem Patienten eine Sonnenschutzbrille zur Verfügung gestellt werden könnte.[99]
Im Argumentationseifer übersah Döcker auch einen weiteren Nachteil der von ihm

favorisierten Lösung der Bettenanordnung. Sein Vorschlag läßt eine Längsstreckung des Gebäudes notwendig werden, was für das Pflegepersonal längere Wege mit sich bringt.

Die zweite, von Döcker abgelehnte Lösung sieht eine Bettenstellung in doppelter Reihung parallel zur Fensterfront vor. Ein Sechsbettzimmer würde dann eine Raumtiefe von mindestens 6,40 m und eine Frontlänge von 7,20 m erhalten. Als nachteilige Folgen dieser Bettenstellung nennt Döcker die geringere Raumbreite, da bei sechs Betten je Zimmer nicht mehr alle Betten gleichzeitig auf die Terrasse geschoben werden könnten und zuvor im Raum gedreht werden müßten. Durch die vermehrte Raumtiefe erhielten die Betten an der Flurseite keine ausreichende Belichtung. Dieses Problem konnte nur durch eine Erhöhung des Raumes gelöst werden, was aber zusätzliche Kosten bedingte, zumal die Überbrückung größerer Spannweiten ohnehin eine Baukostensteigerung verursacht.[100]

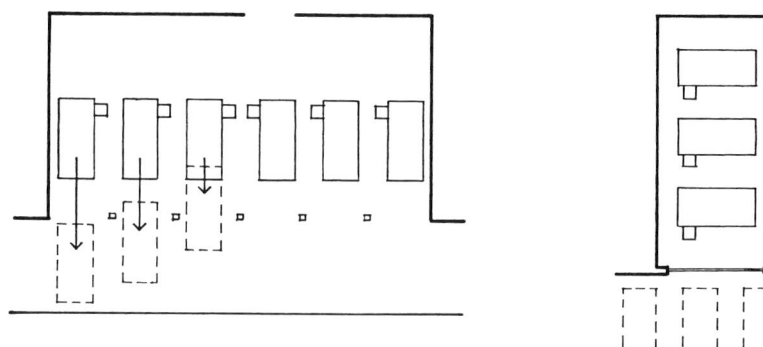

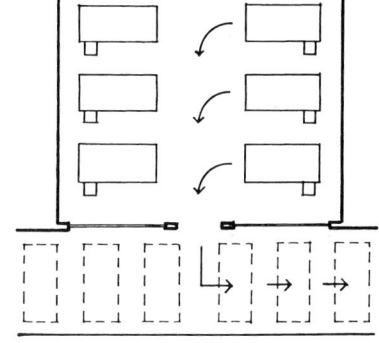

78 Stellung der Betten im Krankenzimmer mit vorgelagerten Liegeterrassen

Der Bau des Waiblinger Krankenhauses verhalf Döcker zum Durchbruch und brachte ihm Anerkennung in der fortschrittlichen Fachwelt. Durch die Waiblinger Bauaufgabe zur Entwicklung einer *Idealanlage* dieses Bautyps angeregt, wandte Döcker diese Konzeption im wesentlichen auch beim Maulbronner Krankenhaus an.[101]
Eine weitgehende Übereinstimmung der Planungen von Waiblingen und Maulbronn war möglich, weil sich die Baugrundstücke in der Lage zur Himmelsrichtung und dem Geländegefälle sehr ähnlich waren. Beide Gebäude fügten sich überzeugend in die Landschaft ein, sowohl in der Längsentwicklung, da die Baukörper den Höhenlinien folgten, als auch im höhenmäßigen Aufbau, wobei durch die Terrassierung der

Bettenflügel das Bemühen um eine Übereinstimmung mit dem natürlichen Geländegefälle sichtbar wurde. Eine auffallende Ähnlichkeit zu Döckers *Idealanlage* zeigt Marcel Breuers und Gustav Hassenpflugs Entwurf für ein Krankenhaus in Elberfeld.[102] Döcker zufolge entstanden in Colmar und Paris Krankenhäuser, die seine *Idealanlage* nun international rezipierten.[103] Er selbst plante nach diesem Prinzip auf großzügig bemessenem freien Gelände 1930 bis 1931 ein Zentralkrankenhaus für Zagreb.

Döcker erkannte aber auch, daß sich für ein Krankenhaus im innerstädtischen Bereich, wo ein flachgelagertes zwei- bis dreigeschossiges Gebäude nicht mehr möglich und ein wesentlich höheres Bettenhaus unumgänglich war, vernünftigerweise das Prinzip der den Bettenzimmern vorgelagerten, abgestuften Terrassen nicht verwirklichen ließ. In einem Projekt für die innere Abteilung des Stuttgarter Karl-Olga-Krankenhauses sah er sich gezwungen, die Garten- und Südfront des Gebäudes in streng vertikalem Aufbau mit nur einzelnen Balkonen im dritten und vierten Obergeschoß vorzuschlagen. Zur Begründung des sechs- bis siebengeschossigen Entwurfes und der Abkehr vom Terrassenprinzip heißt es: „Von einer sogenannten Terrassierung, wie sie in meinem Krankenhaus Waiblingen vorgesehen und nach den bis jetzt gemachten Erfahrungen von ärztlicher Seite immer anerkannt worden ist, wurde der Gelände- und der übrigen Verhältnisse wegen in diesem Projekt Abstand genommen. Eine Lösung kann nicht als Rezept für alle Verhältnisse gelten, was aber von manchem Verfasser nicht allein bei Krankenhäusern, sondern überhaupt bei heutigen Projekten in zeitgemäßer und sachlicher Einstellung anscheinend geglaubt wird."[104]

Rückblickend auf die in den zwanziger Jahren so positiv beurteilte Terrassierung des Krankenhauses bleibt festzustellen, daß sich dieser Bautyp für einen Krankenhausbetrieb als ungenügend erwiesen hat. Der stationäre Aufenthalt der Patienten sollte aus Kostengründen auf ein Minimum beschränkt bleiben. Die vorgelagerten Liegeterrassen, die in erster Linie eine Regeneration beschleunigen sollten, wurden dadurch überflüssig.

Das Krankenhaus Waiblingen wurde aus diesem Grunde noch zu Döckers Lebzeiten abgebrochen[105]; das Maulbronner Krankenhaus ist heute ein Kinderzentrum. Im ersten Bauabschnitt des Stuttgarter Katharinenhospitals (1955–1962) verzichteten daher Döcker, Müller sowie Eisenlohr & Pfennig auf eine Terrassierung der Gebäude und im wesentlichen auf vorgelagerte Terrassen.[106] Der Vorteil eines terrassierten Baukörpers im Sinne der *Idealanlage* Döckers bleibt aber bis heute für Sanatorien unbestritten.

5 Die gute, billige Wohnung – Döckers Anliegen im Einfamilienhaus-, Mietwohnungs- und Siedlungsbau

5.1 Die Wohnungsnot in der Weimarer Republik und Döckers Beiträge zu ihrer Bekämpfung

Ein kurzer Exkurs in die wirtschaftliche und soziale Lage der Weimarer Republik soll die Situation Döckers beleuchten, dessen Anliegen es war, stets den Menschen als Ausgangspunkt seiner Planung ins Zentrum zu rücken.

Die meist gestellten und vermutlich auch die reizvollsten Bauaufgaben Döckers waren geräumige und zum Teil recht großzügige Einfamilienhäuser. Aufträge für solche aufwendigen Häuser blieben in der sozialen Realität jener Zeit Ausnahmen und hatten für den Wohnungsmarkt wenig Bedeutung. Aktueller und von anderer Brisanz und politischer Verantwortung war dagegen das Problem, für sozial schwächere Bevölkerungsgruppen menschenwürdige Behausungen zu schaffen, dies angesichts einer wirtschaftlichen Situation, die diesem Anliegen eher hemmend entgegenwirkte.

Die Wohnungsnot wurde nach dem Ersten Weltkrieg, nicht nur in Deutschland, sondern in vielen europäischen Ländern akut. Weniger waren es die Kriegszerstörungen, die diese enorme Wohnungsknappheit bedingten, als die Tatsache, daß während des Krieges die Bauproduktion zum Erliegen kam und nach Kriegsende zahlreiche Heimkehrer den Wohnungsmarkt zusätzlich überfluteten. Die Ware Wohnung war knapp, der Mietpreis hingegen überhöht. Bis 1923 war ein Fehlbedarf von etwa einer Million Wohnungen zu verzeichnen. Sigfried Giedion beschreibt in seinem Buch *Befreites Wohnen* die Situation: „Die Wirtschaft übt die Diktatur über den Menschen. Deshalb wohnen 95 % in unzulänglichen Wohnungen, denn ihr Einkommen reicht nicht aus, in besseren zu wohnen. Die Produktion ist wichtiger als der Mensch!"[1]

Erschwerend wirkt die tradierte Auffassung, ein Haus müsse Ewigkeitswert haben, denn „will man Hypotheken darauf bekommen, so muß es als Kapitalanlage gleichsam für die Ewigkeit gebaut sein. Diese übertriebene Solidität drückt sich für den Verbraucher in übersetzten Mietpreisen aus."[2]

Baukosten- und damit auch mietzinssteigernd kam hinzu, daß in der Baupraxis jener Zeit das Gebäude im Gegensatz zur übrigen Produktionsweise „auf handwerklicher Basis erstellt"[3] wurde. Überdies waren die Baustoffe knapp und dadurch übertuert. Bodenspekulationen und vor allem die Inflation in den Jahren 1923/1924 verstärkten die Wohnungsknappheit. Die Bauproduktion lag 1924 ebenso wie 1933, bedingt durch die Weltwirtschaftskrise, bei weniger als 150 000 gebauten Wohnungen jährlich[4] – während 1929, kurz vor den rezessionalen Auswirkungen der Wirtschaftskrise, weit über 300 000 Wohnungen gebaut werden konnten. Diese Situation führte letztlich zu einer Wohnungszwangswirtschaft, mit Wohnungsbauabgaben und Wohnraumbewirtschaftung; Leerzimmer mußten zur Disposition gestellt und vermietet werden, unter der Bedingung der Mietpreisbindung und des Kündigungsschutzes.[5]

Die Wohnungsbaupolitik der Weimarer Republik bedingte, daß zwischen den Kriegen rund die Hälfte der gesamten Bauproduktion in öffentlicher Hand lag, daß zwischen 1918 und 1927 eine Priorität auf die Förderung großer Mietwohnungsneubauten gelegt wurde (das Lohnniveau von Arbeitern aber auf Altbaumieten abgestellt war) und auch in der Bauwirtschaft trotz allgemein hoher Arbeitslosigkeit auf Rationalisierung gedrängt wurde. Wohnraum war ein Massenbedarfsartikel, der in hoher Auflage für den Konsumenten zu günstigem Mietpreis angeboten werden mußte. Die Forderung nach Normentwürfen, typisierten Grundrissen und Bautypen, einer Normierung und Vorfabrikation von Bauteilen wurde laut. Denn „die Erfahrung lehrt, daß bei rationeller, industrieller Herstellung auch komplizierter Produkte (z. B. Autos) die Preise sinken und die Qualität steigt"[6]. Nach Giedions Auffassung sollte die Arbeit am Bauplatz zur reinen Montage der industriell vorgefertigten Bauteile werden, so könnte, neben einem preisgünstigeren Bauen, auch die Bauabwicklung in wesentlich kürzerer Zeit erfolgen.

Der Mietwohnungsbau in der Weimarer Republik wurde – jedoch weitgehend ineffizient – im wesentlichen von privatrechtlich organisierten Verbänden, wie den Genossenschaften[7] und den Siedlungsverbänden[8], wie auch von behördlicher Seite getragen. In Stuttgart war es die vom Land eingerichtete Beratungsstelle für das Baugewerbe, zu dessen Mitarbeitern Döcker zählte. Ihre Aufgabe lag in der Erarbeitung von Lösungsvorschlägen zur Senkung der eklatanten Wohnungsnot unter dem Aspekt wirtschaftlichen Bauens. Sie war die Anlaufstelle für private Bauherren, aber auch für die privatrechtlichen und öffentlich organisierten Verbände oder für kleinere Kommunen, die keinen eigenen Stadtbaumeister hatten. Pläne von Neu- und Umbauten, Sanierungsvorhaben bis hin zu Baudetails und Gartenanlagen hat die Beratungsstelle zeichnerisch überarbeitet und Hinweise für Siedlungs- und Bebauungspläne gegeben.

Die Beratungsstelle führte auch selbst Planungsarbeiten durch. Unter Beachtung der Grundsätze des wirtschaftlichen Bauens entwarf sie mustergültige Gebäude- und Grundrißtypen, dies bei Berücksichtigung einer weitgehenden Optimierung des Wohnstandards auf möglichst geringer Wohnfläche und niedriger Baukosten. Dem Bauherrn konnte auf diese Weise der Umweg über den Architekten erspart werden. Es gelang die Belastungen durch Einsparung hoher Architektenhonorare für Individualplanungen und durch ein Zurückgreifen auf vorfabrizierte Bauteile zu senken. Darüber hinaus betrieb die Beratungsstelle Bauforschung. Hier wurden Bautechniken für den Wohn-, vor allem aber für den Siedlungsbau erprobt.

Ein weiterer Sektor, auf dem sich die Beratungsstelle unter der Leitung von Hugo Keuerleber betätigte, war die Öffentlichkeitsarbeit. Sie gab die Publikationen *Für*

Bauplatz und Werkstatt, Ersatz- und Sparbauweisen bis hin zu der von Döcker 1923 verfaßten Dissertation über *Kleinwohnungstypen* heraus. Ausstellungen der eigenen Arbeiten, wie beispielsweise zum Thema *Sparbauweise und Kleinwohnungswesen* kamen hinzu[9].

5.2 Kleinhaus- und Kleinwohnungstypenpläne

Als Mitarbeiter der Beratungsstelle schrieb Döcker 1923 seine Dissertation über *Kleinwohnungstypen*[10], konzipiert als Beitrag zur Bekämpfung der Wohnungsnot. In dieser Arbeit stellt er ausführungsreife, generelle Lösungen für Einzel-, Doppel-, Reihen- und Miethäuser dar, die in der gleichen Gebäudeart, aber differenziert nach unterschiedlicher Geländebeschaffenheit und variierenden Himmelsrichtungen, gebaut werden konnten. Seine Entwurfsvorschläge stützen sich auf empirische Untersuchungen, die belegen, daß ähnliche Bauprogramme für den Kleinwohnungsbau im In-und Ausland erarbeitet wurden.[11] Daraus leitete er eine Übereinstimmung der Wohnungsbedürfnisse größerer Volksgruppen ab. Die Einheitlichkeit der Bedürfnisse legte die Entwicklung von typisierten Baukörpern und Grundrissen nahe. Dazu schien es Döcker notwendig, „die Bauaufgabe so klar zu bestimmen, daß eine eindeutige Lösung, eben der Typ, überhaupt nur möglich ist"[12]. In der Typisierung des Kleinwohnungsbaus sah er überdies den Vorteil, daß der Wohnstandard und die Wohnkultur allgemein gleichzeitig angehoben werden konnten. Als „grundlegende Bestimmung für die Aufstellung der Typen"[13] unterschied Döcker nach den Geländeverhältnissen (Ebene/Hang), der Lage des Bauplatzes zur Himmelsrichtung und zur Straße, nach dem Wohnbedürfnis, der Größe und den Ansprüchen der Familie und letztlich nach den gewünschten oder sich daraus ergebenden Hausformen (Einzel-, Doppel-, Reihen- oder Miethaus).Ungeachtet dieser Unterschiedlichkeiten jeder Wohneinheit sollten die Haupträume nach Süden ausgerichtet sein und, wenn möglich, alle Zimmer getrennt vom Flur aus erschlossen werden können. Die einzelne Wohnung sollte über einen 18 bis 22 qm großen Wohnraum, die je nach Familiengröße erforderlichen Schlafräume verfügen und „einen gewölbten Getränkekeller, Holz- und Kohlenraum, eine Küche mit entlüftbarem Speiseschrank" besitzen und die „Möglichkeit der Aufstellung einer Badewanne"[14] bieten. Entgegen Döckers sonstiger Auffassung[15] und im Sinne einer traditionellen Gebäudeausrichtung sollten die Toiletten nicht zur Straße hin angelegt sein, da in nahezu allen Fällen nicht von einer Kanalisation ausgegangen werden könne und die Grubenleerung an der Gartenseite daher einfacher möglich sei. Die Fenster hatten DIN-Maße, was durch die Typisierung der Gebäudeeinheiten möglich wurde und einer kostengünstigeren Bauausführung entgegenkam.

Der Baukörper sollte als einfacher Kubus gestaltet sein, ohne Dachaufbauten, um somit „unnötige Herstellungs- und Reparaturkosten zu vermeiden und gleichzeitig große Dachflächen zu erhalten"¹⁶. Für jeden Gebäudetypus des Einzel-, Doppel-, Reihen- oder Miethauses entwarf Döcker, nach Größe und Wohnanspruch unterschieden, Grundrisse für drei Wohnstufen. Wohnstufe I entspricht dem bescheidensten Wohnbedürfnis, geeignet für eine drei- bis vierköpfige Familie. Wohnstufe II ist auf das durchschnittliche Wohnbedürfnis abgestimmt und bietet vier bis sechs Personen Raum. Wohnstufe III entspricht einem höheren Wohnanspruch oder kann einer sechs- bis neunköpfigen Familie als Unterkunft dienen.

Die Einzel- und Doppelhäuser sollten bei offener Bauweise ein- bis zweigeschossig sein, die Reihenhäuser bei geschlossener Bauweise ausschließlich zwei Etagen zählen, während für die Miethäuser zwei bis drei Stockwerke vorgesehen waren. Innerhalb einer Wohnstufe je Haustyp veränderte Döcker die Raumanordnung, denn die Grundrißaufteilung war primär von der Stellung des Gebäudes zur Straße und zur Himmelsrichtung abhängig. Deswegen unterschied er zwischen sogenannten S-Typen, bei denen Straßen- und Südseite zusammenfallen, und sogenannten N-Typen, deren Straßenfront Nordlage hatte. Eine weitere Unterscheidung der Grundrißgestaltung ergab sich für das Einzel- und Doppelhaus durch die Geländeverhältnisse, je nachdem also, ob das Haus am Hang oder auf flachem Gelände gebaut werden sollte. Für die Hanggebäude nahm Döcker ein Gefälle von 20 bis 30 Prozent an. Für die Miethäuser, zumeist in geschlossener Bauweise vorgesehen, hielt Döcker eine Differenzierung nach S- und N-Typen für ebenso notwendig, da im allgemeinen auf eine „geeignete Nord-Südrichtung der Straße und Baublöcke"¹⁷ nicht geachtet wurde. Die Miethäuser waren durchweg Zweispänner. Im Dachgeschoß wurden jeder Wohneinheit eine Dachkammer und ein gemeinsam zu nutzender Trockenboden zugewiesen. Im Untergeschoß befanden sich neben den abgetrennten Kellern Gemeinschaftseinrichtungen für alle Wohnungen, die an einem Treppenhaus lagen, wie Waschküche und Bad, als ergänzende Ausstattung der Wohnstufen I und teilweise II.

Unabhängig von der Wohnstufe und dem Gebäudetyp war es Döckers Anliegen, möglichst jeder Wohneinheit eine Gartenparzelle zu geben. Die Anlage des Gartens war von der Stellung des Hauses abhängig. Die N-Typen hatten nur auf der Nordseite einen relativ großen Nutzgarten; die S-Typen sollten von der Straßenlinie zurückgezogen werden und neben dem rückwärtig liegenden Nutzgarten einen kleinen Vorgarten erhalten.

Nicht nur die Tatsache, daß möglichst alle Wohnungen über eine Nutzgartenparzelle verfügen sollten, sondern auch, daß die Möglichkeit gegeben sein sollte, Ställe für zehn bis zwölf Hühner, vier bis fünf Kaninchen, ein Schwein und zwei Ziegen anzubauen, erinnert an den Selbstversorgergedanken aus der Gartenstadtidee.

Mit diesen Entwürfen beabsichtigte Döcker 1923, Lösungen für den Typ einer Kleinwohnung vorzuschlagen. Wie nahe er aber damit in den Bereich der fünf Jahre später von Völkers definierten Kleinstwohnung rückte, die vom Existenzminimum des Wohnbedürfnisses ausging, mag ein Vergleich mit Völkers' angegebenen Richtwerten zeigen.¹⁸ Als unterste Grenze nannte er 8 qm, als obersten Wert 16 qm Nutz-

KLEINWOHNUNGSTYPEN 1923

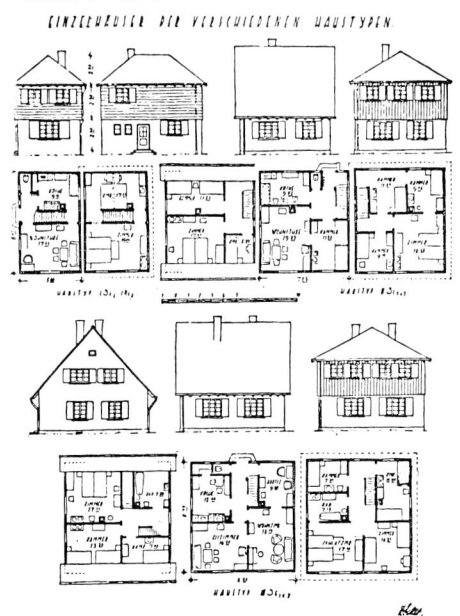

79a Einzelhäuser, verschiedene Typen, Wohnstufen I, II und III

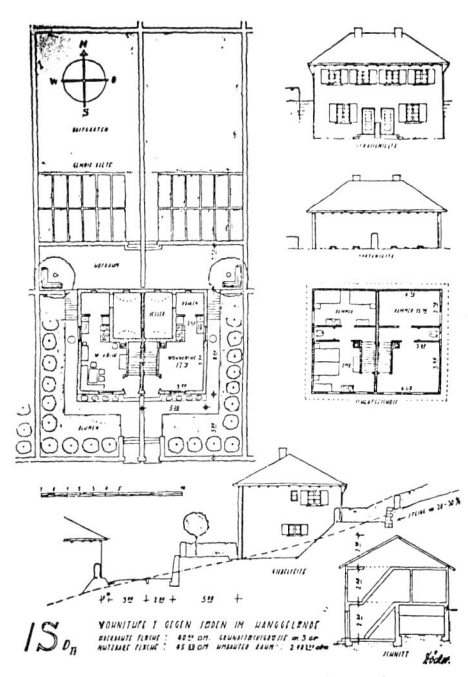

79b Doppelhaus am Hang, Wohnstufe I

80a Miethaus, Wohnstufe I

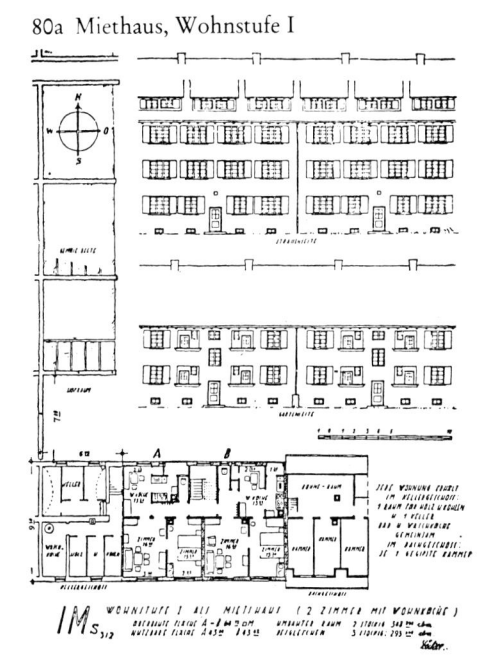

80b Miethaus, Wohnstufe III

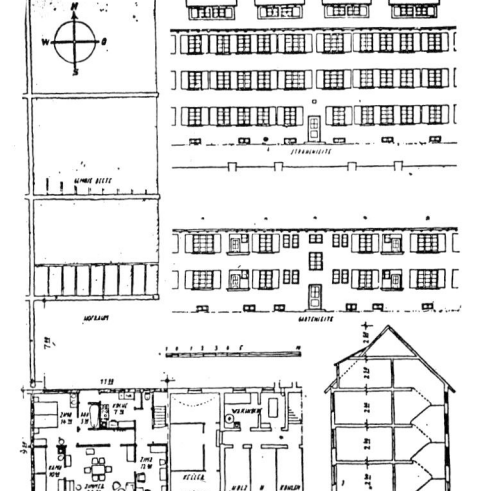

fläche pro Person. Ausgehend von Döckers maximaler Belegungsziffer je Wohneinheit und Wohnstufentyp ist festzustellen, daß sich die zur Verfügung stehende Nutzfläche je Bewohner genau in dem von Völkers angegebenen Bereich bewegt.[19] Im nachhinein müssen daher Döckers Lösungsvorschläge eher als Beitrag zur Entwicklung von Kleinsthaus- und Kleinstwohnungstypen gewertet werden. Döckers Einfamilien- und Doppelhaustypen waren aber vermutlich nicht ausschließlich für den Mietwohnungsbau gedacht. Das 1918 in Deutschland entstandene Bausparkassenwesen veränderte die Wohnungsbaupraxis. Die langfristig angelegten Bausparverträge sollten auch wirtschaftlich schwächeren Bevölkerungsgruppen die Möglichkeit zur Finanzierung eines eigenen Hauses geben.

Architekten nahmen dies zum Anlaß, preisgünstige Haustypen zu entwerfen, denn man wollte den Bausparkunden Eigenheime anbieten, die zum einen den Anforderungen des damaligen Wohnungsbaues entsprachen, zum anderen aber auch auf die seinerzeitigen Baupreise abgestimmt und mit einer relativ niedrigen Bausparsumme zu finanzieren waren. Im vergleichbaren Zusammenhang muß Döckers 1930 erschienene Publikation *42 Wohnhäuser von 8.000–30.000 RM* gesehen werden, die Wohnhaustypen verschiedener Architekten vorstellte, welche dem allgemeinen Bedürfnis nach einem guten und preisgünstigen Wohnhaus nachkamen. Döckers eigene Entwürfe[20] zeigen relativ geräumige Gebäude. Das eingeschossige Haus kann durch zwei Anbauten je nach Bedarf erweitert werden. Die veranschlagten Kosten dieser Planung beliefen sich – abhängig von der Größe – auf Summen zwischen 9 000 und 14 000 RM. Die Baukosten für das zweigeschossige Gebäude, bei dem wahlweise ein Raum als Garage oder Zimmer genutzt werden konnte, betrugen 23 000 bis 26 000 RM.[21]

29, 31

5.3 Die Einfamilien-, Doppel- und Reihenhaussiedlung – die Stuttgarter Siedlung Viergiebelweg

Die Siedlung als städtebauliche Aufgabe

Die an die Planung gestellte Forderung, jedes einzelne Haus müsse nach Licht, Luft und Sonne ausgerichtet sein und, mit allen Konsequenzen für den Aufriß bzw. das gesamte Erscheinungsbild, in seinem Grundriß den Lebensgewohnheiten und -bedürfnissen seiner Bewohner entsprechen, übertrug Döcker vergleichbar auf den Siedlungs- und Städtebau. Das Einzelgebäude solle sich dem Siedlungsverband und dem städtischen Ensemble unterordnen, um zusammen mit der benachbarten Bausubstanz eine „organische Einheit"[22] zu bilden:

„Wie das Einzelhaus als organisches und durch diese Bindungen geschaffenes Gebilde Gesicht und Körper geformt erhält, so hat die Siedlung als städtebauliche Gesamtkomposition eines komplizierten Organismus mehr und verschiedenartige Forderungen einer Umwelt zu erfüllen, um als Einheit die Persönlichkeit der Einzelorganismen ins unpersönliche umgestempelt in sich aufzunehmen, einzugliedern und unterzuordnen um der Gesamtidee willen. Alle zusammen erst gelten und bedeuten das, was jedes sein möchte. Die sich bei solchen Bauaufgaben ergebende Typisierung ist nicht ein notwendiges Übel ängstlicher Sparsamkeit, sie ist eine Lebensnotwendigkeit dessen, was die Forderung und der Sinn einer Siedlung ist und was die Einzelobjekte im Rahmen derselben betrachtet mit ihr sein wollen – eine organische Einheit!"[23]

Döcker wollte im Siedlungsbau eine Übereinstimmung des Einzelhauses mit den Häusern der gesamten Siedlung erreichen – „ein Inbeziehungsetzen des Anfangs und des Endes – Organismus – der Bau erster, die Siedlung höherer Ordnung. Nicht das Einzelhaus ist das Primäre, es ist Element der städtebaulichen Gesamtkomposition; die Dynamik und der organische Aufbau des Begriffes Siedlung als Einheit war und blieb Ausgangspunkt des Schaffens. Ein Haus kann ohne das andere nicht bestehen, sie sind als Teile des Ganzen nur zu begreifen."[24] So sei nicht „der an sich" sondern „die Stadt als Gesamtheit (das Gebäude als Element), der große Organismus (...) Ziel und Sehnsucht der Architekten!"[25]

Die Häuser der Siedlung Viergiebelweg, Stuttgart (1922/1923)

Die Siedlung Viergiebelweg wurde als Gemeinschaftsplanung von Döcker und Keuerleber 1922/1923[26] im Auftrag des Heimstättenbauvereins öffentlich rechtlicher Beamter, Stuttgart[27], realisiert. Sechzehn Einfamilien-, fünf Doppelhäuser und ein Reihenhaus bilden den Siedlungskomplex oberhalb der Birkenwaldstraße. Neben dem Anspruch, eine menschengerechte Architektur zu entwerfen, galt es, eine Siedlung mit den zur Verfügung stehenden bescheidenen Mitteln zu planen. *81-84*

Die „einfachste Körperform eines Hauses als rechteckiger Kubus mit (...) aufgesetztem Satteldach, ohne Dachausbauten, ohne Dachvorsprung, ohne Aufschieblinge, ohne Gesimsprofile, ohne Ornamente"[28] wurde gewählt. Die Bauten sollten „einfach Häuser zum Wohnen sein, ohne Geste, ohne Pathos, – bescheiden und anspruchslos – sachlich und zweckmäßig. Ihre Hausform ist entstanden auf Grund eines bewußten Bauwillens und damit eines klaren Bauprogramms, das in seinen Raumbedürfnisanforderungen gewissermaßen Mindestbedürfnis einer heutigen Generation darstellt."[29] *82, 83*

Die Einheitlichkeit der Bauten zeichnet sich nicht nur durch die gleiche Geschoßzahl aus – zwei Stockwerke mit teilweise ausgebautem Dachgeschoß –, sondern auch dadurch, daß Döckers und Keuerlebers Planungen auf nur sechs verschiedenen Grund- und Aufrißtypen basieren.

Im wesentlichen sind es Variationen von zwei ähnlichen Grundrißtypen. Typ I (74,8 qm Wohnfläche) fand Verwendung im Einzel- und Doppelhaus. Auf der Grundlage *82* des kleineren Typs II (66 qm Wohnfläche) wurden weitere Einzel- und Doppelhäuser, sowie die Wohnungen des Reihenhauses geplant.

Die Raumordnung ist im Prinzip bei allen Häusern gleich. Windfang und Treppenflur erschließen im Erdgeschoß sämtliche Räume des Wohnbereichs, Küche, Garderobe und WC. Im Obergeschoß sind alle Schlafräume und das Bad direkt vom Flur aus zugänglich. Das Dachgeschoß – zur Planungszeit war hier lediglich eine Kammer vorgesehen – bot die Möglichkeit für einen weiteren Ausbau. Beide Vollgeschosse weisen einen 20 bis 23 qm großen Raum auf, der die gesamte Gebäudebreite einnimmt und so „Ausblick nach drei Seiten gestattet. Dem sich ergebenden Nachteil einer Abkühlung des Raumes mit drei Außenwänden steht der Vorteil isolierter Nord-West-Wände (Luftschicht) als Ausgleich gegenüber."[30] Neben der Ausrichtung der Gebäude zur Sonne und zur Aussicht konnte eine Beziehung vom Innen- zum Außenraum, vom Haus zum Garten auch durch die dem Typ I im Erdgeschoß vorgelagerte Veranda hergestellt werden, die, durch große Scheiben geschlossen, einen Ausblick auf den dahinter liegenden Garten ermöglicht. Ihr Dach wird im Obergeschoß zur halbüberdeckten, etwa 8 qm großen Terrasse.

Die Typisierung der Siedlungshäuser, die Fenster, Türen, Treppen, Gebälk, Sparren, ja beinahe eine Typisierung der Gartenanlage samt der Bepflanzung mit einschloß, wurde durch die damals entwickelten Bau- und Konstruktionsbedingungen möglich. Die Baukosten konnten somit gesenkt werden, ohne „die Wohnlichkeit und das Wirtschaften"[31] trotz geringer Wohnfläche zu beeinträchtigen. Die Typisierung empfand Döcker als „ein für die heutige und kommende Baumethode unentbehrliches Ziel"[32].

In der Siedlungsplanung war es Döckers Hauptanliegen jedem einzelnen Haus ausreichende Besonnung und Aussicht zu gewähren, was, im günstigsten Fall, eine Ausrichtung der Häuser mit den Wohn- und Schlafräumen nach Süden erforderte. Die unbedingte Stellung der ‚Fassade' zur Straße, wie es die akademische Architektur verlangt hatte, ist für Döcker nicht mehr ausschlaggebend.

Zur Planungszeit 1922 wollten die örtlichen Baupolizeibehörden den nach diesen Prämissen gestalteten Bebauungsplan zunächst nicht genehmigen. Noch war es unüblich, die Wohn- und Schlafräume zur Sonnen- und Gartenseite zu legen, während Flur, WC und Treppenhaus zur Schattenseite des Hauses und damit teilweise zur Straße hin zeigten. So forderte die Baupolizei, daß die „schönere Fassade nach der Straße liegen" müsse „und Abortfenster, Flurfenster usw." nicht zur Straße ausgerichtet sein dürften, „außer sie wären ‚architektonisch besonders' ausgebildet!"[33]

„Die einfachste und völlig harmlose Erfüllung des Wohnprogramms (…) führte damals mit Rücksicht auf Sonne und Gelände zu Lösungen, die zu der illustrativen und meist sentimentalen – romantischen Aufmachung des herkömmlichen ‚Architektenstiles' in Widerspruch standen."[34] Ein weiteres Moment, das zur Erbauungszeit der Siedlung am Viergiebelweg zur Kritik herausforderte, war neben der neuen Gestaltungsform der Baukörper[35], die jeglichem Dekorum und aller Symmetrie entsagten, die Tatsache, daß die Einzelhäuser gestaffelt und daher nicht immer in einer Flucht entlang der Baulinie standen.

81, 84 Die Einzelhäuser entlang der Birkenwaldstraße, dem Verlauf der Straßenkurve annähernd angepaßt, und die Häuser Viergiebelweg Nr. 2, 4, 6 und 8 sind versetzt angeordnet, das vierfache Reihenhaus[36] zeigt eine geringfügige Staffelung.

Ein Optimum an Belichtung für jede einzelne Wohneinheit wurde aber nicht nur durch die Staffelung der Baukörper erzielt; auch die Erker und Verandavorbauten sollten zusätzlich besonnten Raum schaffen. Neben den Veranden und den Polygonalerkern waren vor allem die spitzwinkligen Erker (ursprünglich an den Häusern Viergiebelweg Nr. 16, 18, 20 und 22[37]) konsequent nach Süden ausgerichtet. Die Staffelung der Gebäude und die wechselnde Verwendung von Erkerformen bringt, städtebaulich gesehen, eine Auflockerung und eine eigene Rhythmik trotz typisierter

81 SIEDLUNG VIERGIEBELWEG, Häuser Nr. 2, 4, 6, 8, 10, Stuttgart, 1922/1923

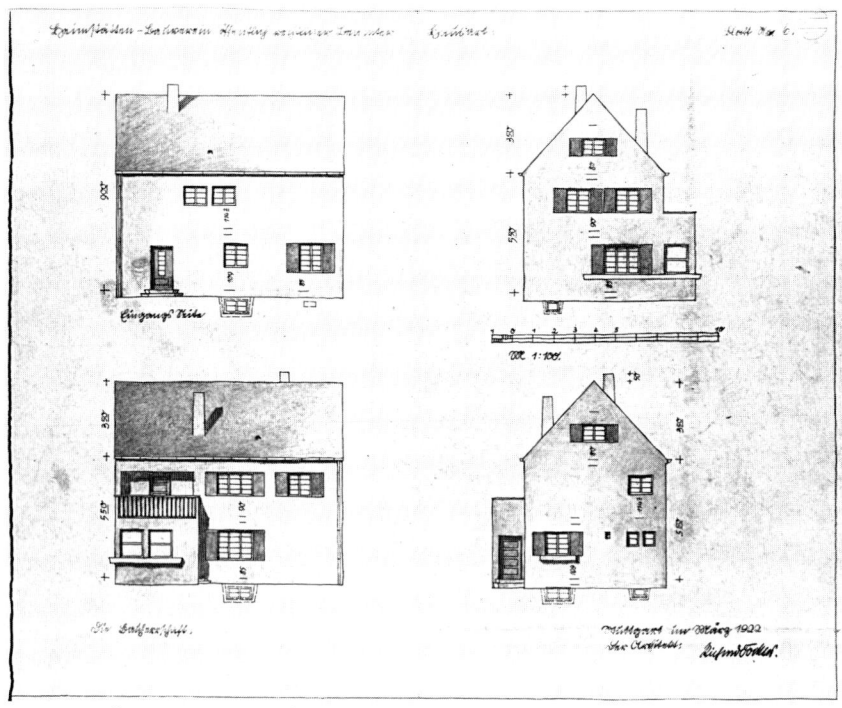

SIEDLUNG VIERGIEBELWEG, Stuttgart

82a Einzelhaus, Typ I, Ansichten, März 1922

82b Einzelhaus, Typ I, Grundrisse und Schnitt, März 1922

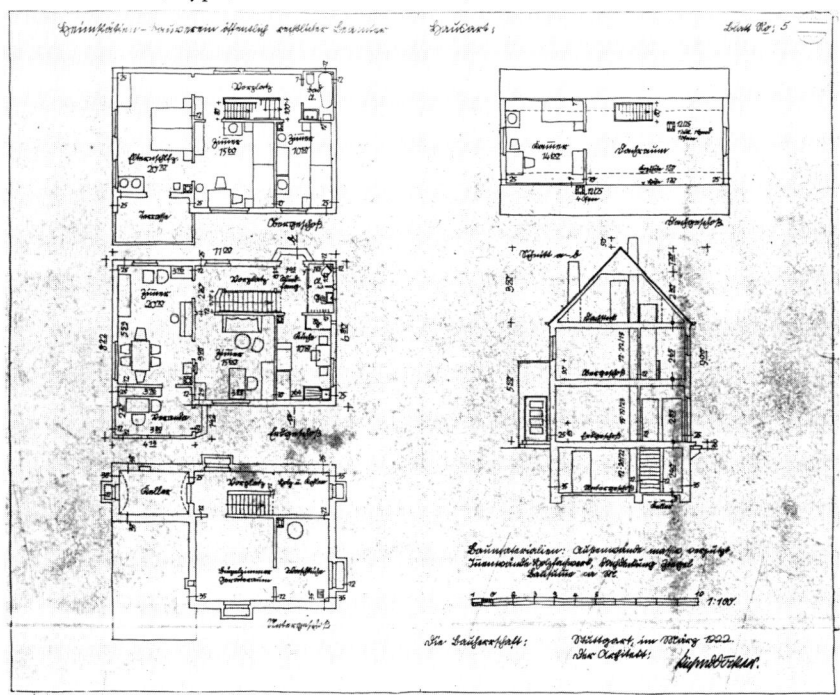

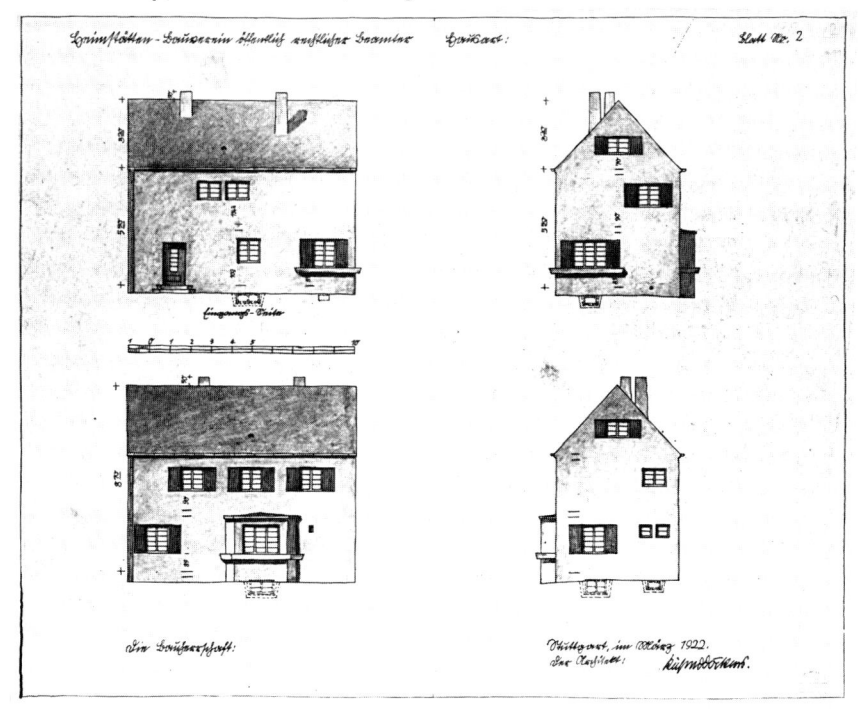

SIEDLUNG VIERGIEBELWEG, Stuttgart

83a Einzelhaus, Typ II, Ansichten, März 1922
83b Einzelhaus, Typ II, Grundrisse und Schnitt, März 1922

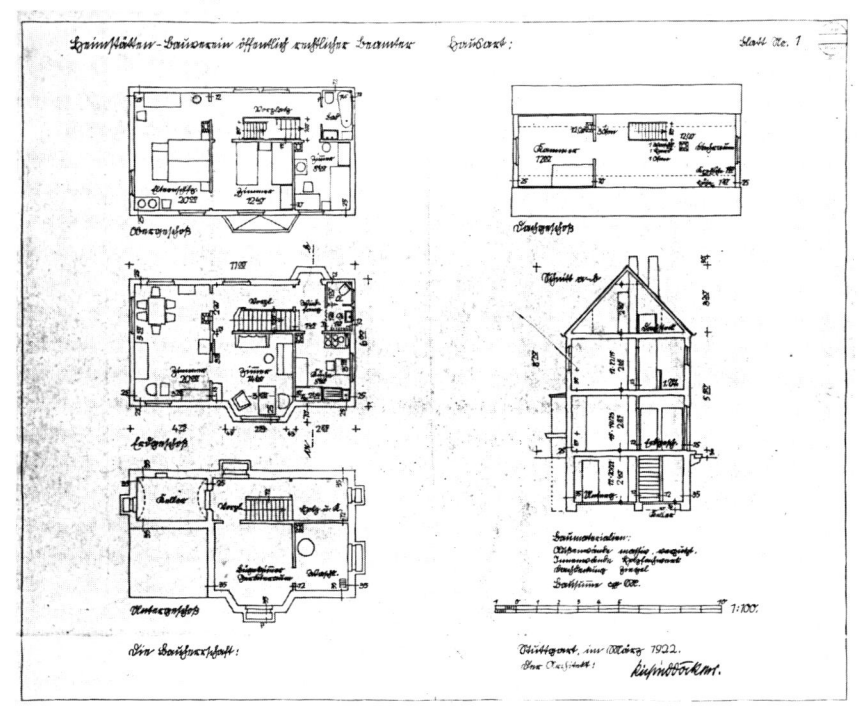

SIEDLUNG VIERGIEBELWEG, Stuttgart, 1922/1923

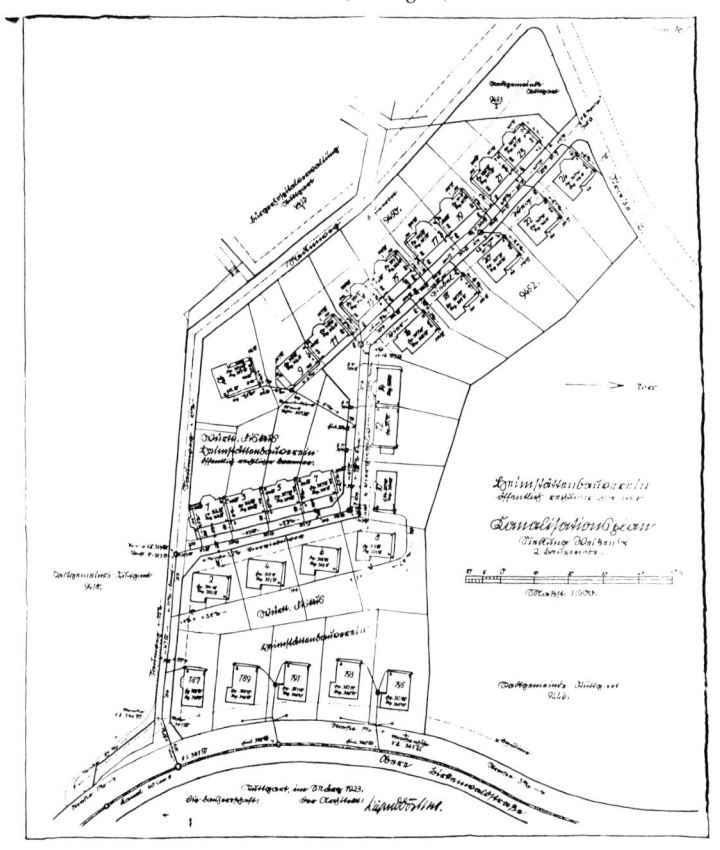

84a Kanalisationsplan, März 1923

84b Haus- und
     Erkertypen,
     Zustand 1985

Baukörper in das Siedlungsensemble. Zur Markierung des Beginns einer Häuserreihe wurde (mit Ausnahme der Häuser Viergiebelweg 2 und 23) die Stirnseite des ersten Gebäudes in der Straßenzeile im Verhältnis zu den folgenden unterschiedlich gestaltet, zumeist durch Veränderung von Form und Lage der Erker oder Veranden. Die Akzentuierung der Eck- oder Anfangsbauten einer Häuserzeile – Döcker legte bei seinen späteren Siedlungsbauten[38] ein noch größeres Gewicht darauf – ist ein häufig angewendetes Element im Siedlungsbau der Moderne.

Mit der Siedlung Viergiebelweg wird Döckers architektonische Intention deutlich, das Einzelgebäude dem Siedlungsorganismus unterzuordnen. Jedes Haus, wie auch die gesamte Siedlung, hat eine „durchaus straffe Disziplin und Proportion in der Aufteilung der Fläche, eine strenge Bindung der Öffnungen untereinander, ohne irgendwelche Zufälligkeiten, ein Ausgleich der verschiedenartigen Elemente der Massen, eine Komposition weg von der Wand des Einzelhauses, hin über die ganzen Straßenwände, ein Gleichgewicht im Einzelnen, wie im Ganzen (…)"[39].

Das einzelne Siedlungshaus war für Döcker nur Teil einer Gesamtkomposition, denn „die Dynamik und der organische Aufbau des Begriffs Siedlung als Einheit war und blieb Ausgangs- und Endpunkt des Schaffens"[40].

Um den Charakter der Siedlung als Einheit besonders hervorzuheben, sah Döcker für die Häuserzeile oder für deren gleich ausgerichtete Außenwände eine verwandte, vom selben Grundton ausgehende Farbgebung vor. Die einzelnen Häuser sollten dadurch als zusammenhängende ‚Straßenwand' erscheinen. Es galt nicht mehr jedes Haus herauszustellen; vielmehr sollten alle Häuser zusammen eine Hausreihe bilden, um die Bindung der einzelnen Wohneinheiten an das Ensemble zu stärken.

Welche Wichtigkeit Döcker der Farbe beimaß, läßt sich anhand der Vielzahl der von ihm gefertigten Farbstudien zur Siedlung Viergiebelweg dokumentieren. In acht Aquarellen experimentierte er mit den Farben weiß, gelb, rot, braun, blau und grün in ihren unterschiedlichsten Tonwerten.[41] Zunächst beschränkte er sich auf eine harmonisch aufeinander abgestimmte Farbtonabstufung gebäudeweise, bei der alle vier Hausseiten dieselbe Farbfassung erhielten. Hiernach spielte er eine differenziertere Farbgestaltung durch. Jede Seite eines Gebäudes zeigte nun einen im Grundton unterschiedlichen Anstrich. So wurden beispielsweise die jeweils gleich ausgerichteten Außenwände der Doppelhäuser vom Viergiebelweg 9 bis 23 in nuancierten Farbtönen (grau, grün und blau) gefaßt.[42] Nur bei dem leicht gestaffelten Reihenhaus Viergiebelweg 1 bis 7 beschränkte sich Döcker auf einen einheitlichen weißen Putz. Offensichtlich gelangte aber keine der hier erwähnten Farbstudien ganz zur Ausführung. Belegt ist lediglich eine Verwendung von Weiß, Gelb, Orange, Rot, Grau, Grün und Blau.[43] Hatte Döcker in diesen Studien noch auf eine konsequente und für die gesamte Siedlung einheitliche Farbabstufung, beispielsweise vom hellsten Ton im Süden zum dunkelsten im Norden, verzichtet, so wurde letzten Endes für die Farbgebung ausschließlich die Stellung der Gebäudezeile zu den Himmelsrichtungen maßgebend. Die südlichen Hausfronten wurden in hellen, warmen Tönen gestaltet, die nördliche Schattenseite hingegen mit dunklen, kalten Farben. Da anzunehmen ist, daß die Ostgiebel der Gebäude an der Birkenwaldstraße weiß verputzt, die Südtraufen gelb waren[44], schien die Verwendung der Farben von hell zu dunkel fast dem Tagesablauf angeglichen zu sein. Für die aus der Straßenflucht versetzten, durch Schattenwürfe der Giebel so markant wirkenden Bauten Viergiebelweg 2, 4, 6 und 8 bedeutete dies eine reizvoll abgestufte Farbkomposition. Die Südgiebel der Häuser ergaben (in der Reihenfolge von Nr. 2–8) eine Farbreihe von hellem Orange über mittlere Rottöne bis zu einem dunkleren, warmen Rot. Die nördlichen Giebel waren von einem dunklen bis zu einem hellen Blau-Grau abgestuft.[45] „So wird die eine Seite eines Hauses zum Teil der Straßenwand und in der Richtungsänderung der Farbreihung untereinander (von Hell zu Dunkel, von Dunkel zu Hell) die Herstellung und Wahrung des Gleichgewichtes auch in der Farbe beobachtet." Denn „die farbige Gestaltung der Häuser (...) ist Unterstützung der Einheit, ohne Farbe würde die Bindung zum Ganzen geschwächt."[46] Die Farbgebung, die die Siedlung als ganze erfaßte und das Einzelhaus als ein ihr untergeordnetes Teil behandelte, ging im wesentlichen auf Döckers Gestaltungsidee zurück, die seine architektonische Absicht noch bekräftigte. Es war ein Beitrag der Einbeziehung der Farbe in den Siedlungs- und Städtebau, wie ihn auch Bruno Taut in der Beliner Siedlung Britz (1925–1931) geleistet hatte. Zeitgleich zur Siedlung Viergiebelweg plante Döcker im Auftrag desselben Bauherrn die Siedlung in der Sonnenbergstraße im Kühnle. Ob Keuerleber auch an diesem Projekt beteiligt war, ist ungeklärt.

82 Beiden Siedlungen liegen im wesentlichen die gleichen typisierten Gebäude zugrunde, nur daß die Häuser in der Sonnenbergstraße im Grund- und Aufriß spiegelverkehrt zu denen des Typs I oberhalb der Birkenwaldstraße ausgeführt wurden.[47] Die einzelnen Bauten in der Sonnenbergstraße hatten jedoch auf allen vier Außenseiten die gleiche Farbigkeit. Die Farbnuancierung vollzog sich gebäudeweise von einem Gelb, Orange bis Rot.[48]

Die farblich abgestufte Gestaltung von Hell zu Dunkel bzw. Dunkel zu Hell wurde für Döckers spätere Siedlungsbauten charakteristisch. Die Verwendung erdiger Töne ist für seine Farbgestaltung kennzeichnend. Die Siedlung Im Wallmer belebt Döcker durch abgestuftes Grün und Rot; bei der Siedlung Ostendstraße, ausgenommen die weißverputzte Straßenrandbebauung, war es ein Spiel der Rottöne.[49]

5.4 Stuttgarter Miethäuser

Das Miethaus an der Mönchstraße (1921)

85, 86 Bevor die ersten Entwurfsgedanken zu den Projekten Viergiebelweg und Sonnenbergstraße zu Papier gebracht waren, plante Döcker im Dezember 1921 ein Miethaus

MIETHAUS MÖNCHSTRASSE, Stuttgart

85 Hofseite

86 Grundriß 2. Obergeschoß, Dezember 1921

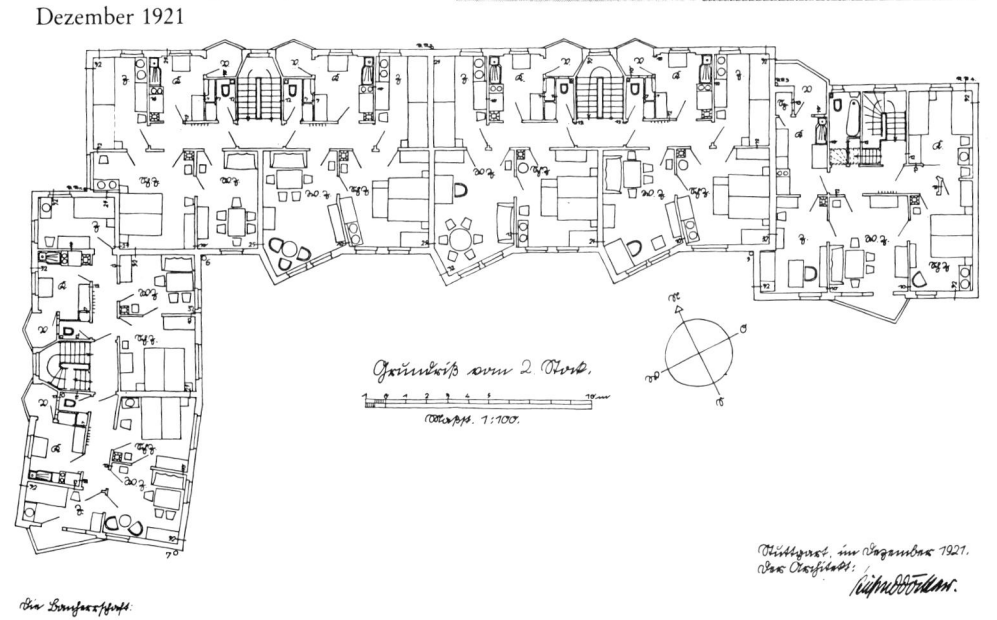

Grundriß vom 1. Obergeschoß

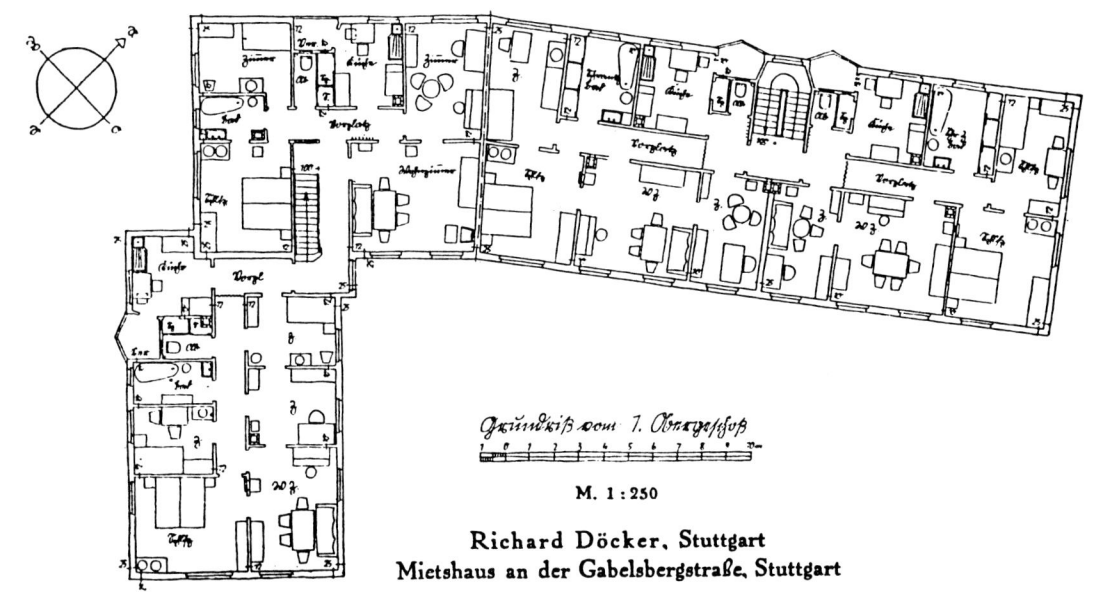

M. 1:250

Richard Döcker, Stuttgart
Mietshaus an der Gabelsbergstraße, Stuttgart

87 MIETHAUS GEBELSBERGSTRASSE, Stuttgart, Grundriß 1. Obergeschoß, April 1922

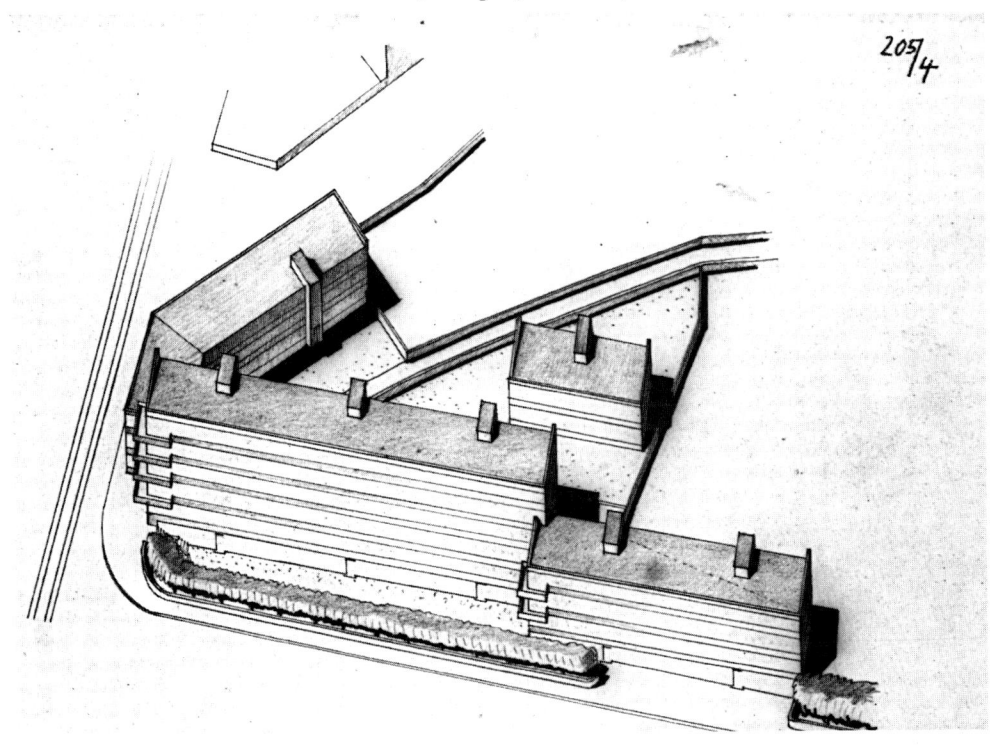

88 MIETHAUS ROTENBERGSTRASSE, Stuttgart, Schaubild, 1926

an der Mönchstraße. Auftraggeber war die Landesbaugenossenschaft Württembergischer Verkehrsbeamter und Arbeiter.

Gedanken der Vereinfachung und klaren Gestaltung des Baukörpers unter Verzicht auf den „gewohnten Schmuck von Bändern, Lisenen und Profilen oder Ornamenten"[50], ohne Symmetrie der Fassaden waren bereits im Ansatz vorhanden. Die Bauaufgabe stellte an Döcker hohe Anforderungen. Trotz knapper finanzieller Mittel war ein Miethaus zu planen, das ein Höchstmaß an Wohnlichkeit bieten sollte. Der Bauplatz, ein Gelände von 50 m Breite und 30 m Tiefe, stieg von Süden nach Norden um etwa 9 m an. In dem Bemühen aus Kostengründen möglichst wenig Erde zu bewegen und das Gebäude weitgehend natürlich in das Gelände einzubinden, gab Döcker dem Gebäudekomplex eine übereck gestellte Grundform, wodurch im Süden ein Hofraum entstand. Der bewußte Verzicht auf eine Straßenrandbebauung hatte den Vorteil, daß ein ansonsten ständig im Schatten liegender Hof, bedingt durch die vier- bis fünfgeschossige Bebauung, vermieden werden konnte und die Fläche zwischen Straße und Miethaus Raum für eine Grünfläche ließ. Im Grundriß sah Döcker getrennte, zumeist doppelspännige Wohneinheiten vor. Zur besseren Besonnung legte er den südlichen Fronten dreigeschossige, spitzwinklige ‚Erker' und Dachhäuschen vor, die vergleichbar mit denen des Viergiebelweges, alle nach Süden ausgerichtet waren.

Die leichte Abdrehung des südwestlichen Gebäudeteiles nach Westen unterstreicht Döckers Anliegen, jeder Wohnung ein Maximum an Sonne zu geben.

Obwohl die Baumassen als Einheit zusammengezogen sind, bleibt ihre Gliederung in drei Bauteile erkennbar. Die gegeneinanderlaufenden Bauteile variieren in der Höhe. Während der mittlere fünfgeschossig ist, haben die beiden ‚Neben'trakte nur drei Geschosse. Wenig überzeugend wirken allerdings die unterschiedlich geneigten Walme, die ungünstig gegeneinanderstoßen.[51]

Das Miethaus an der Gebelsbergstraße (1922)

Das Miethaus zwischen Gebelsberg- und Schickardtstraße von 1922 basiert im wesentlichen auf dem Entwurfsgedanken des Gebäudes an der Mönchstraße.[52] Die Übereckstellung der Baukörper wurde beibehalten, allerdings mit dem Unterschied, daß der Gebäudekomplex hier lediglich aus zwei gegeneinanderlaufenden Bautrakten besteht. Der zwischen den einmündenden Straßen gelegene Bauplatz erlaubte keine sehr vorteilhafte Ausrichtung der Baumassen nach Süden. Die spitzwinkligen Wandvorbauten, die für das Miethaus an der Mönchstraße so kennzeichnend waren, wurden daher überflüssig. Vorgegeben durch die Straßenführung, nicht zuletzt aber auch günstig für eine bessere Besonnung, knickt der langgestreckte Bauteil nach Osten leicht ab. Gemeinsam ist den beiden Miethäusern das Element der dreieckigen Balkone. Flankierten sie bei dem Bau an der Mönchstraße ausschließlich die Treppenhäuser und hoben diese besonders hervor, so erhielt das Gebäude an der Gebelsbergstraße im Obergeschoß seiner Nordwest- und Südwestwand jeweils noch einen weiteren ‚Dreiecksbalkon'.⁵³

Durch eine gezielte Farbgebung kennzeichnete Döcker die einzelnen Bauteile dieses Miethauses. Der südöstliche, vom Bauvolumen her niedrigere Gebäudeteil erhielt eine orangefarbenen Anstrich, für den Hauptbaukörper wählte Döcker eine gelbe Farbe. Seinen modernen Gestaltungsabsichten folgend, akzentuierte Döcker das über die Dachfußpunkte hinausragende Treppenhaus, indem er es durch einen weißen Putz absetzte. Trotz unterschiedlicher Farbigkeit gelang es Döcker aber, verbindende Elemente durch Wiederholung der Farbe des jeweils anderen Wohnteils an den Fensterläden zu schaffen. Das Weiß des Treppenhauses findet indessen eine Fortführung in der Schleppgaupe des Haupttraktes. Ursprünglich beabsichtigte Döcker, den Giebel des langen Baukörpers orange streichen zu lassen, doch beschränkte er sich in der Ausführung auf eine Farbe je Gebäudeteil.⁵⁴

Das Miethaus an der Rotenbergstraße (1926)

88 Das 1926 projektierte Miethaus an der Rotenbergstraße sollte auf einem ähnlich zugeschnittenen Bauplatz wie die Mietshäuser an der Mönch- und Gebelsbergstraße erbaut werden. Döcker griff den Gedanken des übereckgestellten Gebäudekomplexes in diesem Entwurf wieder auf, sah aber eine Straßenrandbebauung vor, da Straßen- und Südseite hier zusammenfielen. Parallel zur Rotenbergstraße legte er die Gebäudeteile mit dem größten Bauvolumen. Entsprechend der Straßenführung setzte er einen weiteren Bauteil übereck. Die abgewinkelte Form dieses Baukörpers hatte den Vorteil einer südöstlichen Besonnung. Ein kleineres, freistehend in den Hof eingebettetes Miethaus ordnete er mit südlicher Ausrichtung parallel zu den Miethausblöcken der Rotenbergstraße an. Die Baukörper dieser Anlage, die höhenversetzt, eckenumgreifend gegeneinanderstoßen und eine flache Dachabdeckung aufweisen, sind als ausgereifte Beispiele einer modernen Baugesinnung anzusehen. Für die äußere Gestaltung sah Döcker eine Gliederung durch Horizontalbänder vor, die an den Gebäudeecken zuweilen in Balkonbrüstungen übergingen. Als charakteristisches Vokabular des Neuen Bauens ist die betonte Ausformung der Treppenhäuser anzusehen. Sie treten hier um 90 cm vor die Außenwand und ragen über den jeweiligen Dachabschluß hinaus. Über ein Treppenhaus werden zwei Wohnungen je Etage erschlossen. Die Wohneinheiten sind für die zeitgemäßen Anforderungen großzügig bemessen. In den Gebäudeteilen entlang der Rotenbergstraße zeigen die Hauptwohn- und Schlafräume nach Süden zur Straße. Die Nebenräume, wie WC, Küche, Bad und eine kleine Kammer, sind zur Nordseite ausgerichtet. Die Ausstattung vieler Wohnungen mit Badezimmer einschließlich Wanne ist für den damaligen Wohnstandard bemerkenswert. In Döckers Mietwohnungsplanungen an der Mönch-, Ge-

belsberg- und Rotenbergstraße erscheint dieser Komfort aber wie eine Selbstverständlichkeit.

Die Entwürfe der drei Miethäusergruppen zeigen alle eine ähnliche Art der Gebäudestellung. Erscheint die verwendete Formensprache auch sehr unterschiedlich, so weisen bereits die Gebäude von 1921 und 1922 mit gut besonnten Wohnungen und einer Treppenhausbetonung auf moderne Baugedanken hin, die, ins Vokabular des Neuen Bauens übersetzt, im Entwurf von 1926 wiederkehren.

5.5 Der Zeilenbau im Oeuvre Döckers
– die Siedlungen Dammerstock, Karlsruhe und Im Wallmer, Stuttgart

Döckers Beitrag zur Siedlung Dammerstock in Karlsruhe (1928)

Wie viele seiner fortschrittlichen Kollegen sah Döcker im Zeilenbau die Verwirklichung seiner Vorstellungen und Forderungen, dem Menschen ein gesundes Wohnen zu ermöglichen. Den Zeilenbau verstand Döcker als eine direkte und angemessene Alternative zu der herkömmlichen Blockbebauung. Die zweiseitig offene Straßenrandbebauung und die durch den Zeilenbau vollständig aufgelöste Blockbebauung empfand er hingegen als „gesunde, licht- und luftumspülte Wohnquartiere ohne Pathos"[55]. Pathos besaßen für ihn Planungen, die auf geometrischen, „ornamentalen Figurenvorstellungen"[56] aufbauten, wie etwa die Siedlung Tempelhofer Feld oder Schmitthenners Siedlung Staaken in Berlin. So äußerte sich Döcker sehr anerkennend über die Karlsruher Dammerstocksiedlung, für die Gropius anläßlich der Ausstellung *Die Gebrauchswohnung und die rationelle Siedlung* den Bebauungsplan entworfen hatte und die einen rigorosen Zeilenbau propagierte. Zur Dammerstocksiedlung bemerkt Döcker: „Diesen Forderungen und diesem Lebensgefühl von heute entspricht in voller Klarheit der Aufbauplan, das gestaltete Haus und die einzelne Wohnung der Dammerstocksiedlung, gefördert und unterstützt durch die Stadt. Der moderne Mensch empfindet System als Schönheit, die Hauszeilen haben ausschließlich eine Richtung, die allen Räumen Sonne sichert. Die Zeilen stehen meist mitten in Gärten an Wohnwegen, die auf Ost-Westlichen Zugangsstraßen münden".[57]

Hatte das Preisgericht die verschiedenen eingereichten Entwürfe sehr positiv bewertet, so enthält ein Resümee über das Wettbewerbsergebnis unter der Überschrift „Der Sieg der Streifenbebauung" aber auch eine recht kritische Anmerkung: „Das Preisgericht weiß in seinem Urteil in erster Linie nur immer die Klarheit der Aufteilung zu loben (…). Solche ‚Klarheit' in allen Ehren, aber die Freude an einem graphisch sauberen Schwarz-Weiß-Bild ist kein ausschließlich maßgebender Gesichtspunkt für die Beurteilung der Güte eines Lageplanes (…). Streifen neben Streifen, genau ausgerichtet, endlos sich hinziehend, das ist wohl straffe Organisation, da ist

DAMMERSTOCKSIEDLUNG, Karlsruhe

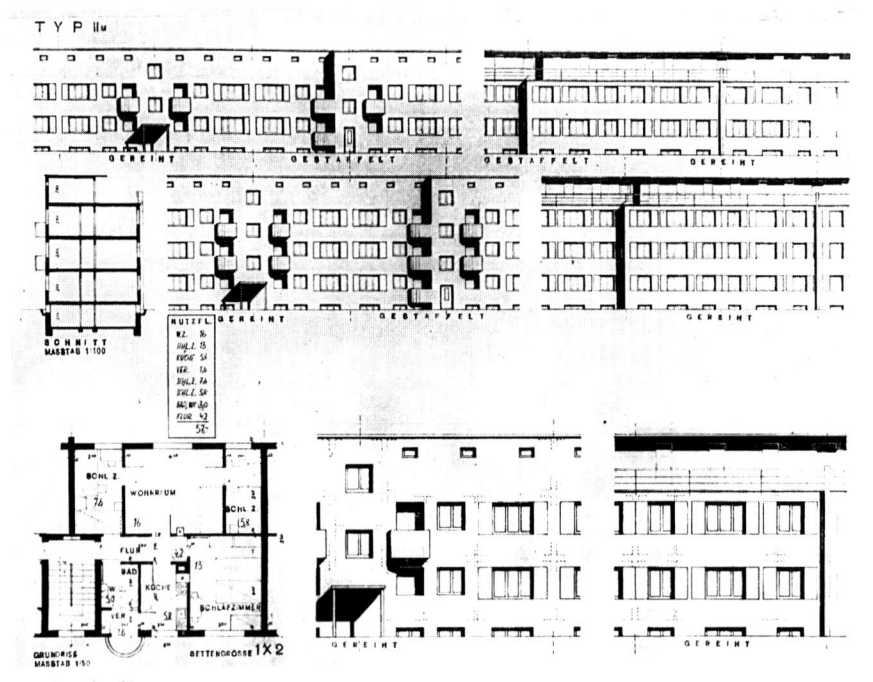

89 Geschoßbau. Ansichten, Grundriß, Schnitt, 1928

90 Einfamilienreihenhaus. Ansichten, Grundrisse, Schnitt, 1928

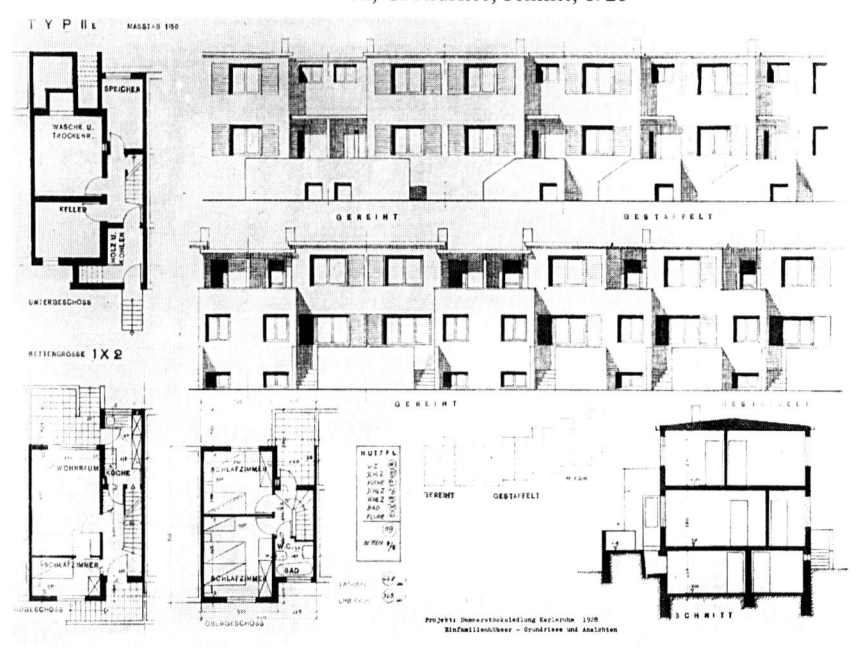

Drill, aber kein Leben, kein Organismus. Und eine Siedlung, eine Wohngemeinschaft soll ein lebendiger Organismus sein."[58]
Behne weist 1930 in seiner sehr viel schärferen Kritik zur Dammerstocksiedlung darauf hin, daß man die Lebensbedürfnisse des Menschen nicht allein von der Wohnung her lösen könne. Die Siedlung im Zeilenbau sei „eine Siedlung ohne Bindung (...). Ist die Ebene nur groß genug, so kann der Zeilenbau nach Norden und nach Süden kilometerweit auseinanderlaufen. Das heißt Menschen im laufenden Band verpacken, nicht aber Städtebau."[59]
Es ließ sich nicht ermitteln, ob Döcker, der zur Teilnahme am Wettbewerb für die Dammerstocksiedlung aufgefordert worden war[60], auch einen Siedlungsplan eingereicht hatte. Erhalten sind lediglich Wohnungsentwürfe und damit verbundene Vorschläge für die Gestaltung von Zeilen.
Döckers entwickelter Grundriß für eine Wohnung im Geschoßbau mit 57 qm, wie es in der Ausschreibung gefordert war[61], entspricht ganz seinen wiederholt geäußerten Anschauungen. Wohnraum und Kinderschlafzimmer setzt er möglichst stark der Besonnung, hier der Nachmittagssonne, aus. Küche, Bad und Elternschlafzimmer sind nach Osten orientiert. Als liebenswürdige Zutat erscheint neben der Küche und dem Bad vorgelagert eine kleine Veranda.

89

Die zweigeschossige Reihenhauswohnung besitzt trotz äußerster Platzbeschränkung bei nur 59 qm Wohnfläche einen beachtlichen Wohnwert. Hierbei verdienen der von der Küche zugängliche, dem Wohnraum vorgelagerte Sitzplatz mit Abgang zum Garten und der Balkon im Obergeschoß besondere Beachtung. Auf dem Entwurfsblatt befindet sich eine sehr unauffällige Skizze mit der ins Auge fallenden Beschriftung ‚Gereiht – Gestaffelt'. Was aus den Ansichten, auch bei guter grafischer Darstellung, nur schwach abzulesen ist, wird hier deutlich sichtbar: Döcker, die Kritik Völters' und Behnes voraussehend, bemühte sich der Einfamilienhaus- wie auch der Miethauszeile ihre Eintönigkeit zu nehmen, sie durch Vor- und Rücksprünge im Bereich der Reihung und durch ein Versetzen der einzelnen Wohneinheiten in dem als ‚Gestaffelt' bezeichneten Bauteil zu brechen. Mit diesem Vorschlag dürfte die Wirtschaftlichkeit des Zeilenbaus kaum geschmälert worden sein; andererseits wäre damit die Orientierung im Siedlungsensemble wesentlich verbessert worden.

Die Stuttgarter Siedlung Im Wallmer (1929)

Bauherrin der in Untertürkheim gelegenen Siedlung war die Stadt Stuttgart.
Die Siedlungsform des Neubaugebietes war durch einen Bebauungsplan des städtischen Hochbauamtes bereits vorgegeben. Anknüpfend an vier bestehende Miethäuser in zweiseitig offener Randbebauung, sollte die Siedlung erweitert und das Siedlungsschema des alten Bestandes fortgesetzt werden. Das Ensemble sollte lediglich

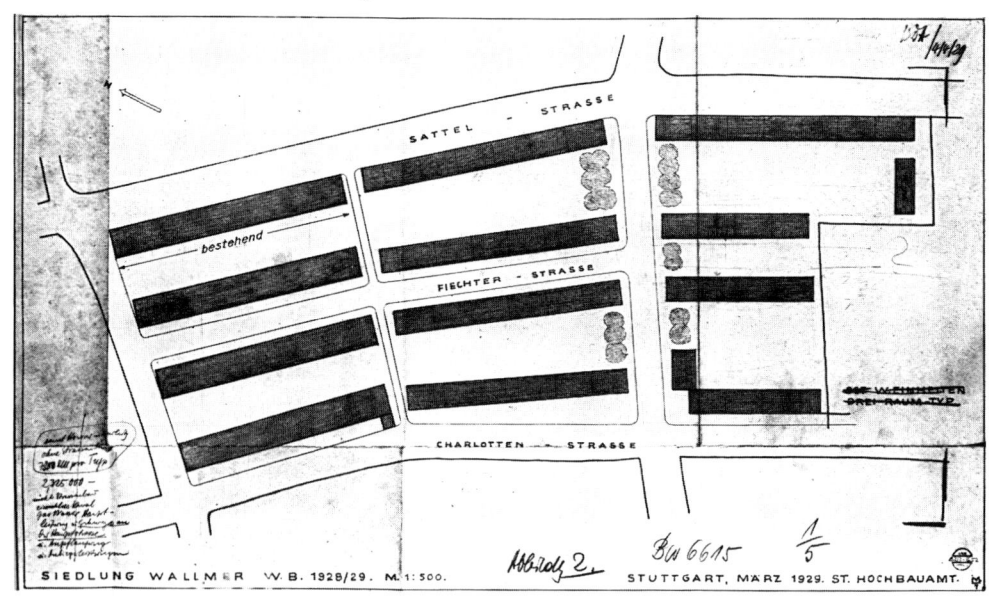

SIEDLUNG IM WALLMER, Stuttgart, 1929/1930

91 Bebauungsplan des Städtischen Hochbauamtes, März 1929

92 Schaubild, Schnitte, 25. April 1929

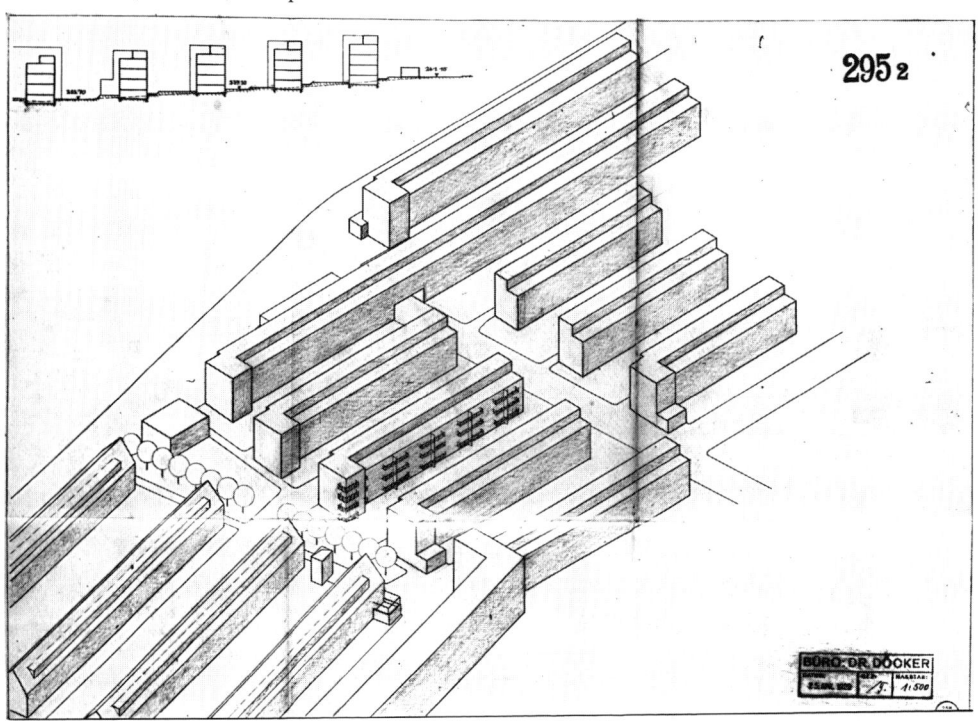

SIEDLUNG IM WALLMER, Stuttgart, 1929/1930

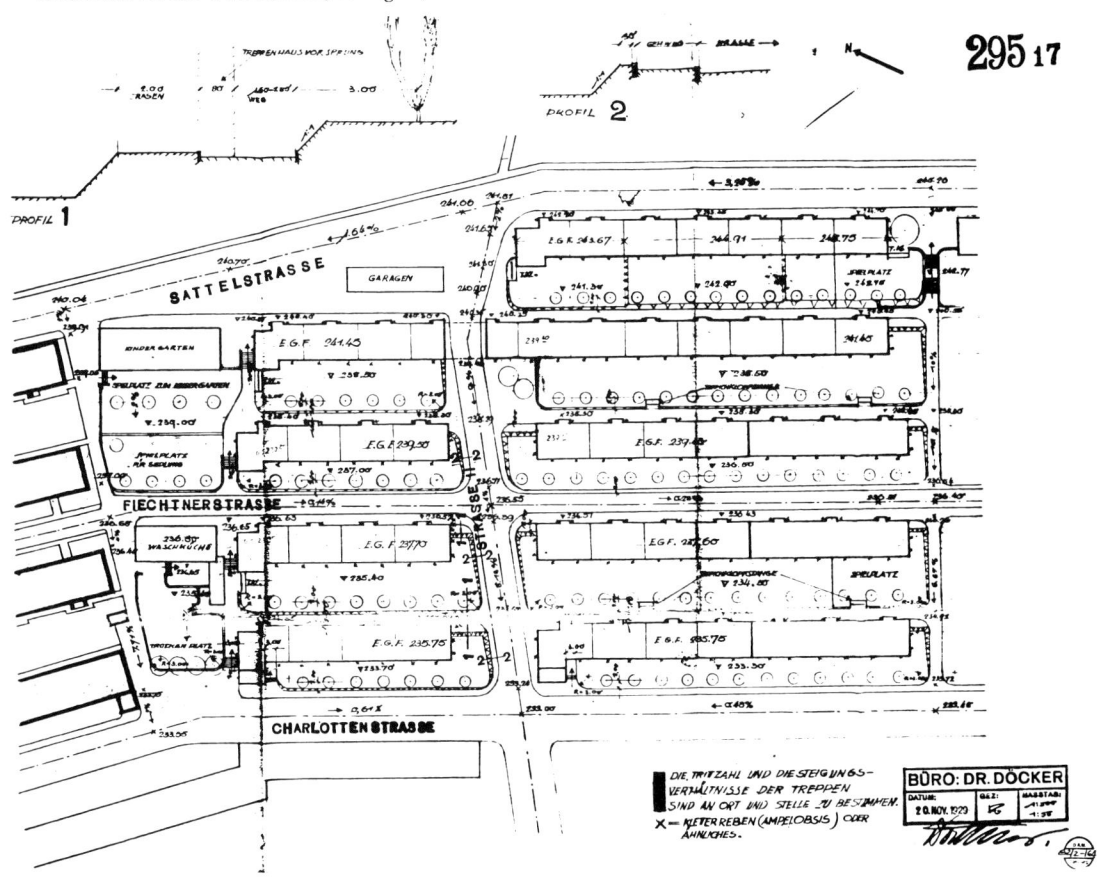

93 Lageplan, Profile, 20. November 1929

94 Miethaus Typ O, Ansichten, 25. April 1929

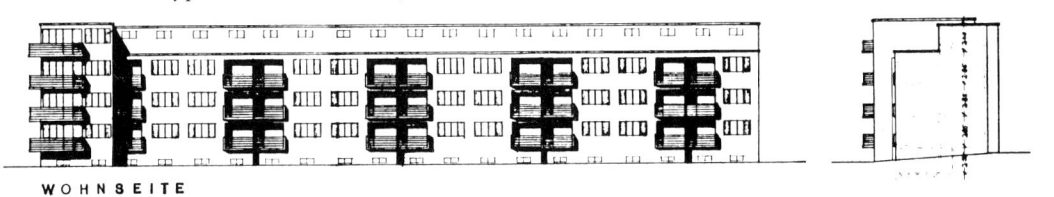

WOHNSEITE

EINGANGSSEITE

149

SIEDLUNG IM WALLMER, Stuttgart, 1929/1930

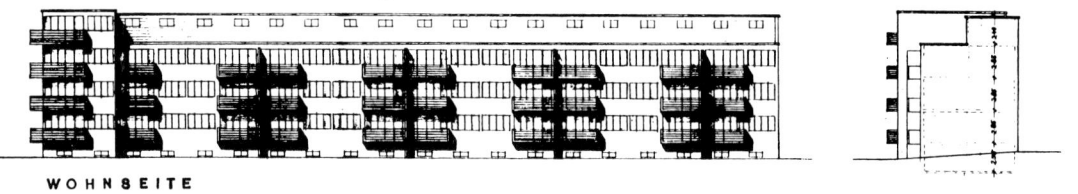

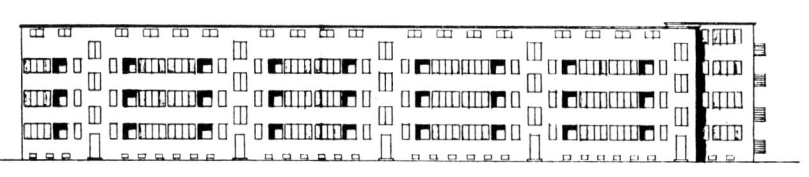

WOHNSEITE

EINGANGSSEITE

95 Miethaus Typ M, Ansichten, 25. April 1929

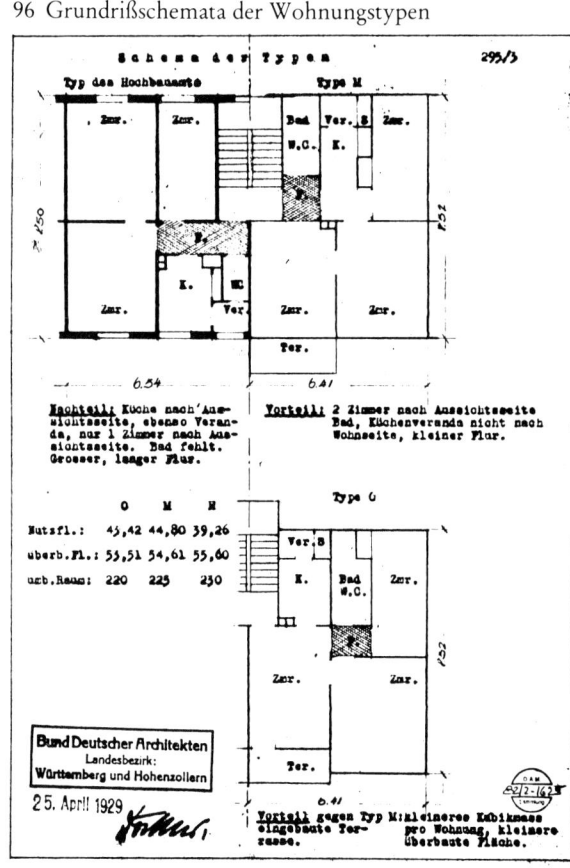

96 Grundrißschemata der Wohnungstypen

durch zwei kleine, senkrecht zu den Zeilen stehende Gemeinschaftsgebäude aufgelockert werden.

Für Döcker war somit das Thema Zeilenbau als offene Randbebauung gestellt. Seine Studien zur Siedlungsgestaltung beweisen aber, daß er eine so simple Zeilenaddition nicht ganz akzeptieren wollte. In einer Perspektivskizze, die er im Rahmen seiner ersten Entwürfe zu diesem Projekt zu Papier brachte und die weitgehend den Ausführungsplänen entspricht, wandelte er die Vorgabe des Hochbauamtes in wesentlichen Punkten ab, wobei „auf Verlangen der Stadt (...) die enge Bebauung beibehalten werden"[62] mußte. Durch die Loslösung vom Ausgangsplan und einer Aufgabe der Straßenrandbebauung war es Döcker möglich, die Bauzeilen im gleichen Abstand voneinander anzuordnen, um überall dieselben Besonnungsverhältnisse zu gewährleisten[63] und vor jedem Haus an der Wohnseite eine Grünfläche einplanen zu können. Die verlangte, recht enge Bebauung mag Grund dafür gewesen sein, daß Döcker innerhalb der Zeilen keine besondere bauliche Auflockerung erreichen konnte, wie er es für die Dammerstocksiedlung vorgeschlagen hatte. So mußte er sich zuweilen mit geringfügig aus der Flucht gezogenen Treppenhäusern an der Eingangsseite und mit Balkonen oder Loggien an der Wohnseite begnügen. Das Mittel der Zeilenendbetonung setzte er bei fast allen Zeilen im Westen ein, sei es, um für die Freiräume eine gewisse Begrenzung anzudeuten, sei es in der Absicht, für den Gemeinschaftsanlagenbereich mit Kindergarten, Spielplätzen, Waschküche und Trockenplatz eine lockere Platzwand zu schaffen. Abweichend von der Vorgabe der städtischen Bauverwaltung hatte Döcker geplant, die Neubauzeilen von der bereits im Westen vorhandenen Bebauung durch Abdrehung der Baukörper zu lösen. Dadurch war die Möglichkeit gegeben, in der Gelenkzone zwischen Alt und Neu eine größere Grünfläche mit den Gemeinschaftsanlagen anzuordnen, worin wohl der größte Vorzug von Döckers Lösung zu sehen ist. Die leichte Terrassierung der Flächen, deren Begrenzung durch die Baukörper und Stützmauern, und die Führung der notwendigen Freitreppen verraten den Ideenreichtum und die Sorgfalt, die Döcker für die Siedlungsgestaltung eingesetzt hat. Die Aufnahme von Nebensächlichkeiten in den Siedlungsplan, wie die Lage der Teppichklopfstangen, die Anpflanzung von Kletterebenen an den Häuserfronten, die Festlegung der Wohnwege, Böschungen und Standorte der Bäume, runden das positive Bild seiner Planung ab. Einrichtungen des täglichen Bedarfs, wie Lebensmittelladen und Friseursalon in den Zeilenabschlüssen, sollten den Siedlungsbewohnern lange Wege ersparen.

Der Versuch, die einzelnen durch den Einschnitt der notwendigen Straßen zwangsläufig getrennten Baugruppen zusammenzufassen, veranlaßte Döcker zu unterschiedlichen Lösungswegen. So schlug er vor, im Südwesten unterhalb der Charlottenstraße einen langgestreckten Baukörper zu errichten, der dem Straßenverlauf parallel folgt und in der Straßenbiegung abknickt. Im Norden plante Döcker eine Überbauung der Straße und stellte damit eine bauliche Verbindung zweier benachbarter Zeilen her. Dieser langgestreckte Baukörper kann als Schwachpunkt des Siedlungsplanes angesehen werden. Die ‚Endloszeile' überzeugt nicht, und das weiter nördlich an der Sattelstraße liegende Gebäude erscheint vom Siedlungsensemble und dem hier angestrebten gemeinschaftlichen Leben ausgeschlossen.

Eine weitere Schwäche der Siedlungsplanung mag auch darin zu sehen sein, daß die Zeilen nach Südosten ohne optische Begrenzung auslaufen. Diese Anordnung steht Döckers oft betontem Ausspruch entgegen, eine Siedlung als ‚fertiges Ganzes' zu begreifen.

Es ist durchaus denkbar, daß Döcker diesen Mangel im städtebaulichen Gefüge gespürt hat und versuchte, ihm durch die Verwendung von Farbe zu begegnen. Die gewählte Farbgestaltung deutet darauf hin, denn die in Grüntönen mit Nuancen von Dunkel zu Hell bis zum Weiß und wieder zum dunkleren Grün, letztlich die in einem erdfarbenen Rot ausklingende Farbgebung der Häuser, faßt die Siedlung als Ensemble wieder zusammen.[64]

96 Die Gebäudezeilen Im Wallmer sind einfache Zweispänner mit symmetrisch angeordneten Wohnungen. Der Dreizimmerwohnungstyp sollte nach dem Vorschlag des Hochbauamtes eine überbaute Fläche von 55,6 qm und eine Wohnfläche von 39,26 qm haben. Entgegen Döckers Bestreben, die Haupträume zur besser besonnten Gebäudeseite zu legen, zeigten hier lediglich ein Zimmer und die Küche zur Sonnenseite. Döcker entwarf daraufhin alternative Lösungen, bei denen die Zimmer besser belichtet und die Nebenräume, wie Küche mit Veranda, Bad und WC sowie ein kleiner Schlafraum, zur Schattenseite hin ausgerichtet waren. Zudem erhielt der Wohnraum einen Balkon, und für jede Wohnung war ein Bad mit Wanne vorgesehen. Trotz höherem Wohnwert und bei gleichbleibender Größe der Haupträume gelang Döcker eine Reduzierung der überbauten Fläche um etwa 1 qm. Auf Wunsch des Bauamtes mußte Döcker seinen Entwurf jedoch umarbeiten[65]; es war verlangt worden, auf eine großzügige Ausstattung der Wohnung mit einer Badewanne zu verzichten. Akzeptiert blieb die Ausrichtung der Haupträume mit Wohnbalkon zur Sonne. Nach der Machtergreifung Hitlers wurde die Siedlung Im Wallmer neben der Weißenhofsiedlung als sogenannte ‚entartete Architektur' herabgewürdigt.[66] Der Münchener Architekt von Senger, der Döckers Siedlung auf einer Stuttgartführung besuchte, bezeichnete sie „als besonders schlimmes Erzeugnis dieser Art", die jede künstlerische Gestaltung vermissen lasse und am besten wieder abgerissen würde.[67]

5.6 Döckers Mitwirkung an der Stuttgarter Werkbundausstellung ‚Die Wohnung', Am Weißenhof (1926/1927)

Döckers wohl bekanntesten Beiträge zum Thema ‚Die gute billige Wohnung' sind seine beiden Häuser für die Stuttgarter Weißenhofsiedlung. Im In- und Ausland fand die Ausstellung, die als Höhepunkt und Meilenstein für das Neue Bauen gewertet werden muß, große Beachtung. Zum ersten Male präsentierte sich die moderne Bewegung geschlossen der Öffentlichkeit. Es war die Manifestation eines neuen Baugedankens, durch die die traditionelle Architektur empfindlich getroffen wurde. Die zahlreichen Kritiken aus dem Lager der konventionellen akademischen Architekten legen Zeugnis davon ab. Ihre Anstrengungen, die Siedlungsbauten und die Gesamtanlage als falsche und für den Menschen unzweckmäßige Lösungen anzuprangern oder gar zu unterstellen, diese Ausstellung bringe gar nichts Neues hervor[68], beweisen gerade die Falschheit ihrer Argumente. Der große Verdienst, will man nicht sogar die Weißenhofsiedlung als ein selbstgesetztes Denkmal der klassischen Moderne begreifen, liegt zweifellos in der Formulierung eines fortschrittlichen Wohngedankens, der die Architektur zu revolutionieren versuchte.

Der Deutsche Werkbund gab die Anregung zum Bau der Weißenhofsiedlung; er wollte das seinerzeit drängende Problem der menschenwürdigen, miet- und baukostengünstigen Wohnung in Form einer Ausstellung behandeln. Die Wahl Stuttgarts als Ausstellungsort geschah auf Initiative der mehr im Hintergrund gebliebenen Akteure Gustaf Stotz, Daniel Sigloch und Peter Bruckmann.[69] Sie veranlaßten die Stadt Stuttgart, ein Baugelände zur Verfügung zu stellen.[70] Für die Ausstellungssiedlung standen sechs verschiedene Standorte zur Diskussion, darunter das kurze Zeit später für den Bau der Siedlung Im Wallmer genutzte Gebiet. Die Entscheidung für den Bauplatz am Weißenhof erfolgte aus Gründen der guten Lage am Hang mit Blick auf den Stuttgarter Talkessel und der Gelegenheit, das dortige verwahrloste Gelände etwas aufzuwerten.[71]

Die nicht nur als temporäre Ausstellungsgebäude geplanten Siedlungshäuser wurden in das Stuttgarter Wohnungsbauprogramm aufgenommen.[72] Vorgesehen war der Bau von 60 Wohnungen. Die Siedlung sollte nach Planvorgaben von Architekten des Werkbundes erbaut wurden. Da die beteiligten Architekten nicht nur aus dem Württembergischen, sondern auch aus dem weiteren In- und Ausland kamen, verlangte die Stadt eine Honorarbeschränkung auf den ortsüblichen Satz. Gefordert wurde auch jeglicher Verzicht auf Luxuseinrichtungen; vielmehr war zu zeigen, wie mit geringen Mitteln gute, die Wohnkultur erhöhende Wohnungen gebaut werden können. Die Bauleitung sollte durch eine neu eingerichtete, dem Hochbauamt unterstellte Bauabteilung erfolgen. Ursprünglich war beabsichtigt, Bonatz die Bebauungsplanung zu übertragen[73], wogegen sich aber eine Gruppe junger Architekten wehrte. Deren Wortführer war Richard Döcker.[74] Es gelang, die Konzeption der Siedlung, vor allem aber die Planung einer Bauausstellung von modernen Architekten bestreiten zu lassen. Bauausstellungen, mit der Präsentation der Innovationen aus dieser Branche, waren Gradmesser einer geistigen und architektonischen Haltung. Der Erfolg lag auf seiten der Architekten des Neuen Bauens; ein besseres Forum, ihre Architektur und die damit verbundenen weltanschaulichen Auffassungen zu demonstrieren, war kaum vorstellbar.

Ludwig Mies van der Rohe, seinerzeit Vizepräsident des Deutschen Werkbundes, übernahm die künstlerische Gesamtleitung. Von ihm stammt die Siedlungsplanung, in der auf eine geschlossene Bebauung entlang der Straße verzichtet wurde. Jedes Haus erhielt eine ausreichende Belichtung, ohne isoliert zu stehen. Verstreut und aufgelockert präsentieren sich die Häuser, aber in der abgerundeten Geschlossenheit einer Siedlungsform.

Das Miethaus Mies van der Rohes, ein Stahlskelettbau, die größte Baumasse des Siedlungskomplexes, steht am höchsten Punkt des Hanges; in Abstufung zu ihm gruppieren sich dagegen kleiner ausnehmende Reihen-, Doppel- und Einfamilienhäuser. Kein Gebäude gleicht dem anderen, in ihrer Gesamtheit ergeben sie dennoch ein geschlossenes Siedlungsbild. Internationale Bedeutung gewann diese Siedlung nicht nur durch ausländische Pressenotizen und Besucher, sondern durch die Mitwirkung des schweizerisch-französischen Architekten Le Corbusier, der Holländer J.J.P. Oud und Mart Stam, des Belgiers Victor Bourgeois, des Österreichers Josef Frank sowie der deutschen, zumeist im Ring zusammengeschlossenen Architekten Walter Gropius, Ludwig Hilberseimer, Bruno und Max Taut, Hans Poelzig, Adolf Rading, Peter Behrens, Hans Scharoun und den beiden Stuttgartern Richard Döcker und Adolf Schneck.[75]

Alle Wohnungen in Einzel-, Doppel-, Reihen- oder Miethäusern sollten einer modernen, auf Zweckmäßigkeit gerichteten Wohnform entsprechen. Angesichts der Wohnungsnot und der durchschnittlich geringen Einkünfte der Bevölkerung galt es die Mieten niedrig zu halten, was eine Senkung der Baukosten voraussetzte. Trotz der gegebenen Verhältnisse sollten nicht nur Unterkünfte, sondern Wohnungen mit hohem Wohnwert geschaffen wurden. Eine neue und rationelle Baugestaltung verlangte überdies neuere und geeignetere Materialien, als sie zumeist auf dem Baumarkt erhältlich waren.[76]

Nach Vorgabe des Siedlungsplans Mies van der Rohes reichten im November und Dezember 1926 die 16 ausgewählten Architekten ihre Entwürfe ein. Aber kaum einer von ihnen hatte sich an den festgelegten Rahmen gehalten, der für alle Häuser ein Raumprogramm mit einem Wohnraum, einem Eßzimmer und zwei bis drei Schlafzimmern vorsah. Eine Ausnahme bildete das Miethaus, das Zwei- bis Vierzimmerwohnungen enthalten sollte. Die Kosten des umbauten Raumes pro Kubikmeter waren auf 35 RM angesetzt. Die Pläne der Architekten mußten korrigiert, das Raumvolumen um etwa 10 bis 15 Prozent gesenkt werden, wobei aber nachdrücklich darauf hingewiesen wurde, daß die Art der Grund- und Aufrißgestaltung jedem Architekten selbst überlassen sei.[77] Die ursprüngliche Absicht, die Bauabwicklung dem Bauamt zu übertragen[78], wurde aufgegeben. Richard Döcker, als in Stuttgart Ansässiger, übernahm die Bauleitung für die meisten der Weißenhofhäuser[79]; Franz Krause stand ihm zur Seite. Alfred Roth betreute die beiden Gebäude von Le Corbusier und Pierre Jeanneret, ein weiterer Kollege arbeitete für Walter Gropius.[80]

Die Übertragung der Bauleitung stellte Döcker vor eine schwere und teilweise undankbare Aufgabe. Entgegen der Absicht des Bauamtes, die Ausführungsarbeiten schrittweise durchzuführen, wurden Pauschalvergaben an Generalfirmen notwendig, da die Zeit wegen der beabsichtigten Ausstellungseröffnung im Sommer des Jahres 1927 drängte. Nach Angebotseinholung und Vergabe konnte mit den ersten Arbeiten am 1. März 1927 begonnen werden. Die kurze Zeitspanne, in der die Fertigstellung aller Ausstellungsgebäude erfolgen sollte, verdeutlicht, welche Leistung Döcker hier als Bauleiter zu erbringen hatte. Erschwerend kam hinzu, daß die einzelnen Architekten ihre Pläne erst recht spät fertiggestellt hatten und die Baubeschreibungen nicht ausführlich genug waren. Folglich mußte Döcker noch sehr viele Vorgaben für die Handwerker erarbeiten. Abweichend von der Baubeschreibung wurden zuweilen nachträglich bessere Einbauten oder Einzelausführungen, die bei Vertragsabschluß mit den Generalunternehmen noch nicht bekannt waren, gewünscht; der gesetzte Kostenrahmen drohte gesprengt zu werden.

Döcker beschreibt die Situation: „Die Sorge der Bauleitung mußte sein, trotz der manchmal fehlenden Pläne, fehlenden Baustoffe usw. das Ziel der Fertigstellung der Ausstellung nach den Ideen der Architekten unter allen Umständen zu erreichen, ohne Dinge aufzugeben, die für das Vorhaben aus grundsätzlichen Gründen unerläßlich waren."[81]

Die Verwendung neuer Materialien und Konstruktionsarten erforderte von den Bauarbeitern wie von Döcker ein hohes Maß an Einsatz. Unbekannte und ungewohnte Ausführungsverfahren mußten in kurzer Zeit erarbeitet werden und dennoch den Forderungen nach Solidität, Preisgünstigkeit und Haltbarkeit entsprechen.

Die Lage beklagend, äußert Döcker: „Architekten haben sich damit ungeheure Mühe auferlegt und sich wohl meist nur Undank und Tadel zugezogen. Ist es letzten Endes Aufgabe der Architekten, den Erfinder zu spielen, ist es nicht Pflicht der Unternehmer und der Bauindustrie, hier voranzugehen?"[82]

Der Beweis, daß es mit modernen Bauformen, Konstruktionen und Materialien gelingen kann, in kurzer Zeit guten Wohnraum zu schaffen, war mit der Weißenhofsiedlung erbracht. Der Eröffnungstermin mußte zwar um eine Woche verschoben werden, doch waren die Gebäude, außer denen von Mies und Behrens, zur Eröffnung am 23. Juli 1927 termingerecht und bezugsreif fertiggestellt.[83] Es war eine erstaunliche Leistung, nahezu die gesamte Siedlung innerhalb von knapp fünf Monaten, vom ersten Spatenstich bis zur Übergabe, erbauen zu können, wobei die kürzeste Bauzeit am Weißenhof bei zweieinhalb Monaten lag.

Bemerkenswert ist zudem, daß nicht nur die Häuser fertiggestellt waren[84], sondern auch die Möblierung[85] und die Gartenanlagen einschließlich der Bepflanzung abgeschlossen werden konnten.

Obwohl Mies die Oberleitung hatte, soll hier vor allem Döckers Baubetreuung vor Ort gewürdigt werden, denn ohne sein Engagement wäre diese kurze Bauzeit wohl kaum möglich gewesen.[86] Als weiteres positives Ergebnis muß eine nur geringe Kostenüberschreitung der veranschlagten Summe gewertet werden.

Die Ausstellung *Die Wohnung* Am Weißenhof „war ein Fanfarenstoß für das Neue in der Welt – Stuttgarts Ruhm und Ruf, als die moderne unter den Städten mehrte

WEISSENHOFSIEDLUNG, Stuttgart, 1926/1927

97 Häuser C8 und C9, Zustand 1927

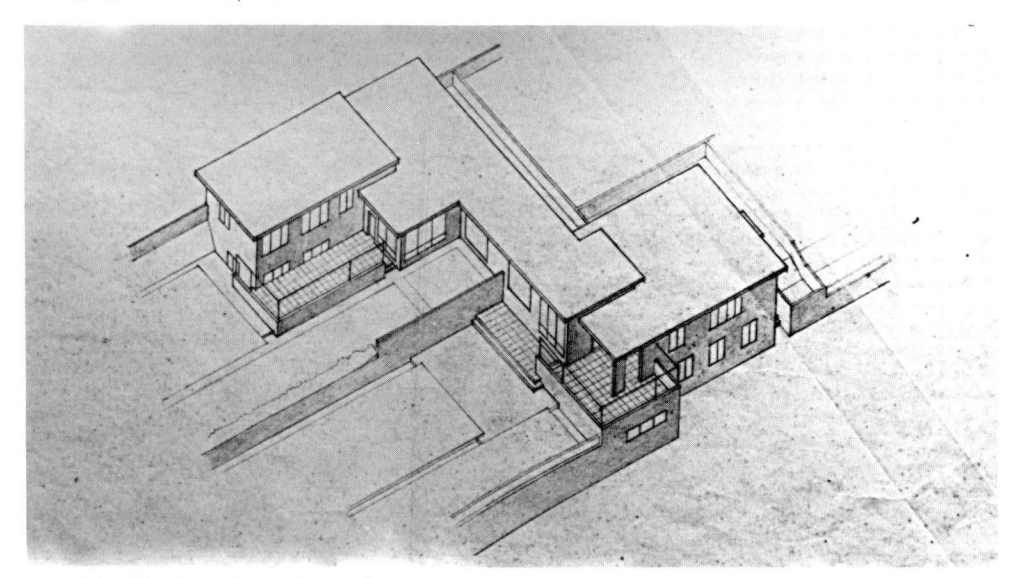

98 Einfamiliendoppelhaus, Isometrie, 1926

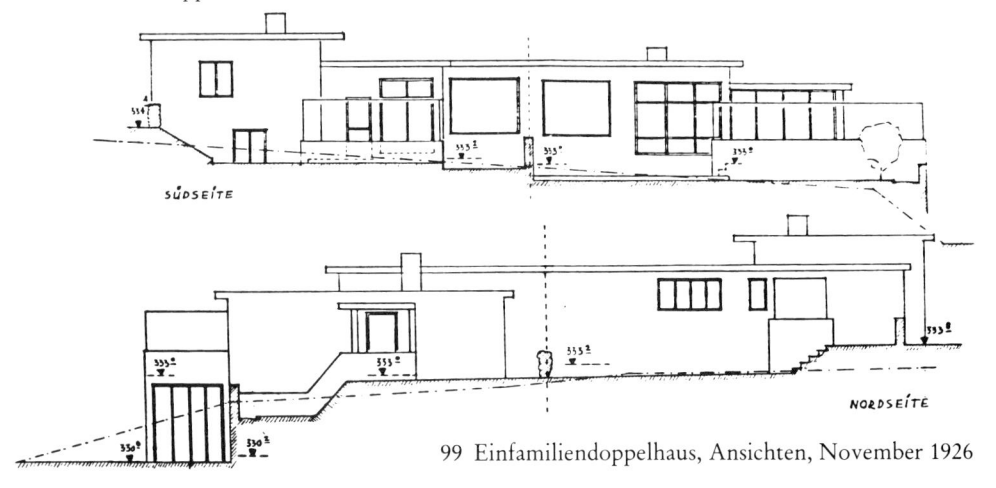

99 Einfamiliendoppelhaus, Ansichten, November 1926

WEISSENHOFSIEDLUNG, Stuttgart, 1926

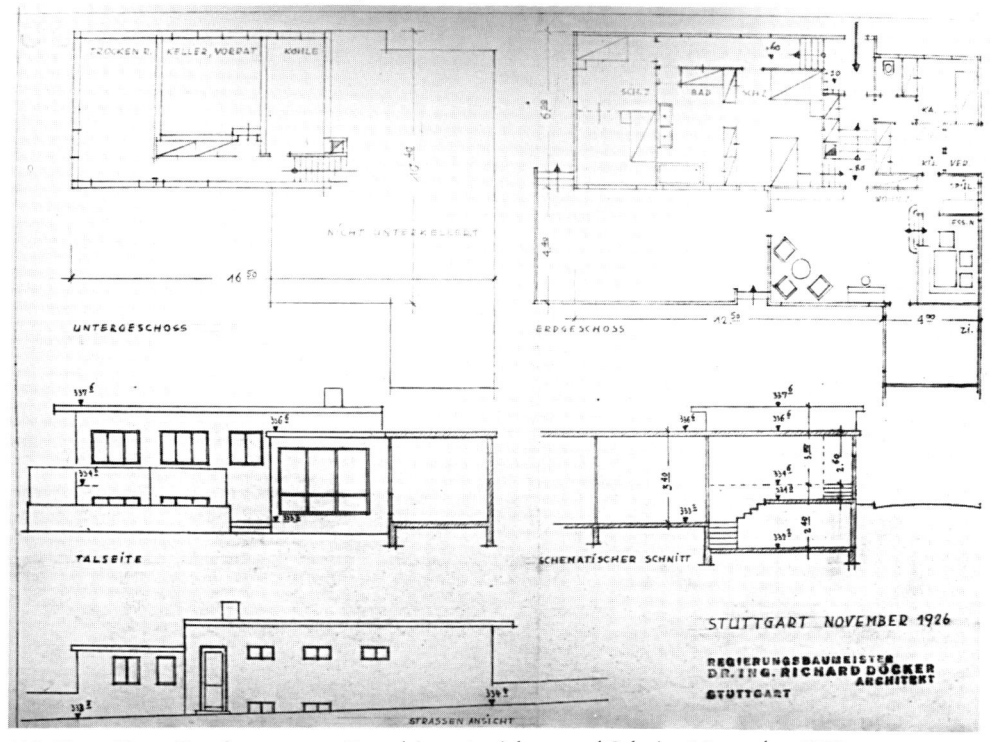

100 Haus C8 am Bruckmannweg. Grundrisse, Ansichten und Schnitt, November 1926

101 Haus C9 an der Rathenaustraße. Grundrisse, Ansicht und Schnitt, November 1926

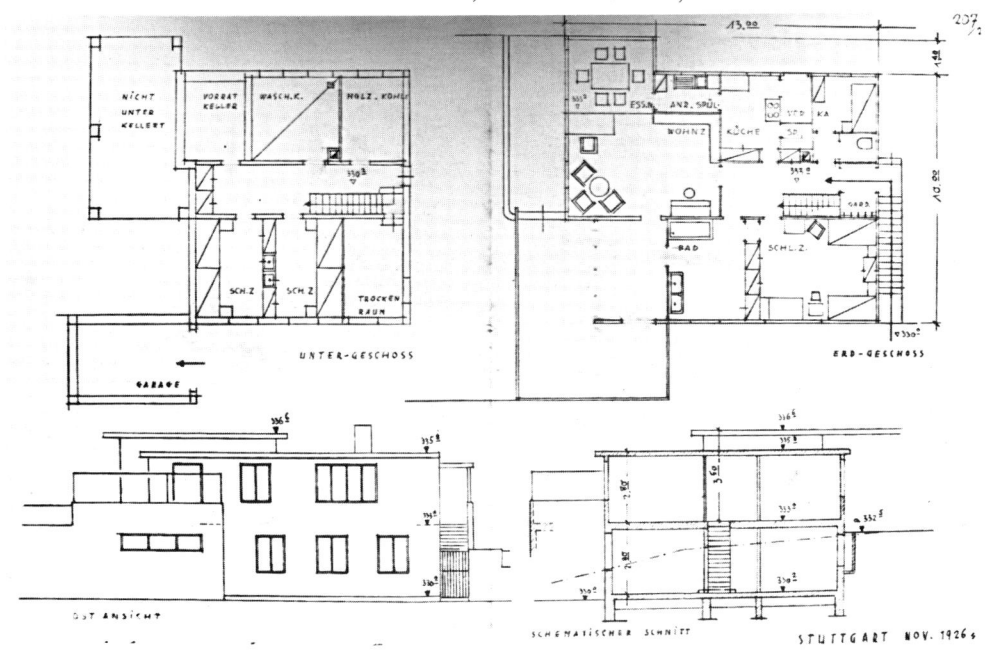

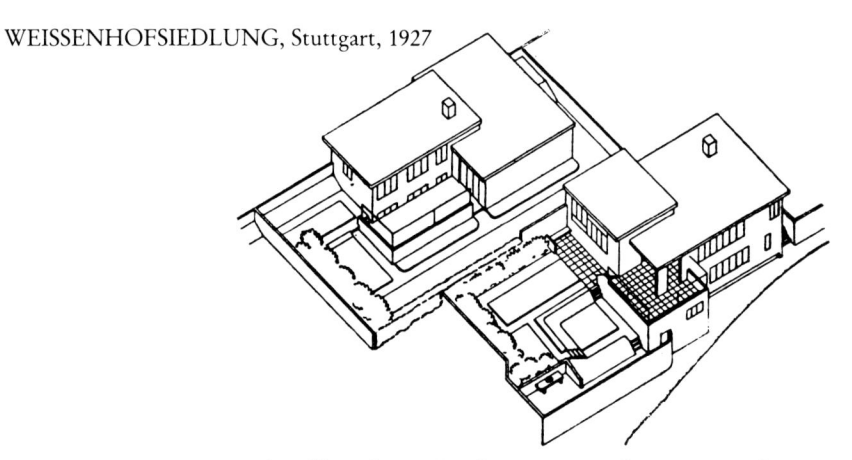

WEISSENHOFSIEDLUNG, Stuttgart, 1927

102a Haus C8 am Bruckmannweg und Haus C9 an der Rathenaustraße, Isometrie

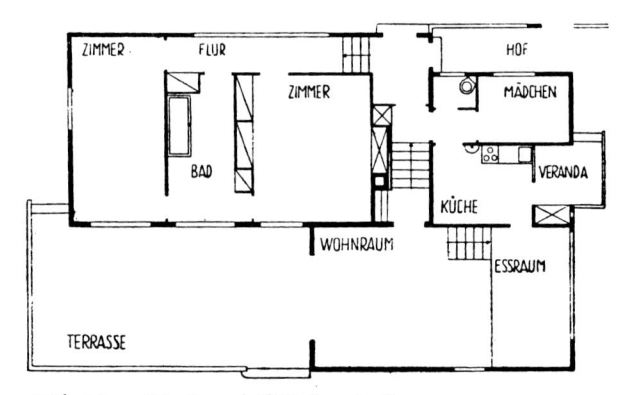

102b Haus C8, Grundriß Erdgeschoß

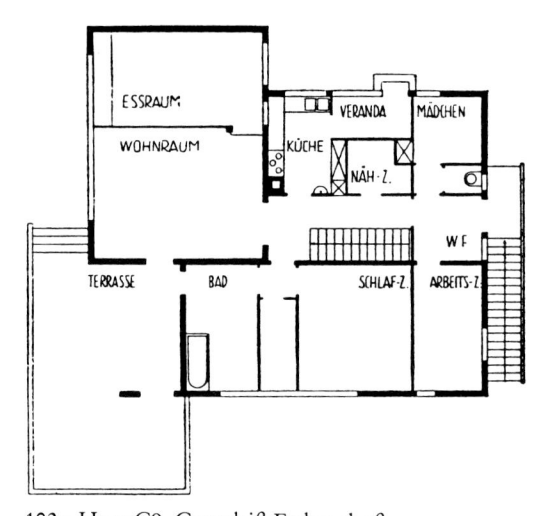

102c Haus C9, Grundriß Erdgeschoß

sich"⁸⁷. Stuttgarts Oberbürgermeister Karl Lautenschläger forderte anläßlich der Ausstellungseröffnung in lobender Anerkennung der neuen Architektur eine Abänderung der damals bestehenden Bauordnung, da moderne Bauten nur schwerlich mit ihr in Einklang zu bringen seien.⁸⁸ Die Reichsforschungsgesellschaft für das Wohnungswesen (RFG) würdigte die Ergebnisse der Siedlung und regte an, aufbauend auf den hier gewonnenen Erfahrungen mit finanzieller Unterstützung der RFG in einer weiteren Versuchssiedlung in Stuttgart erneut moderne Bauweisen zu erproben.⁸⁹ Die Resonanz in der Öffentlichkeit war zumeist positiv, und auch zahlreiche ausländische Gäste zählten zu den Ausstellungsbesuchern.

Das Flachdach, vorgeschrieben für alle Häuser der Weißenhofsiedlung, wirkte jedoch auf viele Besucher befremdlich. Das Auge war zumeist noch an das Steildach gewöhnt. Gerade für die heimischen Gäste entsprach das schwäbische Giebel- oder Schwarzwaldhaus eher der eigenen Vorstellung von Architektur.⁹⁰

Zu dieser Kritik bemerkte Döcker 1927 in der Publikation *Bau und Wohnung*, in der die Weißenhofsiedlung umfassend dokumentiert ist, daß die moderne Wohnung freie Grundrißanlagen erfordere, „die eben ihre Zweckmäßigkeit und die Erfüllung heutiger Bedürfnisse ermöglichen unter Vermeidung alles Überflüssigen. Die Verbesserung der Wohn- und Arbeitsräume" müsse „mit allen Mitteln des Fortschritts" betrieben werden, „unbekümmert um ‚Architektur' und Dachlösung."⁹¹

Der moderne Grundriß sucht die zweckvolle Lösung der menschlichen Bedürfnisse, und so „wird es meistens schwierig oder unmöglich sein, eine Steildachlösung in befriedigender Weise darüber zu ziehen. Das unbedingte Verlangen nach dem Steildach bringt ohne weiteres die sinnvolle, zeitgemäße und zweckvolle Lösung einer heute notwendigen Grundrißanlage in Gefahr. Die moderne Architektur drängt aus diesen Gründen in den allermeisten Fällen zu Lösungen ohne Steildach."⁹²

Von dieser Voraussetzung ausgehend, plante Döcker seine beiden Gebäude auf dem Weißenhofgelände. Die ihm zur Verfügung stehenden Grundstücke lagen zwischen zwei Straßen, dem oberen Bruckmannweg und der darunterliegenden Rathenaustraße. Das Geländegefälle zwischen den Straßen von etwa 4 bis 5 m bedingte eine gestaffelte Plazierung der beiden Häuser. Die grundrißliche Anordnung der Räume war von der Zugangs- und Himmelsrichtung abhängig. Ursprünglich beabsichtigte Döcker, die Gebäude als einheitlichen, zusammenhängenden Baukörper mit zwei getrennten Wohneinheiten zu gestalten, wobei drei in der Höhe unterschiedliche Dächer dem Geländegefälle entsprechend nach unten gestaffelt werden sollten.

In der endgültigen Planung nahm er Abstand von diesem sehr eigenwilligen, aber imposant erscheinenden Doppelhaus und entwarf zwei separat stehende Einfamilienhäuser.

Für das Haus am Bruckmannweg (C8) blieb die Lage der Räume nahezu unverändert; nur das vorgesehene Arbeitszimmer, als ursprüngliches Bindeglied zwischen beiden Häusern, entfiel.

Das Haus Rathenaustraße (C9) wurde grundrißlich überarbeitet, ohne den Baukör-

97

98-101

102

100, 102b

101, 102c

159

per entscheidend umzugestalten. Die ursprünglich vorgesehene Höhenstaffelung des Doppelhauses durch Anordnung von drei verschiedenen Dachebenen blieb auch nach Trennung der Häuser optisch erhalten.

98, 102a Lediglich in der Ausformung der beiden für jedes Einzelhaus sich ergebenden Kuben nahm Döcker geringfügige Korrekturen vor.

102b Das Haus am Bruckmannweg (C8) war im wesentlichen ein eingeschossiges Gebäude. Nur der erhöhte Bauteil war zur Unterbringung von Brennstofflager, Heizkeller, Trockenraum und Waschküche unterkellert. Im Nordwesten des Hauptgeschosses wurde das Haus durch den auf Straßenniveau liegenden Eingang erschlossen. Auf dieser Ebene lagen, neben einem geräumigen Windfang, Mädchenzimmer und WC, ein überdeckter, sich zur Straße hin öffnender Abstellhof und die Küche mit vorgelagerter, überdachter Veranda. Die Küche hatte einen Warmwasseranschluß und war mit Einbaumöbeln ausgestattet; selbst der entlüftbare Speiseschrank, der häufig zu Döckers Kücheneinrichtungen zählte, fehlte nicht. Obgleich von der Küche ein direkter Zugang zum Eßzimmer bestand, sah Döcker zusätzlich eine Durchreiche vor.[93] Ausgehend vom Eingangsbereich lag der Schlaftrakt, um einige Stufen erhöht, im Südwesten. Über einen zur Straßenseite hin ausgerichteten, durch ein Horizontalfensterband belichteten Flur waren die Schlafzimmer und das großzügig bemessene Bad zu erreichen. Bemerkenswert waren die Ausstattung des elterlichen Schlafzimmers mit Einbauschränken und der Warmwasseranschluß im Bad mit zusätzlichen Einrichtungen, wie Waschtisch und Mundspülbecken.[94] Das Bad diente gleichzeitig als Turnraum.[95] Auffällig war auch das große, dreiflügelige Badezimmerfenster, das die gleiche Größe wie das des Kinderzimmers besaß. Das Fenster des Elternschlafzimmers nahm sich dagegen mit nur zwei Flügeln bescheidener aus. Als variable Grundrißgestaltung erwies sich die Möglichkeit der Unterteilung des Kinderzimmers. Die sich so ergebenden zwei Räume konnten separat erschlossen werden, da auch vom Bad aus die benachbarten Schlafzimmer zugänglich waren. Die Raumanordnung bot überdies den Vorteil einer späteren Erweiterung des Schlaftraktes durch Verlängerung des Flures, wobei die Stellung der Schlafräume zur Sonnenseite hin nicht aufgegeben werden müßte. Vom Windfang führten wiederum einige Stufen abwärts zu dem großen Wohnraum und dem höher liegenden Eßraum. Der Wohnraum öffnete sich durch ein großes Fenster und eine Fenstertür zur Terrasse. Für ein ungestörtes Sonnenbad konnte die Terrasse ringsum durch Vorhänge vom Gartenbereich abgeschlossen werden. Eine Dusche mit Kalt- und Warmwasser auf der Terrasse bot die Möglichkeit zur Erfrischung während des Sonnenbades.

Zur Begründung für die Grund- und Aufrißgestaltung wies Döcker darauf hin, daß das Wohnen „heute mehr denn je eingestellt auf den Zusammenhang mit Licht, Sonne, Luft" sei. „Das Wohnhaus erhält daher große Fenster, dünne Pfeiler, wärmehaltende Wände. Das Wohnzimmer meist direkten Ausgang nach dem Freien, um einen unmittelbaren Zusammenhang, um ein Sichöffnen nach außen zu erreichen im Gegensatz zu dem Sichabschließen gegen die Außenwelt des alten und daher heutigen

Wohnbegriffen ungenügenden Hauses. Der ganze Grundriß selbst ist im Gegensatz zum bisherigen ein anderer, nicht beengter, und in ein Rechteck oder Quadrat gezwängter, sondern ein freier, ungebundener, von beliebiger Umrißfigur, gedacht nach den Verhältnissen des Bauplatzes, der Zugangsrichtung, der Aussicht, der Sonne usw.
Deshalb auch nicht mehr das bisher gewohnte Aussehen einer mehr oder weniger imposanten Äußerlichkeit mit sog. Fassaden und Achsen, die sich geniert, die eigentliche Benützung im Inneren nach außen zu zeigen, sondern eine äußere Erscheinung, die ohne weiteres die Anlage und den Gebrauch des Inneren aufweist."[96]
Auf diesem Baugedanken basiert auch Döckers Entwurf für das Haus an der Rathenaustraße (C9). Dieses zweigeschossige, an den Hang gelehnte Gebäude, das ursprünglich als Doppelhaus in Verbindung mit dem Haus am Bruckmannweg geplant war, wurde bei der Umformung zum freistehenden Gebäude grundrißlich stark verändert. In beiden Versionen stellt sich das Untergeschoß nahezu gleich dar, in dem bergseitig Waschküche, Vorratsraum und Brennstoffdepot, zur Talseite zwei Schlafräume und ein Trockenraum vorhanden waren. Das Dach der vorgelagerten Garage diente dem Wohnbereich als Terrasse.

101, 102c

Das Erdgeschoß wurde, wohl ausgehend von der Trennung der beiden Häuser und der dadurch bedingten Umgestaltung der Baukörper, entscheidend abgewandelt. Unter Verzicht auf einen besonderen Raum für Anrichte und Spülen erhielt der Eßraum nun die gleiche Tiefe wie der daneben liegende Wohnraum. Als Erweiterung des Raumprogramms wurde im Wirtschaftsbereich ein hinter der Küchenveranda angeordneter Näh- und Bügelraum geplant; an der Straßenseite wurden, nach Reduzierung des anfangs sehr großzügigen Bades und Schlafzimmers, nunmehr ein Schrankraum und ein Arbeitszimmer eingeschoben. Gemeinsam war beiden Lösungen im wesentlichen die Anordnung von Wohn- und Eßzimmer in dem höheren Teil des Gebäudes und die gute Anbindung der Wohnräume an den Terrassen- und Gartenbereich.
Die Beziehung zum Außenraum wurde von den Hauptwohnräumen durch große Fenster und Fenstertüren hergestellt. Vom Wohnraum und dem geräumigen Bad gelangte man auf die Terrasse.
In der Ausstattung stand dieses weitaus größere Einfamilienhaus dem darüber liegenden Gebäude von Döcker nicht nach. Die Nutzbarkeit des großen Bades auch als Turnraum war hier noch vorteilhafter gelöst, da vom Bad ein direkter Austritt ins Freie möglich war. Auf der teilweise überdeckten Terrasse war eine Turnleiter montiert.
Erschlossen wurde das Gebäude im Erdgeschoß, das um Geschoßhöhe über dem Geländeniveau der Rathenaustraße lag. Zum Eingang im Norden führte eine überdeckte Außentreppe. Von der Terrasse gab es einen Zugang in den dahinter liegenden Garten, der durch Böschungen befestigt und auf drei Ebenen angelegt war.
In der Höhenversetzung der Kuben und der Gestaltung der Baukörper ging Döcker

102

bei beiden Häusern folgerichtig vom Grundriß aus. So wurde in dem Haus am Bruckmannweg der Schlaftrakt durch die Erhöhung des Baukubus gekennzeichnet, in dem Haus an der Rathenaustraße war hingegen in beiden Versionen der Wohnbereich erhöht. Grundrißüberschneidungen und Inkonsequenzen sind hier nicht zu beobachten.

In dem Haus am Bruckmannweg erprobte Döcker eine seinerzeit neu entwickelte Konstruktionsweise seines Freundes Albert Feifel, die sogenannte Zickzackbauweise. Sie beruht auf einer Holzkonstruktion, aus der die Innen- und Außenwände sowie das Dach bestanden.[97]

Döckers beide Häuser in der Weißenhofsiedlung stehen heute nicht mehr bzw. nicht mehr im ursprünglichen Zustand. Auf Initiative des Vereins ‚Freunde der Weißenhofsiedlung' und mit Unterstützung des BDA ist aber beabsichtigt, das Haus am Bruckmannweg zu rekonstruieren.[98] Auf Feifels Zickzackbauweise soll allerdings verzichtet werden, da sie sich nicht bewährt hat. Das Haus in der Rathenaustraße wurde durch Um- und Wiederaufbau bis zur Unkenntlichkeit entstellt, und das derzeit mit Satteldach gedeckte Gebäude verrät nichts mehr von Döckers ursprünglicher architektonischer Absicht.[99]

1932, noch vor der Machtergreifung durch die Nationalsozialisten, waren die Häuser der Weißenhofsiedlung Zielscheibe heftiger Kritik. Im *Völkischen Beobachter* heißt es etwa, daß das Volk die neue Bauweise als so fremd empfände, „daß es vom Palästina-Stil" spreche und dies vollkommen berechtigt sei, da „diese glatten, platten Menschengaragen und Wohnmontagen (…) eine Verhöhnung aller natürlichen Verbundenheit mit dem Boden"[100] seien. An dieser Stelle wurde die Weißenhofsiedlung als ‚Araberdorf'[101] und ‚Neu-Marokko' bezeichnet. Die Architekten der Weißenhofsiedlung wurden als „Baubolschewisten" diffamiert und als „entartet" bezeichnet. Man warf ihnen vor, sie seien jüdisch verseucht und orientalisch verdorben.[102] Bonatz soll geäußert haben, die Weißenhofsiedlung käme ihm wie eine Vorstadt Jerusalems vor.[103] Staatskommissar Karl Strölin, der im ‚Dritten Reich' ins Amt gehoben wurde, bezeichnete die Weißenhofsiedlung als ‚Schandfleck' für Stuttgart, und Schmitthenner verkündete, die Stadt wolle 20.000,— RM für den Umbau eines Gebäudes Am Weißenhof „zu einem halbwegs brauchbaren Haus" aufwenden.[104]

Zu wünschen bleibt, daß die Restaurierung das ursprüngliche Aussehen der Siedlung wieder ganz herzustellen vermag, auch wenn die Eigentumsverhältnisse des Döckerschen Hauses in der Rathenaustraße die Denkmalpflege zur Zeit noch behindern.

6 Schulbauentwürfe

Döckers Entwürfe für Schulgebäude sind in ihrer Anlage sehr verschiedenartig. Die Unterschiedlichkeit ergibt sich durch die Art des Schultyps, für den es eine Konzeption zu erarbeiten galt. Die Herausbildung eines speziellen, von ihm entwickelten oder favorisierten Schultypus, wie er ihn als *Idealanlage* in Form eines terrassierten Krankenhauses entworfen hat, kann in dieser Klarheit für den Schulbau Döckers nicht festgestellt werden.

Die Friedensschule Trossingen (1923/1924)

Die Friedensschule ist ein Sammelschulgebäude, das Volksschule, Realschulerweiterung, Handels- und Gewerbe-, Frauenarbeits-, Kochschule sowie die sogenannte Industrieschule einschließlich einer Turnhalle und zwei offene Hallen aufnimmt.

47, 103

103 FRIEDENSSCHULE, Trossingen, Grundriß Erdgeschoß, Oktober 1923

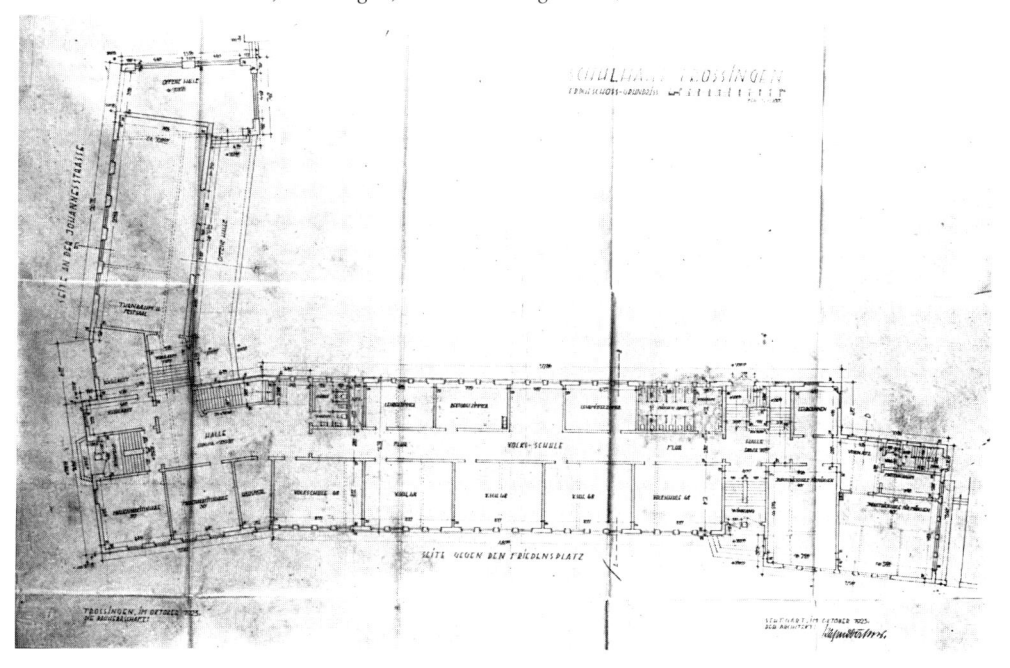

Sie liegt inmitten einer ein- bis zweigeschossigen Wohnbebauung. Der Bauplatz war durch ein Straßenkarree vorgegeben. Döcker führte das Gebäude entlang zweier Straßen und legte jeweils die Haupteingänge in die Nähe von einmündenden Straßen. Für die Gebäudeform war die Nachbarbebauung mitbestimmend. Döcker wählte daher einen zumeist zweigeschossigen Bau mit Satteldach; der angrenzende Nordflügel ist eingeschossig mit ausgebautem Dachgeschoß, die Firste variieren in der Höhe. Das übereckgestellte Gebäude bietet Raum für einen großen Schulhof, der von einer Mauer und den Schulgärten umgeben wird.

Dieser Baukörper entspricht weitgehend dem seinerzeit üblichen Schulbau. Der Raumanordnung liegt eine zweibündige Anlage zugrunde. Die Hauptklassenräume für alle Schultypen[1] richtete Döcker nach Osten zur Vormittagssonne aus. Die Räume, die für den schulischen Halbtagsbetrieb eine untergeordnete Rolle spielen, wie Toilettenanlagen, Rektorat, Lehrer- und Lehrerinnenzimmer sowie der Lehrmittelraum, befinden sich auf der gegenüberliegenden Westseite. Die Raumverteilung der im Obergeschoß untergebrachten Realschule entspricht fast dem Erdgeschoß, mit Ausnahme der Hausmeisterwohnung, die im Obergeschoß des Nordflügels liegt. In Anbetracht der vielseitigen Gebäudenutzung wollte Döcker jeder Schulgattung einen ungestörten Bereich gewähren. Aus diesem Grunde sah er verschiedene Eingänge und Treppenhäuser vor, durch die er eine weitgehende Trennung erzielte.

Den Ausführungsauftrag für die Friedensschule in Trossingen erhielt Döcker nach einem vorausgegangenen Wettbewerb. Mit dem Bau der Schule wurde im Oktober 1923 begonnen. Am 1. November 1924 konnte sie ihrer Nutzung übergeben werden.[2]

Entwurf für die Stuttgarter Handels- und Gewerbeschule (1928/1929)

Für die Handels- und Gewerbeschule[3] schlug Döcker eine doppelte Atriumanlage vor. Da im pädagogischen Betrieb Mädchen und Jungen getrennt unterrichtet wurden, griff Döcker diese Teilung in seinem Entwurf auf und wies den beiden Geschlechtern einen abgeschlossenen Bereich zu. Die zwei leicht gegeneinander versetzten Atrien gestaltete er als einbündige Anlage, wodurch, ungeachtet der Himmelsrichtung, alle Klassenzimmer nach außen zeigen. Zu den Innenhöfen liegen die Flure mit den Garderoben. In dem Verbindungsteil, der beide Höfe voneinander trennt, brachte Döcker, neben zwei Treppenhallen im Erdgeschoß, eine Turnhalle und im Obergeschoß einen Vortragssaal unter. Diese Räumlichkeiten sollten Mädchen und Jungen in gleicher Weise zur Verfügung stehen.

Als Schulbau konzipiert, knüpft diese gut gegliederte und baukörpermäßig sauber gestaltete Anlage an herkömmliche Lösungen der Blockbebauung an. Eine Handels- und Gewerbeschule läßt sich von den Erfordernissen und der Bauaufgabe her nicht direkt mit einer allgemeinbildenden Vormittagsschule vergleichen, denn bei dem

HANDELS- UND GEWERBESCHULE, Stuttgart, 1928/1929

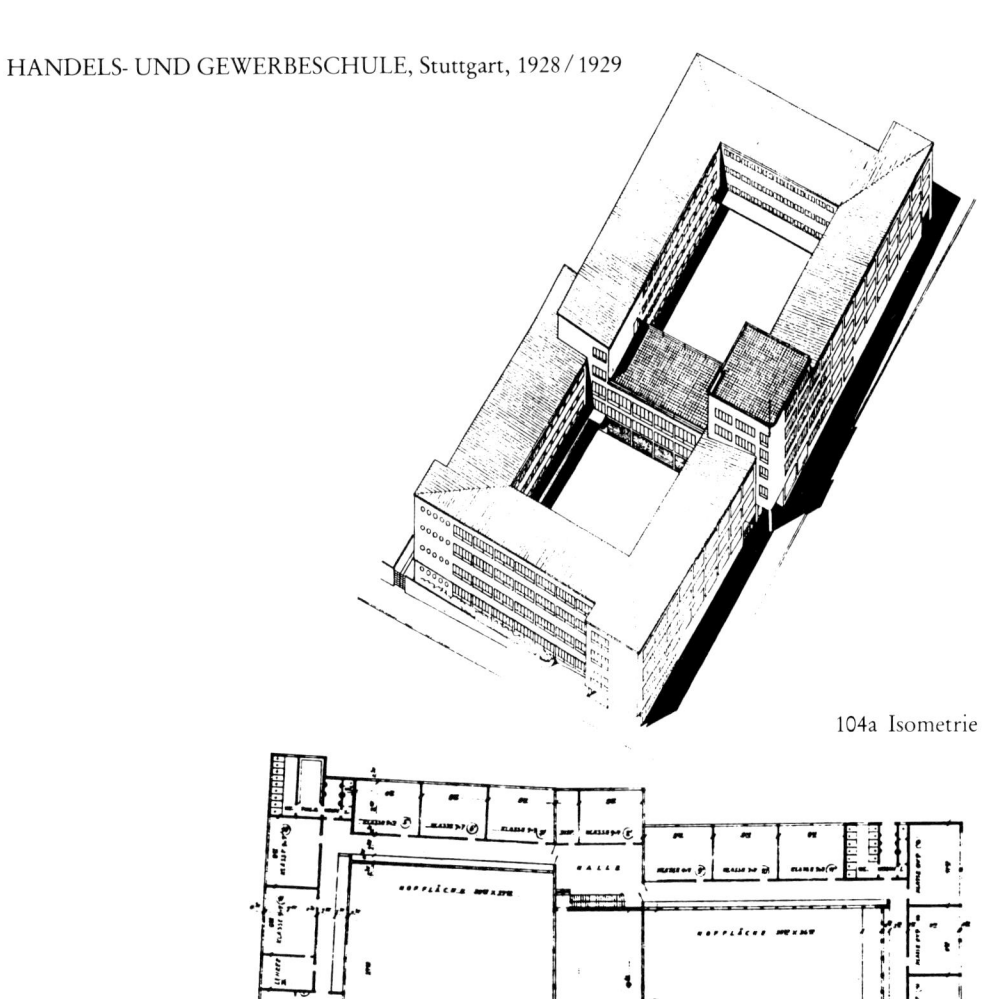

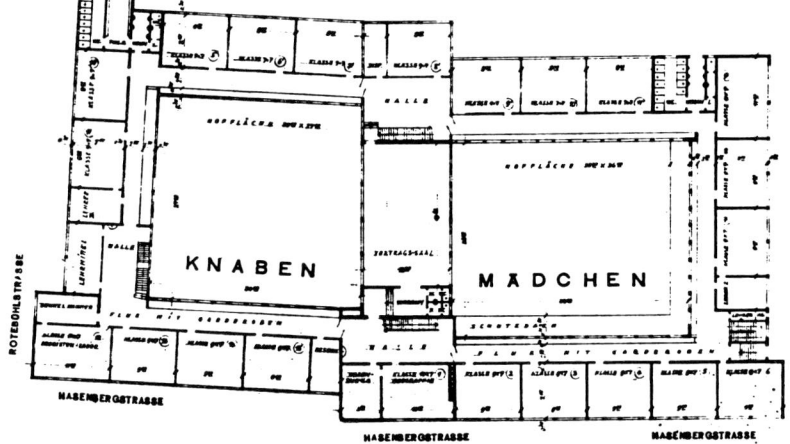

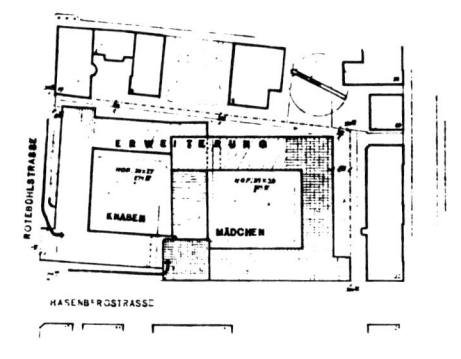

104a Isometrie

104b Grundriß 3. Obergeschoß und Lageplan

165

auch zu jener Zeit gängigen dualen Prinzip der Lehrlingsausbildung war es für gewerbliche Schulen üblich, daß die Schüler dieses Gebäude nur einmal wöchentlich besuchten. Aus diesem Grunde spielte auch eine einheitliche Ausrichtung der Klassen unter dem Aspekt einer guten Besonnung keine bedeutende Rolle, was Döckers Anordnung der Klassenräume zur Außenseite des Gebäudes und somit zu allen vier Himmelsrichtungen verständlich macht.

Vier alternierende Entwürfe zu einem Stuttgarter Schulbauprojekt (1929)

Im Oeuvre Döckers läßt sich die Entwicklung des Schulbaus sehr deutlich anhand von vier recht bemerkenswerten und interessanten Entwürfen zum gleichen Projekt ablesen. Geplant war die Bebauung am damaligen Stadtrand von Stuttgart.

Der Kasernentyp

105   Zunächst entwarf Döcker eine zweigeschossige Anlage im sogenannten *Kasernentyp*.[4] Die L-förmige Gebäudestellung ähnelt dem Baugedanken der Friedensschule in Trossingen von 1923/1924. Der kürzere nordöstliche Bauteil ist zweibündig, die Klassenzimmer zeigen nach Südwesten. Auch die Nebenräume im Obergeschoß, wie WC, Schularzt-, Rektor- und Vorzimmer, befinden sich an der weniger besonnten Gebäudeseite. Der langgestreckte Unterrichtstrakt ist eine einbündige Anlage, die Klassenräume sind nach Südosten gelegt. Erschlossen werden sie über einen dahinter liegenden Flur, der durch eine Glaswand belichtet wird und das Gebäude zum Hof öffnet. Der Glasfront ist ein sogenannter Laufbalkon vorgelagert, der beide Gebäudeflügel umgreift. Die Zweckbestimmung dieses Laufbalkons wurde allerdings nicht näher angegeben. Bei nur 2 m Breite ist anzunehmen, daß er nicht für den Aufenthalt der Schüler gedacht war, sondern wahrscheinlich nur als Putzbalkon für die Glaswand des Obergeschosses diente. Mit dieser Außenhautgestaltung hatte Döcker zwar eine optisch interessante Lösung vorgeschlagen, die jedoch für die untergeordnete Bedeutung der dahinter liegenden Flure als sehr aufwendig angesehen werden muß und laufende, kaum vertretbare Bewirtschaftungs- und Heizkosten ausgelöst hätte.
Die Raumaufteilung des Erdgeschosses entspricht, mit Ausnahme des Balkons, der des Obergeschosses.

Das Pavillonsystem, Typ I

106   Dem eher konventionellen, sogenannten *Kasernentyp* stellte Döcker das *Pavillonsystem* in zwei grundlegenden Lösungen einer zumeist eingeschossigen Flachbauweise

SCHULHAUSENTWÜRFE, 1929

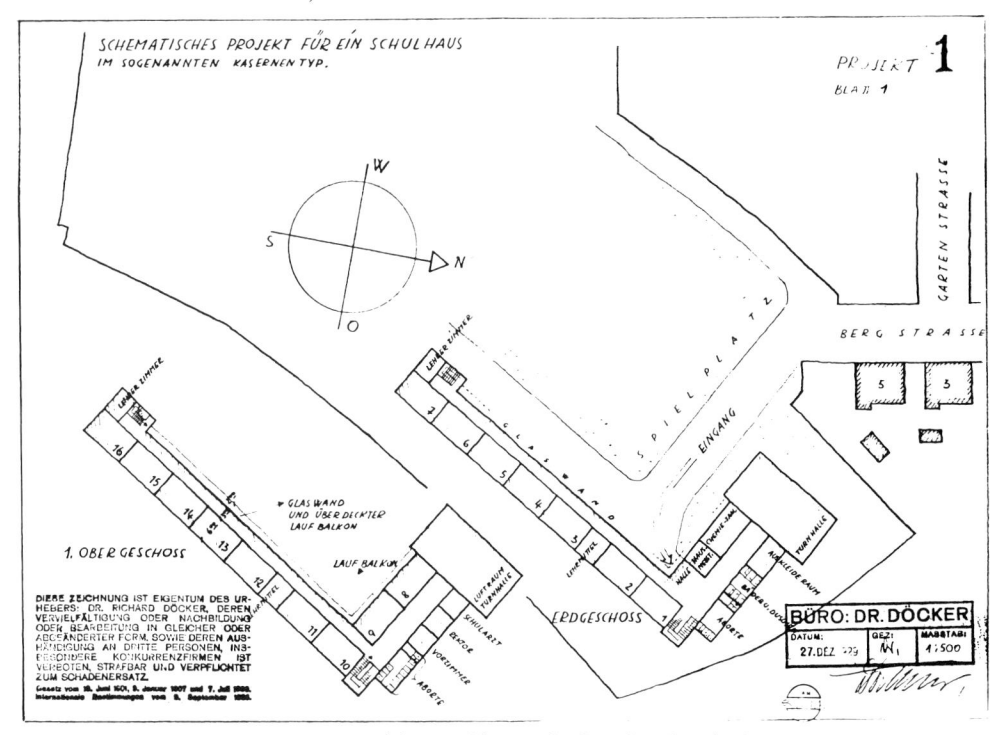

105 Sogenannter Kasernentyp, Grundrisse 1. Obergeschoß und Erdgeschoß in Lageplan

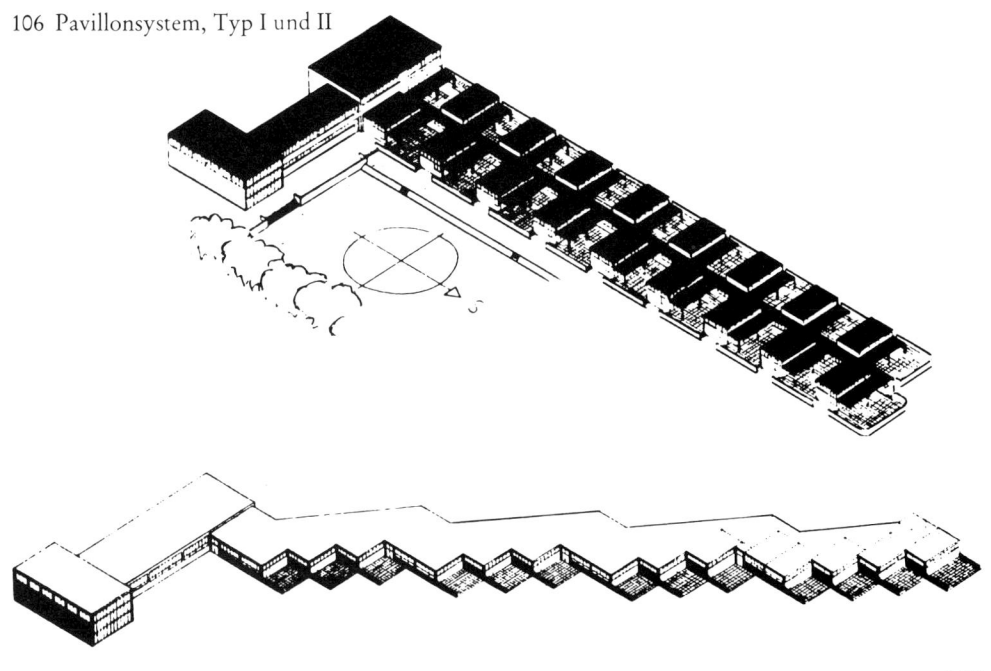

106 Pavillonsystem, Typ I und II

167

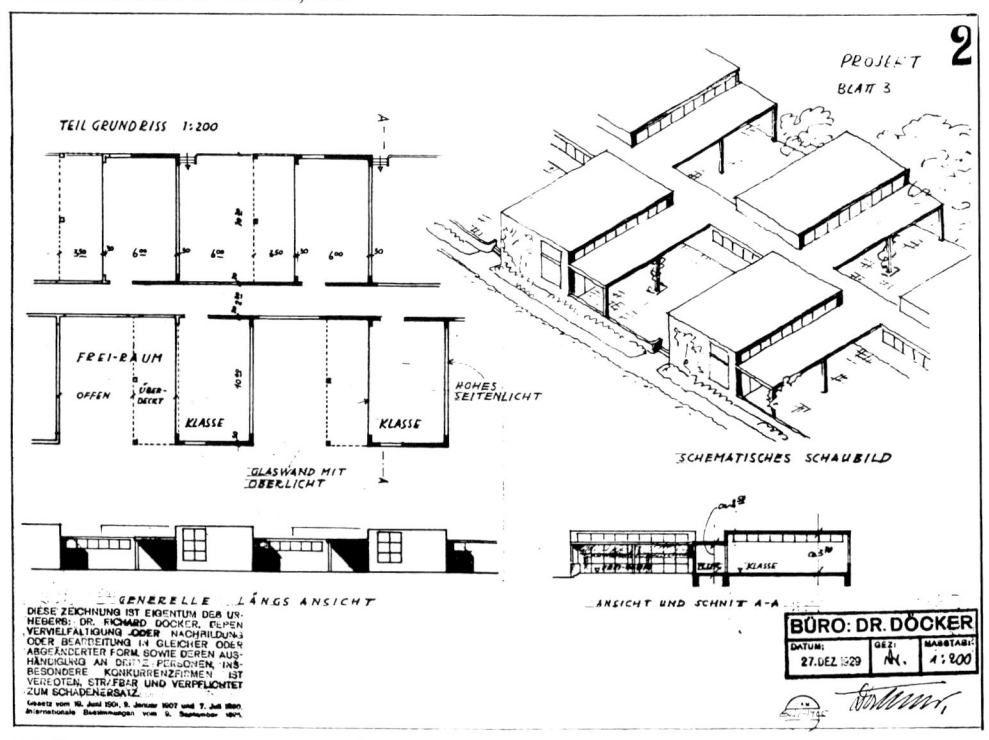

SCHULHAUSENTWÜRFE, 1929

107 Pavillonsystem, Typ I, Grundrißausschnitt, Schaubild, Ansichten und Schnitt

108 Pavillonsystem, Typ I, Grundrisse 1. Obergeschoß und Erdgeschoß in Lageplan

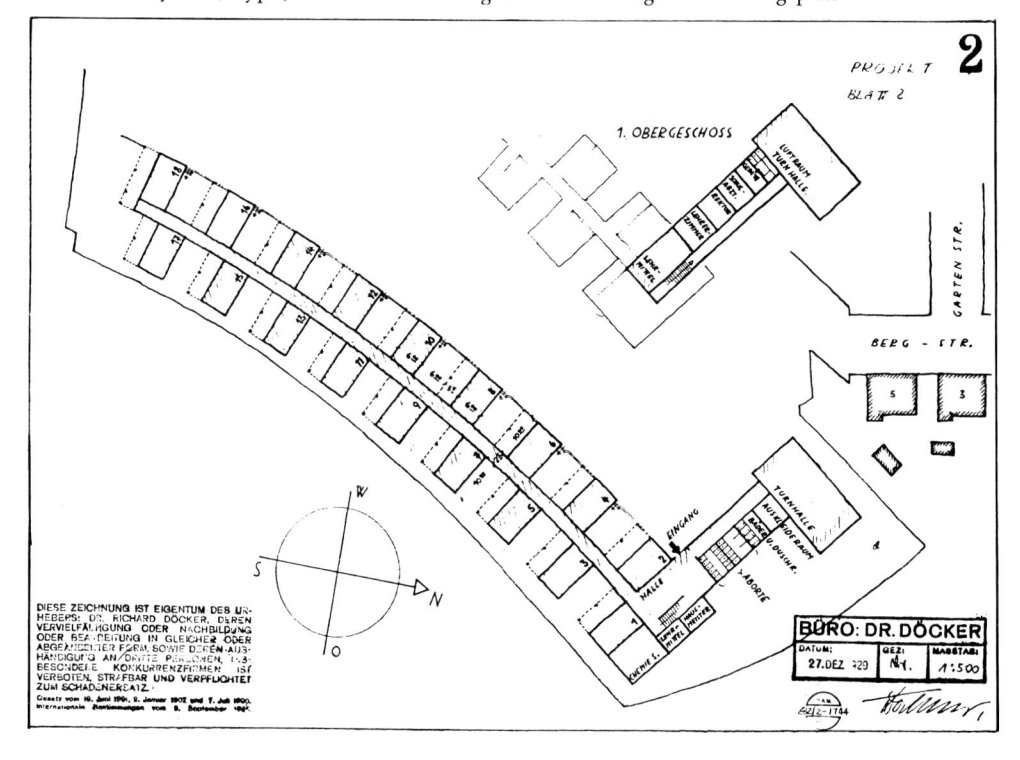

SCHULHAUSENTWÜRFE, 1929

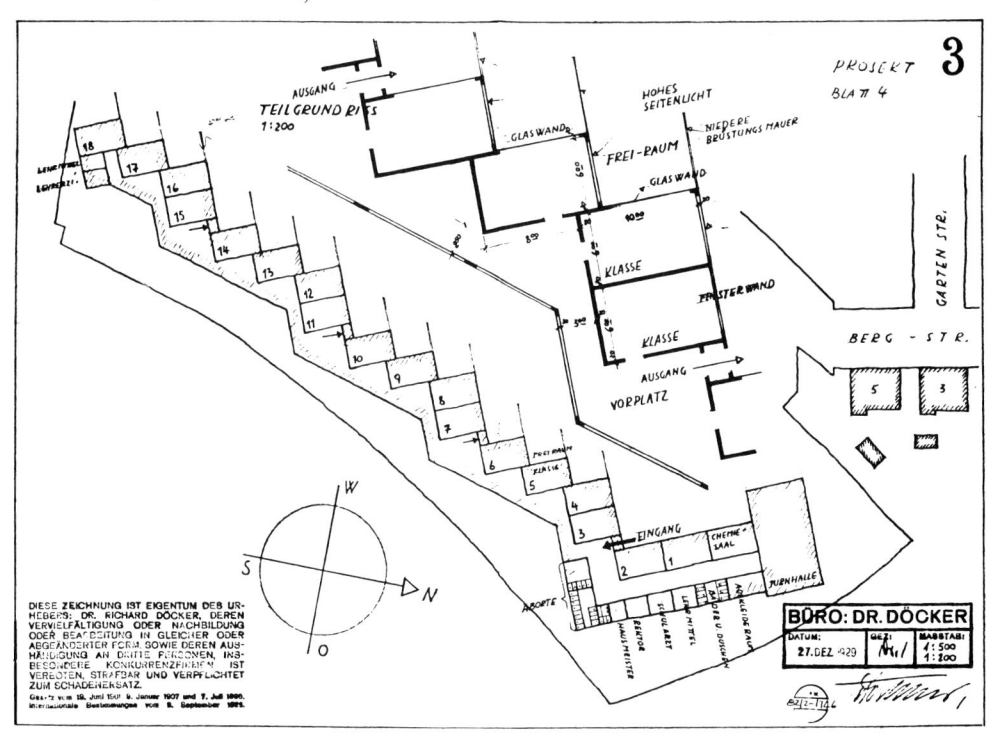

109 Pavillonsystem, Typ II, Grundrisse in Lageplan

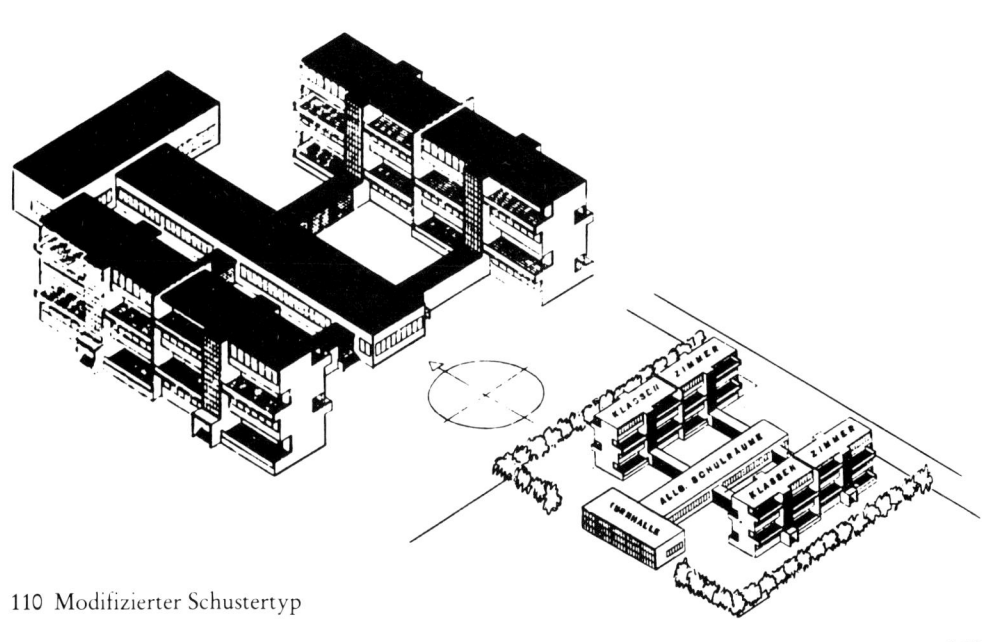

110 Modifizierter Schustertyp

106 oben
107, 108

gegenüber.⁵ Die erste Lösung *(Typ I)* sieht einen in der Mitte des Klassentraktes durchlaufenden Flur vor, vor dem die eingeschossigen Klassenpavillons, beidseitig versetzt, abgehen. Die Versetzung der Pavillons, nur sekundär ein gestalterisches Moment, ermöglicht eine durchgängige Belichtung des Flures zumindest von einer Seite her und vermeidet Dunkelzonen. Bemerkenswert an diesem Vorschlag ist, daß jeder einzelnen Klasse ein nach Süden ausgerichteter, teilweise überdeckter Außenraum, eine sogenannte Freiluftklasse⁶, zugeordnet ist. Bei entsprechendem Wetter kann der Unterricht vom Klassenraum ins Freie verlegt werden, ohne den Lehrbetrieb der anderen Klassen zu beeinträchtigen. Die Flexibilität in der Wahl des Unterrichtsortes, ob drinnen oder draußen, erforderte eine bewegliche Bestuhlung für die Klassen und eine Abkehr von den bis dahin üblichen festen Bänken. Die Auflösung der starren, frontal ausgerichteten Klassenraummöblierung entsprach den seinerzeitigen Reformforderungen der Schulpädagogik.⁷ Vergleichbar zum Kasernentyp sind die allgemeinen Schulräume an der Kopfseite des Durchgangsflures in einem zweigeschossigen Flügel untergebracht. Ist bei dieser Lösung die Besonnung der links und rechts vom Flur liegenden Klassen noch unterschiedlich, denn die links vom Flur liegenden waren nach Südosten ausgerichtet, die auf der rechten Seite dagegen nach Südwesten, so umging Döcker im zweiten Lösungsvorschlag des *Pavillonsystems (Typ II)* diesen Nachteil.

Das Pavillonsystem (Typ II)

106 unten
109

Er schlug eine sägeblattförmige Klassenanordnung als einbündig gestaltete Anlage vor. Dieser Entwurf bedeutet sicherlich eine aufwendigere Variante, bietet aber den Vorteil einer bestmöglichen Besonnung aller Klassen. Vereinfacht wird das Sägeblattmotiv an der Flurseite des Gebäudes wiederholt. Zu einer Abflachung der ‚Gebäudezacken' kommt es, weil drei Klassen eine Längsseite auf der Rückfront bilden und zwei nebeneinandergestellte Klassenräume eine angedeutete Breitseite ergeben. Durch diesen Rhythmus wird die Eintönigkeit der Anlage unterbunden und eine bessere Überschaubarkeit erreicht.

Der Schustertyp

110

Im gleichen planerischen Zusammenhang steht ein weiterer, sehr beachtenswerter Entwurf. Für die Projektierung dieser viergeschossigen Anlage wählte Döcker als Ausgangspunkt den sogenannten *Schustertyp*.⁸ Die Konzeption des *Schustertyps* basiert auf der Idee, daß ein Treppenhaus in jedem Stockwerk immer nur zwei Klassen erschließt und dadurch eine Klassenzimmereinheit hergestellt wird.

Döcker entwickelte den Schustertypgedanken weiter. Zwischen den beiden nach Westen und Osten liegenden viergeschossigen Trakten, in denen die Klassenräume nach

Schusters Prinzip untergebracht sind, ordnete er einen eingeschossigen Trakt mit den allgemeinen Schulräumen an. Am westlichen Ende dieses Gebäudes liegt die Turnhalle. Von den Treppenhäusern der Klassentrakte gehen eingeschossige Gänge ab, die den Mitteltrakt durchstoßen und somit alle Gebäudeteile verbinden.

Die beachtenswerte *Modifikation des Schustertyps* besteht darin, daß er nicht mehr zwei Klassen auf der gleichen Ebene des Treppenhauses erschließt. Döcker nutzte die Zweiläufigkeit der Treppe und die so entstehenden zwei Podeste je Stockwerk zur Höhenversetzung der Klassen um jeweils ein halbes Geschoß.

Jedem Klassenraum lagerte er eine Freiluftterrasse vor, was seiner Haltung und seiner Forderung nach Licht, Luft und Sonne entsprach, ein Anspruch an die Architektur, der ihm im Wohnungsbau unbedingt notwendig, für das Krankenhaus wichtig und für den Schulbau absolut wünschenswert erschien.

Der Wettbewerbsentwurf für die Schule in Stuttgart-Sillenbuch (1934/1935)

1934/1935 nahm Döcker das Pavillonsystem für einen Wettbewerbsentwurf der Schule Sillenbuch erneut auf. Anstelle der versetzten Klassenpavillons ordnete er nun je zwei Klassen parallel zueinander an.

Döckers eingereichter Wettbewerbsentwurf wurde „vom Preisgericht im ersten Rundgang ausgeschieden"[9], da seine Planung kein mehrgeschossiges Schulgebäude in Kasernenbauweise vorsah. Die Wende im politischen Lager hatte sich zuvor vollzogen, die letzte Hoffnung, gar einen Auftrag aus öffentlicher Hand zu bekommen, mußte Döcker mit dieser Wettbewerbsniederlage begraben.

Schlußbetrachtung

Trotz der Einschränkung, daß Döckers Konzeptionen auf verschiedenartige Schulformen zugeschnitten sind und daher eine ‚Entwicklungstypologie' des Schulbaus in seinem Oeuvre nicht unmittelbar aufgezeigt werden kann, muß aber als gemeinsames Moment seiner Entwürfe eine fortschrittliche und moderne Grundhaltung festgestellt werden, die insbesondere in den vier Projektstudien von 1929 zum Ausdruck kommt.

Mit der Trossinger Friedensschule greift Döcker 1923/1924, von einigen Details abgesehen, noch auf althergebrachte Schulbauvorstellungen zurück, die den Kasernentyp zum Vorbild nahmen.

Die doppelte Atriumanlage der Handels- und Gewerbeschule von 1928/1929 fand erst Jahre nach Döckers Planung Erwähnung in der Literatur, wo diese Konzeption als „neuer englischer Schultyp" bezeichnet wird, der vom Charakter der Anlage her „die Bildung von Schulgemeinden" fördern soll.[10]

Entscheidender für die Entwicklung und Herausbildung eines neuen Schulbaus waren aber Döckers Entwürfe der *Pavillonbauweise* und seine Modifikation und Weiterentwicklung des *Schustertyps*.

In Anbetracht der Situation Deutschlands gegen Ende der zwanziger Jahre, als fast überall Schulen vorwiegend als zweibündige Anlage im Kasernentyp gebaut wurden, müssen Döckers Entwürfe, bezogen auf ihren Stellenwert in der Entwicklung des Schulbaus, als seiner Zeit weit voraus bewertet werden. Döcker ist aber nicht Urheber, sondern nur Vorkämpfer dieses Gedankens. Ihm voraus gingen Schusters Planungen der Volksschule in Niederursel und Mays in Pavillonbauweise ausgeführte Frankfurter Reformschule am Bornheimer Hang.[11] Diese für den Schulbau innovativen Entwurfsgedanken blieben aber weitgehend von den zeitgenössischen Architekten unberücksichtigt.

Erst in den Jahren nach dem letzten Weltkrieg wurden nicht nur in der Bundesrepublik, sondern auch in anderen europäischen Ländern und in Übersee derartige Ideen und Konzeptionen aufgegriffen.[12]

7 Konstruktion, Material, Detail

Für Döckers Planungen ist es bezeichnend, daß sie in allen Punkten die gegebenen konstruktiven Möglichkeiten berücksichtigen. Diese waren Voraussetzung aller gestalterischen Ideen: „Formales kann nicht erschöpfend erörtert werden, ohne Zusammenhang seiner engsten Beziehung mit der Konstruktion."[1]
Döcker griff im wesentlichen auf bewährte und erprobte Bauweisen zurück. Im Wohnungsbau stand der Mauerwerksbau im Vordergrund, doch setzte Döcker bereits neuartige Steine, wie etwa den Hohlblockstein ein. Bei der Deckenkonstruktion war die Palette der hier möglichen Ausführungen relativ groß; neben der altbekannten Holzbalkendecke verwendete Döcker die im Prinzip sehr ähnliche Decke, bei welcher an die Stelle der Holzbalken Eisenträger treten und die Zwischenräume mit Beton ausgefüllt wurden, darüber hinaus Massiv- bzw. Plattenbalkendecken aus Eisenbeton.
Für die mehr- und vielgeschossigen Bauten bevorzugte er die heute Stahlskelettbauweise genannte Eisenkonstruktion. Seinen Äußerungen zum Baumaterial Beton kann man entnehmen, daß er die dem Eisenbeton sich eröffnenden Anwendungschancen noch nicht übersah, aber erahnte: „Die andersartigen Bauaufgaben des letzten halben Jahrhunderts mit Konstruktionsmöglichkeiten in Eisen- und Eisenbeton – die Binderspannung der Fabriken- und Hallenbauten eröffnen neue Ausblicke. (...) Man ist versucht zu glauben, daß erst jetzt, mit der Technik des Eisenbetons, überhaupt grenzen- und schrankenlose Möglichkeiten räumlicher Gestaltung und Erfindung möglich geworden sind."[2]
Döcker begriff die Technik als Mittel zum Zweck, keineswegs aber als bestimmenden Faktor neuer Architekturformen: „Der Wesensinhalt des Begriffes Eisenbeton besteht nicht in der Möglichkeit, ungeheure Spannweiten zu überbrücken oder in der Fläche große freitragende Konstruktionsteile zu gestalten, die weit über das bisher übliche Maß des Steinbaues hinausgehen, sondern im Raum dreidimensional freitragende Gebilde zu verwirklichen, die dem bisherigen Gefühl statischen Erlebens fremd, (...) und somit ungeahnte Möglichkeiten in der Hand schöpferischer Impulse darstellen."[3]
Döcker war nicht der konstruktiv forschende, experimentierende Ingenieur, der sich selbst mit neuartigen Konstruktionen beschäftigte. Das hinderte ihn aber nicht daran, neuen Gedanken gegenüber aufgeschlossen zu sein und sie zu erproben.[4] In Übereinstimmung mit Adolf Loos verurteilte Döcker energisch die Verschwendung von Handarbeit, wenn es möglich war, statt ihrer die Maschine einzusetzen. Formen zu entwickeln, die der maschinellen Produktion entsprachen, war für ihn eine Forderung der Zeit, denn die Maschine war imstande, Produkte zu erzeugen, die im Hin-

blick auf „Exaktheit, Schönheit, Sicherheit"[5] und Wirtschaftlichkeit die handwerkliche Leistung übertraf.

Als Wegbereiter der industriellen Fertigung einzelner Bauteile erkannte Döcker aber auch, daß zu diesem Zweck eine Maßordnung für das gesamte Bauwesen unbedingt notwendig wurde. Mit diesem Begehren war er seiner Zeit ein wesentliches Stück voraus, denn diese Forderung wurde umfassender erst in den fünfziger Jahren in der Bundesrepublik erfüllt.[6]

Wenngleich Bauingenieure eher für die konstruktive Durchbildung eines Bauvorhabens und seiner Standsicherheit verantwortlich sind, muß der Architekt dennoch konstruktiv denken. Über Kenntnisse der mit den einzelnen Materialien verbundenen bautechnischen Besonderheiten, deren Berücksichtigung und richtige Verwendung muß der Architekt verfügen. Für Döcker galt es nicht nur auf alte Erfahrungen zurückgreifen, sondern auch die den neuen Materialien immanenten Verwendungsmöglichkeiten zu finden, sie materialgerecht und konstruktiv richtig zu gebrauchen und daraus schließlich moderne Formen zu schaffen[7]: „Die Freude am Material bringt Baustoffe, die bisher für den Bau kaum von Belang gewesen waren, zu neuem Ansehen, auch haben noch lange nicht Eisen, Glas, Beton, Aluminium, Bleche usw. die in ihnen liegenden Verwendungsmöglichkeiten gefunden. Die Baustoffe, materialgerecht und konstruktiv sachlich verwendet, ergeben neue Formen, die nicht des äußeren Formalismus wegen entstehen."[8]

Döcker wollte am Bau nichts dem Zufall oder der Entscheidung des ausführenden Handwerkers überlassen; er legte deshalb sehr genau die Ausführungsdetails fest. Mit einem einfachen Fassadenschnitt, der bereits die gestalterischen und konstruktiven Absichten hätte deutlich machen können, gab sich Döcker nicht zufrieden. Er zeichnete die Punkte, die einer besonderen Genauigkeit bedurften, als Detail. Mag ein solches Vorgehen einer gewissenhaften konstruktiven Durcharbeitung noch nicht ungewöhnlich erscheinen, so ist beispielsweise die isometrische Darstellung eines Gesimsdetails eine vergleichsweise selten anzutreffende, jeden Zweifel ausschließende Klärung schwieriger Punkte.

50

Zu dem Anliegen, technische Einzelheiten klarzustellen, traten auch künstlerische Absichten, die es zu erfüllen galt. Die präzise Darstellung des Rinnenkessels im Aufriß, Schnitt und Isometrie waren Döcker wohl sehr wichtig, weil es ihm auf eine genaue Abstimmung auch der banalsten Architekturelemente aufeinander ankam. Die Frontalansicht des Rinnenkessels zeigt beispielsweise den parallelen Verlauf von dessen Außenkante mit dem abgeschrägten Ende des Betongesimses, und die höhenmäßige Übereinstimmung des Rinnenkessels mit anderen in diesem Gesims enthaltenen horizontalen Linien.

111 Döckers Streben nach Klarheit und Ehrlichkeit in der architektonischen Gestaltung stand nichts entgegen, auch wenn er an verschiedenen Stellen bewußt die gerade Linie oder ebene Fläche verließ und mit Rundungen und Schwüngen zusätzlich Bewegung und Spannung in seinen Bauten erzeugte. Das Moment der Bewegung drückt Döcker

überzeugend durch die Pfeilerplastiken an den beiden Haupteingängen der Friedensschule Trossingen aus. Die nach innen führende Abrundung markiert die rechte Tür als Eingang, die linke will aus dem Gebäude herausleiten. Die aus Muschelkalk ausgeführten Pfeilerplastiken sind mit Inschriften versehen: Wachsen. Werden. Blühen. Wagen. Wissen. Können und Jugend. Freude. Sonne. Alter. Reife. Glück.
Die Treppen im Inneren des Gebäudes nehmen dieses Bewegungsmoment wieder auf. Die aus Beton gefertigte Brüstung wirkt massiv, vermittelt aber durch die abgerundeten Formen dennoch Bewegung. Das Motiv der Rundung wird für die Treppenöffnung, die untersten Granitstufen, wie auch die Befestigungen der Handläufe wiederholt. Im Sinne einer körpergerechten Funktion ist die Brüstung in Höhe des Handlaufes durch eine Rundung vertieft. *112*
Mag die Gestaltung des Treppenhauses Döckers geistige Nähe zur Anthroposophie bekunden und Bewegungsmomente der Treppenanlage des Dornacher Hauses de Jaager, von Rudolf Steiner 1921/1922 erbaut[9], rezipieren, so ist hier vor allem die Geschlossenheit der Brüstung bemerkenswert, die sich über jegliche Kleinteiligkeit von einzelnen Geländerstäben hinwegsetzt. Eine vergleichbare Geschlossenheit der Treppenanlage zeigt das allerdings erst zwei Jahre später von Walter Gropius ausgeführte Dessauer Bauhaus.
Läßt sich Döckers Hinwendung zum Neuen Bauen vor allem am Grundriß und am Baukörper aufzeigen, so mag es aufschlußreich sein, an einem relativ unabhängigen Detail nachzuweisen, wie er auch hier zu einer ihm eigenen Sprache fand. Stuckprofile in Innenräumen waren in den zwanziger Jahren noch sehr beliebt; Döcker verwendete sie bei der Innenraumgestaltung der Trossinger Friedensschule, wich dabei aber nur wenig vom traditionellen Formenrepertoire ab. *113*
Anders sah es bereits im April 1925 aus, wo er für das Wohnhaus Koepff in Göppingen vorwiegend sehr scharfkantige, teilweise nur rechtwinklig abgetreppte Lösungen vorschlug. Das Profil des Herrenzimmers ist unter diesem Aspekt sehr beachtenswert, besonders auch im Hinblick auf dessen relativ tiefe Ausbildung. *114*
In Döckers späteren Entwürfen finden sich derartige Vorschläge kaum noch; es kann angenommen werden, daß sein Streben nach absoluter Klarheit, verbunden mit einer wachsenden Vereinfachung seiner Bauten, zu einem weitgehenden Verzicht auf Stuckprofile geführt hat.
Unter der Devise, nichts dem Zufall zu überlassen, ein Bauwerk bis in die letzte Einzelheit zu planen, beschäftigte sich Döcker selbst mit Dingen, an die andere kaum denken würden. Die Dachleiter für Haus Vetter war ihm wichtig genug, sie in allen Einzelheiten zu entwerfen und zeichnerisch darzustellen. Welch technisches Wissen um die kleinsten Dinge zeigt sich hier bei einem Architekten, von dem man, vornehmlich aus seinen Publikationen, den Eindruck gewinnen konnte, er sei mehr ein Mann des großen Entwurfes. Wie weit seine Bemühung um die kleinste Kleinigkeit ging, zeigen seine Detailstudien im Maßstab 1:1 vom Oktober 1931 zum Knopf einer Klapptür, dem Griff an einem Zugbrett oder einer Schublade. *115*
116

175

FRIEDENSSCHULE, Trossingen, 1923/1924

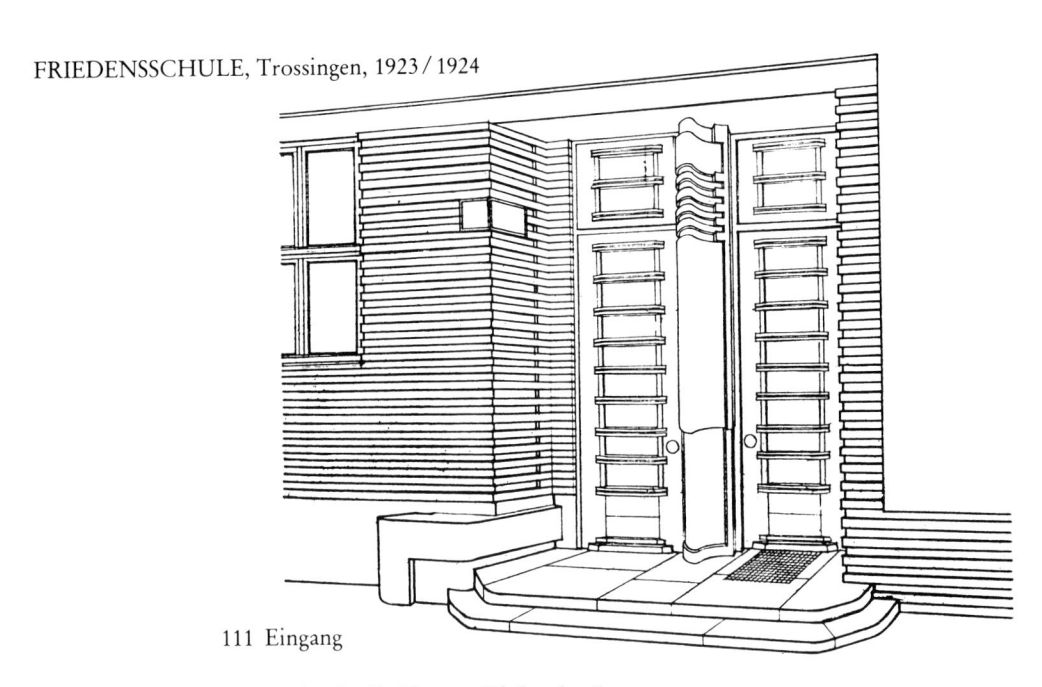

111 Eingang

112 Pfeilerplastik, Treppe, Pfeilerplastik

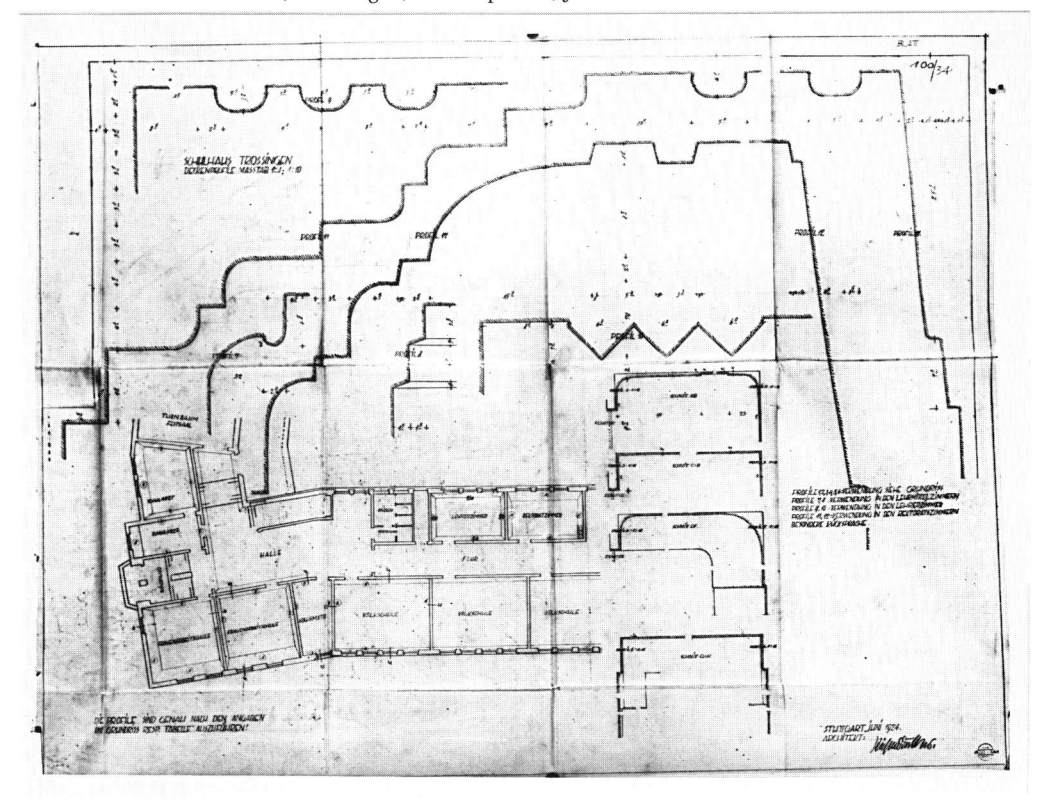

113 FRIEDENSSCHULE, Trossingen, Deckenprofile, Juni 1924

114 HAUS KOEPFF, Göppingen, Gipsprofile, April 1925

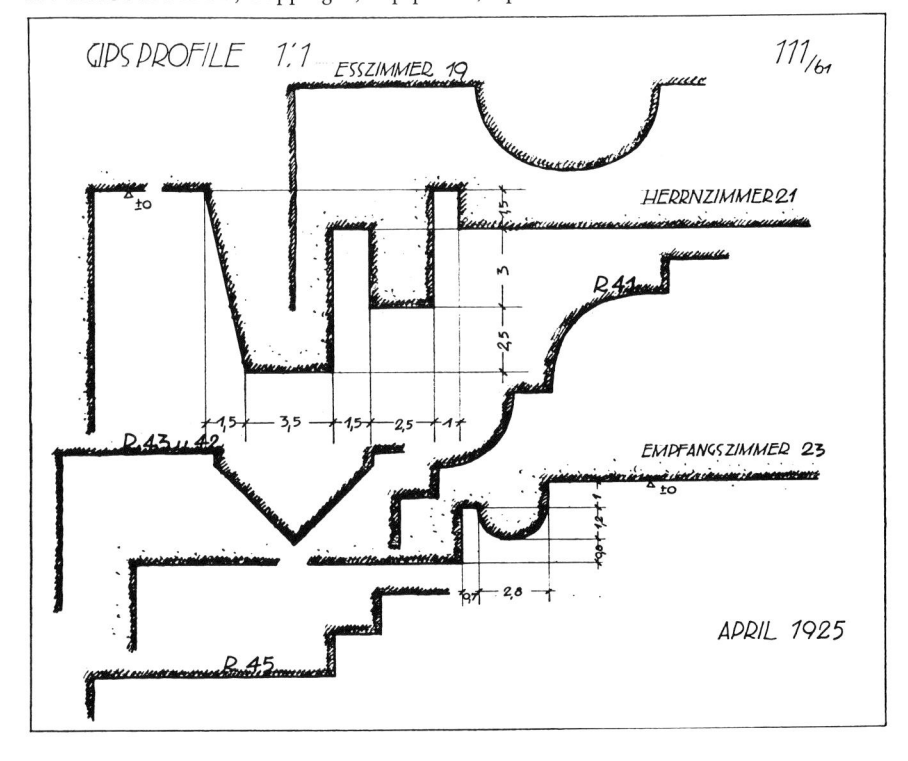

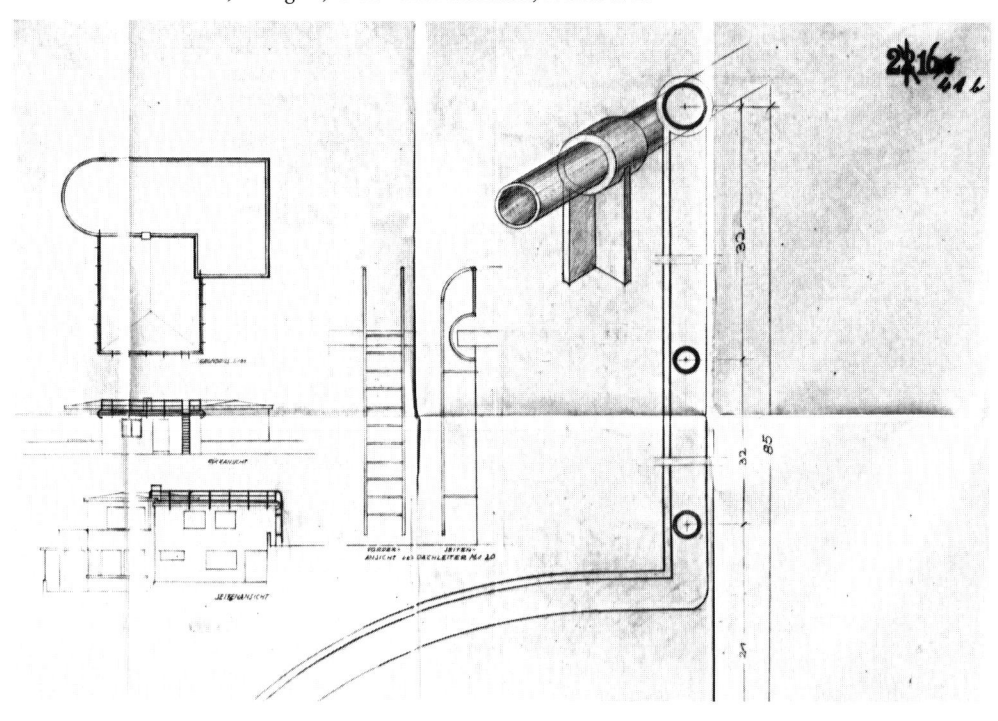

115 HAUS VETTER, Stuttgart, Gitter am Flachdach, 3. Mai 1928

116 HAUS R. HIRRLINGER, Stuttgart, Möbelgriffe, Einbauschränke in der Küche, 5. Oktober 1931

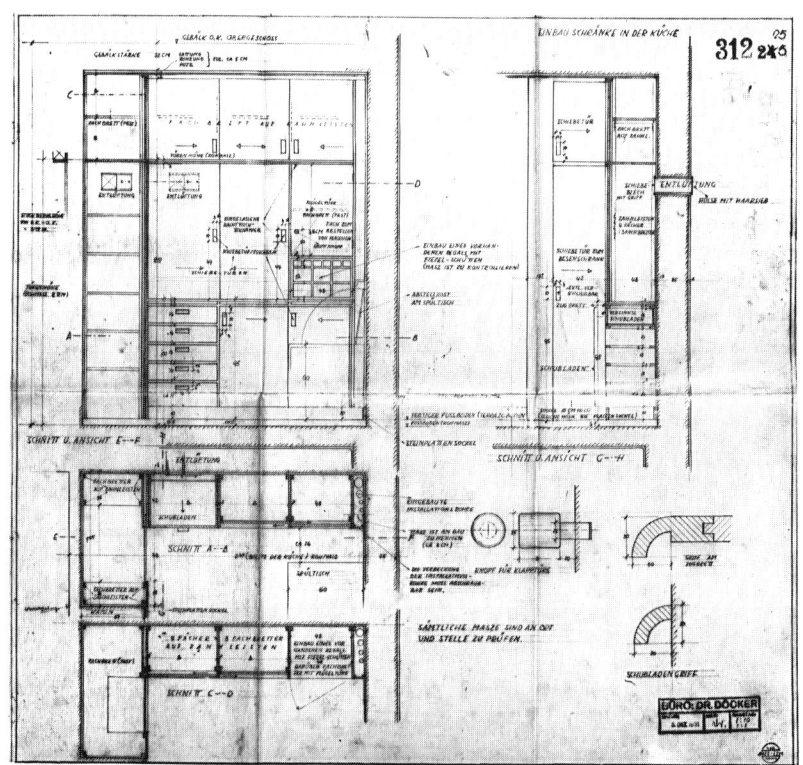

Zur Durchsetzung seines Gestaltungswillens war die Beschäftigung mit dem Detail unerläßlich: „Und das Einzelne, auf das es ankommt, müssen wir in seiner ungeheuren Mannigfaltigkeit überhaupt erst kennenlernen, um etwas echtes und rechtes zu machen (...). Es ist daher unwichtig, ob es sich um einen Griff oder um einen Löffel, einen Tisch, ein Gartenhaus oder um ein umfangreiches Gebäude mit tausend Zimmern handelt. Ein Griff z.B. ist ein Ding, das gut in der Hand liegen muß, daß das Ziehen oder Greifen am besten und angenehm erfüllt. Ein Griff ist keine ornamentale oder dekorative Aufgabe, man denke an die unendlichen Modelle z.B von Türgriffen, von den handgeschmiedeten, den gegossenen, gezogenen, in allen Stoffen und Arten – als Knöpfe, die sich nicht drehen lassen, als Griffe, die beim Gebrauch die Hand fast verletzen. Eben an den tausenden Versuchen erkennt man, wie grundsätzlich falsch die Aufgabe gesehen wurde und wie schwierig es ist, die organhafte, die beste Lösung zu finden. Und wie manche große Architekten haben solche Griffe gezeichnet – und doch vergeblich."[10]

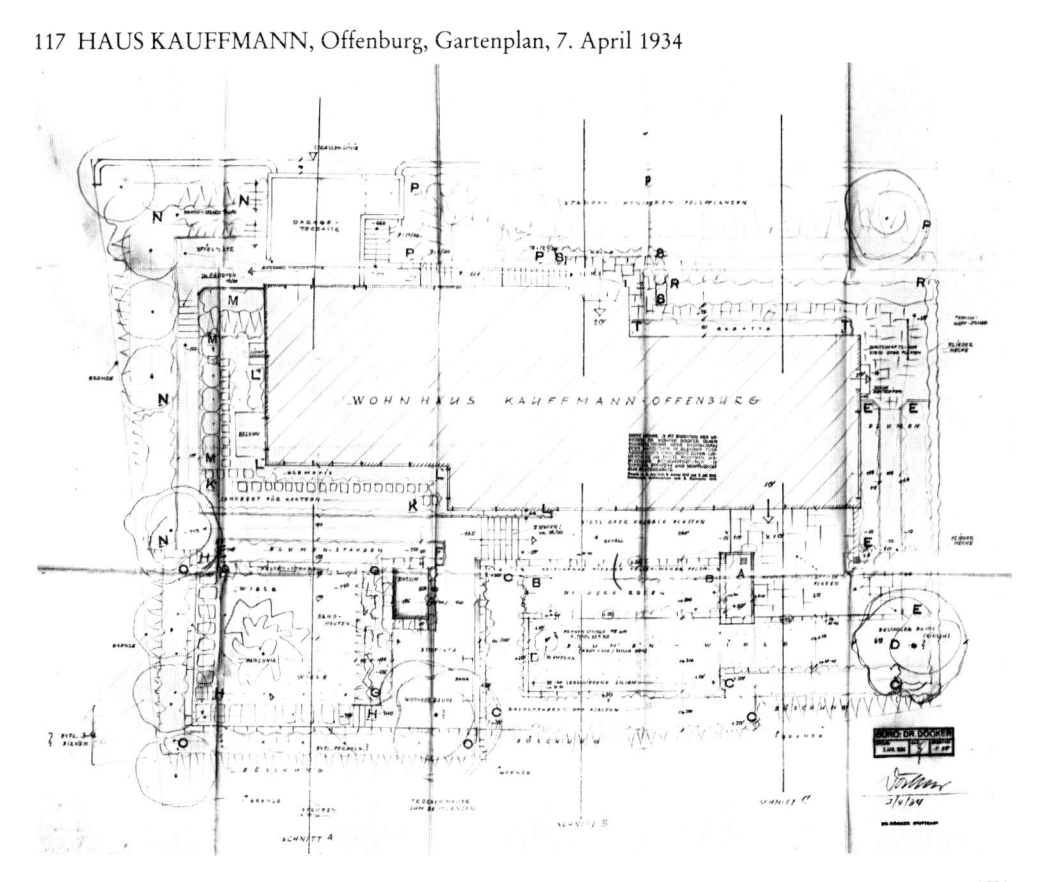

117 HAUS KAUFFMANN, Offenburg, Gartenplan, 7. April 1934

Baukörper und Landschaft, Wohnung und Garten waren für Döcker untrennbar; im Entwurf mußten sie ein harmonisches Ganzes werden. In zahlreichen Entwürfen ist ablesbar, wie beispielsweise Terrassen, notwendige Stützmauern, Außentreppen in Grundriß und Schnitt im Kontext dargestellt wurden. Im Bestreben, alles in einem umfassenden Plan festzuhalten, alle Elemente harmonisch aufeinander abzustimmen, schloß Döcker selbst den Gartenbereich nicht aus. Er arbeitete zwar auch mit renommierten Gartenarchitekten, wie etwa Valentin zusammen[11], was ihn jedoch keineswegs daran hinderte, seine Vorstellung – vielleicht nur als Orientierungsrahmen für den Gartengestalter – in seinen Plänen festzuhalten.

117 Für das Offenburger Haus Kauffmann gab er nicht nur genaue Anweisungen für die technischen Arbeiten, für Anlage und Ausbildung von Treppen, Gehwegen, Wasserbecken und Mauern, sondern er legte den Umfang der Rasenfläche fest und bestimmte die Lage der Pflanzbeete. Er ordnete an, wo Rhododendren und Azaleen zu pflanzen waren, Krokuszwiebeln die Wiese beleben sollten und eine Klematis sich vor der Wand des Gebäudes ranken könnte. Fliederhecke und Solitärpflanzen bestimmte er ebenso wie auch die Teppich-Klopfstange oder das Sandbeet für Kakteen.

Details sorgsam zu behandeln, scheinbar Unwichtiges umfassend zu durchdenken, war Döckers Arbeitsweise, auch wenn ein solches Tun im Widerspruch zu seinen veröffentlichten Äußerungen steht: „Die Wichtigkeit, den Bau als Ganzes und Großes zu sehen, ist alles gegenüber der winzigen Bedeutung der Einzelheiten."[12]

8 Möbel, Ausstattungs- und Reklamedesign

Der Möbelentwurf

Döcker hat seine Aufgabe stets darin gesehen, für den Menschen zu planen und zu bauen. So war es für ihn nur selbstverständlich, die Planung des Baukörpers mit einer genauen Vorstellung vom Aussehen des Innenraumes zu verbinden. Alle zu planenden Bereiche des Lebens und des Wohnens sollten zusammen mit dem Haus ein geschlossenes, harmonisches Ganzes ergeben: „Nicht allein der Baukörper, d.h. das Positiv fordert bei seinem Inbeziehungtreten zu dem Menschen eine organische Gestaltung, ebensosehr, vielleicht noch dringender der Raum, weil der Mensch in ihm lebt."[1]

Döckers Entwurfstätigkeit blieb daher nicht auf die Konzeption und Gestaltung des Bauwerkes beschränkt. In einer Vielzahl seiner Gebäude waren Einbauschränke und Einbauküchen eine Selbstverständlichkeit. Schränke ersetzten zuweilen feste Trennwände. Ein Mehr an Raum konnte so gewonnen werden, und je nach gewünschter Nutzung zeigten die Schranköffnungen zu verschiedenen Räumen, gleich ob es sich dabei um Küche und Flur oder Schlafzimmer handelte. Darüber hinaus waren separate Schrankzimmer in sehr vielen seiner Wohnhäuser zu finden.[2] Für die Ausführung der Möbelentwürfe sah Döcker auffallend häufig Sperrholz vor. Dieses Material ermöglichte eine großflächigere Verkleidung und durch das Aufbringen verschiedenartiger Furniere konnte Abwechslung auch in Wand- und Deckenvertäfelungen gebracht werden. Als praktischer Vorzug wurde eine mühelosere Reinigung gelobt, als es die traditionellen verzierten Holzmöbel erlaubt hätten.[3]

Döcker nutzte diesen seinerzeit neuartigen Werkstoff 1928 beispielsweise für Wandverkleidungen mit integriertem Bücherschrank, geschlossene Schränke oder Küchenmobiliar.

Ein besonderes Augenmerk richtete Döcker auf die Einbauküche. In Anlehnung an die sogenannte Frankfurter Küche[4] plante Döcker häufig kleine, reine Arbeitsküchen, die der Forderung nach Wirtschaftlichkeit und Hygiene entsprachen. Abgesehen von dem Einbau entlüftbarer Speiseschränke[5], die er bereits in seinen frühen Bauausführungsplänen vermerkte, sah er für die Kücheneinrichtung ein Mobiliar vor, das mit 85 cm Höhe und 55 bis 60 cm Breite und Tiefe weitgehend den heutigen Normmaßen für Küchenmöbel entspricht.[6] Die Einbauküche wurde auf der Werkbundausstellung *Die Wohnung* in der Stuttgarter Weißenhofsiedlung, 1927, als Fortschritt für das moderne Leben und Wohnen gewürdigt.[7]

116

Fest eingebaute Möbel zu entwerfen, die sogar der Raumtrennung dienen, ist für den Architekten eine Selbstverständlichkeit. Seltener beschäftigen sie sich dagegen mit

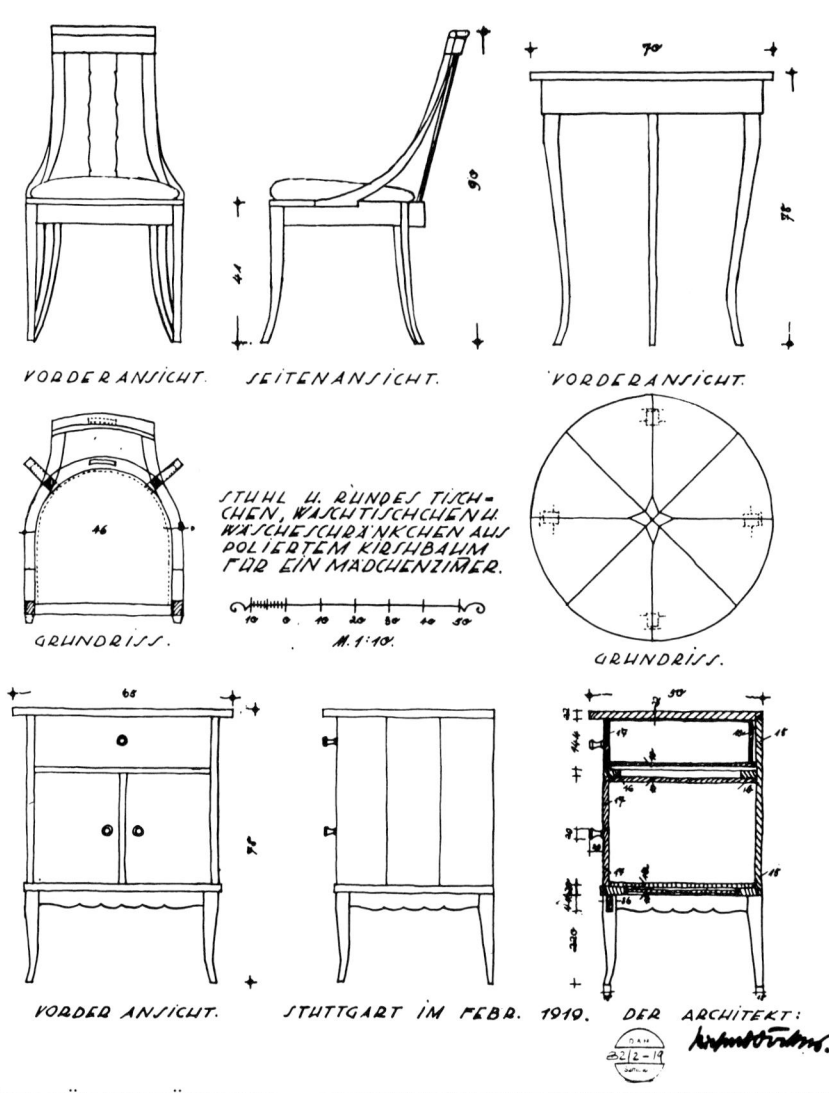

118 MÖBEL FÜR EIN MÄDCHEN-ZIMMER, Stuhl, Tisch und Wäscheschränkchen, Februar 1919

119 BEMALTE MÖBEL, Entwurf: Richard Döcker und Willi Baumeister, 1922

HAUS KILPPER, Stuttgart, 1927 / 1928

120a Arbeitszimmer
120b Speisezimmer

120c Sessel und Tisch

120d Sessel und Schreibtisch

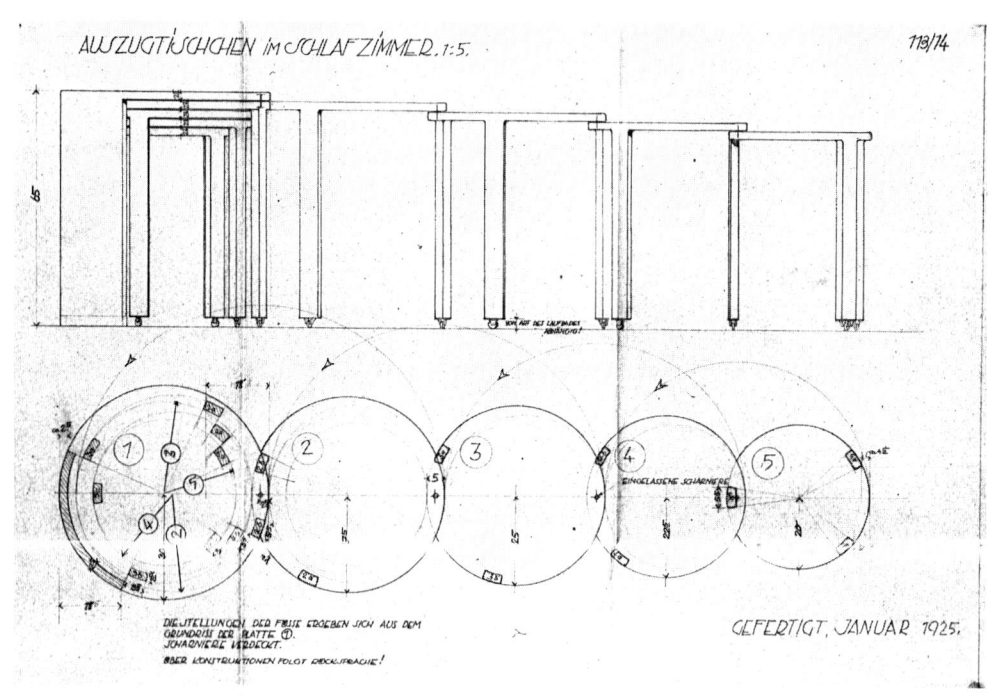

121 MÖBEL FÜR FAHR, Stuttgart, Ausziehtisch, Januar 1925

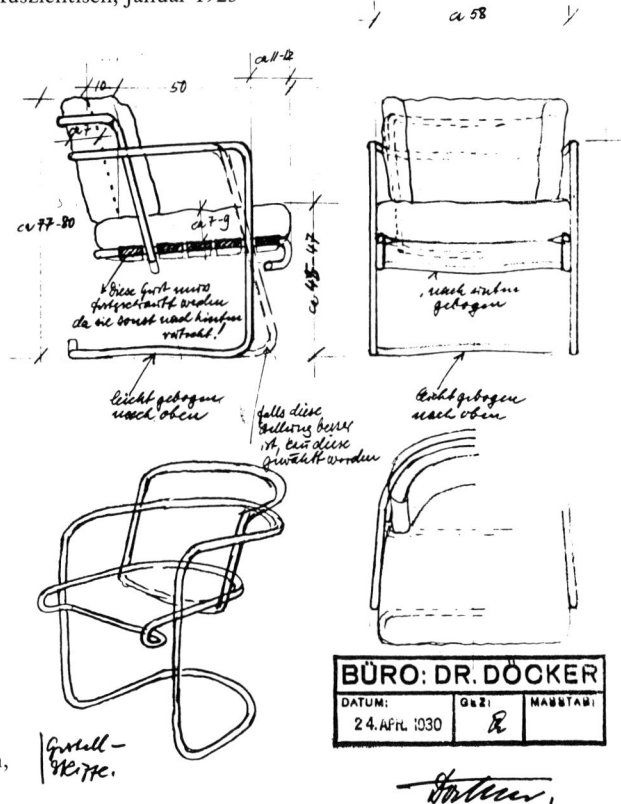

122 MÖBEL FÜR ZINNKANN, Ulm, Freischwinger, 24. April 1930

dem eigentlichen Möbelentwurf. Für Döcker, der das Möbeldesign ebenso zu seinem Tätigkeitsbereich zählte, waren ästhetische Forderungen immer „genauso wichtig (...) wie funktionelle Merkmale."⁸

Der Weg seiner Formfindung im Möbelentwurf entspricht den verschiedenen Etappen seiner architektonischen Entwicklung. Die Lehre an der Stuttgarter Schule kam bei Döckers Gestaltung von Möbeln jedoch weit klarer zum Ausdruck. Während sich seine Gebäudeentwürfe nicht mehr auf den Kanon der traditionellen Baukunst stützen, zeigen seine frühen Möbelvorschläge von 1919 noch ein Zurückgreifen auf konventionelles Vokabular. Bald darauf kam Döcker zu einer neuen Formgebung, in der Einflüsse des Art Deco spürbar sind. Gemeinsam mit Willi Baumeister, der Döcker als Freund auf seinem Entwicklungsweg zur Moderne begleitete, kreierte er bemalte Möbel, die vermutlich als Beitrag für die Werkbundausstellung in Stuttgart von 1922 gedacht waren. Daneben sah er zuweilen auch Holzintarsien vor. Eine Tendenz zu mehr und mehr versachlichten Formen wird auch in Döckers Möbeldesign spürbar. Wieder sind es die geometrischen Elementarformen, die das Erscheinungsbild der Möbel bestimmen. Sessel, 1928 für das Haus Kilpper entworfen, wirken wie eingeschnittene oder ausgehöhlte Rechtecke. Das Halbkreismotiv – von Döckers

118

119

120a, b, d

123 GEHÄUSE FÜR EIN ELEKTROMOPHON, Ansichten, Schnitt und Draufsicht, Januar 1921

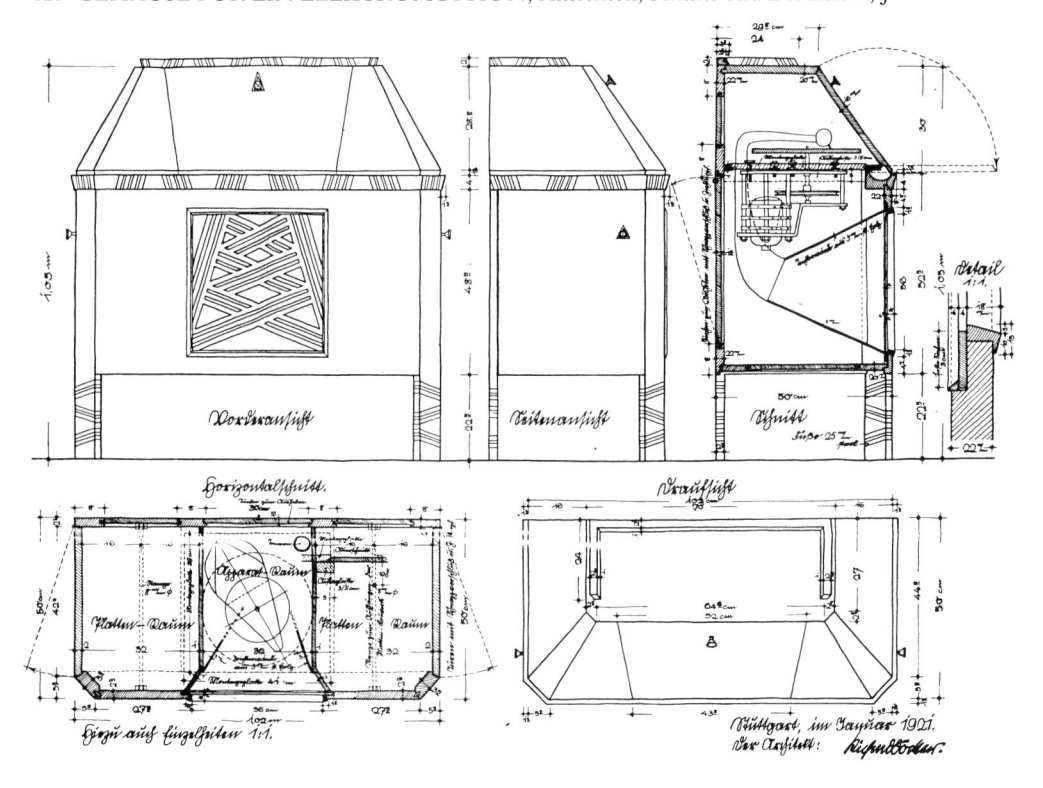

Architektur her bekannt –, findet sich auch im Entwurf der Speisezimmerausstattung.⁹

121
120c Schlichte, aber raffiniert konstruierte Möbel, wie beispielsweise ein Ausziehtisch von 1925 oder ein in Sitz- und Rückenlehne verstellbarer Sessel von 1929, drücken die Phantasie eines Architekten aus, dessen Entwürfe vom Anspruch einer zweckmäßigen, gestalterisch befriedigenden und körpergerechten Lösung bestimmt wurden.

Im Möbelbau zeigte Döcker für neue Materialien große Aufgeschlossenheit. Die Verwendung von schwarz durchgefärbtem Opakglas, 1929 für eine Tischplatte eingesetzt, war ihm aus der Architektur bereits geläufig. Neue Erfahrungen galt es im Umgang mit Stahlrohr zu sammeln, dessen Elastizität Döcker erproben wollte. Mart Stam, Marcel Breuer und andere waren ihm zwar vorausgegangen, doch hinderte dies
122 Döcker nicht, sich 1930 mit dem Freischwinger in verschiedenen Variationen zu beschäftigen.

Einerseits lockte ihn die Neuartigkeit der Werkstoffe, aber auch der technische Gegenstand weckte in Döcker ein Entwurfsinteresse, gleich, ob es sich dabei um ein
123 Grammophongehäuse handelte, zu dem Döcker eine detaillierte Zeichnung lieferte – ein Gerät, das er als Elektromophon/Sprechapparat bezeichnete – oder um die
128 Karrosserie eines Autos.

Ein Vorstoß zum industriellen Design

Döckers Möbelentwürfe waren nie für eine industriell gefertigte Serienproduktion konzipiert. Sie wurden meist in handwerklicher Arbeit als Einzelstücke hergestellt. Zu einer Zusammenarbeit Döckers mit der Industrie kam es erst nach dem Zweiten Weltkrieg, als Beleuchtungskörper nach seiner Vorgabe produziert wurden.

Durch Wilhelm Wagenfeld inspiriert, zu dem Döcker freundschaftliche Kontakte pflegte¹⁰, entwarf er vor 1933 beispielsweise Vasen, die allerdings eher aus einer spielerischen Laune entstanden, als daß sie ernsthaft für eine industrielle Fertigung gedacht waren.

Der unmöblierte Raum

Alle Elemente des Raumes, die den „Hintergrund für Möbel bilden und den Menschen als wesentlich im Raum (...) belassen"¹¹, sollten Teile eines gestalteten, einheitlichen Raumganzen sein. Wird der Raum zum Leben und Wohnen durch viele verschiedene Einrichtungsgegenstände gefüllt, so galt es bei dem unmöblierten Raum durch anderweitige Mittel eine Raumwirkung zu erzielen.
64-66 Einen sehr eigenwilligen Innenraum entwarf Döcker 1930 für die Eingangshalle des Börsenvereins Leipzig.¹²

Das schon im Baukörper auffällige Zylindermotiv wurde zum bestimmenden Element des Innenraumes. Die Eingangstür, in einen Zylinder eingebettet, tritt aus der weitgehend verglasten Außenwand heraus. Die gegenüberliegende Seite wird beherrscht von dem Rund des Aufzuges und der Spirale des den Aufzugsschacht umgreifenden Treppenlaufes. Die Galerie im Obergeschoß, die die Halle nur teilweise in ihrer Höhenentwicklung unterbricht, korrespondiert durch den Verlauf der Brüstung angenehm schwingend mit den Rundungen von Treppe und Aufzug. Konsequent wird die Kreisform auch im Deckenabschluß aufgenommen, wo Döcker die Raumhöhe über der Treppe anhob und damit die normale Dachebene durchstieß (Abb. 64). Ähnliche Gestaltungsabsichten zeigte Döcker bereits 1922 mit seinem Beitrag für die Stuttgarter Werkbundausstellung; hier erzeugte er ein imponierendes Raumerlebnis durch konvex und konkav gegeneinandergesetzte Kreissegmente.[13]

In der Gestaltung eines mehr oder minder leeren Raumes durch architektonische Mittel sah Döcker einen Weg, dem Raum einen besonderen Ausdruck zu verleihen. Anders, wenngleich ebenso wirkungsvoll, konnte dies nach seiner Auffassung durch ‚Kunst am Bau', wie etwa durch ein Wandbild, erreicht werden. Von ihm verlangte er „keine naturalistische oder perspektivische darstellung irgend eines themas oder gegenstandes auf einer wandfläche – (...), kein ergebnis den raum illusionistisch räumlich weiter zu bilden – (...). Das wandbild steht mit seiner komposition in beziehung zu den gegebenheiten der wand u. ihrer art und raumbildung – das wandbild verfügt über die mittel aufbau, umriss u. farbe im sinne der erhaltung der wandfläche, in schichten u. stufen. – Das wandbild ist daher keine freie malerei wie das rahmenbild – es ist gebunden in seiner gestaltung an das wesen der wand als fläche u. an die bewegung u. den organismus des raumes u. des bauwerkes."[14]

Ein Wandbild sah Döcker für die Eingangshalle am Treppenaufgang des Waiblinger *124* Krankenhauses vor. Die Ausführung übertrug er Willi Baumeister, der seinerzeit Professor an der Frankfurter Staedlschule war.

Bereits 1924 hatte sich Döcker vergeblich bemüht, den Maler Reinhold Nägele für ein Wandbild im Treppenhaus der Trossinger Friedensschule zu gewinnen.[15]

Reklamedesign

Das Anliegen Döckers, alle für ein Gebäude bestimmenden Elemente als Einheit zu- *125a* sammenzufassen, kommt besonders deutlich in der Gestaltung des Stuttgarter Lichthauses Luz (1926/1927) zum Ausdruck. Das ehemals im Geschäftszentrum an der Königstraße liegende Gebäude diente dem Beleuchtungskörper-Handelshaus Hermann Luz als Verkaufsstätte. Die Gestaltung der Außenhaut, der Verkaufsräume und der Schaufenster war daher auf das Thema Licht konzentriert. Ein Erker, der weitgehend aus transparentem Milchglas beschaffen war, gab der Außenhaut sein eindrucksvolles Aussehen. Bei Nacht wurden die Milchglasscheiben hinterleuchtet,

124 KRANKENHAUS, Waiblingen,
    Eingangshalle mit Wandbild
    von Willi Baumeister, 1927

125 LICHTHAUS LUZ, Stuttgart, 1926 / 1927

a)   b)

und während die Umrisse der Architektur im Dunkeln blieben, zogen die leuchtenden Bänder die Aufmerksamkeit des nächtlichen Passanten auf sich. „Wie Ornamente des modernen Geschäftshauses"[16] wirkten die Neonröhren-Sterne auf dem Dach und vor der gläsernen Außenwand. Sie und das von Döcker entworfene, erleuchtete Firmensignet LUZ aus Opakglas gaben dem Gebäude seinen unverwechselbaren Charakter. Die großflächigen Schaufenster im Erdgeschoß und im ersten Obergeschoß blieben nachts beleuchtet. Die beiden Stockwerke trennte ein erhelltes Milchglasband mit dem sich wiederholenden Schriftzug LICHTHAUS LUZ.
Döckers leitende Entwurfsidee war die konsequente Behandlung der Themen Licht und Beleuchtung in allen Bereichen. Selbst bei Tag wurde die Raumwirkung der beiden Ladenetagen durch Transparenz und Helligkeit entscheidend geprägt. Hatte sich auch die moderne bildende Kunst der Werbung nicht verschlossen, so mag es kaum verwundern, daß ebenso „das Reklamebedürfnis (…) sich die Architektur" schaffte, „die es braucht"[17]. So gibt das Lichthaus Luz ein bemerkenswertes und faszinierendes Beispiel, wie Architektur zum werbewirksamen Ausdrucksträger werden kann.[18]

9 Döcker als Zeichner

Döcker war ein guter Zeichner, obgleich er als „die eigentliche Arbeit des Architekten nicht das Zeichnen", sondern das Planen ansah, da das „neue Bauen (...) das eigentliche Planen, die schöpferische Arbeit"[1] erfordere. Döckers zeichnerische Fähigkeit kommt besonders in seinen Perspektivskizzen zum Ausdruck. Sie enthalten bereits all das, was für seine Bauwerke bestimmend sein sollte. Zeichnen war für ihn „die einzige Sprache des Planens", die „mit wenigen Strichen aussagt, was in Worte nicht zu fassen war"[2]. Ihm gehe eine Idee voraus, die „sich völlig im Reich der Phantasie und des wachen Traumes bewegt, bis (...) mit der Lust zur Tat" und „unter vielen Wehen der Versuche in eindeutigen Strichen"[3] der Entwurfsgedanke entwickelt ist.

Freihandskizzen

Döcker nutzte seine zeichnerischen Fähigkeiten in hohem Maße. Seine ersten Entwurfsgedanken brachte er durch Perspektivskizzen zu Papier. Mit wenigen lockeren Strichen vermochte er auszudrücken, worauf es ihm besonders ankam. Bei den

22 Turmhausstudien etwa galt es, die Einbindung in das städtebauliche Ensemble darzustellen. Die vorhandene Bebauung wird ebenso wie die neue Bausubstanz mit wenigen Federstrichen angedeutet. Das Miteinander der verschiedenartigen Baukörper, die sich ergebenden optischen Überschneidungen und der Eindruck der Wirkung ei-

22b ner Platzanlage sind besonders beim Vorschlag für ein Turmhaus am Marktplatz reizvoll skizziert.

58 Für Haus Junghans kam es Döcker wohl mehr darauf an, eine Vorstellung vom Zusammenwirken und Ineinandergreifen der einzelnen Kuben zu einem harmonischen Ganzen zu bekommen. Nur das erscheint hier wichtig. Einzelheiten des Gebäudes und die Einfügung in das Gelände sind von geringerer Bedeutung, und doch wird durch die wenigen flüchtigen Striche der Gesamteindruck wiedergegeben.

Den Unterschied zwischen Ideenskizze und konstruierter Perspektive vermögen die Entwürfe für die Harmonie Trossingen sehr deutlich zu vermitteln. Überzeugend

1, 3 und schwungvoll erscheinen die anfänglichen Entwurfsskizzen, während die umge-
4, 5 zeichneten Pläne an Lebendigkeit und Spontaneität eingebüßt haben.

Döckers zeichnerische Handschrift stellt sich oft recht verschiedenartig dar. Die

126 Ideenskizze zum Kirchenentwurf für die Regierungsbaumeisterprüfung von 1920 ist mit feineren, doch entschlossenen Strichen zu Papier gebracht und ähnelt ein wenig

22 den Skizzen der Turmhausstudien des folgenden Jahres. Diese sind jedoch weiter durchgearbeitet, wahrscheinlich, weil sie zur Veröffentlichung bestimmt waren.[4]

126 KIRCHENENTWURF FÜR DIE REGIERUNGSBAUMEISTERPRÜFUNG,
Skizze, 1920/1921

Döcker wählte nicht nur den feinen Strich des Bleistiftes oder der Zeichenfeder, er wußte auch mit der Kohle umzugehen, wie die Skizze zum Hochhaus am Schloß-   25
platz zeigt.
Zuweilen scheint er sich an der Darstellungsweise Erich Mendelsohns zu orientieren. Gemeinsamkeiten der schwungvollen und kräftigen Bewegung der Lineatur mit der ihr innewohnenden Dynamik werden durch den Vergleich von Mendelsohns Skizze zum Einsteinturm und Döckers Studie zur Stuttgarter Siedlung Viergiebelweg offen-   127
sichtlich.
Eine Ausstrahlung von Direktheit und Bewegung besitzt auch die Kohleskizze zu der   112
Pfeilerplastik für die Trossinger Friedensschule.
Eine ähnliche Dynamik zeigt die Raumstudie zu der Eingangshalle des Börsenvereins   66
Leipzig.
Selbst in den folgenden Kriegsjahren, in denen Döcker einen beträchtlichen Teil seines Schwungs und seiner Energien eingebüßt hatte, blieb ihm diese Zeichenart zu eigen; so etwa in einem interessanten Kraftfahrzeugentwurf von 1941/1942. Mit dieser   128
Zeichnung zeigt der autobegeisterte Döcker eine Vorstudie für stromlinienförmige PKW-Typen. „Ein Endziel mit zwei Kleinmotoren je für die Vorderräder"[5] war vorgesehen, und anhand der dargestellten Entwicklungstypologie versuchte er, die Vorteile der stromlinienförmigen Karosseriegestalt nachzuweisen, mit der, belegt durch

191

127 SIEDLUNG VIERGIEBELWEG, Stuttgart, Skizze, 1922/1923

Untersuchungen im Windkanal, eine dreißigprozentige Benzineinsparung erzielt werden sollte.[6]
Von seinem zeichnerischen Können zeugen neben den Freihandskizzen auch seine Reißbrettarbeiten, Perspektivskizzen und Isometrien.

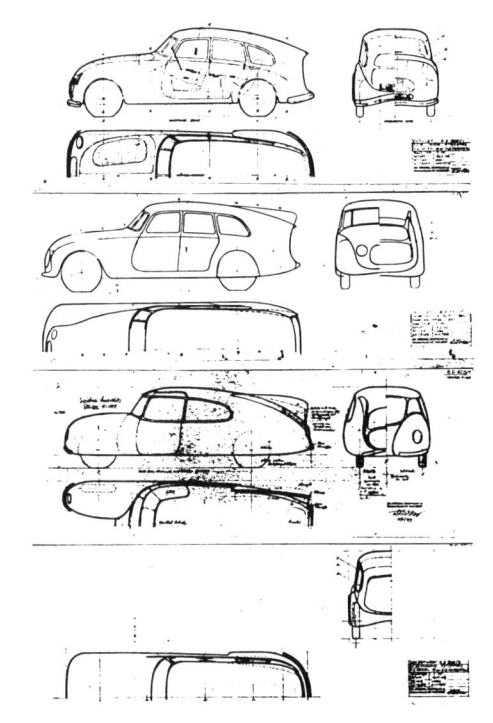

128 AUTOENTWÜRFE, 1941/1942

Die Perspektivzeichnung

Die Perspektivansicht des Stuttgarter Gewerkschaftshauses wirkt trotz maßstabsgetreuer Wiedergabe durch die aufgetragene leichte Verwischung des weichen Bleistiftes sehr bewegt. Die Spiegelung der Glasflächen kommt auf diese Weise unmittelbar und realistisch zum Ausdruck und zeigt, wie Döcker sich dieses Gebäude ausgeführt vorgestellt hat. Die zurückliegenden Konturen des Baukörpers beginnen sich aufzulösen, die Schattierungen werden zunehmend schwächer, und die umgebenden Gebäude sind nur noch durch wenige dünne Striche angedeutet und verlieren sich bald. Eine Konzentration auf das Wesentliche ist auch in der perspektivischen Ansicht des Lichthauses Luz spürbar. Der aus der Straßenzeile hervortretende Erker, die dunkle Schraffur und die genaue Durcharbeitung der Straßenfront lenkt die Aufmerksamkeit des Betrachters auf dieses Gebäude. Die Fußgänger und die Nachbarbebauung, die mit dünnen Strichen ohne Schattierungen nicht ausführlicher dargestellt wurden, dienen allein der Maßstäblichkeit und zeigen die Einbindung des Baukörpers in die Stadtlandschaft, wobei die städtische Situation durch die nur schemenhaft angedeutete Kirche begrenzt wird.

Die Beschränkung auf das primäre Thema, die Darstellung des Baukörperentwurfs, wird in abgewandelter Form durch die perspektivischen Zeichnungen zu der projektierten Erweiterung des Kaufhauses Breuninger deutlich. Die Skizze will nur die Erscheinungsform des Gebäudes in Nachbarschaft zu der bestehenden Substanz zeigen. Die entscheidende Frage, inwieweit der Neubau in seiner beabsichtigten äußeren Gliederung mit dem bestehenden Kaufhausgebäude harmonisiert, sei es, daß die alte Fassade unverändert bleibt oder, nach einem weitergehenden Vorschlag Döckers, umgestaltet wird, ist hier deutlich herausgearbeitet. Was zur Klärung des Untersuchungsthemas entbehrlich war, wurde nicht mehr dargestellt. Gerade in dieser Beschränkung auf das Wesentliche dürfte aber die Stärke dieser Zeichnung liegen.

Die Isometrie

Isometrien besitzen eine ähnlich überzeugende Ausdruckskraft. Die Darstellung des Gebäudes für den Börsenverein Leipzig trägt Döckers eigene Signatur. Der Baukörper steht im Zentrum, flankiert von Bäumen und der zaghaft artikulierten Nachbarbebauung, die nur durch wenige Striche angedeutet ist. Der präzise gezeichnete Eingangsbereich kontrastiert mit der Flüchtigkeit und Großzügigkeit der übrigen Baukörperdarstellung. Durch die Schattierungen gewinnt die Zeichnung an Plastizität. Eine völlig andere Ausdrucksweise und Zeichenart bemerkt man in der Isometrie zum Haus Vetter. Dieses Blatt wurde zwar nicht von Döcker selbst gezeichnet[7], doch entspricht es ganz seiner Auffassung einer derartigen Architekturdarstellung, da es hier galt, einen möglichst genauen Eindruck vom Baukörper zu vermitteln.

72 Eine verwandte Strichführung zeigt die Isometrie des Stuttgarter Doppelwohnhauses am Steilhang. Der Baukörper steht im Mittelpunkt, die Terrassen- und Gartenanlagen wirken wie unbedeutendes Beiwerk. Die Schatten heben das Haus hervor und erhöhen die plastische Wirkung.

Freies, architekturunabhängiges Zeichnen und Malen

Döcker zeigte stets ein reges Interesse für die bildenden Künste. Er selbst nutzte seine zeichnerischen Fähigkeiten zumeist nur innerhalb der architektonischen Tätigkeit. Seine Begabung fand aber wohl schon während des Militärdienstes (1914 bis 1917) Beachtung. Hier war nicht die Entwurfsskizze das Thema; Döcker porträtierte seine Kameraden und hielt ihm wichtig erscheinende Situationen zeichnerisch fest. Die Karikatur war dabei sein favorisiertes Ausdrucksmittel. Mit kurzem Begleittext pflegte er seine Kameraden mit bissigem Humor zu karikieren.
In zweiter Ehe war Döcker mit einer Malerin verheiratet. Durch sie und seine beiden Freunde, Willi Baumeister und Oskar Schlemmer, deren Arbeiten Döcker mit großer Aufmerksamkeit verfolgte, wurde er vermutlich stark inspiriert und malte Farbkompositionen.[8]

10 Richard Döcker ab 1933

Die Machtergreifung der Nationalsozialisten bedeutete für viele Architekten des Neuen Bauens eine Unterbrechung ihrer Tätigkeit oder Emigration. Einer von ihnen war Richard Döcker. Ihm brachte diese Entwicklung ab 1933 den Stillstand seines beruflichen Schaffens. Durch seine Mitwirkung an der Weißenhofsiedlung, den Bau der Siedlung Im Wallmer und zahlreichen anderen Flachdachbauten hatte er seine fortschrittliche Baugesinnung dokumentiert und galt nun als ‚entartet' und ‚undeutsch'. Ein Signal der politischen Wende war für ihn das Ergebnis der Auseinandersetzungen um die geplante Kochenhofsiedlung im Jahre 1933. Ein Anstoß für die Planung dieser Siedlung war zwei Jahre zuvor von Bodo Rasch ausgegangen. Im Anschluß an einen Vortrag Döckers im Club der Geistesarbeiter, in dem er auf die immer noch bestehende Wohnungsnot bei gleichzeitiger Arbeitslosigkeit hingewiesen hatte, schlug Bodo Rasch vor, die ungenutzten Holzvorräte als Baustoff zu verwenden, womit Hand in Hand auch Arbeitsplätze geschaffen werden könnten.[1] Im folgenden Jahr konnte der Deutsche Werkbund als Schirmherr für dieses Bauvorhaben gewonnen und die Kochenhofsiedlung als Ausstellung *Deutsches Holz für Hausbau und Wohnung* geplant werden. Als Bauplatz war ein Gelände am Stuttgarter Killesberg, unweit der Weißenhofsiedlung, ausgewählt worden. Der DWB übertrug Döcker dieses Projekt.[2] Weitere mitwirkende Architekten, die neben Döcker unentgeltlich Entwürfe für die Siedlungshäuser in Holzbauweise einreichten,[3] waren u. a. die Stuttgarter Eisenlohr & Pfennig, Herre, Keuerleber, Körte, Rasch, Schneck, Wagner sowie, von außerhalb kommend, Häring, W. M. Moser & Steiger und Neufert. Der DWB konnte generell keine Honorare für Planungsarbeiten zahlen und so mußten erst sogenannte Bauliebhaber gewonnen werden. Diese sollten sich, je nach Geschmack und finanziellen Mitteln, für einen der vorliegenden Entwürfe entscheiden. Folglich war die Anlage der Siedlung eher von den potentiellen Bauherren abhängig als von der Qualität der Entwürfe.[4]

Das Kochenhofgelände war städtisches Eigentum und sollte an den ‚Heimstättenbauverein öffentlich-rechtlicher Beamten, Groß-Stuttgart', der das Baugebiet für die geplante Ausstellung erwerben wollte, verkauft werden. Zur Beschleunigung der Verkaufsverhandlungen[5] und zum Nachweis bereits geleisteter Vorarbeiten vom DWB wurde auf Wunsch des damaligen Stuttgarter Oberbürgermeisters Dr. Sigloch ein Siedlungsmodell erstellt.

Da die endgültige Siedlungsgestaltung erst nach erfolgtem Verkauf der Grundstücke feststehen konnte, wurde von allen Beteiligten ausdrücklich betont, daß das Modell lediglich das Ergebnis einer vorläufigen Planung darstelle. Ungeachtet dieser Tatsache wurde das Modell Ausgangspunkt einer heftigen Auseinandersetzung zwischen

Döcker als Beauftragtem des DWB und Schmitthenner, der die vorläufige Siedlungsplanung zum Anlaß unsachlicher Kritik nahm. Er legte der Stadt ein Gutachten vor, das er zusätzlich in der Tagespresse veröffentlichen ließ.[6] Darin bemängelte er, das Modell zeige nur eine Fortsetzung des „bedauerlichen Wirrwarrs"[7] der Nachbarbebauung am Weißenhof. Die Holzbauweise, insbesondere als Fachwerkkonstruktion, um die es sich bei den geplanten Häusern durchweg handelte, sei an sich zu begrüßen, da sie „für das Württembergische als eine bodenständige Bauweise bezeichnet werden"[8] könne, doch sei es bei den vorliegenden Entwürfen offensichtlich, „daß das fortschrittliche Formalistische und die Sensation die stärkere Triebkraft waren"[9]. In seinem Gutachten wies er überdies verschiedentlich darauf hin, "daß der Versuch der Weißenhofsiedlung in mehr als einer Beziehung verfehlt war"[10].
Die Gegenerklärung des Werkbundes und die Stellungnahmen Döckers in der Lokalpresse[11] wiesen Schmitthenner ausdrücklich auf die Vorläufigkeit des Modells und der entsprechenden Pläne hin, vor allem auch darauf, daß der maßgebliche Bebauungsplan erst zwei Wochen nach Schmitthenners Gutachten vorlag. Die politische Wende machte jegliche Argumente und Planungsarbeiten Döckers und des DWB gegenstandslos. Oberbürgermeister Sigloch wurde abgesetzt und Strölin als Staatskommissar von der NSDAP in das Amt berufen. Strölin stimmte der Durchführung des Kochenhofprojektes unter der Bedingung zu, daß der DWB keinen Einfluß mehr auf die Konzeption des Vorhabens nehmen dürfe. Diese Entscheidung traf Strölin aufgrund Schmitthenners Gutachten.[12] Weder Döckers Kontaktaufnahme zu Strölin mit dem Zweck, seine architektonischen Positionen darzulegen, noch ein bissiger Brief an Schmitthenner[13] oder ein ‚Zeitungskrieg' der beiden Kontrahenten Döcker und Schmitthenner vermochten eine Entwicklung aufzuhalten, die sich gegen eine Architektur richtete, die im vergangenen Jahrzehnt auf fruchtbaren Boden gefallen war. Das Neue Bauen war nicht mehr gefragt, stattdessen wurde eine ‚deutsche', ‚bodenständige' Architektur, wie sie Schmitthenner propagierte, von offizieller Seite gefordert und unterstützt. Die Weißenhofarchitekten galten bald als ‚Kulturbolschewisten' und ihre einstige Anerkennung schwand.
Döcker selbst durfte im Stuttgarter Raum kein Baugesuch mehr unterschreiben, da er nicht der Kammer der bildenden Künste innerhalb der Reichskulturkammer angehörte. In seiner Korrespondenz wird dennoch ein wenn auch gedämpfter Optimismus deutlich, eine Haltung, die wohl nur durch die Überzeugung der Richtigkeit seiner eigenen architektonischen Vorstellung und die Ablehnung der am Heimatstil orientierten Architektur seiner Gegner zu erklären ist: „Und leider kann nun niemand von unserer seite in diesen kampf zunächst eingreifen, da wir nichts gelten u. verleumdet sind – aber das wird sich legen mit der zeit – wenn überhaupt deutschland am leben bleibt! Wir müssen geduld haben, der neue staat will u. kann ja *nur* fortschrittlich sein. Jetzt sind nur einige sog. Teutsche, die glauben aus unvermögen alles das was sie nicht können u. nicht verstehen als undeutsch abtun zu müssen. Bis jetzt aber ist von diesen noch nichts an die stelle dessen gesetzt worden was künstlerisch

deutschland hätte besser vertreten können als die meisten der arbeiten der modernen, die also immer noch Deutschland repräsentieren. Sagen wir mal 1, 2 jahre u. die klärung *muss* da sein. Also geduld haben – es wird!"[14]

Die noch Ende 1933 bestehende Hoffnung, daß „kein zweifel" darüber bestünde, „wer und was auf dauer gewinnt! der fortschritt – nie die reaktion"[15], sollte bald enttäuscht werden. Im Laufe des Jahres 1934 mußte dieser Optimismus einer tiefen Resignation weichen, wovon Döcker in einem Brief an Erich Mendelsohn berichtete: „ein jahr ist vergangen, dass zu anfang noch alle hoffnungen zuliess dass wenigstens auf dem gebiet der kunst u. vor allem unserer baukunst leistung, wert, niveau usw. gelten u. siegen würde – – –

ich bin bar jeglicher hoffnung –

hier in S. [Stuttgart] ist es ganz schlimm (…)

Man kann ruhig den beruf aufgeben – dann muß man nicht lügen um wenigstens zu leben – u. man belastet das gewissen nicht mehr – wenn man nur wüsste was tun!!"[16]

Döckers berufliche Möglichkeiten waren zerstört. Mit architektonischen Problemen konnte er sich fast nur noch auf theoretischer Ebene befassen. 1934 hatte er noch einen Beitrag zur Architekturausstellung des Royal Institute of British Architects (RIBA) geleistet[17]; zusammen mit Ernst Neufert widmete Döcker sich Fragen der Normierung.[18] Auf Dauer konnten Döcker aber die selbstgestellten Aufgaben nicht befriedigen: „so lebt man jeden tag ohne hoffnung, ohne ehrliche arbeit, man bemüht sich so gut es geht zu bestehen, um dann zu entdecken, daß alles entwickeln eines problems der arbeit nichts gilt, d.h. schon ausreicht um von vornherein sich auszuschalten."[19]

Hinzu kamen die Auswirkungen der Isolation. Nicht nur sein Kontakt zu Kollegen und Gleichgesinnten wurde erschwert, es war auch nahezu unmöglich an Fachliteratur zu gelangen. So schrieb er an den bereits 1933 emigrierten Mendelsohn: „schicken sie mir doch irgend etwas, damit man sieht, dass es noch arbeit gibt u. arbeit wird, – man sitzt ja ganz auf dem trockenen, – oder schicken sie mir einmal irgend eine schöne nummer einer zeitschrift – wir bekommen nichts zu sehen, was draussen sich ereignet – u. um zu kaufen muss man die genehmigung der devisenstelle haben, die man nur schwer erhält. (…) hier in Stgt. ist alles abgeschnitten, (…) die zeit geht u. kommt allerdings auch so. --- man wird sogar älter dabei u. kälter, gleichgültiger!"[20]

Die Freundschaft zu Mendelsohn und anderen jüdischen Zeitgenossen hatte überdies zur Folge, daß Döcker Bespitzelungen und Verhören durch die Gestapo ausgesetzt war.[21] Eine Emigration kam für Döcker dennoch nicht in Betracht. Er war nicht der Typ, der ohne konkrete Perspektive eine vertraute Gegend verlassen konnte und wollte. Er blieb „nicht, weil man an den dingen um der dinge wegen hängt, sondern weil man doch ein gut stück leben mit allem, das man zurücklässt, aufgeben muss."[22]

Das Zurückbleiben und Aushalten wurde immer schwerer. Döcker kam, der Möglichkeit zu arbeiten beraubt, auch in materielle Bedrängnis. Aufträge von Freunden aus Offenburg (Haus Kauffmann) oder seiner Schwiegereltern (Haus Grosse) aus Freiburg konnten daran nicht viel ändern. Ansonsten mußte er „die zeit wegen eines gartenzaunes oder eines möbelchens (...) totschlagen, weil man damit sattwerden muss"[23]. Zu diesem Zeitpunkt standen in seinen Briefen die beruflichen und materiellen Sorgen im Vordergrund. Eine Resignation, die den ganzen Menschen in seiner Existenz erfaßt, klingt in einem Brief an Oskar Schlemmer vom Mai 1937 an: „es ist einem schwer gemacht das leben, das denken, das sinnvolle noch zu sehen, fast ist's unmöglich – aber die tage, monate, ja jahre gehen und kommen u. irgendeine geheime hoffnung lebt immer u. sei es auch nur die, dem ende, so oder so, näher zu kommen."[24] Es wurde ruhig um den früher so lebenslustigen, kämpferischen und zuweilen bissigen Richard Döcker, der Heiterkeit erweckte, sobald er mit anderen Menschen gesellig beisammen saß.[25]

Mit dem Ende des Zweiten Weltkrieges bekam Döcker neue Hoffnung. Kurz vor der Kapitulation schrieb er an Hugo Keuerleber: „jedenfalls aber ist's nun zu Ende u. eine andere Zeit steht vor uns in der wir wieder freier zu denken u. zu arbeiten hoffen dürfen.

Auch ist der Augenblick gekommen, der mit der Ächtung u. Bedrohung der beruflichen Arbeit aus gewissen Grundsätzen einer Gegenwart u. der Zukunft heraus – endgültig Schluss gemacht hat."[26]

Kurze Zeit später reichte er ein Baugesuch für den Wiederaufbau seines zerstörten Wohnhauses ein. Im April/Mai 1945 verfaßte er bereits seine Aufsätze *Vom Planen und Bauen der kommenden Zeit* und *Unsere Zukunft – Die Regierung des Aufbaues*. Endlich schien der Augenblick gekommen zu sein, den vor 1933 entwickelten architektonischen Ansatz fortzuführen. 1946 wurde Döcker von Oberbürgermeister Klett zum ersten Generalbaudirektor von Stuttgart ernannt. Als Leiter des ZAS (Zentraler Aufbau Stuttgarts) bemühte sich Döcker um den Wiederaufbau der zerstörten Stadt und führte 1947 als Mitbegründer der Forschungsgemeinschaft Bauen und Wohnen (FBW) in Ansätzen die Arbeit der Beratungsstelle für das Baugewerbe fort.[27] Seine Vorstellungen zum Wiederaufbau waren jedoch heutigen Ansichten gänzlich konträr, vor allem in bezug auf die Denkmalpflege. Döcker verfolgte zunächst den Gedanken, wie sein Kollege Bodo Rasch berichtete[28], die Stadt einzuebnen und aufzuforsten. Die neue Stadt sollte auf das freie Land in die Gegend von Ludwigsburg verlegt werden. Abgesehen von der Abwegigkeit dieses Gedankens vergaß er dabei, daß die Keller der Häuser, das Kanalsystem, die Straßen, kurz, ein Großteil der Infrastruktur noch intakt und die alte Stadtstruktur dadurch zum Teil noch vorhanden war und dieser Plan enorme Kosten verursacht hätte. Die Einwohner wären wohl kaum begeistert von Döckers Idee gewesen. Er hingegen hielt es stattdessen für unverzeihlich, „diese Chance, diese letzte Gelegenheit, die Städte gesund und schön zu bauen, nicht zu nützen"[29]. Für ihn bedeutete Aufbau „nicht Wiederaufbau". „Aufbau ist etwas völlig anderes, etwas Neues (...). Aufbau schafft Pläne für eine neue Grundlage unserer künftigen Lebenshaltung auf lange Zeit, vielleicht auf Jahrhun-

derte."[30] Diese Haltung erklärt auch Döckers Vorschlag, die Reste des Neuen Stuttgarter Schlosses abzureißen und an dessen Stelle einen Neubau zu setzen, der den Nutzungsanforderungen des Landtages entsprochen hätte – nach der Devise: ‚Lieber eine gute Architektur des 20. Jahrhunderts als eine stümperhafte Rekonstruktion des Gebäudes aus dem 18. Jahrhundert.'[31] Döckers Vorschlag für die Neubebauung des Schloßplatzes hatte ihn in der Öffentlichkeit viel Sympathien gekostet. So war es zu verstehen, daß Döcker als Architekt des Neuen Bauens auch nach Kriegsende ein Außenseiter blieb. Die erwarteten Aufträge und ein damit verbundener Neubeginn schienen auszubleiben, wie ein Brief an Martin Wagner von 1950 zeigt: „Glauben Sie ja etwa nicht, dass die Situation dieser Wenigen heute wesentlich anders ist als zu Hitlers Zeiten! – die reaktionären Kräfte (wie sollte es auch anders sein) sind genau so vorhanden, sind in den Machtpositionen der Beamtung, der Regierung u. alles ist wie einst. Der kleine Unterschied, dass der eine oder andere von uns nun offiziell betitelt wurde (was schließlich eben nicht mehr gut anders ging) hat gar nichts zu bedeuten – reine Ausnahme!! u. – ohne jede Bedeutung für Entscheidungen oder Entschlüsse! – (ein kleines Beispiel: vor etwa genau 8 Tagen wurde mir anlässlich eines öffentlichen Bauauftrages aus dem Jahr 1931 (Arbeitsamt, 1. Preis, dann Auftrag u. Vertrag) vorgetragen, dass ich doch, nachdem ich lt. Akte .. aus dem Jahre 1934, dann … 1936 u. noch .. 1939 „aus politischen Gründen" für die Durchführung nicht in Frage gekommen sei, diese Verfügung doch zu beachten wäre u. daher …) (ein anderes Beispiel: ich gehöre zu der Ausnahme eines Architekten, der in Stgt. keinen Auftrag hat (mit Ausnahme eines alten aus dem Jahre 1928: das jüdische Kaufhaus Tietz!)."[32]
1947 übernahm Döcker den Lehrstuhl für Städtebau und Entwerfen an der TH Stuttgart.
Später wurde der Universitätsbau zum neuen Planungsthema Döckers. Er lieferte Entwürfe für die Universitäten in Stuttgart, Saarbrücken und letztlich für die Großanlage der Universitätsstadt Hyderabad in Pakistan.[33]
Trotz aller aufgewendeten Energien und vielfacher Publikationen in der Fachpresse gelang es Döcker nicht, in der Nachkriegszeit an die Erfolge seiner Schaffensperiode vor 1933 anzuknüpfen und die bedeutsame Rolle einzunehmen, die man von ihm, als einem der wenigen in Deutschland verbliebenen und noch wirkenden Architekten des Neuen Bauens erwartet hätte.

Zeitschriften

Amtsblatt der Stadt Stuttgart zugleich Amtsblatt der Bezirksbehörden, Stuttgart

Architektur und Wohnform. Innendekoration, Darmstadt/Stuttgart

architektur wettbewerbe. Die Hauptschule, Volksschulen, Schulzentren, Primary Schools, School Centres, Stuttgart/Bern

Bauen und Wohnen. Zeitschrift für die Gestaltung und Technik von Bau, Raum und Gerät, Ravensburg

Baukunst, München

baukunst und werkform. vereinigt mit der Zeitschrift „die neue stadt", Nürnberg

Das Werk. Die Schweizer Monatsschrift für Architektur, Kunst, künstlerisches Gewerbe, Offizielles Organ der Verbände: Bund Schweizer Architekten BSA, Schweizerischer Werkbund SWB, Schweizerischer Kunstverein SKV, Zürich (1923–1955)

Der Architekt, Organ des Bundes Deutscher Architekten – BDA, Stuttgart

Der Baumeister. Monatshefte für Architektur und Baupraxis. Zeitschrift für Baukultur und Bautechnik, München

Der Neubau. Halbmonatsschrift für Baukunst, Wohnungs- und Siedlungswesen, Berlin

Der Städtebau. Monatshefte für Stadtbaukunst, Landesplanung und Siedlungswesen, Zeitschrift der Deutschen Akademie für Städtebau, Reichs- und Landesplanung. Berlin

Die Baugilde. Baukunst, Bautechnik und Bauwirtschaft, Zeitschrift des Bundes Deutscher Architekten BDA und der Zentralvereinigung der Architekten Österreichs, Berlin

Die Bauwelt. Zeitschrift für das gesamte Bauwesen, Berlin

Die Bauzeitung, vereinigt mit „Süddeutsche Bauzeitung" München – Deutscher Bautennachweis und süddeutsche Baugewerks-Zeitung, Stuttgart/München

Die Form. Zeitschrift für gestaltende Arbeit, Berlin/Leipzig

Die Volkswohnung. Zeitschrift für Wohnungsbau und Siedlungswesen, Berlin

Handbücherei für Gemeindearbeit, Gütersloh

info bau. Staatlicher Hochbau Baden-Württemberg, Stuttgart

kritische berichte, Mitteilungsorgan des Ulmer Vereins – Verband für Kunst- und Kulturwissenschaften, Gießen

Moderne Bauformen. Monatshefte für Architektur und Raumkunst, Stuttgart

Rassegna. Problemi di architettura dell'ambiente, Milano

Stein, Holz, Eisen. Halbmonatsschrift für Neue Bauwirtschaft und Baugestaltung, Frankfurt/M

Wasmuths Monatshefte für Baukunst und Städtebau, Berlin

Zeitschrift für Bauwesen, Berlin

zu Seiten 12–16

Anmerkungen

Anstelle der vollständigen Buchtitel sind in den Anmerkungen nur der Name des Verfassers und das Erscheinungsjahr genannt; bei Zeitschriftenartikeln der Name des Autors, die Zeitschrift und das Jahr. Die vollständigen Titel sind unter dem jeweiligen Namen des Verfassers im Literaturverzeichnis, unterschieden nach Buch-, Katalog-, Zeitschriftenbeiträgen und Typoskripten aufgeführt. In Klammern gesetzte Daten nennen das Erscheinungsjahr der ersten Auflage des betreffenden Buches.

1 Vita

1 Die meisten der Datenangaben sind dem Katalog: BDA, Richard Döcker 1894–1968, 1982, zur gleichnamigen Ausstellung entnommen.
2 Brief Döckers an Schmitthenner vom 8.4.1933
3 Thema s. Abschnitt 3.3
4 Aufgaben und Ziele der Bauberatungsstelle, s. Abschnitt 5.1
5 Döcker, Kleinhaustypenpläne, 1923, näheres zum Inhalt der Promotionsschrift s. Abschn. 5.2
6 Ziele und Tätigkeiten von Ring und CIAM, s. Abschnitt 3.2, Anmerkung 70 und 75
7 Brief Döckers an Oud vom 7.1.1949
8 Nach Aussage von Bodo Rasch hat Döcker zeitweilig in einem Aachener Planungsbüro unter Leitung eines ehemaligen Bonatz-Schülers, wie auch zusammen mit Ernst Neufert, über Normung von Bauteilen gearbeitet.
9 Vertrag zwischen dem Deutschen Reich, vertreten durch den Reichsstatthalter in der Westmark und Chef der Zivilverwaltung in Lothringen, Abt. für den Wiederaufbau (Wiederaufbauamt) Saarbrücken und dem Architekten Professor Walther Hoss, Stuttgart (für Lothringen, bzw. Döcker für Saarpfalz) und 2. Vertragsabschrift Tgb. Nr. 482/1941
10 Brief Döckers an Oud vom 7.1.1949 und an Keuerleber vom 1.5.1956
11 Brief Döckers an Keuerleber vom 1.5.1946
12 Katalog: BDA, Richard Döcker 1894–1968, 1982
13 Das hier und im weiteren gezeichnete Bild von Richard Döcker stützt sich auf Gespräche mit seiner Tochter M. Döcker-Korfsmeier, seinem Freund und Kollegen B. Rasch, seinen Mitarbeitern J. Brenner, W. Beck-Erlang und G. Schwab. Da die meisten Aussagen der Befragten übereinstimmen, wird im folgenden auf den Nachweis bestimmter namentlich gekennzeichneter Gesprächsstellen verzichtet.
Tonbandprotokolle vom Gespräch mit: B. Rasch u. A. Gleininger-Neumann; B. Rasch mit A., H.W. und F. Mehlau vom 7.2.1984; B. Rasch mit R. Wiebking und F. Mehlau-Wiebking vom 15.2.1985, sowie Gesprächsprotokoll vom Gespräch mit W. Beck-Erlang u. Ehefrau, G. Schwab u. Ehefrau, R. Wiebking und F. Mehlau-Wiebking vom 16.2.1985. Tonbandprotokolle und Gesprächsnotizen befinden sich im Privatarchiv der Autorin und eines bei A. Gleininger-Neumann.
14 Brief Gropius' an Döcker vom 9.3.1949
15 Nach Auskunft einiger seiner ehemaligen Studenten, u.a. von Dipl.-Ing. Beck-Erlang, Schwab und Volz, heute alle in Stuttgart als Architekten tätig.
16 Der Auftrag für die Sind-Universität in Hyderabad (1955–1959) ist nach Bedeutung und Größe mit den ausgeführten Planungen von Le Corbusier für die Universitätsstadt Chandigarh/Indien vergleichbar; s. Huse 1976, S. 97 ff. und S. 138
17 J. Brenner, Döckers späterer Partner, berichtet, daß er als junger Mitarbeiter Nutzungsvorgaben für Räume gemacht habe, die dann von Döcker kommentarlos akzeptiert und übernommen worden seien, Tonbandprotokoll 1985
18 Von dieser Begebenheit berichtete B. Rasch, Tonbandprotokolle 1984 und 1985. Inwieweit Döckers Ablehnung der Filmindustrie ausschlaggebend für die diesbezügliche Entscheidung des Stuttgarter Stadtrates war, soll hier nicht näher beleuchtet werden. Für die seinerzeit noch kleinere Stadt Stuttgart wäre dies mit Sicherheit eine gute Chance gewesen.

19 Vgl. hierzu auch u.a. Le Corbusier (1922), 1963, S. 75–115, wo er Ingenieurleistungen in Beziehung zur Architektur setzt. Siehe ferner auch Le Corbusier, Entwürfe der „ville contemporaine" von 1922 und den „Plan Voisin" für Paris von 1925, in denen er dem Luft- und Straßenverkehr besondere Bedeutung in bezug auf das Stadtgefüge zukommen läßt. Vgl. hierzu auch seine Publikation zum Städtebau (1925), 1964 und 1984; Huse 1976. Darüber hinaus siehe auch Gropius, Autoentwurf des Adlermodells von 1930, vgl. Frank in: Rassegna, 1983, S. 93 ff.
20 S. Kapitel 8
21 Brief Döckers an Schmitthenner vom 8.4. 1933
22 Ebd.
23 Friedrich Wolf, bekannt u.a. durch die Stücke „Da bist Du" und „Der Unbedingte" von 1919, „Kampf im Kohlenpott", „Zyankali", „Professor Mamlock", emigrierte 1933 und war von 1949–1951 Botschafter der DDR in Warschau.
24 Viviani 1970, S. 57
25 Brief Wolfs an Döcker vom 17.3.1946 und Postkarte vom 26.3.1946. Sie behandeln den Wiederaufbau des zerstörten, durch Döcker zuvor errichteten Wohnhauses von Dr. Wolf.
26 Vgl. Kultermann 1980, S. 65 ff. Kultermann nennt H. Häring zusammen mit R. Steiner als Vertreter des ‚organhaften Bauens', wenngleich auch er auf dessen Verschiedenartigkeit – die Grundlagen ihrer Architektur betreffend – hinweist. Für Döckers architektonische Entwicklung bezüglich seiner Tendenz zum ‚organischen Bauen' mag der Einfluß Steiners nicht zu unterschätzen sein. Als gewichtiger und für Döcker jedoch prägender soll hier nur auf die Architektur von Mendelsohn verwiesen sein, vornehmlich auf den Einsteinturm von 1921, der fast anthroposophische und expressive Elemente in sich vereinigt und von dem Döcker äußerst begeistert war. Dies soll aber an anderer Stelle noch eingehender behandelt werden, s. Abschnitt 3.2

2 Richard Döcker in der Auseinandersetzung zwischen traditioneller und moderner Architekturauffassung – Alternativ-Entwürfe zu gleichen Projekten

1 Vgl. Abschnitt 3.3
2 Stommer in: kritische berichte, 1982, S. 36 ff.; vgl. auch Abschnitt 3.4
3 Unterlagen zum Wettbewerb zur Erlangung von Entwürfen für ein Gemeindehaus, Gemeinde Trossingen (Hrsg.), 1927
4 Vgl. hierzu Muthesius 1907 und Kaufmann; Raeburn 1974. Daß Döcker die Architektur von Muthesius und Wright, den er sehr verehrt hat, bereits 1922 bekannt war, ist stark anzunehmen, da er die Publikationen in der Fachpresse schon vor Studienbeginn 1912 interessiert, fast begierig verfolgt und einen Großteil seines Einkommens auf deren Erwerb verwendet hat.
5 Skizzen von Dachlösungen in Dependenz zum Grundriß:
1. Normale traditionelle Steildachkonstruktionen

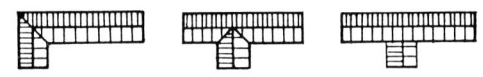

2. Die Übereckstellung von Gebäuden bzw. über Eck gegeneinanderstoßende Gebäudeteile, eine für die Anwendung des Steildaches unbefriedigende Lösung.

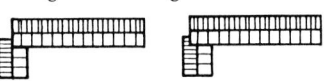

3. Erst für den Flachdachbau wurde die Übereckstellung von Gebäudeteilen interessant und führte zu einer überzeugenden Lösung.
6 Neufert 1944, S. 225
7 Das Blatt Abb. 6 ist von Döcker selbst nicht datiert worden. Die Abdrehung des linken Gebäudeteils weist aber darauf hin, daß dieses Skizzenblatt dem Entwurfskomplex von 1923 zuzuordnen ist.
8 Die normale Numerierung erfolgte bei Döcker mit fortlaufenden Nummern. Dieses Blatt ist hingegen mit der Nummer 8a versehen.
9 Vgl. hierzu die Flach- und Steildachstudie zu Haus Vetter in Abschnitt 4.5
10 Anders ist sein Herangehen in der Untersuchung der städtebaulichen Situation in bezug auf seine Turmhausstudien zusammen mit Keuerleber zu bewerten, die sehr präzise und vor-

zu Seiten 28–40

teilhaft auf die Stuttgarter Lage abgestimmt sind; vgl. Abschnitt 3.4
11 Neufert 1944, S. 225
12 Insgesamt hat Döcker Sitzplätze für 1098 Personen vorgesehen.
13 Zit. Klotz, Revision der Moderne, 1984, S. 7
14 Döcker, Vom Planen und Bauen, Typoskript, 1945, S. 5
15 Vgl. hierzu Klotz, Moderne und Postmoderne, 1984, S. 18 f. und Frank in: Rassegna, 1983, S. 93 ff. Abb. 38
16 Zit. Klotz, a.a.O., S. 19
17 Vgl. Pehnt 1969, S. 84
18 Die Entwürfe und Bauantragspläne zu Haus Koepff sind auf 1924 datiert, eine Reihe von Werkplänen, vor allem aber die Pläne, die sich auf die Innenausstattung beziehen, sind 1925 gefertigt worden. Auf den Ausstellungstafeln der Ausstellung „Richard Döcker/Stuttgart – Bauten und Pläne 1920–1950", (im folgenden gekennzeichnet: Döcker, Ausstellungstafeln, 1950), die im Landesgewerbeamt Baden-Württemberg in Stuttgart stattgefunden hat, wird für das Haus Koepff das Jahr 1925 angegeben, was sich auf das Entstehungsjahr bezieht. Im Katalog: BDA, Richard Döcker 1894–1968, 1982, S. 34, wird Haus Koepff hingegen auf 1922 datiert.
19 Vgl. hierzu Avery Coonley House von 1908 und Frederick E. Robie House, Chicago, I, 11, 1909 von F.L. Wright
Zur Beeinflussung Döckers durch Wright und Kontakte zu ihm vgl. Abschnitt 3.2
20 Vgl. auch die späteren Gebäude von Döcker, wie z.B. seine Wohnhäuser in der Weißenhofsiedlung, Stuttgart 1927. Gropius hingegen hat beim Jenaer Stadttheater einen sehr feinen und zurückhaltenden Dachabschluß gewählt.

Ähnlich verfuhr die Mehrzahl der anderen Architekten des Neuen Bauens, die an der Weißenhofsiedlung mitgewirkt haben.
21 Döcker in: Form, 1925, S. 74
22 Haus Koepff war eines der frühesten Flachdachprojekte von Döcker, das zur Ausführung kam. Haus Sebald in Stuttgart, von 1923, war vermutlich das erste Flachdachprojekt Döckers, das gebaut wurde. (Im Katalog Richard Döcker: BDA, 1894–1968, 1982, läuft dieses Gebäude unter dem Titel ‚Haus Dr. Klien' und ist auf 1922 datiert. Dem Plannachlaß von Döcker zufolge war aber Auftraggeber dieses Projekts der Prokurist Sebald.) Mit Sicherheit nachweisen läßt sich dies jedoch nicht mehr, da der Planbestand des Nachlasses Döcker, besonders die sehr frühen Planungen betreffend, nicht mehr vollständig ist. Zum Teil ist laut Vermerk in den Projektlisten des Büros Döcker eine Reihe von Plänen bewußt vernichtet worden, andere durch die Zerstörung des Wohnhauses und des Büros im Zweiten Weltkrieg.
23 Vgl. hierzu Wohnhaus Köpff in Göppingen in: Moderne Bauformen, H. 9, 1928, S. 356 f. mit einem Foto der Eingangsseite und einer Teilansicht der Terrasse, sowie einem Grundriß des Erdgeschosses und ‚Arbeiten von Architekt BDA Dr. Richard Döcker, Stuttgart – Wohnhaus in Göppingen (1928/29)', in: Die Baugilde, 1929, S. 1737 ff.
24 Vgl. Abschnitt 4.7
25 Zit. aus: Richard Döcker, Terrassentyp, 1929, S. 49
26 Konstruktionsprinzip des terrassierten Krankenhauses von Döcker und Terrassentiefe s. Abschnitt 4.7 und Abb. 75 F-K

3 Die Frühzeit

3.1 Döckers Ausgangspunkt – die traditionelle ‚Stuttgarter Schule'

1 Fischer bekam 1908 einen Ruf an die Hochschule München.
2 Döcker in: Architektur und Wohnform, 1960, S. 253
3 Laut Eckhart in: Die Bauzeitung, 1927, S. 462, war Bonatz Assistent bei Fischer von 1905 bis 1908. Nach eigener Aussage in: Bonatz 1950, S. 46, war er seit 1902 Assistent bei Fischer.

4 Eckhart in: Die Bauzeitung, 1927, S. 462 und Eckhart in: Die Bauzeitung, 1942, S. 465 f.
5 Tonbandprotokolle mit B. Rasch 1984 und 1985
6 Gregotti 1969, S. 93
7 Auf den „radikal-konservativen" Charakter der „Vertreter der ersten Stuttgarter Schule um Bonatz und Schmitthenner" (s. Werner in: Stuttgarter Zeitung vom 2.11.1978) wies Frei Otto 1978 auf einer Veranstaltung zur Ausstellung „Planen und Bauen in Europa 1913–1933" hin

und betonte die Wichtigkeit der Restaurierung der Weißenhofsiedlung, die einen Kontrapunkt zu der damaligen Stuttgarter Schule darstellte: eine Würdigung, die auch das Schaffen Richard Döckers heute mit einbezieht.

8 Eckart in: Die Bauzeitung, 1931, S. 236
9 Körte war ehemaliger Bonatz-Schüler, arbeitete eine Zeitlang am Stadtbauamt in Frankfurt und gewann im Wettbewerb zu der Klinik Gmünd einen ersten Preis, vgl. Die Bauzeitung, H. 12, 1931, S. 132 f.
10 Briefe Döckers an Schmitthenner vom 8.4.1933 und Schmitthenners an Döcker vom 12.4.1933
11 Brief M. Wagners an Döcker vom 4.4.1947
12 Döcker schreibt an Gropius, daß Schmitthenner wohl auch nicht mehr nach Stuttgart zurückkommen wolle, wie man munkele, solange Döcker da sei. Brief Döckers an Gropius vom 30.3.1949. Ferner geht Döcker davon aus, daß Schmitthenner auch deswegen mit Sicherheit nicht mehr komme, weil „sein ‚Erfolg der Demagogie' kaum noch ziehen würde". Vgl. auch Brief Döckers an E. Wagner vom 5.4.1950. Bonatz wird hingegen im April 1950 zurückerwartet. Brief ebd.
13 Döcker, Lehr- und Arbeitspläne, Typoskript, o.J.
14 Petsch 1976
15 Benevolo belegt derartige Bauten mit dem Begriff der „gemilderten Version der modernen Architektur" und nennt neben Bonatz u.a. Fahrenkamp und Holzmeister als Vertreter dieser Richtung. Benevolo 1984, S. 180–183
16 Petsch 1976, S. 43 und Durth 1986, S. 54 f.
17 Bonatz zit. in: Wasmuths Monatshefte, 1921/1922, S. 37
18 Brief Döckers an Poelzig vom 18.12.1934
19 Brief Döckers an Poelzig vom 3.5.1935
20 Brief Döckers an Poelzig vom 20.4.1934
21 Brief Döckers an Poelzig vom 3.5.1935
22 Durth 1986, S. 162
23 Brief Döckers an Gropius 30.3.1949
24 Brief Döckers an E. Wagner vom 5.4.1950
25 J. Brenner Tonbandprotokoll 1985 und Koch in: Architektur und Wohnform, 1953/1954, S. 153 s. dort auch Döcker, S. 154.
26 Petsch 1976, S. 45
27 Petsch 1976, S. 39
28 Eckhart in: Die Bauzeitung, 1939, S. 120
29 Vgl. hier Detailausbildungen in Kapitel 7
30 Schmitthenner in: Die Bauzeitung, 1926, S. 176 f., obwohl Schmitthenner kein Freund der Vorfabrikation war, da dies bereits dem bautechnischen Verfahren der Moderne zu nahe kommt, konnte er sich aber nicht gänzlich ablehnend aus dieser Diskussion halten. Vgl. auch Jahn in: Bauwelt, 1932
31 Vgl. Reichsausgabe der Frankfurter Zeitung, Nr. 337 bis 339, Juli 1933
32 Ebd.
33 Schmitthenner, Der Weg der deutschen Baukunst, eine Rede 1936
34 Schmitthenner, 1941, S. 35
35 Schmitthenner, 1934, S. 10
36 A.a.O., S. 9
37 A.a.O., S. 8, 9 und 14
38 NS-Kurier vom 15.7.1985, S. 3
39 Brief Döckers an Schlemmer vom 29.2.1932
40 Vgl. Döcker in: Schwäbischer Merkur vom 9. April 1933, S. 7; Döcker in: Stuttgarter Neues Tagblatt vom 11. April 1933; Schmitthenner in: Stuttgarter Neues Tagblatt vom 23. März 1933 und vom 5. April 1933; vgl. auch Kapitel 10
41 Brief Döckers an Schmitthenner vom 8.4.1933
42 Brief Schmitthenners an Döcker vom 12.4.1933
43 Vgl. J. Brenner Tonbandprotokoll 1985

3.2 Begegnung mit fortschrittlichen Architekturideen

44 Döcker in: Architektur und Wohnform, 1960, S. 253
45 Ebd.
46 Ebd.
47 Vgl. u.a. Döckers Landhaus, Abschnitt 3.3 und Abb. 20, die Horizontalbänder, Abschnitt 4.4., besonders aber der organische Bezug vom verwendeten Material zur natürlichen Umgebung, d.h. „Verbindung von Natur und Bau, dem natürlichen, wie von selbst gewachsenen Charakter des Bauwerks selbst, dem Reiz organischer Materialien". Zit. aus: Pehnt 1977, S. 346
48 Döcker in: Architektur und Wohnform, 1960, S. 253
49 Döcker, Vom Planen und Bauen, Typoskript, 1945, S. 10
50 Eine direkte Beeinflussung durch Döckers Freund Friedrich Wolf ist nicht ausgeschlossen, vgl. Kapitel 1
51 Vgl. auch Seeßlen; Roloff 1980
52 S. z.B. Behrens, Farbwerke Hoechst 1920–1925, Bartnings Sternkirche 1922, Gropius' Ge-

fallenen-Denkmal in Weimar 1922, Mies van der Rohes Denkmal für Karl Liebknecht und Rosa Luxemburg, Berlin 1926, Poelzigs Festspielhaus Salzburg 1920-1921 und sein Wasserturm in Posen von 1911, Scharouns Hochhaus „Wettbewerbsentwurf Friedrichstraße", Berlin 1919, Zeichnung Glashausproblem von 1920 und von Bruno Taut, Die Stadtkrone, 1916/1919, sowie Alpine Architektur, Hagen: Folkwang, 1919, allg. Literatur hierzu, vgl. Pehnt 1969, Gregotti 1969 und Huse 1975
53 Döcker, Vom Planen und Bauen, Typoskript, 1945, S. 10
54 Zit. nach Döcker in: Architektur und Wohnform, 1953/1954, S. 41. Der genaue Zeitpunkt, wann sich Döcker und Mendelsohn kennengelernt haben, ist nicht präzise feststellbar. Als wahrscheinlich muß angesehen werden, daß Döcker Mendelsohn vor dessen Bau des Kaufhauses Schocken 1925/1926 in Stuttgart begegnet ist; spätestens dürften sich die beiden 1924 getroffen haben, da Mendelsohn anläßlich der damaligen Stuttgarter Bauausstellung einen Vortrag „Zur Architektur unserer Zeit" hielt. Mendelsohn kam nach Stuttgart auf Initiative von Keuerleber, der als Chef der Beratungsstelle für das Baugewerbe auch Ausstellungsleiter war. Daß Döcker Mendelsohns Atelier während dessen USA-Aufenthalt betreut hat, bestätigt Döckers Partner J. Brenner, Tonbandprotokoll 1985. Mendelsohn schrieb nach seiner Rückkehr das Buch „Amerika, Bilderbuch eines Architekten" das 1926 erschien. Auch mögen Architektureinflüsse bei Döcker auf eine Bekanntschaft hindeuten, so etwa Horizontalbänder (vgl. Abschnitt 4.4) oder die anzunehmende Rezeption Döckers bei Haus Koepff, Göppingen von 1924 von Mendelsohns Haus Sternfeld in Berlin 1923 (vgl. Kapitel 2).
55 Whittick 1969, S. 188
56 Inwieweit neue, avantgardistische Tendenzen im künstlerischen und kulturellen Bereich in Kohärenz mit dem politischen Geschehen stehen, kann hier nicht weiter verfolgt werden, da es den Rahmen dieser Arbeit sprengen würde.
57 Näheres zu den Tätigkeiten der Beratungsstelle für das Baugewerbe, s. Katalog: Staatliche Beratungsstelle für das Baugewerbe (Hrsg.), Bauausstellung Stuttgart. Amtlicher Katalog und Führer, Stuttgart 1924, S. 219 u. Abschnitt 5.1
58 Vgl. Abschnitt 3.4

59 Vgl. Abschnitt 5.3
60 Wahrscheinlich eine vergleichbare Konstruktionsart wie für die Kirche der Regierungsbaumeisterprüfung von Döcker, vgl. hierzu Abschnitt 3.3 und Abb. 15 und 16
61 Zu diesem Projekt liegen leider weder Pläne noch sonstige Unterlagen vor. Hinweise und Beschreibungen hierzu gab B. Rasch, Tonbandprotokoll 1985. Möglicherweise handelt es sich um ein Ausstellungsgebäude für die Bauausstellung in Stuttgart von 1924.
62 Bei Hans Hildebrandt hörte Döcker zu Studienzeiten Baugeschichte, vgl. Abschnitt 3.1
63 Lt. Aussage von M. Döcker-Korfsmeier liegen auch Korrespondenzen von Loos und Döcker vor, die auf eine Bekanntschaft hinweisen, Tonbandprotokoll 1985.
64 Vgl. Abschnitt 4.7
65 Stotz war seinerzeit im Vorstand der württembergischen Arbeitsgemeinschaft des DWB, gleichzeitig Direktor der Neckarkanal-Gesellschaft und eng verbunden mit dem Fabrikanten Bruckmann, dem Mäzen der DWB-Ausstellung, Am Weißenhof. G. Seeger war Sekretärin von Mies, und M. Seeger leitete nach 1945 den Rat für Formgebung, vgl. B. Rasch Tonbandprotokolle 1984 und 1985.
66 Nach Aussage von B. Rasch, Tonbandprotokoll 1985, entstanden wechselseitige Aversionen zwischen Mies und Döcker bei der Bauleitung der Weißenhofsiedlung 1927 (vgl. Abschnitt 5.6). Außer der Tatsache, daß Döcker die Architektur von Mies ablehnte, gab es Differenzen wegen der Aufmachung des begleitenden Kataloges zur Ausstellung ‚Bau und Wohnung' von 1927. Mies wollte einen reinen Architekturkatalog, während Döcker beabsichtigte, das Buch durch zahlreiche Firmeninserate zu erweitern. Er unterlief Mies, indem er zumindest eine kleine Anzeige seines Freundes Feifel (vgl. Abschnitt 5.6) aufnahm.
67 Die Aussagen zum Freundeskreis um Hildebrandt und Stotz basieren auf Aussagen von B. Rasch, Tonbandprotokolle 1984 und 1985. Mia Seeger bestätigte den Kontakt zu Döcker, Telefongespräch 1985.
68 Der vorhandene Briefkontakt beispielsweise zu van de Velde ist spärlich.
69 Vgl. Katalog: Staatliche Beratungsstelle für das Baugewerbe (Hrsg.), Bauausstellung Stuttgart. Amtlicher Katalog und Führer, Stuttgart 1924, S. 237 und Neue Zürcher Zeitung Nr. 1144, Bl. 5 vom 19. Juni 1932

70 Der ‚Ring' ist eine Architektenvereinigung, in der sich einige Vertreter der Moderne organisiert hatten. Er wurde 1923/1924 von zehn Architekten gegründet, dem sogenannten ‚Berliner Zehnerring', zu dessen Gründungsmitgliedern Max und Bruno Taut, Gropius, Häring, Mendelsohn, Hilberseimer, Mies van der Rohe, Poelzig, Bartning und Behrens zählten. Mit ihrem Zusammenschluß verband sich das Anliegen „unsachliche und behördliche Widersprüche zu bekämpfen und um für eine neue Baugesinnung einzutreten" (zit. nach: Schneider, 1977, S. 2/32, dort zit. nach: Häring, Brief zit. nach: Scharoun, Schriftenreihe der Akademie der Künste, Bd. 10, Hrsg. Pfankuch, Berlin 1975). Ab 1926 wurde ‚Der Ring' durch Zuwahl erweitert. Ab 1926 wurden u.a. Döcker, Haesler, die Gebrüder Luckardt, May, Scharoun, Tessenow, M. Wagner, A. Meyer, Pankok, Rading und Schilbach in den Ring aufgenommen. Döckers Korrespondenzen geben Aufschluß über die Kontakte zu den o.a. Personen.
71 Vgl. Abschnitt 5.6
72 Brief Döckers an M. Wagner vom 25.6.1950
73 Brief Tut Schlemmers an Döcker vom 9.10.1928
74 Die Frage bleibt offen, ob sich Döcker, der Anregung Schlemmers folgend, um die Stelle beworben hat.
75 CIAM – Congrès Internationaux d'Architectur Moderne, vgl. hierzu Steinmann 1979; Rasch 1976, S. 37; Roth 1973, S. 58 ff., Banham 1969, S. 68 ff. und nicht zuletzt auch Le Corbusiers ‚Charta von Athen', 1984. Eine Studie über den CIAM der Nachkriegszeit ist von Jos Bosman, CIAM-Archiv, Institut gta der ETH-Zürich, in Vorbereitung.

3.3 Entwürfe aus der Studenten- und Frühzeit

76 Döcker, Ausstellungstafeln, 1950, a.a.O.
77 Söhngen 1962, S. 19 und Langmaack 1971, S. 55 u. 327
78 Zit. in: Langmaack 1971, S. 272
79 A.a.O., S. 276
80 Weyres; Bartning 1959, S. 256
81 A.a.O., S. 255
82 Bartning berichtet dort, daß das Modell der von ihm entworfenen Sternkirche erstmals 1924 auf der Berliner „Tagung für Kultus und Kunst" gezeigt und lebhaft diskutiert wurde. Im Katalog: Waetzold; Haas, Tendenzen der Zwanziger Jahre, 1977, S. 2/71 ist die Sternkirche hingegen mit 1921 datiert.
83 Weyres; Bartning 1959, S. 259
84 A.a.O., S. 80
85 Publikation in: Wasmuths Monatshefte, 1923, S. 142, mit zwei Abbildungen des Kirchenmodells, ohne Grundriß
86 Döcker, Ausstellungstafeln, 1950, a.a.O.
87 Pehnt 1977, S. 349 und Abb. 326b
88 Zit. nach dem Grundriß vom Februar 1921, Nachlaß R. Döcker, DAM Frankfurt, s. auch Abb. 18
89 Zit. nach Döcker, Terrasentyp, 1929, S. 93. In der oben auszugsweise zitierten Legende zu einer Abbildung von Haus Krauter vermerkt Döcker ferner, daß „sämtliche Schlafräume des Obergeschosses (...) so Austritt ins Freie" haben. Dies ist aber erstens vom Grundriß her unzutreffend, da das Gästezimmer und das Zimmer der Tochter keinen Zugang zur Terrasse haben, und zweitens sieht Döcker im Grundriß des ersten Entwurfs zu Haus Krauter (vgl. Abb. 18) für die Zimmer der beiden Söhne lediglich Fenster, nicht aber Fenstertüren vor, die einen Zugang zur Terrasse ermöglichen könnten. Eine nachträgliche Änderung im letzten Fall ist aber nicht auszuschließen.
90 Zit. aus: Döcker, Terrassentyp, 1929, S. 92
91 Vgl. Avery Coonley House von 1908 und Frederick C. Robie House, Chicago ILL 1909 v. Wright
92 Vgl. Abschnitt 4.7
93 Vgl. die Horizontalziegelbänder à la Mendelsohn, Abschnitt 4.4

3.4 Eigene Ideen – Diskussionsbeitrag zur Errichtung von Turmhäusern im Stadtbild von Stuttgart

94 Die Arbeiten wurden seinerzeit im Kunstausstellungshaus in Stuttgart der Öffentlichkeit vorgestellt.
95 Vgl. hier die Arbeiten der ‚Schule von Chicago' des ausgehenden 19. Jahrhunderts mit Hochhäusern in Chicago, wie z.B. dem ‚Auditorium' von Adler und Sullivan, 1887; dem ‚Reliance Building' von Burnham und Root von 1890 bis 1895; dem ‚Carson, Pirie und Scott Building' von Sullivan, 1899, bis hin zu dem ‚Guarantee Building' von Sullivan, 1895 in Buffalo.

zu Seiten 57–65

96 Weiteres zur Hochhausdebatte s. Stommer in: kritische berichte, 1982, S. 36–53
97 Herre in: Wasmuths Monatshefte, 1921/1922, S. 376
98 Die genannten Straßennamen beziehen sich auf die Verkehrsführung von 1921/1922, vgl. Herre in: Wasmuths Monatshefte, 1921/1922, S. 376
99 Behne in: Wasmuths Monatshefte, 1921/1922, S. 377
100 Ebd. Zur städtebaulichen Situation vgl. auch Hilberseimer 1927, S. 68 und Ponten 1925, Bd. 1, S. 133, Bd. 2, S. 190 f., Abb. 375 bis 378
101 Die Skizzen und Entwürfe sind teilweise von Herre in: Wasmuths Monatshefte, 1921/1922, S. 379–390 veröffentlicht, die gleichen und andere Pläne sind auf den Ausstellungstafeln von Döcker 1950, a.a.O. abgebildet.
102 Nähere Ausführungen zu diesem Projekt vgl. Abschnitt 4.6. Ein weiteres Projekt, das Döcker zuzuschreiben ist, sind die Bauten für die Frankfurter Messe von 1920, abgebildet auf Döckers Ausstellungstafeln 1950, a.a.O.
103 Das Turmhaus an der Friedrichstraße hat 19 Stockwerke bei einer Gebäudehöhe von 76 m. Das Hochhaus am Alten Postplatz war auf 59 m bemessen, bei 14 Geschossen und auf einer Grundfläche von 370 qm.
104 Auf einem Grundrißraster basieren die Turmhäuser am Alten Postplatz, am Schloßplatz, am Charlottenplatz, das Hochhaus Kutter, bedingt das Hochhaus in der Friedrichstraße und das Hochhaus an der Tübinger Straße auch nur zum Teil. Abbildungen von weiteren, hier genannten Hochhäusern s. Herre in: Wasmuths Monatshefte, 1921/1922, S. 382–390
105 Der Tagblatturm, einer der ersten Großbauten, die in Sichtbeton ausgeführt wurden, ist von der Ausformung des Baukörpers ähnlich markant auf die städtebauliche Situation von Stuttgart abgestimmt wie die Turmhäuser von Döcker und Keuerleber. Nach Aussage von J. Brenner, Tonbandprotokoll 1985, kannten sich Döcker und Oswald. Daß Döcker, der sich oft über den Tagblatturm lobend geäußert hat, einen gewissen Einfluß auf den Entwurf gehabt hat, ist nicht ausgeschlossen. Die Vermutung wird überdies dadurch bekräftigt, daß Oswald vor und nach dem Tagblatturm kaum einen Entwurf zur Ausführung gebracht hat und die Errichtung des Tagblatturmes nach seinen Plänen allgemeine Verwunderung hervorgerufen hatte.
106 Ob Keuerleber an dieser Arbeit beteiligt war, ist unklar. Zum ‚Sternhausprojekt' s. auch Behne in: Taut (1920), 1963
107 Döcker, Ausstellungstafeln, 1950, a.a.O.
108 Döcker in: Der Städtebau, 1921, S. 37
109 Vgl. hierzu die anfangs erwähnten Überlegungen Bergs zur Linderung der eklatanten Wohnungsnot
110 Döcker in: Der Städtebau, 1921, S. 37
111 Der Vorschlag für das Messehaus vom November 1920 ging den Vorschlägen zur Nutzung des Gebäudes als Büro- und Wohnhochhaus von 1921 voraus. Unter Umständen hat das Projekt ‚Messe Frankfurt' von 1920 Döcker zur Fertigung eines ‚Generellen Entwurfs für ein Messehaus' veranlaßt. Belegt ist, daß Döcker sich 1920 mit einem Entwurf für ein Messehaus in Leipzig auseinandergesetzt hat, vgl. Döcker in: Der Städtebau, 1921, S. 37. Das Leipziger Projekt wurde in: Neudeutsche Bauzeitung, H. 28/30, 1920, vorgestellt.
112 Döcker, Tagespresse, Stuttgart 1949
113 Döcker in: Der Städtebau, 1921, S. 37
114 Döcker erwähnt in seinem Artikel ‚Ein Beitrag zum städtebaulichen Weiterschaffen', in: Der Städtebau, 1921, S. 36, daß er diesen Bebauungsvorschlag im September 1919 zusammen mit Regierungsbaumeister Jost als gemeinsame zweite Lösung bei dem Wettbewerb des Freiherrn von Gemmingen-Hornberg eingereicht hat. Publiziert ist dieser Entwurf im o.g. Heft von 1921. Auf Döckers Ausstellungstafeln 1950, a.a.O. sind diese Entwürfe irrtümlicherweise auf 1922 datiert. Keuerleber errang zusammen mit Schneck und Schmelz in diesem Wettbewerb den zweiten Preis; vgl. Bonatz: Bericht aus einer Stuttgarter Zeitung, 1919 in: Moderne Bauformen, 1934, S. 209
115 Döcker in: Der Städtebau, 1921, S. 37
116 Vgl. hierzu u.a. die Grundrißtypisierung der Häuser am Viergiebelweg von 1922/1923, in Abschnitt 5.3 und Döckers Kleinhaustypenpläne von 1923, in Abschnitt 5.1
117 Döcker, Terrassentyp, 1929, S. 135
Im Städtebau der fünfziger und sechziger Jahre war es sehr beliebt, das höchste Bauwerk topographisch an den höchsten Punkt zu setzen.

4 Tendenzen zum Neuen Bauen – Streben nach größerer Klarheit und nach Vereinfachung der Baukörper

4.1 Aufgabe der Architektur aus dem Blickwinkel Richard Döckers im Spiegel seiner veröffentlichten Äußerungen

1 Vgl. Literaturverzeichnis, dort u.a. Artikel über die Friedensschule Trossingen, das Überlandwerk Tuttlingen, den Entwurf zu dem Kindererholungsheim, den Viergiebelweg in Stuttgart, die Mönchstraße in Stuttgart und das Modell für die Regierungsbaumeisterprüfung
2 Döcker in: Form, 1925, S. 61
3 Engels (1872/1873), 1970
4 Döcker in: Die Bauzeitung, 1925, S. 15
5 Die akademischen Architekten lehnten zumeist diese neuartigen Materialien und Konstruktionen ab, da das ‚Experimentieren' mit solchen Innovationen den Ingenieuren vorbehalten bleiben sollte.
6 Döcker, Kurze Betrachtungen über Bauen von Heute, in: Deutscher Werkbund (Hrsg.), Bau und Wohnung, 1927
7 Vgl. Döcker in: Form, 1925, S. 61
8 Ebd.
9 Ebd.
10 Ebd.
11 Vgl. ebd.
12 Döcker in: Volkswohnung, 1923, S. 161
13 Ebd.
14 Vgl. Döcker in: Die Bauzeitung, 1925, S. 15
15 Döcker in: Form, 1925, S. 65
16 Loos (1908), 1964. Vgl. hierzu auch die entsprechende Äußerung von Döcker in: Form, 1925, S. 73, wo er Handarbeit mit Verschwendung gleichsetzt.
17 Wright in: ‚Architectural Record', 1908, zit. in: Baukunst, 1926, S. 57
18 Döcker in: Volkswohnung, 1923, S. 162, vgl. auch Döcker in: Die Bauzeitung, 1926, S. 138
19 Hildebrandt in: Die Bauzeitung, 1927, S. 234; Döckers Kontakt zu H. Hildebrandt, vgl. die Abschnitte 3.1 u. 3.2
20 Vgl. Döcker in: Die Bauzeitung, 1925, S. 15
21 Döcker in: Form, 1925, S. 61 f., vgl. auch die teilweise wörtliche Formulierung Döckers in: Die Bauzeitung, 1925, S. 16
22 Döckers Architekturauffassung ist in der Hauptsache in: Form, 1925, S. 61–74, Die Bauzeitung, 1925, S. 15 f. und 1926, S. 133 ff., Die Volkswohnung, 1923, S. 161 f. und Kurze Betrachtungen über Bauen von Heute, in: Deutscher Werkbund (Hrsg.), ‚Bau und Wohnung' 1927 publiziert worden.
23 In der Zeitschrift ‚Die Form' wurde das Thema von verschiedenen Architekten beleuchtet. Hugo Häring leistet vor Döcker den ersten Beitrag zu dieser Reihe.
24 Döcker in: Form, 1925, S. 74. Die Bedeutung, die Döcker seinen Aussagen in der Zeitschrift ‚Die Form' beimißt, kommt auch dadurch zum Ausdruck, daß er Anfang und Schluß (S. 61, 62 u. 64) dieses Artikels zum Verständnis seiner Architektur in der von ihm konzipierten Ausstellung ‚Richard Döcker/Stuttgart – Bauten und Pläne 1920–1950' verwertet hat.

4.2 Der Grundriß

25 Le Corbusier (1922), 1963, S. 21
26 Döcker, Vom Planen und Bauen, Typoskript, 1945, S. 6
27 Döcker in: Form, 1925, S. 62
28 Döcker, Vom Planen und Bauen, Typoskript, 1945, S. 5 f.
29 Döcker, 42 Wohnhäuser von 8.000 bis 30.000 RM, 1930, S. 365. Angegebene Baukosten für das erweiterbare Haus zwischen 9.000 bis zu 14.000 RM (die beiden Erweiterungsmöglichkeiten sind im Grundriß mit Bauteil 2 und 3 gekennzeichnet)
30 Dieses Gebäude wurde unter der Bezeichnung ‚FaFa' – Bauweise von Jahn in: Bauwelt, 1932 vorgestellt.
31 Veröffentlicht in: Döcker, 42 Wohnhäuser von 8.000 bis 30.000 RM, 1930. Die Baukosten beliefen sich hier zwischen 23.000 und 26.000 RM, vgl. hierzu auch Döcker in: Moderne Bauformen, 1932, S. 361 ff., wo er auszugsweise aus seinem o.g. Buch Entwürfe vorstellt, s. u.a. seine Wohnhäuser, S. 365 u. 433.
32 Einzelne Entwürfe für die geplante Stuttgarter Werkbundausstellung am Kochenhof wurden u.a. von den Stuttgarter Architekten Döcker, Rasch, Eisenlohr & Pfennig, Herre, Keuerleber, Körte, Schneck und Wagner eingereicht. Lichtpausen der projektierten Gebäude befinden sich in der Sammlung des DAM., vgl. auch

zu Seiten 78–98

die Diskussion über die Kochenhofsiedlung in Kapitel 10
33 Döckers Haltung in diesem Entwurfsprozeß wird um so unverständlicher, wenn man bedenkt, daß er mit dem Auftraggeber, einem Stuttgarter Bauunternehmer, näheren persönlichen Kontakt pflegte.
34 Heinz Kaiser, der Stiefsohn von Dr. Richard Poehlmann, berichtete im Februar 1985 von dieser Forderung an Döcker.
35 Gespräch mit Heinz Kaiser, Februar 1985
36 Diese Episode erzählte J. Brenner, Tonbandprotokoll 1985

4.3 Der Baukörper als architektonische Gestaltungsaufgabe

37 Döcker in: Die Bauzeitung, 1925, S. 16
38 Döcker in: Form, 1925, S. 64
39 A.a.O., S. 66. Mit diesen drei Attributen belegt Döcker das Wohnhaus Sebald in Stuttgart von 1923, Abb. 19
40 Döcker in: Form, 1925, S. 69
41 Pehnt 1977, S. 343
42 Ebd., zit. hier Oud, allerdings ohne Quellenangabe
43 Döcker in: Form, 1925, S. 73
44 Die Okuli sind ein Zitat der Bullaugen in der Schiffsarchitektur, wie sie im Neuen Bauen des öfteren zur Anwendung kamen.
45 Döcker in: Die Bauzeitung, 1925, S. 16
46 Die Bauzeitung, H. 30, 1933, S. 358

4.4 Die Betonung der Horizontalen

47 Vgl. u.a. Mendelsohns Haus Dr. Sternfeld von 1923 mit Döckers Haus Koepff von 1924/1925 oder das häufig verwendete Bandmotiv bei Mendelsohn und Döcker
48 Pehnt 1977, S. 343
49 Die verschiedenen Anwendungsvarianten, vgl. bei Haus Koepff, Kapitel 2, Abb. 8–10
50 Der Ziegel ist aufgrund seines kleinen Formats für eine Fassaden- und Flächenstrukturierung ein besonders geeignetes und im architektonischen Expressionismus oft gebräuchliches Baumaterial.
51 Haus Sebald ist vom Typus her ein terrassierter Wohnbau, vgl. hierzu als ‚Vorläufertyp‘

die Baukörpergestaltung von Haus Krauter, 1920/1921, Abb. 17 und Abschnitt 3.3, wie auch den Alternativentwurf zu Haus Sebald, Abb. 48
52 Der Fenstersturz der Friedensschule Trossingen erscheint heute in einer schwarzen Farbfassung.
53 Das ehemalige Hotel Neipp (heute Hotel Schoch) ist im Vergleich zu Döckers Projekt von 1924 bis zur Unkenntlichkeit verunstaltet.
54 Das Traufgesims wurde wie der Fenstersturz später schwarz gefaßt. (vgl. Anmerkung 52)
55 Döcker bevorzugte zumeist einen betonten Dachabschluß, später in Form von Kastengesimsen, wogegen einige seiner zeitgenössischen Kollegen den unauffälligen und fast gesimslosen Dachabschluß bevorzugten.
56 Döckers Entwurfsgedanke war hier vielmehr eine Terrassierung des Baukörpers, vgl. Abschnitt 3.3 sowie Anmerkung 51

4.5 Die Dachform

57 Vgl. Abschnitt 3.4
58 Vgl. z.B. den Entwurf zur Harmonie Trossingen von 1922/1923, Abb. 1 sowie Kapitel 2 und Abschnitt 4.4
59 Schopenhauer, zit. von Gropius in: Bauwelt, 1926, S. 162
60 Gropius in: Bauwelt, 1926, S. 162
61 Döcker in: Form, 1925, S. 68
62 Döcker, Vom Planen und Bauen, Typoskript, 1945, S. 12
63 Eine detaillierte Beschreibung von Haus Vetter s. Abschnitt 4.7
64 Döckers privates Wohnhaus in der Hermann-Kurz-Straße 44 soll im Rahmen dieser Arbeit nicht weiter vorgestellt werden. Der Reiz einer detaillierten Behandlung dieses Gebäudes hätte darin bestanden, alle Elemente als Ganzes zu erfassen, da Döcker hier seine Planungstätigkeit ohne ‚Zensuren‘ eines Bauherren frei entfalten konnte. Weil aber im Nachlaß von Döcker entsprechendes Planmaterial fehlt und es von der derzeitigen Mieterin des Hauses verwehrt wurde, einen Eindruck von der Architektur der Gartenfront sowie der Innenraumwirkung und der festen Ausstattung zu bekommen, mußte leider auf eine Darstellung des Gebäudes verzichtet werden.

4.6 Der kubische Baukörper

65 Vgl. Abschnitt 3.4, Abb. 28
66 Vgl. hierzu: Haus Steiner in Wien, 1910 von Loos. Der Kubus war auch hier grundlegendes Element der Architektur, während die Außenhautgestaltung symmetrisch angelegt war.
67 Vgl. hier z.B. den Windmühlenflügelgrundriß der Harmonie Trossingen von 1922, Abb. 2
68 Vgl. Kapitel 2 u. Abb. 10–11
69 Zu den Skizzen, Abb. 60 links oben u. unten liegen keine Grundrisse vor. Insgesamt existieren fünf Entwürfe zu diesem Projekt. Da sich aber der fünfte Entwurf nur unmerklich vom zweiten unterscheidet, sollen hier lediglich vier Entwürfe vorgestellt werden.
70 Vgl. Abschnitt 4.3
71 Vgl. Vermerk auf Abb. 62
72 Vgl. hierzu Benevolo 1984, S. 563
73 Vgl. Stuttgarter Architektur in: Baugilde, 1929, S. 110, wo auch ein perspektivisches Schaubild des Döckerschen Entwurfes für Hahn und Kolb abgedruckt wurde, a.a.O., S. 112

4.7 Der terrassierte Baukörper

74 Döcker, Terrassentyp, 1929, S. 1
75 Vgl. Döcker, Terrassentyp, 1929, S. 3 und 68. In dieser Arbeit leitet Döcker die Notwendigkeiten des Terrassentyps für die o.a. Gebäudearten her; vgl. auch eine Rezension über dieses Buch in: Baugilde, 1929, S. 1772, in der die Übertragung des Terrassentyps auf Bürogebäude etc. als zweifelhaft gewertet wird.
76 Döcker, Terrassentyp, 1929, S. 3
77 Vgl. Sant' Elia (1914), 1964 und Veronesi 1969, S. 248 f.
78 Auf diese Architekturbeispiele u.a. von Loos, Sant' Elia und Poelzig bezieht sich Döcker selbst in: Döcker, Terrassentyp, 1929, S. 68 u. 167
79 Döcker, Terrassentyp, 1929, S. 3
80 A.a.O., S. 69
81 Vom Gewerbeaufsichtsamt wird heute darauf bestanden, daß von jedem festen Arbeitsplatz aus das Freie sichtbar bleiben muß.
82 S. Abb. 58 und 59, Abschnitt 4.6
83 Nach Aussage von Frau Vetter im Februar 1985 gehörte das Gelände der Hermann-Kurz-Straße 44 ursprünglich mit zu der Grundstücksparzelle von Haus Vetter. Nach der Fertigstellung des Hauses wurde der obere Grundstücksteil zur Hermann-Kurz-Straße an Döcker auf seine Bitte hin verkauft.
84 Zu Haus Vetter s. auch Die Bauzeitung, H. 21, 1929, S. 219 f. und Wetzel 1984, S. 264
85 So gelungen die ausgeführte Architektur ist, so muß doch angemerkt werden, daß laut Aussage von Frau Vetter, Gespräch Feb. 1985, Döcker die veranschlagte Baukostensumme von 40.000,— RM um das Doppelte überzogen hat.
86 Bedauerlicherweise mußte dieser Gedanke in der Ausführung insoweit aufgegeben werden, als daß der östliche Kreisbogen durch eine gerade Mauerführung ersetzt wurde, vgl. Abb. 71 mit 52. Nach Aussage von Frau Vetter, Februar 1985, gingen die ersten Entwürfe davon aus, daß ein Freund von Herrn Vetter das Nachbargrundstück bebauen wollte und beide Häuser in Beziehung zueinander gesetzt werden sollten. Nachdem sich diese Absicht zerschlagen hatte und eine grenzüberschreitende, gemeinsame Nutzung dieses Terrassenbereiches nicht mehr möglich war, ergab sich dieser wenig befriedigende, abrupte Abschluß der Erdgeschoßterrasse an der östlichen Grundstücksgrenze.
87 In seinem Buch: Döcker, Terrassentyp, 1929, ist das Prinzip der Terrassierung des Baukörpers exemplarisch entwickelt.
88 Der Ortsname ist nicht bekannt. Das Projekt nennt Döcker in seinem Buch Terrassentyp, 1929, S. 47, 60, Abb. 94 unter der Abkürzung Fr.; Planunterlagen hierzu fehlen im Plannachlaß.
89 Vgl. Die Bauzeitung, H. 5, 1927, S. 33–36
90 Esmarch gelang es, durch Sonnenbestrahlung Milzbrand- und Typhusbazillen abzutöten, vgl. Döcker, Terrassentyp, 1929, S. 33; über Heilerfolge bei „chirurgischer TB durch Sonnen- und Luftbehandlung" berichtet auch der Chefarzt des Waiblinger Krankenhauses, Dr. Poehlmann, in: Döcker, Terrassentyp, 1929, S. 19
91 In seinem Buch Terrassentyp, 1929, gibt Döcker als Planungsdatum für das Krankenhaus Waiblingen 1926 an. Seine Planzeichnungen hingegen sind auf 1927 und 1928 datiert.
92 Die schematischen Schnitte Abb. 75 A-K entnommen aus: Döcker, Terrassenntyp, 1929, S. 60–63
93 Döcker führt die Entwürfe von Sarrason und Garnier-Lyon zur Herleitung und Begründung des von ihm entwickelten terrassierten Krankenhaustyps an; vgl. Döcker, Terrassentyp, 1929, S. 60–61

211

zu Seiten 122–129

94 Döcker, Terrassentyp, 1929, S. 60
95 Vgl. Döcker, Terrassentyp, 1929, S. 60–63 und Döcker in: Stein, Holz, Eisen, 1930, S. 247 f.
96 Vgl. hierzu auch Ritter 1954, S. 63
97 Die Fensterfrontgestaltung erfolgte nach dem Muster von Dosquet; vgl. hierzu u.a. Ritter 1954, S. 61. Ritter stützt sich wiederum auf Döcker, Terrassentyp, 1929
98 Döcker in: Baumeister, 1931, S. 366
99 Ebd.
100 Ebd.
101 Vgl. Kapitel 2
102 Blake 1969, S. 54, datiert Breuers Entwurf auf 1928; 1929 geben hingegen Smithson, A. und P. 1981, S. 54, als Entstehungsjahr an.
Die Frage, ob Breuer zum Entwurfszeitpunkt des Elberfelder Krankenhauses das Waiblinger Krankenhaus durch Publikationen in der Fachpresse (seit 1927, vgl. Die Bauzeitung, 1927, S. 33 ff.). kannte, – Döckers Buch Terrassentyp, in dem er das Waiblinger Krankenhaus und seine Konzeption einer Idealanlage ausführlich behandelt, erschien 1929 – kann im Rahmen dieser Arbeit nicht näher untersucht werden.

103 Vgl. Döcker, Ausstellungstafel, 1950, a.a.O. und Brief Döckers an Oud vom 8.1.1936. Entwürfe von Le Corbusier für Wohnbauten im Projekt Durand in Algier und für eine Bebauung in Locarno zeigen starke Ähnlichkeiten zur Idealanlage Döckers. Das Projekt Durand wurde 1934 auf einem Werbeblatt für Oeuvre Complete, befindlich im S. Giedion-Archiv, gta der ETH Zürich, s. Bosmann 1987, S. 105, abgebildet. Der Vorschlag für eine Bebauung in Locarno wurde 1942 von Pierrefeu/Le Corbusier 1942, S. 97, publiziert. S. auch Gerosa in: Corriere del Ticino vom 8. Juni 1977 und Gerosa 1978, S. 35 f.
104 Döcker in: Die Bauzeitung, 1928, S. 156
105 Der Chefarzt des Waiblinger Krankenhauses, Dr. Poehlmann, hat noch zur Zeit des Krankenhausabrisses nach dem Zweiten Weltkrieg auf die medizinische Bedeutung der Liegeterrassen hingewiesen und den Abbruch aus diesem Grunde abgelehnt; Gespräch mit Heinz Kaiser, Februar 1985
106 Vgl. Döcker in: Architektur und Wohnform, 1964, S. 404–416

5 Die gute, billige Wohnung – Döckers Anliegen im Einfamilienhaus-, Mietwohnungs- und Siedlungsbau

5.1 Die Wohnungsnot in der Weimarer Republik und Döckers Beiträge zu ihrer Bekämpfung

1 Giedion 1929, S. 6
2 Ebd.
3 Ebd.
4 Benevolo 1984, S. 144
5 Als vertiefende Literatur sei hier auf Benevolo 1984 und Schumacher 1982 verwiesen.
6 Giedion 1929, S. 7
7 Die Genossenschaften waren durch die entsprechenden Regelungen des Genossenschaftsrechtes vom 1.5.1889, vgl. Kraft/Kreutz 1983, S. 248 ff., für die behördlichen Bauämter zu soliden Geschäftspartnern im Wohnungsbau geworden.
8 In Stuttgart existierten 1924 zahlreiche solcher Siedlungsverbände, u.a. der Siedlungsverein Groß-Stuttgart GmbH, der ‚Schwäbische Siedlungs-Verein‘, der Verband der gemeinnützigen Bauvereine Württembergs e.V., die Arbeitsgemeinschaft für gemeinnützige Wohnungsbestrebungen, Stuttgart Baugenossenschaft eGmbH. u.v.a.m.; s. Katalog: Staatliche Beratungsstelle für das Baugewerbe (Hrsg.), Bauausstellung Stuttgart. Amtlicher Katalog und Führer, Stuttgart 1924, S. 218 ff.
9 Zu den Tätigkeiten der Beratungsstelle für das Baugewerbe, s. Katalog ‚Bauausstellung Stuttgart 1924‘, S. 219 f. Die Arbeit der Bauberatungsstelle findet zuweilen eine Konkordanz in der Zielsetzung der Reichsforschungsgesellschaft, die auch um die Erforschung der technischen und wirtschaftlichen Bedingungen bemüht war, den Wohnungsbau, insbesondere den Kleinwohnungsbau zu verbilligen.

zu Seiten 129–135

5.2 Kleinhaus- und Kleinwohnungstypenpläne

10 Döcker, Kleinhaustypenpläne, 1923
11 Vgl. Döcker, Kleinhaustypenpläne, 1923. Das Buch hat keine Seitennumerierung; die folgende Darstellung stützt sich im wesentlichen auf Döckers eigene Aussagen
12 Ebd.
13 Ebd.
14 Ebd.
15 Vgl. u.a. Siedlung Viergiebelweg, Abschnitt 5.3
16 Döcker, Kleinhaustypenpläne, 1923
17 Ebd.
18 Völkers in: Stein, Holz, Eisen, 1928, S. 797
19

Wohnstufe	Wohneinheit We. kleinste = kl. größte = gr.	Nutzfläche insgesamt in qm	Personenzahl Höchstgrenze	Nutzfläche pro Person in qm
I	kl. We.	42,07	4	10,51
I	gr. We.	63,91	4	15,97
II	kl. We.	52,42	6	8,73
II	gr. We.	90,33	6	15,05
III	kl. We.	73,90	9	8,21
III	gr. We.	115,48	9	12,83

s. ‚Zusammenstellung und Vergleich der verschiedenen Ausmaße' von Döckers Wohnungen in: Döcker, Kleinhaustypenpläne, 1923. Zu dieser Thematik s. auch Klein in: Wasmuths Monatshefte, 1931, S. 539; ferner in: Wasmuths Monatshefte, 1927, S. 296–298 sowie in: Zeitschrift für Bauwesen, 1930, S. 239
20 Die beiden Häuser sind im Abschnitt 4.2 eingehender behandelt.
21 Döcker, 42 Wohnhäuser von 8.000–30.000 RM, 1930. Auszugsweise wurde diese Publikation von Döcker auch in: Moderne Bauformen, 1932, S. 361 ff., veröffentlicht.

5.3 Die Einfamilien-, Doppel- und Reihenhaussiedlung – die Stuttgarter Siedlung Viergiebelweg

22 Döcker in: Volkswohnung, 1923, S. 161
23 Ebd.
24 A.a.O., S. 162
25 Döcker in: Form, 1925, S. 74
26 Döcker selbst gibt in seinem Aufsatz zu den Siedlungsbauten und zum Mietshaus in: Die Bauzeitung, 1926, S. 133–141 als Datierung für den Viergiebelweg 1921/1922 an. Desgleichen in seiner Ausstellung ‚Richard Döcker/Stuttgart, Bauten und Pläne 1920–1950' von 1950, a.a.O. Seine Zeichnungen für den Viergiebelweg hat er hingegen mit 1922 und 1923 datiert.
27 Keuerleber wird im Katalog: Staatliche Beratungsstelle für das Baugewerbe (Hrsg.), Bauausstellung Stuttgart. Amtlicher Katalog und Führer, Stuttgart 1924, S. 234, als Vorsitzender des Heimstättenbauvereins genannt. Zu einer Zusammenarbeit von Döcker und Keuerleber kam es laut Aussage von J. Brenner, Tonbandprotokoll 1985, weil Keuerleber kein guter Baupraktiker war, d.h., daß ihm die Bauleitung Schwierigkeiten bereitete; aus diesem Grund beteiligte er Döcker an dem Auftrag. Welche Entwurfsgedanken Döcker und welche Keuerleber zuzuschreiben sind, ist nicht mehr feststellbar. Planungsideen tauchen in späteren Arbeiten Döckers in ähnlicher Form wieder auf, vgl. seine Dissertation, Kleinhaustypenpläne, 1923, Abschnitt 5.2. Ob Döcker darin aber eventuell Baugedanken von Keuerleber rezipiert, kann nicht völlig ausgeschlossen werden. Die Farbgebung der Siedlung Viergiebelweg ist aber wohl ausschließlich Döcker zuzuschreiben. In der Fachpresse blieb die Zusammenarbeit mit Keuerleber unerwähnt, vgl. Döcker in: Die Bauzeitung, 1926, S. 133–41. Die vorhandenen Pläne sind ausschließlich von Döcker signiert.
28 Döcker in: Die Bauzeitung, 1926, S. 135
29 Ebd.
30 Döcker in: Volkswohnung, 1923, S. 161 (identischer Wortlaut in: Die Bauzeitung, 1926, S. 137)
31 Döcker in: Volkswohnung, 1923, S. 161
32 Döcker in: Die Bauzeitung, 1926, S. 137
33 Döcker in: Stein, Holz, Eisen, S. 247. Döcker wiederum zitiert hier die örtliche Baupolizeibehörde. Zur damaligen Kritik am Viergiebelweg vgl. auch Hildebrandt in: Die Bauzeitung, 1927, S. 235, Döcker in: Die Bauzeitung, 1926, S. 135 u. ferner Döcker in: Volkswohnung, 1923, S. 162
34 Döcker in: Die Bauzeitung, 1926, S. 135
35 Vgl. auch Hildebrandt in: Die Bauzeitung, 1927, S. 235
36 Von dem vierfachen Reihenhaus steht heute nur noch das Haus Nr. 7, die anderen drei (Nr. 1, 3, 5) sind durch ein nicht in das Siedlungsensemble passendes Bauvolumen ersetzt worden.
37 Bei den Häusern Viergiebelweg 16 und 18 wurde dieser spitzwinkelige Erker durch einen Umbau entfernt; vgl. auch diese Erkerform am

zu Seiten 139–152

Miethaus Mönchstraße, Abb. 85 und 86, Abschnitt 5.4
38 Vgl. die Siedlung Im Wallmer, Abschnitt 5.5
39 Döcker in: Die Bauzeitung, 1926, S. 138
40 A.a.O., S. 139
41 S. Farbtontafel für die Häuser der Siedlung Viergiebelweg nach den Farbstudien von Richard Döcker im Anhang.
42 Döcker in: Die Bauzeitung, 1926, S. 137
43 Die Farbangaben sind den Aufsätzen von Döcker in: Volkswohnung, 1923, S. 162 und Döcker in: Die Bauzeitung, S. 137 ff. entnommen.
44 Diese Vermutung stützt sich auf Döckers Angaben in: Die Bauzeitung, 1926, S. 138 und auf den Farbleitplan von Anne Schwarz, Ein Restaurierungsvorschlag für den Viergiebelweg. Die Unterlagen befinden sich derzeit im Bauamt/Städtisches Amt für Denkmalpflege in Stuttgart.
45 Döcker in: Volkswohnung, 1923, S. 162
46 Ebd.
47 Im November 1933 verwendet Döcker Typ I nahezu in Grund- und Aufriß identisch für die Planung eines Zweifamilienhauses. Die Frage, ob die Wiederaufnahme dieses Gebäudetyps mit Satteldach aus innerer Überzeugung, politischem Druck oder Anpassung erfolgte, muß offenbleiben.
48 Diese Farbgebung ist durch Döcker selbst in: Die Bauzeitung, 1926, S. 139 und durch zwei seiner Aquarelle zu diesem Projekt, befindlich im Plannachlaß von Richard Döcker im DAM Frankfurt, belegt.
49 Welchen Beitrag Döcker zur Siedlung Ostendstraße geleistet hat, ist ungeklärt. Die Art der Farbgebung weist indes stark auf Döckers Gestaltungsabsichten hin.

5.4 Stuttgarter Miethäuser

50 Döcker in: Volkswohnung, 1923, S. 162
51 Erläuterungen von Döcker zum Miethaus Mönchstraße in: Bauwelt, 1926, S. 324 f.
52 Döcker in: Die Bauzeitung, 1926, S. 133 Die Gebäude an der Mönch- und Gebelsbergstraße wurden in Ansichten und Grundriß in Wasmuths Monatshefte, 1923, S. 143 f. vorgestellt.
53 In der Ausführung ist der nordwestliche Balkon vorhanden, obgleich er im Grundriß vom April 1922 noch nicht vermerkt ist.

54 In einer weiteren Vorstudie zur Farbigkeit des Miethauses an der Gebelsbergstraße schlug Döcker eine rosa Farbgebung für den südöstlichen, eine hellgelbe für den nordwestlichen Bauteil, sowie ein Hellblau für das Treppenhaus vor. Anmerkungen zum Ausführungszustand s. Döcker in: Die Bauzeitung, 1926, S. 133

5.5 Der Zeilenbau im Oeuvre Döckers – die Siedlungen Dammerstock, Karlsruhe und Im Wallmer, Stuttgart

55 Döcker, Formbild der Planfiguren, 1950, in: Die Bauzeitung, 1950, S. 8
56 Ebd.
57 Döcker in: Die Bauzeitung, 1929, S. 524. Die tatsächliche Beurteilung des Wohnwertes mag nicht besser als durch einen zeitgenössischen Witz zum Ausdruck kommen, in dem es heißt, daß ein Bewohner der Dammerstock-Siedlung im Laden nach einem Nachttopf verlangte, woraufhin der Verkäufer ihm empfahl, aus Platzgründen den mit den Henkeln nach innen zu nehmen; berichtet von Clara Schroedter, seinerzeit wohnhaft in Karlsruhe.
58 Völter in: Baugilde, 1929, S. 176
59 Behne in: Die Form. 1930, zit. nach Katalog: Waetzold; Haas, Tendenzen der Zwanziger Jahre, 1977, S. 2/125 f.; Huse 1975, S. 95, weist darauf hin, daß sich Behne nicht gegen den Zeilenbau an sich wende, sondern nur gegen dessen ‚Verabsolutierung' und bemerkt ferner, daß diese Form des Zeilenbaus „nicht die in den Programmen beschworene Befreiung, sondern neuen Zwang" bedeute. Vgl. zum Thema Zeilenbau und Siedlung Dammerstock auch Klotz, Moderne und Postmoderne, 1984, S. 36 ff.
60 Vgl. Stein, Holz, Eisen, 1928, S. 633 und 849. Neben Döcker waren zur Wettbewerbsteilnahme direkt Gropius, Haesler, Herkommer, Mebes, Oud, Roeckle und Schmechel eingeladen.
61 A.a.O., S. 633
62 Döcker, Formbild der Planfiguren, 1950, S. 9
63 Der notwendige Gebäudeabstand im Zeilenbau, vgl. Fischer in: Stein, Holz, Eisen, 1930, S. 373
64 1984/1985 wurde die Siedlung restauriert. Der Anstrich des mittleren Zeilenblocks zeigte noch den Vorzustand in der Farbigkeit. Die Malerarbeiten an der rechten Seite waren bereits ab-

geschlossen, doch erfolgte die Farbrestaurierung vermutlich nach dem Originalbefund.
65 Vgl. Döcker, Kommentar auf der Ausstellungstafel, 1950, a.a.O.
66 Vgl. Stuttgarter NS-Kurier vom 15. Juli 1935, S. 3
67 Stuttgarter NS-Kurier, Abendausgabe, vom 13. Juni 1935, S. 4

5.6 Döckers Mitwirkung an der Stuttgarter Werkbundausstellung ‚Die Wohnung', Am Weißenhof (1926/1927)

68 Döcker in: Bauwelt, 1928, S. 269
69 Stotz war seinerzeit Geschäftsführer der Arbeitsgemeinschaft des württembergischen Werkbundes; Sigloch war bautechnischer Bürgermeister von Stuttgart; der Fabrikant Bruckmann trat als Mäzen der Weißenhofsiedlung auf.
70 Döcker, Gesprächsprotokoll, in: Joedicke; Plath 1968 und B. Rasch, Tonbandprotokoll 1985
71 Stadtrat Eberle und Beck-Erlang, Gesprächsprotokoll, in: Katalog: BDA, Richard Döcker 1894–1968, 1982, S. 16
72 Amtsblatt der Stadt Stuttgart zugleich Amtsblatt der Bezirksbehörden, Nr. 34 vom 23. März 1926, öffentliche Sitzung des Gemeinderates vom 18.3.1926, S. 151
73 Ebd.
74 Joedicke; Plath, in: Katalog: BDA, Richard Döcker 1894–1968, 1982, S. 14
75 Nach Aussage von B. Rasch, Tonbandprotokoll 1985, hatte die Stadt Stuttgart zur Auflage gemacht, daß zwei Stuttgarter Architekten an dem Projekt beteiligt sein sollten.
76 Döcker, Kurze Betrachtungen über Bauen von Heute, in: Deutscher Werkbund (Hrsg.), Bau und Wohnung, 1927 und Döcker, in: Bauwelt, 1928, S. 271. Hier äußerte er, daß die Handwerker in den Weißenhofhäusern häufig Fenstervorreiber mit Akanthusblatt-Motiven montieren wollten. Diese Art waren die handelsüblichen, und von der Industrie wurden nur zwei Modelle angeboten, die den Ausstellungsabsichten der Werkbundsiedlung entsprochen hätten.
77 Döcker in: Bauwelt, 1928, S. 269
78 Amtsblatt der Stadt Stuttgart zugleich Amtsblatt der Bezirksbehörden, Nr. 34 vom 23. März 1926, öffentliche Sitzung des Gemeinderates vom 18.3.1926, S. 151
79 Nach Ansicht von Bodo Rasch fiel die Wahl auf Döcker und nicht auf Schneck, der auch in Stuttgart lebte, weil Schneck bis dahin nur wenige Bauten zur Ausführung gebracht hatte.
80 Döcker, Gesprächsprotokoll, abgedruckt in: Joedicke; Plath 1968, S. 5, Krause in: Bauwelt, 1980 und Roth (1927), 1977
81 Döcker in: Bauwelt, 1928, S. 269 f.
82 A.a.O., S. 271
83 Diese Angaben gehen aus einem Brief Döckers an Behne hervor, worin er bemerkt, daß aber auch die Wohnblöcke von Mies und Behrens voraussichtlich 10 bis 20 Tage nach Ausstellungseröffnung fertig seien, vgl. Brief Döckers an Behne vom 25.4.1927
84 Hinsichtlich der Austrocknung hätten die Häuser sofort bezogen werden können. „Die Eigenschaft völliger Trockenheit war außerdem wegen der sofortigen Möblierung unerläßlich und damit ein Hauptaugenmerk für die Wahl und den Vorschlag der Baumethoden. Künstliche Austrocknung kam nur bei einem Bau in Frage." Döcker in: Bauwelt, 1928, S. 270
85 Für die Möblierung war Döcker als Bauleiter nicht mehr zuständig. In seinen Häusern stellte Döcker eigene Möbelentwürfe vor, vgl. Gräff 1928, S. 72 f. und 95. Die Einrichtungen der Wohnungen wurden auch Architekten übertragen, die selbst kein Gebäude in der Weißenhofsiedlung gebaut haben. Genannt sei hier die Kollektivgruppe Schweizer Architekten, die im Auftrag des Schweizer Werkbundes, unter Leitung von Max Ernst Haefeli, einige Wohnungen im Block Mies van der Rohes eingerichtet hat; s. Material im HMS – Archiv, gta der ETH Zürich und Mehlau-Wiebking; Rüegg; Tropeano 1989, S. 34 f., 78, wo die Entwürfe der Kollektivgruppe Schweizer Architekten vorgestellt werden.
86 Das Verhältnis zwischen Döcker und Mies war äußerst gespannt.
87 Döcker, Gesprächsprotokoll, abgedruckt in: Joedicke; Plath 1968, S. 6
88 Begrüßungsrede des Stuttgarter Oberbürgermeisters, Dr. Lautenschlager, anläßlich der Ausstellungseröffnung, abgedruckt in: Amtsblatt der Stadt Stuttgart zugleich Amtsblatt der Bezirksbehörden, Nr. 84, vom 26. Juli 1927, Werkbund-Ausstellung ‚Die Wohnung'
89 Ministerialrat Dr. Wölz teilte dies im Auftrag der Reichsregierung mit, ebd.

zu Seiten 159–170

90 Selbst die Steildächer Schmitthenners waren unüblich und galten als französisches Walmdach, vgl. Schwäbische Tagwacht vom 27. August 1932
91 Döcker, Kurze Betrachtungen über Bauen von Heute in: Deutscher Werkbund (Hrsg.), Bau- und Wohnung, 1927, zit. aus: Katalog: BDA, Richard Döcker 1894–1968, 1982, S. 28 f.
92 A.a.O., S. 29
93 Die Kücheneinrichtungen nach „holländischem und Frankfurter Muster" mit einer Durchreiche, wie sie auf der Werkbundausstellung ‚Die Wohnung', 1927, gezeigt wurden, hob Platz (1927) 1930, S. 79, als besondere „Errungenschaften der Arbeitsersparnis" hervor.
94 Döcker in: RFG, Bericht über die Siedlung in Stuttgart am Weißenhof, 1929, S. 72
95 Döcker in: Form, 1927, S. 284
96 A.a.O., S. 284 f.; vgl. auch nahezu gleichen Wortlaut von Döcker, Kurze Betrachtungen über Bauten von Heute in: Deutscher Werkbund (Hrsg.), Bau und Wohnung, 1927, zit. aus Katalog: BDA, Richard Döcker 1894–1968, 1982, S. 28
97 Die Zickzackbauweise des Ingenieurs Feifel „sieht vor für Decken-, Außen- und Innenwandkonstruktionen eine in Zickzackform zusammengenagelte und an beiden Enden mit Stirnbrettern oder sog. Schwellen versehene aus Brettern bestehende Tafel von beliebiger Größe. Die Höhe der Zickzacken wird je nach der Beanspruchung als Decke, als nicht tragende Innen-, oder als tragende Außenwand bemessen (6–20 cm). Die Innenwandflächen werden in Gipsdielen genagelt und leicht überscheibt. Die Außenwände erhalten zunächst einen Bezug von Asphaltpapier, eine Bekleidung von Drahtziegelgewebe, die dreieckigen Hohlräume werden mit trockenem Bimskies ausgefüllt und der Außenputz aufgebracht. In ähnlicher Weise werden die Decken ausgefüllt, gelattet und mit den entsprechenden Belägen versehen". Zit. nach: Döcker, in: Bauwelt, 1928, S. 272. Zum Konstruktionsprinzip der Zickzackbauweise von Feifel s. auch Rasch, B. und H. (1927), 1928, S. 81 ff.; Katalog: Deutscher Werkbund, Die Wohnung, Amtlicher Katalog, 1927, S. 49 f. und Stegemann in: Die Bauzeitung, 1927, S. 304 f.
98 Rasch, 1981, S. 3 und info bau, H. 2, 1983, S. 21
99 Die Stützmauer an der Straße und die Garage sind vermutlich noch Reste der ursprünglichen Bausubstanz. Der derzeitige Eigentümer bestätigte diese These, Gespräch mit dem Eigentümer, Februar 1985.
100 Völkischer Beobachter vom 30. März 1932
101 In: Schuster, Schwäbisches Heimatbuch, 1941, ist eine Fotomontage abgedruckt, in der Araber in Landeskleidung und Kamele das Straßenbild in der Rathenaustraße/Weißenhofsiedlung beherrschen.
102 Schwäbische Tagwacht vom 27. August 1932 und Stuttgart NS-Kurier vom 15. Juli 1935, S. 3
103 Joedicke; Plath 1968, S. 59
104 Schmitthenner in: Stuttgarter Neues Tagblatt vom 5. April 1933

6 Schulbauentwürfe

1 Die Auffassungen in Pädagogen- und Architektenkreisen gehen bezüglich der Ausrichtung der Klassenräume sehr auseinander und stehen sich in der Bevorzugung der Süd- oder Nordstellung der Klassen kontrovers gegenüber; vgl. hierzu u.a. Splett; Wirsing 1953; Otto 1961; Roth 1957; Brödner; Kroeker 1951; Architektur-Wettbewerbe, Heft 45, 1966; Neufert 1944, S. 154 f.; Bauen und Wohnen 1951, dort Schmidt, S. 209, und Meyer, S. 10 ff. und Schulwettbewerbe 1950, S. 157 ff.

2 Döcker in: Die Bauzeitung, 1925. Das Gebäude der Friedensschule enthält eine Reihe interessant gestalteter Details, auf die in Kapitel 7 noch eingegangen wird, s. auch Abschnitt 4.4
3 Die Entwürfe datierte Döcker unterschiedlich; in der Ausstellung von 1950 auf 1928, sonst auf 1929. Die Originalzeichnungen liegen im DAM nicht vor.
4 Mit dieser Begriffsbezeichnung betitelt Döcker den zugehörigen Entwurf, Abb. 105.
5 Im Vergleich zu einer Entwurfsveröffentli-

zu Seiten 170—181

chung dieses Projektes, Döcker in: Bauwelt, 1931, S. 32 und Döcker, Ausstellungstafeln, 1950, a.a.O., Abb. 106 oben) wurde in einem anderen Entwurf, der sich im Original im DAM Frankfurt befindet (Abb. 108), das Gebäude spiegelbildlich dargestellt. Die Stellung im Gelände ist annähernd die gleiche, nur daß die Biegung der langgestreckten ‚Pavillonkette' eine Stellung aller Klassen in südlicher Richtung ermöglichte, während in der publizierten Darstellung von der besonderen Geländebeschaffenheit abstrahiert, die Gebäude begradigt und mit den Stirnseiten auch konsequent nach Süden ausgerichtet wurden.
6 Döcker in: Bauwelt, 1931, S. 32
7 Vgl. dazu Neufert, 1944, S. 148 und S. 282, Figur 3—8, der sich hier auf Quellen stützt, in der die Frage der Klassenzimmergröße und Bestuhlung aktuelles Diskussionsthema war, s. Moser in: Werk, 1932, S. 129; Schulbauforderungen, erarbeitet von der Gesellschaft der Freunde des vaterländischen Schul- und Erziehungswesen in Hamburg 1929.
8 Die Entwicklung des sogenannten Schustertyps geht auf Franz Schuster aus Wien zurück. Diesen Bautyp hatte er mit der Volksschule in Niederursel bei Frankfurt/M 1929 zur Ausführung gebracht. Döcker bewertet Schusters Schulbau als Anfang „für eine neue Organisationsform des Schulhauses", Döcker, in: Die Bauzeitung, 1929, S. 522
9 Döcker, Ausstellungstafeln, 1950, a.a.O.
10 Neufert 1944, S. 154, Figur 5
11 Döcker in: Die Bauzeitung, 1929, S. 522 f.
12 Vgl. u.a. Literatur in Anm. 1

7 Konstruktion, Material, Detail

1 Döcker in: Form, 1925, S. 72
2 Ebd.
3 Ebd.
4 Genannt sei beispielsweise die Verwendung der Feifel-Bauweisen, vgl. Abschnitt 5.6
5 Döcker in: Form, 1925, S. 73
6 Nach B. Rasch, Tonbandprotokolle 1984 und 1985, hat Döcker vermutlich während des Zweiten Weltkrieges zusammen mit Ernst Neufert an diesem Problem gearbeitet. Daß ihm diese Materie durchaus vertraut war, geht auch aus seinem Aufsatz ‚Hochbauordnung, Baueinheitsmaß, Maßordnung' hervor, vgl. dazu Döcker in: Bauen und Wohnen, 1947 und Döcker in: Der Baumeister, 1947, S. 325 ff.
7 Döcker in: Form, 1925, S. 73
8 Ebd.
9 Ausführender Architrekt des Hauses Jacques de Jaager war zwar 1921/1922 R. Steiner, doch basieren seine Entwürfe teilweise auf Skizzen von de Jaager selbst, die dieser vor seinem Tode im Jahre 1916 fertigte. Ein Vergleich mit dem Treppenhaus der Casa Anatta, 1904 unter Leitung von Henri Oedenkoven auf dem Monte Verita bei Ascona, Tessin erbaut, läßt das Dornacher Treppenhaus als eine Weiterentwicklung des Tessiner erscheinen, vgl. Katalog: Szeemann Monte Verità, o.J., S. 123. Döcker erhielt seine Anregungen für die Treppenhäuser der Friedensschule in Trossingen vermutlich ausschließlich von der Architektur Steiners. Es scheint ausgeschlossen, daß er die Casa Anatta persönlich kennengelernt hat, J. Brenner, Tonbandprotokolle 1985.
10 Döcker, Vom Planen und Bauen, Typoskript, 1945, S. 7
11 Auf die Zusammenarbeit Döckers mit Valentin wies Heinz Kaiser, Gespräch im Februar 1985, hin; vgl. hierzu auch den entsprechenden Gartenplan zu Haus Poehlmann in Waiblingen von 1932.
12 Döcker in: Form, 1925, S. 72

8 Möbel, Ausstattungs- und Reklamedesign

1 Döcker in: Form, 1925, S. 73
2 Vgl. u.a. Abb. 60 und 102c (Raum zwischen Bad und Schlafzimmer)
3 Herrmann in: Baugilde, 1929, S. 1669 f. und Watson 1979, S. 284 f.
4 Buddensieg in: Rassegna, 1983, S. 16, und Dö-

217

zu Seiten 181–196

cker in: RFG, Bericht über die Siedlung in Stuttgart am Weißenhof, 1929, S. 99
5 Die Häuser in der Siedlung Viergiebelweg von 1922/1923 waren beispielsweise damit ausgestattet; vgl. Abschnitt 5.3
6 Die o.a. Maße verwendete er bereits 1927 bei Haus Kilpper. Im eigenen Wohnhaus in der Hermann-Kurz-Straße 44 lag er mit dem blauweiß gestrichenen Küchenmöbiliar von 80 cm Höhe etwas darunter.
7 Döcker: in RFG, Bericht über die Siedlung in Stuttgart am Weißenhof, 1929, S. 99 und 101 und Müller-Wulckow (1928), 1975, S. 26
8 Döcker in: Architektur und Wohnform, 1951/1952, S. 52
9 Als Beispiel für die Verwendung dieses Motivs in der Architektur vgl. hierzu u.a. Haus Vetter, Abb. 70, 71, und Haus Kilpper, Abb. 68, 69. Das gleiche Gestaltungselement taucht auch an Mendelsohns Gebäuden auf, wie beispielsweise beim Stuttgarter Kaufhaus Schocken von 1926/1927.
10 Vgl. Tonbandprotokolle mit J. Brenner, 1985 und M. Döcker-Korfsmeier, 1985
11 Döcker in: Architektur und Wohnform, 1959 I, S. 32
12 Vgl. Abschnitt 4.6
13 Publiziert wurde diese Studie in: Wasmuths Monatshefte, 1923, S. 145. Döcker zählte auch zu den Mitwirkenden der Stuttgarter Werkbundausstellung ‚wohnbedarf' 1932, vgl. Katalog: Deutscher Werkbund, wohnbedarf, 1932
14 Brief Döckers an Baumeister vom 3.4.1935
15 Brief Nägeles an Döcker vom 31.7.1924 und Brief Döckers an Nägele vom 10.8.1924
16 Reinhardt in: Form, 1929, S. 74
17 Schnarrenberger, zit. in: Form nach: Die Bauzeitung, 1928, S. 413
18 Das Gebäude wurde im Krieg zerstört und später von Döcker und Schmohl durch einen Neubau ersetzt.

9 Döcker als Zeichner

1 Döcker, Vom Planen und Bauen, Typoskript, 1945, S. 6
2 A.a.O., S. 7
3 A.a.O., S. 6
4 Angaben zu den Publikationen und dem Ausstellungsort der Turmhausstudien, s. Abschnitt 3.4
5 Döcker, Ausstellungstafeln, 1950, a.a.O.
6 Ebd.
7 Das Blatt zeichnete ein Mitarbeiter Döckers (Signatur: Wi)
8 Über die hier genannten Arbeiten berichtete M. Döcker-Korfsmeier, Tonbandprotokoll 1985.

10 Richard Döcker ab 1933

1 B. Rasch, Tonbandprotokoll 1984
2 Ebd.; ferner wies B. Rasch, Tonbandprotokoll 1985, darauf hin, daß er zunächst an dem Projekt gearbeitet, später aber alle Unterlagen an Döcker weitergegeben habe.
3 Im Abschnitt 4.2 werden Döckers Entwürfe für die Kochenhofsiedlung vorgestellt.
4 Vgl.: Eine Erklärung des Deutschen Werbundes vom 27. März 1933, Döcker in: Stuttgarter Neues Tagblatt, Morgenausgabe vom 11. April 1933 und Döcker in: Schwäbischer Merkur vom 9. April 1933
5 Döcker in: Schwäbischer Merkur vom 9. April 1933
6 Schmitthenner, Gutachten vom 8.3.1933, auch abgedruckt in: Stuttgarter Neues Tablatt/Morgenausgabe vom 23. März 1933, S. 5
7 Ebd.
8 Ebd.
9 Ebd.
10 Ebd.
11 Eine Erklärung des Deutschen Werkbundes vom 27. März 1933, Döcker in: Stuttgarter Neues Tagblatt, Morgenausgabe vom 11. April

1933 und Döcker in: Schwäbischer Merkur, vom 9. April 1933

12 Vgl. Einleitung der Redaktion zu Schmitthenners Artikel in: Stuttgarter Neues Tagblatt, Morgenausgabe vom 2. März 1933, S. 5. In einem Brief an Mendelsohn vom 31.3.1933 schrieb Döcker, daß der „Kampfbund für deutsche Kultur, hinter welchem Schmitthenner allererst steht (...), die Werkbundausstellung ‚Das deutsche Holz' auf infamste Weise verboten" hat, und daß er „alle Handhaben, die es gibt, in dem Kampf gegen Schmitthenner" benötige.

13 Briefe Döckers an Strölin vom 5.5.1933, sowie an Schmitthenner vom 8.4.1933; vgl. hierzu die Auszüge der Korrespondenz Döckers und Schmitthenners in Abschnitt 3.1

14 Brief Döckers an Schlemmer vom 30.12.1933

15 Brief Döckers an Mendelsohn vom 17.12.1933

16 Brief Döckers an Mendelsohn vom 1.12.1934

17 Ebd.

18 B. Rasch, Tonbandprotokoll 1985

19 Brief Döckers an Mendelsohn vom 7.5.1935

20 Brief Döckers an Mendelsohn vom 26.11.1935

21 Tonbandprotokolle: M. Döcker-Korfsmeier, 1985; J. Brenner, 1985; B. Rasch, 1984 und 1985

22 Brief Döckers an Mendelsohn vom 7.5.1935; Döckers Äußerungen beziehen sich zwar auf die durch Emigration veränderte Situation der Familie Mendelsohn, es ist aber anzunehmen, daß hier hauptsächlich eigene Beweggründe für das Bleiben ausgedrückt werden.

23 Brief Döckers an Mendelsohn vom 14.1.1936

24 Brief Döckers an Schlemmer vom 30.5.1937

25 J. Brenner berichtete, daß Camille Graeser, Zürcher Maler, ihm von Döckers Lebensfreude erzählte und nach dem Krieg feststellen mußte, daß Döcker diese Eigenart verloren hatte. J. Brenner, Tonbandprotokoll 1985

26 Brief Döckers an Keuerleber vom 5.5.1945

27 Vgl. Abschnitt 5.1

28 B. Rasch, Tonbandprotokoll 1984

29 Döcker, Was ist Aufbau?, Stuttgarter Tagespresse, 1949

30 Ebd.

31 Vgl. Döcker in Architektur und Wohnform, 1954, S. 154 f.; die „Stümperhaftigkeit" der Rekonstruktion bezieht sich auf Bonatz' Wiederherstellungsplan für Fischers Kunstgebäude.

32 Brief Döckers an M. Wagner vom 25.6.1950

33 Vgl. hierzu Döcker in: Baukunst und Werkform, 1960

Farbtontabelle für die Siedlung Viergiebelweg nach den Farbstudien von Richard Döcker, 1922/1923

Farbstudie Nr.	Gebäudefront	Farbabstufungsrichtung	Haus Nr. 187	bis	Haus Nr. 195
Häuserzeile Birkenwaldstraße 187–195:					
I	alle Fronten	einheitlich weiß			
II	Süd	Süd-Nord	ocker/braun, dunkelbraun		gelb, sand/hellbraun,
III			ocker	191 orange	gelb,
IV			(Veranden wie Farbgebung der Ostseiten)		
V					
IV u. VIII	West	Süd-Nord	hellrosa, dunkelrosa		leuchtendrot, leuchtendrot,
VI					hellblau,
VI bis VIII	Nord	Süd-Nord	leuchtend dunkelblau		dunkelblau/grau,
III	Ost	Süd-Nord	hellblau		dunkelblau/grau,
V	Ost	Süd-Nord	hellblau/grau	191 hell-mittelblau mittelblau/grau	
VII	Ost		hellblau		dunkelblau,
Häuserzeile Viergiebelweg 2–8:					
I	alle Fronten	Süd-Nord	warmes mittleres rot, kaltes dunkelrosa, beige/hellbraun, beige/hellbraun, hellbeige,		warmes hellrosa, kaltes hellrosa, braun, mittelbraun, dunkelbraun,
III	Süd	Süd-Nord			
IV					
V					
IV	West	Süd-Nord	warmes mittleres rot, dunkelorange, dunkelorange,	4 dunkelorange	gelb, gelb,
VI					gelb,
VII				6 dunkelgelb	
VI bis VIII	Nord	Süd-Nord	warmes mittleres blau, mittleres rosa		hellblau, violett/blau
III	Ost	Süd-Nord			
V	Ost	Süd-Nord	hellrosa	6 dunkelrosa	dunkelviolett/rot
VII			(Veranden wie Farbgebung der Südseiten)		

Farbtontabelle für die Siedlung Viergiebelweg nach den Farbstudien von Richard Döcker, 1922/1923

Farbstudie Nr.	Gebäudefront	Farbabstufungsrichtung	Haus Nr.		bis		Haus Nr.
Reihenhäuser Viergiebelweg 1–7:							
I	alle Fronten	einheitlich hellgrün					
II		einheitlich kaltes-hellblau/grün					
III bis VIII		einheitlich weiß					
Häuserzeile Viergiebelweg 10–24:							
I	alle Fronten	Ost-West (Haus Nr. 10–14) Süd/Ost-Nord/West Haus Nr. 16–24)	10 dunkles mittleres dunkleres rot orange		12 u. 14 mittleres rot, hellorange		24 warmes hellrosa
II					16 gelb		weiß/gelb
II			(s. verwandte Farbtöne (rosa, rot) von Viergiebelweg 2–8)				
Häuserzeile Viergiebelweg 9–23:							
I	alle Fronten	Ost-West	9 leuchtendes dunkelblau, mittleres gelb				23 hellblau
II							gelb/weiß

Das aus dieser Straßenflucht zurückversetzte Gebäude, Saumweg 10, mit einem dunkelrosa Anstrich, sowie das am Ende der Häuserzeile, giebelständig zum Viergiebelweg stehende, weiß verputzte Haus fallen in der Farbstudie I farblich zu den Doppelhäusern aus dem Rahmen.
In der Farbstudie II bilden diese separat stehenden Gebäude zusammen mit der Häuserzeile Viergiebelweg 9–23 in nuancierten Tönen von dunkelgelb zu weiß ein farbliches Ensemble.

221

Werkkatalog bis einschließlich 1933

Genannt ist jeweils das Jahr des Planungsbeginns eines Projektes.
Die Datierung basiert auf den Datenangaben der Originalpläne, die sich im Deutschen Architekturmuseum in Frankfurt am Main befinden (durch entsprechende Projektnummern gekennzeichnet).
Die übrigen Daten stützen sich auf Döckers eigene Angaben (Ausstellungstafeln; Richard Döcker/Stuttgart – Bauten und Pläne 1920–1950, Stuttgart 1950) und wurden darüber hinaus weitgehend durch die Literatur oder anderweitige Quellen bestätigt oder korrigiert.
Aus Gründen der Übersichtlichkeit wurden die im Text genannten Projekte nach 1933 ebenfalls aufgenommen.
Dieses Verzeichnis erhebt keinen Anspruch auf Vollständigkeit, da viele Planunterlagen nicht mehr existieren. In einigen Fällen konnte das Werkverzeichnis nur mit Hilfe von Literaturhinweisen ergänzt werden.

Jahr	Projekttitel	Ort	Bauaufgabe	Projekt Nr.
1917	Kirchenentwurf Arbeit als Student	Stuttgart	Kirche	
1918	Wettbewerbserfolge, 2. Preis	Weil im Dorf		
1919	Möbel			1
	Bebauung des ehem. Geländes des Freiherrn v. Gemmingen-Hornberg	Stuttgart	Städtebau, Typenhäuser	
1920	Haus Krauter	Plüdershausen	Wohnhaus	11.I
	Vorschlag für ein Messehaus	Frankfurt	Messegebäude	
	Fabrik Schachenmeyer	Salach	Fabrikumbau	
	Kinderheim	Hemmingkofen	Kinderheim	
	Kirchenentwurf für die Regierungsbaumeisterprüfung		Kirche	
	Sternbau	Stuttgart	Büro-, Messe- oder Wohnhochhaus	
1921	Vorschlag zu einem Landhaus		Wohnhaus	32A
	Genereller Entwurf zu einem Bürogebäude		Bürogebäude	32B
	LEG-Miethaus Mönchstraße	Stuttgart	Miethaus	18
	Hahn und Kolb Königstraße	Stuttgart	Geschäftshaus	3
	Turmhausstudien	Stuttgart	Turmhäuser	

1922	Harmonie Trossingen	Trossingen	Vielzweckgebäude	2
	Klumpp	Ebersbach	Büroanbau	5
	Roth und Paschkis	Stuttgart	Büroeinbau	8
	Gemeindeverband	Tuttlingen	Verwaltungsgebäude	14
	Weberei	Mössingen	Weberei	9
	Fabrik Ebersbach	Ebersbach	Fabrik	7
	Kunsthandlung	Stuttgart	Umbau, Laden und Möbel	6
	Miethaus Gebelsberg	Stuttgart, Gebelsberg/ Schickardtstraße	Miethaus	11.I
	BHV-Siedlung Viergiebelweg	Stuttgart, Viergiebelweg/ Obere Birkenwaldstraße	Siedlung, Typenhäuser	11.II
	Siedlung Sonnenbergstraße	Stuttgart, Sonnenbergstraße im Kühnle	Siedlung, Typenhäuser	
	Raumstudie und Möbel für die Werkbundausstellung	Stuttgart	Raumstudie und Möbel	
1923	Haus Göhrum	Stuttgart	Wohnhaus	12
	Haus Sebald	Stuttgart	Wohnhaus	13
	Typenpläne für Einzel-, Doppel-, Reihen- und Miethäuser		Kleinwohnungen, Typenhäuser	
	Friedensschule	Trossingen	Schule	15
1924	Haus Junghans	Villingen	Wohnhaus	16
	Haus Koepff	Göppingen	Wohnhaus	22
	Sofia		Wohnhaus	25
	Haus Bechthold	Trossingen	Wohn- und Geschäftshaus	20
	Haus Messner	Trossingen	Gasthaus	19
	Hotel Neipp	Trossingen	Hotel	21
	Buschle	Stuttgart	Ausstellungsgebäude, Möbelfabrik Umbau	17
	Turnhalle Kirchberg	Kirchberg a. Jagst	Turnhalle und Festsaal	23
	Dr. Fahr	Stuttgart	Möbel	24
	Ausstellungshalle für die Bauausstellung	Stuttgart	Ausstellungsgebäude	
	Geschäftshaus am Bahnhofsplatz/Hindenburgplatz	Stuttgart	Geschäftshaus	
	Brücke über die Limmat	Schweiz	Brücke	
1925	Haus Weil	Hechingen	Wohnhaus	31
	Haus Hellwig Sofia		Wohnhaus	32
	Haus Eberhard	Ebersbach	Wohnhaus	33
	Haus Merz	Trossingen	Wohn- und Geschäftshaus	34
	Haus Wissner	Ebersbach	An- und Neubau, Aufstockung	30
	Fabrik Urach	Urach	Fabrik	26A
	Geschäftshaus Kohle	Hechingen	Geschäfts- und Fabrikbau	29
	Bezirkskrankenhaus Urach	Urach	Krankenhaus	26
	Krankenhauserweiterung	Fr.	Krankenhaus	
	O/A Sparkasse	Tuttlingen	Sparkassengebäude	27
1925	Schulhaus	Bissingen/Hohenzollern	Schule mit Lehrerwohnung	28
	Studien zur Bebauung des Münsterplatzes in Ulm a.D.	Ulm a.D.	Städtebau	

Jahr	Name	Ort	Typ	Nr.
1926	Haus Straub	Ebersbach	Wohnhaus	38
	Häuser auf der Werkbundausstellung Am Weißenhof	Stuttgart, Weißenhofsiedlung, Haus C8 zerstört, C9 weitgehend zerstört	Wohnhäuser	
	Miethaus Rotenbergstraße	Stuttgart	Miethaus	37
	Lichthaus Luz,	Stuttgart, Königstraße	Geschäftshaus	39
	Stuttgarter Baugeschäft, Doppelwohnhaus am Hang	Stuttgart	Doppelwohnhaus	42
	Flughafen, Empfangsgebäude mit Hotel	Böblingen	Empfangsgebäude mit Hotel	
	Gesamtprojekt für die Hangbebauung am Killesberg	Stuttgart	Städtebau	
	Buschle	Stuttgart	Möbelfabrik, Büroeinbau und Stockaufbau	35
	Haus Kauffmann	Ebersbach	Gartentor	36
1927	Haus Dr. Kilpper	Stuttgart, Pischeckstraße	Wohnhaus	43
	Haus Kämmerer	Stuttgart	Wohnhaus	45
	Haus Vetter	Stuttgart, Obere Birkenwaldstraße	Wohnhaus	47
	Haus Fleischner	Eislingen/Fils	Miethaus	41
	Bezirkskrankenhaus Waiblingen	Waiblingen	Krankenhaus	40
	Idealanlage/generelle Entwürfe für ein Krankenhaus		Krankenhaus	
	Bezirkskrankenhaus Maulbronn	Maulbronn	Krankenhaus	44
	Wasserturm	Ammertal, Schönbuch	Wasserturm	48
1928	Haus Gutmann	Göppingen	Wohnhaus	49
	Haus Dr. Döderlein	Stuttgart	Wohnhausumbau	50A
	Haus Dr. Wolf	Stuttgart	Wohnhaus mit Praxis	50B, 50C
	Haus Gerlach	Stuttgart-Feuerbach	Wohnhaus	51
	Verandaanbau	Ernsbach	Anbau	54
	Buschle	Stuttgart	Fabrikanbau	46
	Weberei Pausa	Mössingen	Weberei	52
	Kaufhaus Breuninger	Stuttgart	Kaufhaus, Erweiterungsbau	53
	Dammerstocksiedlung	Karlsruhe	Miethäuser	
	Handels- und Gewerbeschule	Stuttgart	Schule	
	Ortskrankenkasse	Stuttgart	Verwaltungsgebäude, 1. Entwurfsfassung	
	Schwimmbad	Reutlingen	Hallenbad	
	Erholungsheim	Urach	Erholungsheim	
1929	Haus Stephan im Kienbach	Stuttgart-Bad Cannstatt	Wohnhaus	55
	Haus Fink	Stuttgart	Wohnhaus	57
	Haus Köpf	Ulm	Mehrfamilienhaus	60
	LEG-Miethaus	Stuttgart, Hölderlinplatz	Miethaus	59
	Siedlung Im Wallmer BDA-Projekt	Stuttgart-Untertürkheim zwischen Charlotten- und Sattelstraße	Siedlungsplanung mit Geschoßbauten, 285 Wohnungen	58
	Siedlung Ostendstraße	Stuttgart, Ostendstraße	Siedlung	

	BDA-Projekt	Stuttgart, Pfullingen	Schule	64
	Schulbauprojekt GDF-Ludwigsburg		Verwaltungsgebäude	
	Bank- und Bürogebäude des ADGB	Berlin	Erweiterung des Gebäudes von B. Taut	
	Ortskrankenkasse	Stuttgart	Verwaltungsgebäude, 2. Entwurfsfassung	
	Städtebauliche Untersuchung für die Königstraße	Stuttgart	Städtebau	
	Ausstellung „Reisen und Wandern"	verm. Dresden	Innenausstattung	56
	Zinkann	Ulm	Möbel	61
1930	Haus Döcker	Stuttgart, Hermann-Kurz-Str. 44	Wohnhaus	
	Typisierte preiswerte Wohnhäuser		Typenhäuser	
	Dreifamilienhausgruppe	Stuttgart	Wohnhäuser	63
	Börsenverein Leipzig		Museums-, Depot- und Bürogebäude	62
	Gewerkschaftshaus	Stuttgart	Bürohaus	
1930	Zentalkrankenhausanlage	Zagreb	Krankenhaus	
1931	Haus R. Hirrlinger	Stuttgart, Wannenstraße	Wohnhaus	66
	Haus Poehlmann	Waiblingen, Alte Marktstraße	Wohnhaus	67
	Haus Zinkmann	Berlin-Dahlem	Wohnhausumbau	68
	Buschle	Stuttgart	Möbelfabrik, Aufstockung	65
	Arbeitsamt	Stuttgart	Verwaltungsgebäude	
	Nordsee AG	verm. Bremen	Verwaltungsgebäude	
	Bezirkskrankenhaus Gmünd	Schwäbisch Gmünd	Krankenhaus	
1932	Haus Kamm	Stuttgart, Gerokweg	Wohnhaus	69
	Haus Schwab	Stuttgart, Grüneisenstr.	Zweifamilienwohnhaus	70.I
	Haus Stephan	Stuttgart-Bad Cannstatt	Wohnhaus	70.II
	Haus K. Hirrlinger	Stuttgart	Wohnhaus	71
	Haus Fahr	Stuttgart	Wohnhaus	72
	Holzhäuser für die Siedlung am Kochenhof, Werkbundausstellung	Stuttgart	Typenhäuser	
	Reichsbank	Berlin	Bankgebäude	
1933	Haus Kauffmann	Offenburg	Wohnhaus	73
	Haus Kempter	Stuttgart	Wohnhaus	77
	Umbau Bausch	Göppingen	Wohn- und Geschäftshausumbau	74
	Anbau Kempter	Stuttgart	Wohnhausanbau	75
	Haus Barth	Stuttgart	Garage mit Einfriedung	76
1934	Haus Schneider	Bietigheim	Wohnhaus	90
	Schule Sillenbuch	Stuttgart, Sillenbuch	Schule	

Literaturverzeichnis

Quellen

Schriften von Richard Döcker

Bücher und Buchbeiträge

- Kleinhaus Typenpläne, Beratungsstelle für das Baugewerbe beim Württembergischen Landesgewerbeamt (Hrsg.), Stuttgart 1923; Dissertation unter dem Titel: Kleinwohnungstypen, Stuttgart 1923
- Kurze Betrachtungen über Bauen von Heute, in: Deutscher Werkbund (Hrsg.), Bau und Wohung. Die Bauten der Weißenhofsiedlung in Stuttgart errichtet 1927 nach Vorschlägen des Deutschen Werkbundes im Auftrag der Stadt Stuttgart und im Rahmen der Werkbundausstellung „Die Wohnung", Stuttgart 1927
- Terrassentyp, Stuttgart 1929
- 42 Wohnhäuser von 8000–30000 RM, Stuttgart 1930

Aufsätze in Zeitungen und Zeitschriften

- Ein Beitrag zu städtebaulichem Weiterschaffen, in: Der Städtbau, H. 3/4, 1921
- Über Baukunst. Zu meinen Bauten für den Heimstätten-Bauverein öffentlich-rechtlicher Beamter in Stuttgart, in: Die Volkswohnung, H. 13, 1923
- Die Friedensschule in Trossingen, in: Die Bauzeitung, H. 2, 1925
- Zum Bauproblem der Zeit, in: Die Form, H. 4, 1925
- Zur Münsterplatzbebauung in Ulm a. D., in: Der Neubau, H. 4, 1925
- Miethaus an der Mönchstraße in Stuttgart, in: Die Bauwelt, H. 14, 1926
- Zu den Siedlungsbauten an der Oberen Birkenwaldstraße beim Weißenhof. An der Sonnenbergstraße im Kühnle und zum Miethaus an der Gebelsberg- und Schickhardtstraße, in: Die Bauzeitung, H. 17, 1926
- Die Häuser von Dr. Döcker, in: Die Form, H. 9, 1927
- Werkbundausstellung ‚Die Wohung' Stuttgart 1927, in: Die Bauwelt, H. 11, 1928
- (Zum Wettbewerb des Karl Olga Krankenhauses in Stuttgart), in: Die Bauzeitung, H. 16, 1928
- Frankfurt und Karlsruhe für den Architekten, in: Die Bauzeitung, H. 51, 1929
- Zu „Falsch und Richtig" der vergleichenden Besonnungsuntersuchungen, in: Stein, Holz, Eisen, H. 11, 1930
- Arch. BDA Dr.-Ing. Richard Döcker, Stuttgart. Bezirkskrankenhaus Maulbronn, Miethaus in Stuttgart, Landhaus in Göppingen, Umbau Warenhaus Tietz, Stuttgart. Entwürfe, in: Die Bauwelt, H. 28, 1931
- Das Krankenzimmer, in: Der Baumeister, H. 9, 1931
- Erläuterungsbericht zum Projekt ‚Arbeitsamt Stuttgart', zit. von: Eckhart, Projekt für das Arbeitsamt Stuttgart, in: Die Bauzeitung, H. 12, 1931
- Ausstellung „Deutsches Holz" – Noch eine Erklärung, in: Stuttgarter Neues Tagblatt/Morgenausgabe, Nr. 169, 11. April 1933
- Die Kritik an der geplanten Werkbund-Ausstellung, in: Schwäbischer Merkur, Nr. 85, 9. April 1933
- Gedanken zur Forderung einer Maßordnung, in: Der Baumeister, H. 10, 1947
- Hochbaunormung, Baueinheitsmaß, Maßordnung, Sonderdruck aus: Bauen und Wohnen, H. 3, 1947
- Das verlorene Niveau, in: Architektur und Wohnform, 58. Jahrg., H. 2, 1949/1950
- Hochhäuser, Höhenbebauung, Dachformen im Bild von Stuttgart, in: Tagespresse, Stuttgart 1949, auf: Döcker Ausstellungstafeln, 1950

- Was ist Aufbau?, in: Tagespresse, Stuttgart 1949, auf: Döcker Ausstellungstafeln, 1950
- Zum Rathauswettbewerb in Stuttgart, in: Architektur und Wohnform, Fachliche Mitteilungen, 58. Jahrg., H. 6, 1949/1950
- Das Formbild der Planfiguren. Entscheidung und Folgen, Sonderdruck aus: Die Bauzeitung, H. 4, 1950
- Das Generalprojekt der Technischen Hochschule Stuttgart. Mit Wiederaufbau- und Erweiterungsplänen 1948/49, Sonderdruck aus: Die Bauzeitung, H. 5, 1950
- Der Neubau zerstörter Stadtgebiete, Sonderdruck aus: Die Bauzeitung, H. 11, 1950
- Ein Architekt über industrielle Formgebung, in: Architektur und Wohnform, 60. Jahrg., H. 4, 1951/1952
- Hochschulprojekte von Richard Döcker, Stuttgart, in: Architektur und Wohnform, 61. Jahrg., H. 2, 1952/1953
- Erich Mendelsohn zum Gedenken, in: Architektur und Wohnform, 62. Jahrg., H. 2, 1953/1954
- Meine städtebauliche Studie – und ihre Reaktion, in: Architektur und Wohnform, 62. Jahrgang, H. 4, 1953/1954
- Die Universitätsbibliothek in Saarbrücken, in: Architektur und Wohnform, 63. Jahrg., H. 6, 1954/1955
- Einfamilienhaus in Bad Cannstatt, in: Architektur und Wohnform, 63. Jahrg., H. 4, 1954/1955
- Ein Wohnhaus für 3 Familien in Reichenbach/Württ., in: Architektur und Wohnform, 63. Jahrg., H. 4, 1954/1955
- Glas – eines der stilbildenden Elemente der Architektur, in: Architektur und Wohnform, 63. Jahrg., H. 3, 1954/1955
- Städtebau als Stadtbaukunst, Sonderdruck aus: Baukunst und Werkform, H. 6/7, 1958
- Wie wünscht sich der fortschrittliche Architekt die Tapete?, in: Architektur und Wohnform, Fachliche Mitteilungen, 67. Jahrg., H. 7, 1959
- Die Jahrhundertwende als Keim der heutigen Entwicklung, in: Architektur und Wohnform, 68. Jahrg., H. 7, 1960
- Universitätsstadt Hyderabad/Pakistan, Sonderdruck aus: Baukunst und Werkform, H. 7, 1960
- Städtisches Krankenhaus Katharinenhospital, Stuttgart, in: Architektur und Wohnform, 72. Jahrg., H. 8, 1964

Typoskripte

- Die Pressa, von Baudirektor und Professor Abel, Köln-München-Zürich, 5. September 1928
- Döcker, R.; W. Hoss, im Auftrag des Wiederaufbauamtes der Westmark in: Saar, Das Stützensystem – seine Entwicklung als Organisations- u. Bauprinzip – für Planung u. Ausführung landwirtschaftlicher Betriebsgebäude, März 1942
- Die „Baumaß-Einheit" – das „Viertel" – (V), 1943/1944, Fahnenabzug, unveröffentlicht
- Aufbau- und Erziehungspläne für das Gebiet der bildenden Künste, einschließlich der Baukunst (Bauschulen-, Architekturklassen und Architekturabteilungen), September 1945
- Lehr- und Arbeitspläne als Programm für die Ausbildung und die Arbeitsweise der Architekten, als zuverlässiger Weg u. bleibendes Ziel für das Neue Bauen. (Unter Hinweis auf: „Vom Planen u. Bauen der kommenden Zeit"), o.J., (ca. 1945)
- Organisationsplan für die Erziehung der baukünstlerischen Berufe im Zusammenhang mit Kunstgewerbeschulen, bzw. Akademien der bildenden Künste, vorgelegt dem Innenministerium und Kultusministerium Stuttgart im April/Mai 1945
- Unsere Zukunft – die Regierung des Aufbaues, vorgelegt dem Innenministerium und Kultusministerium Stuttgart im April/Mai 1945
- Vom Planen und Bauen der kommenden Zeit, vorgelegt dem Innenministerium und Kultusministerium Stuttgart im April/Mai 1945
- Antrittsvorlesung an der TH-Stuttgart: Grundlegende und umfassende Erörterung städtebaulicher Probleme, April 1950

Ausstellung

- Richard Döcker/Stuttgart – Bauten und Pläne 1920–1950, Ausstellung im Landesgewerbeamt Baden-Württemberg in Stuttgart, 1950; die Ausstellungstafeln befinden sich heute im Nachlaß Richard Döcker im Deutschen Architekturmuseum, Frankfurt/Main.

Korrespondenz

Alle aufgeführten Briefe befinden sich im Archiv von Wilfried Beck-Erlang, Stuttgart.
Reinhold Nägele an Döcker, 31. Juli 1924
Döcker an Reinhold Nägele, 10. August 1924
Döcker an Adolf Behne, 25. April 1927
Tut Schlemmer an Döcker, 9. Oktober 1928
Döcker an Oskar Schlemmer, 29. Februar 1932
Döcker an Erich Mendelsohn, 31. März 1933
Döcker an Paul Schmitthenner, 8. April 1933
Paul Schmitthenner an Döcker, 12. April 1933
Döcker an Karl Strölin, 5. Mai 1933
Döcker an Erich Mendelsohn, 17. Dezember 1933
Döcker an Oskar Schlemmer, 30. Dezember 1933
Döcker an Hans Poelzig, 20. April 1934
Döcker an Erich Mendelsohn, 1. Dezember 1934
Döcker an Hans Poelzig, 18. Dezember 1934
Döcker an Willi Baumeister, 3. April 1935
Döcker an Hans Poelzig, 3. Mai 1935
Döcker an Erich Mendelsohn, 7. Mai 1935
Döcker an Erich Mendelsohn, 26. November 1935
Döcker an Erich Mendelsohn, 14. Januar 1936
Döcker an Oskar Schlemmer, 30. Mai 1937
Barth, in Vertretung des Regierungspräsidenten an die Landräte in der Westmark, Abt. Wiederaufbau, Saarbrücken 1941
Döcker an Hugo Keuerleber, 5. Mai 1945
Friedrich Wolf an Döcker, 17. März 1946
Friedrich Wolf an Döcker, 26. März 1946
Döcker an Hugo Keuerleber, 1. Mai 1946
Martin Wagner an Döcker, 4. April 1947
Döcker an J.J.P. Oud, 7. Januar 1949
Döcker an Walter Gropius, 30. März 1949
Döcker an Ernst Wagner, 5. April 1950
Döcker an Martin Wagner, 25. Juni 1950

Mündliche Mitteilungen

Tonbandaufzeichnungen

Gespräch Bodo Rasch mit Andrea Gleiniger-Neumann, 1983
Gespräch Bodo Rasch mit Anneliese, Dr. Hans Werner und Friederike Mehlau, 7. Februar 1984
Gespräch Bodo Rasch mit Rolf Wiebking und Friederike Mehlau-Wiebking, 15. Februar 1985
Gespräch Jürgen Brenner mit Rolf Wiebking und Friederike Mehlau-Wiebking, 17. Februar 1985
Gespräch Mirabelle Döcker-Korfsmeier mit Rolf Wiebking und Friederike Mehlau-Wiebking, 25. Februar 1985

Gesprächsprotokolle

Gespräch Richard Döcker mit Jürgen Joedicke und Christian Plath, 18. Januar 1968, abgedruckt in: Joedicke, J.; C. Plath, Die Weißenhofsiedlung, Stuttgarter Beiträge 4, Stuttgart 1968
Gespräch zwischen den Ehepaaren Beck-Erlang, Schwab und Mehlau-Wiebking, 16. Februar 1985

Telefongesprächsnotiz

– Telefonat mit Mia Seeger, 17. Februar 1985

Nicht protokollierte Gespräche

– mit Frau Vetter (Haus Vetter, Stuttgart), Februar 1985
– mit Herrn Kaiser (Haus Poehlmann, Waiblingen), Februar 1985
– mit dem Eigentümer des Hauses C9 in der Rathenaustraße, Weißenhofsiedlung, Stuttgart, Februar 1985

Sekundärliteratur

Bücher und Buchbeiträge

Banham, R., Stichwort ‚CIAM', in: Hatje, G., Lexikon der modernen Architektur, München/Zürich ⁴1969
Beck-Erlang, W.; E. Eberle, Gespräch, in: BDA Landesverband Baden-Württemberg (Hrsg.), Richard Döcker 1894–1968, Ausstellungskatalog, Stuttgart 1982
Behne, A., Architekten (Eine Bemerkung zum Sternbau von Döcker), in: Taut, B., Frühlicht. Eine Folge für die Verwirklichung des neuen Baugedankens (= Bauwelt Fundamente, Bd. 8), Berlin/Frankfurt/M/ Wien 1963
Ders., Der moderne Zweckbau (= Bauwelt Fundamente, Bd. 10), Berlin/Frankfurt/M/Wien 1964
Benevolo, L., Geschichte der Architektur des 19. und 20. Jahrhunderts, 2 Bde., München ³1981
Blake, P., Stichwort ‚Breuer', in: Hatje, G., Lexikon der modernen Architektur, München/Zürich ⁴1969
Bonatz, P., Leben und Bauen, Stuttgart 1950
Bosman, J., Le Corbusier und die Schweiz, Zürich 1987
Brödner, E.; I. Kroeker, Moderne Schulen, München 1951
Conrads, U. (Hrsg.), Programme und Manifeste zur Architektur des 20. Jahrhunderts (= Bauwelt Fundamente, Bd. 1), Berlin/Frankfurt/M/Wien 1964
Deutscher Werkbund (Hrsg.), Bau und Wohnung. Die Bauten der Weißenhofsiedlung in Stuttgart errichtet 1927 nach Vorschlägen des Deutschen Werkbundes im Auftrag der Stadt Stuttgart und im Rahmen der Werkbundausstellung ‚Die Wohnung', Stuttgart 1927
Durth, W., Deutsche Architekten, Biographische Verflechtungen 1900–1970, Braunschweig ²1987
Engels, F., Zur Wohnungsfrage, in: Hillmann, G. (Hrsg.), Über die Umwelt der arbeitenden Klasse (= Bauwelt Fundamente, Bd. 27), Gütersloh 1970
Gerosa, P. G., Le Corbusier – Urbanisme et Mobilité, Basel/Stuttgart 1978
Giedion, S., Befreites Wohnen, Zürich 1929
Gräff, W. (hrsg. im Auftrag des Deutschen Werkbundes), Innenräume. Räume und Inneneinrichtungsgegenstände aus der Werkbundausstellung ‚Die Wohnung', insbesondere aus den Bauten der städtischen Weißenhofsiedlung in Stuttgart, Stuttgart 1928
Gregotti, V., Stichwort ‚Expressionismus', in: Hatje, G., Lexikon der modernen Architektur, München/Zürich ⁴1969

Hilberseimer, L., Internationale neue Baukunst (= Die Baubücher, Bd. 2), Stuttgart 1927
Ders., Groszstadtarchitektur (= Die Baubücher, Bd. 3), Stuttgart 1927
Huse, N., Neues Bauen 1918 bis 1933, München 1975
Ders., Le Corbusier, Reinbek 1976
Joedicke, J.; C. Plath, Die Weißenhofsiedlung, Stuttgarter Beiträge 4, Stuttgart 1968
Ders., Würdigung Richard Döckers, in: BDA Landesverband Baden-Württemberg (Hrsg.), Richard Döcker 1894–1968, Stuttgart 1982
Kaufmann, E.; B. Raeburn, Frank Lloyd Wright, Writings and Buildings, New York 1974
Klotz, H., Moderne und Postmoderne. Architektur der Gegenwart 1960–1980, Wiesbaden 1984
Ders., Die Revision der Moderne, Postmoderne Architektur 1960–1980 (= Ausstellungskatalog Deutsches Architekturmuseum, Frankfurt am Main), München 1984
Kraft, A.; P. Kreutz, Gesellschaftsrecht, Frankfurt/M ^{5}1983
Kultermann, U., Die Architektur im 20. Jahrhundert, Köln ^{2}1980
Langmaack, G., Evangelischer Kirchenbau im 19. und 20. Jahrhundert, Kassel 1971
Le Corbusier, Ausblick auf eine Architektur (= Bauwelt Fundamente, Bd. 2), Berlin/Frankfurt/M/Wien 1963
Ders., Feststellungen zu Architektur und Städtebau (= Bauwelt Fundamente, Bd. 12), Berlin/Frankfurt/M/Wien 1964
Ders., Die Charta, in: Hilpert, T. (Hrsg.), Le Corbusiers ‚Charta von Athen'. Texte und Dokumente. Kritische Neuausgabe (= Bauwelt Fundamente, Bd. 56), Braunschweig/Wiesbaden 1984
Loos, A., Ornament und Verbrechen, in: Conrads, U. (Hrsg.), Programme und Manifeste zur Architektur des 20. Jahrhunderts (= Bauwelt Fundamente, Bd. 1), Berlin/Frankfurt/M/Wien 1964
Mehlau-Wiebking, F.; A. Rüegg; R. Tropeano, Schweizer Typenmöbel 1925–1935. Sigfried Giedion und die Wohnbedarf AG, Zürich 1989
Mendelsohn, E., Amerika, Bilderbuch eines Architekten, Berlin $^{1-3}$1926
Müller-Wulckow, W. (Hrsg.), Deutsche Baukunst der Gegenwart Königstein/Leipzig 1928, Neuauflage Königstein 1975
Muthesius, H., Landhaus und Garten, München 1907
Neufert, E., Bauentwurfslehre, Berlin ^{11}1944
Otto, K., Schulbau, Beispiele und Entwicklungen, Stuttgart 1961
Pehnt, W., Stichwort ‚Deutschland', in: Hatje, G. (Hrsg.), Lexikon der modernen Architektur, München/Zürich ^{4}1969
Ders., Architektur, in: Argan, G.C. (Hrsg.), Die Kunst des 20. Jahrhunderts, 1880–1940, Propyläen Kunstgeschichte, Bd. 12, Berlin 1977
Petsch, J., Baukunst und Stadtplanung im Dritten Reich, München/Wien 1976
Pfankuch, P.; M. Schneider; A. Wendschuh, Von der futuristischen zur funktionellen Stadt, Planen und Bauen in Europa 1913–1933, in: Waetzoldt, S.; V. Haas, Tendenzen der Zwanziger Jahre, 15. europäische Kunstausstellung unter den Auspizien des Europarates, Berlin 1977
Pierrefeu, F. de; Le Corbusier, La Maison des Hommes, Paris 1942
Platz, G.A., Die Baukunst der Neuesten Zeit. Propyläen Kunstgeschichte, Berlin ^{2}1930
Poehlmann, R., Luft und Sonne, Heilquelle im Krankenhaus, in: Döcker, R., Terrassentyp, Stuttgart 1929
Ponten, J., Architektur die nicht gebaut wurde, 2 Bde., Stuttgart/Berlin/Leipzig 1925
Rasch, B.; H. Rasch, Wie bauen? Bau und Einrichtung der Werkbundsiedlung am Weißenhof in Stuttgart, Stuttgart ^{2}1928
Rasch, B., Kreuzverhör zu den fünf Kritiken, Zirkel 8, Stuttgart 1976
Ders., ideen/projekte/bauten, werkbericht 1924 bis 1984, Stuttgart 1984
RFG-Reichsforschungsgesellschaft für Wirtschaftlichkeit im Bau- und Wohnungswesen e.V. Bericht über die Siedlung in Stuttgart am Weißenhof, Sonderheft 6, Berlin 1929
Ritter, H., Das Krankenhaus der Gegenwart im In- und Ausland, Stuttgart 1954
Roth, A., Das neue Schulhaus, Zürich 1957
Ders., Begegnung mit Pionieren, Basel/Stuttgart 1973
Ders., Zwei Wohnhäuser von Le Corbusier und Pierre Jeanneret, Stuttgart ^{1}1927, Neuauflage 1977

Sant'Elia, A., Futuristische Architektur, in: Conrads, U. (Hrsg.), Programme und Manifeste zur Architektur des 20. Jahrhunderts (= Bauwelt Fundamente, Bd. 1), Berlin/Frankfurt/M/Wien 1964

Schmitthenner, P., Die Baukunst im neuen Reich, München 1934

Ders., Das sanfte Gesetz in der Kunst, in: Sonderheit in der Baukunst. Eine Rede, Freiburg 1941

Schneider, M.; P. Pfankuch; A. Wendschuh, Von der futuristischen zur funktionellen Stadt, Planen, und Bauen in Europa 1913–1933, in: Waetzoldt, S.; V. Haas Tendenzen der Zwanziger Jahre, 15. europäische Kunstausstellung unter den Auspizien des Europarates, Berlin 1977

Schumacher, A., Otto Haesler und der Wohnungsbau in der Weimarer Republik, Dissertation Marburg 1982

Schuster, F. (Hrsg.), Schwäbisches Heimatbuch, Bund für Heimatschutz in Württemberg und Hohenzollern, Stuttgart 1941

Seesslen, G.; B. Roloff, Kino des Utopischen, Hamburg 1980

Smithson, A.; P. Smithson, The Heroic Period of Modern Architecture, New York 1981

Splett, O., W. Wirsing, Jugendbauten unserer Zeit, München 1953

Steinmann, M. (Hrsg.), CIAM. Dokumente 1928–1939 (= Schriftenreihe des gta/ETH Zürich, Bd. 11), Basel/Stuttgart 1979

Taut, B., Frühlicht. Eine Folge für die Verwirklichung des neuen Baugedankens (= Bauwelt Fundamente, Bd. 8), Berlin/Frankfurt/M/Wien 1963

Veronesi, G., Stichwort ‚Sant'Elia', in: Hatje, G. (Hrsg.), Lexikon der modernen Architektur, München/Zürich [4]1969

Viviani, A., Das Drama des Expressionismus, München 1970

Watson, F., Die Geschichte der Möbel, London/Italien 1979

Weyres, W.; O. Bartning, Kirchen, München 1959

Whittick, A., Stichwort ‚Mendelsohn', in: Hatje, G. (Hrsg.), Lexikon der modernen Architektur, München/Zürich [4]1969

Kataloge

BDA Landesverband Baden-Württemberg (Hrsg.), Richard Döcker 1894–1968, Stuttgart 1982

Deutscher Werkbund, Ausstellungsleitung (Hrsg.), Die Wohnung, Stuttgart 1927 – 23. Juli – 9. Okt., Amtlicher Katalog, vorläufige Ausgabe, Stuttgart 1927

Ders., wohnbedarf, Werkbundausstellung Stuttgart 1932, Stuttgart 1932

Staatliche Beratungstelle für das Baugewerbe (Hrsg.), Bauausstellung Stuttgart. Amtlicher Katalog und Führer, Stuttgart 1924

Szeemann, H.; u. a., Agentur für geistige Gastarbeit (Hrsg.), Monte Verità – Berg der Wahrheit, Mailand/Venedig/Martellago, o. J.

Waetzoldt, S.; V. Haas, Tendenzen der Zwanziger Jahre, 15. europäische Kunstausstellung unter den Auspizien des Europarates, Berlin 1977

Zeitungen und Zeitschriften

Behne, A., Zu den Arbeiten von Döcker und Keuerleber wird uns geschrieben, in: Wasmuths Monatshefte, 6. Jahrg., H. 11/12, 1921/1922

Ders., Dammerstock, in: Die Form, H. 6, 1930

Bonatz, P., Zu den Arbeiten von Döcker und Keuerleber wird uns geschrieben, in: Wasmuths Monatshefte, 6. Jahrg., H. 11/12, 1921/1922

Ders., Die Stuttgarter Hangsiedlung „Im Vogelsang", in: Moderne Bauformen, H. 4, 1934

Buddensieg, T., Zig-zag, strisce e sagome, in: Rassegna, H. 14 (Il disegno dei materiali industriali/The Materials of Design), 1983

Der Ring, Der Neue Bau, Richard Doecker – Lichthaus Luz in Stuttgart, Haus W. in Hechingen, 1925, Wohnhäuser auf der Werkbundausstellung Stuttgart, in: Bauwelt, H. 47, 1927

Ders., Der Neue Bau, Richard Doecker – Haus Generaldirektor Dr. K., Ausstellungsgebäude der Möbelfabrik Buschle, Stuttgart, in: Bauwelt, H. 26, 1928

Eckhart, H.P., Professor Bonatz, Stuttgart. Zum 50. Geburtstag, in: Die Bauzeitung, H. 36, 1927
Ders., Wie wird an der Technischen Hochschule Stuttgart gearbeitet?, Paul Bonatz und seine Schüler, in: Die Bauzeitung, H. 24, 1931
Ders., Die Stuttgarter Architekturschule, in: Die Bauzeitung, H. 49, 1939
Ders., Professor Paul Bonatz, Stuttgart konnte seinen 65. Geburtstag feiern, in: Die Bauzeitung, H. 25, 1942
Fischer, Bebauungsdichte im Zeilenbau, in: Stein, Holz, Eisen, H. 17, 1930
Frank, H., Un salto costruttivo per uscire dal caos, in: Rassegna, H. 15 (Walter Gropius 1907/1934), 1983
Gerosa, P.G., Le Corbusier e la ‚Nuova Locarno‘, in: Corriere del Ticino, 8. Juni 1977
Gropius, W., Das flache Dach. Internationale Umfrage über die technische Durchführbarkeit horizontal abgedeckter Dächer und Balkone, in: Bauwelt, H. 8 u. 9, 1926
Häring, H., Neues Bauen, Regierungsbaumeister Dr.-Ing. Richard Döcker, Stuttgart – Haus Dr. Kilpper in Stuttgart, Wohnhaus Köpff in Göppingen, Lichthaus Luz in Stuttgart, in: Moderne Bauformen, H. 9, 1928
Herre, R., Hochhäuser für Stuttgart, in: Wasmuths Monatshefte, 6. Jahrg., H. 11/12, 1921/1922
Ders., Zweite Betrachtung. – Wettbewerb Kindererholungsheim Hemigkofen, Modell zu einer Kirche, Miethausgruppe an der Mönchstraße, Werkbundausstellung Stuttgart 1922. Raumstudie, Bürohausprojekt an der Königstraße in Stuttgart, in: Wasmuths Monatshefte, 7. Jahrg., H. 5/6, 1922/1923
Herrmann, A., Sperrholz im Innenausbau, in: Die Baugilde, H. 20, 1929
Hildebrandt, H., Neues Bauen, in: Die Bauzeitung, H. 29, 1927
Jahn, L., „Fafa"-Bauweise – Fabrikmäßig hergestelltes Fachwerk, System Professor Paul Schmitthenner, Stuttgart, in: Bauwelt, H. 13, 1932
Klein, A., Versuch eines graphischen Verfahrens zur Bewertung von Kleinwohnungsgrundrissen, in: Wasmuths Monatshefte, 11. Jahrg., H. 7, 1927
Ders., Beiträge zur Wohnungsfrage als praktische Wissenschaft, in: Zeitschrift für Bauwesen, H. 10, 1930
Ders., Wirtschaftliche Grundrißbildung und Raumgestaltung, in: Wasmuths Monatshefte, 15. Jahrg., H. 11/12, 1931
Koch, A., Die Gestaltung des Schlossplatzes in Stuttgart, in: Architektur und Wohnform, H. 4, 1954
Krause, F., Weißenhof-Bauleiter-Erinnerungen 1927/1977, in: Bauwelt, H. 42, 1980
Meyer, H., Schulbau in Mexiko, in: Bauen und Wohnen, H. 1, 1951
Reinhardt, E., Gestaltung der Lichtreklame, in: Die Form, H. 4, 1929
Schmidt, W., Seelische Beziehungen des Kindes zu Schulzimmer und Schulhaus, in: Bauen und Wohnen, H. 1, 1951
Schmitthenner, P., Das bürgerliche Haus, in: Die Bauzeitung H. 22/23, 1926
Ders., Ein Gutachten über die geplante Holzbausiedlung beim Kochenhof, in: Stuttgarter Neues Tagblatt/Morgenausgabe, Nr. 137, 23. März 1933
Ders., Zur Werkbundsiedlung, in: Stuttgarter Neues Tagblatt/Abendausgabe, 5. April 1933
Ders., Der Weg der deutschen Baukunst. Eine Rede, kommentiert in: Tägliches Beiblatt zum „Völkischen Beobachter", Nr. 3, 1936 und in „Stuttgarter Nachrichten", 12. Mai 1936
Schnarrenberger, in: Die Bauzeitung, H. 40, 1928
Schopenhauer, A., Welt als Wille und Vorstellung. Zur Ästhetik der Architektur, zit. in: Gropius, W., Das flache Dach. Internationale Umfrage über die technische Durchführbarkeit horizontal abgedeckter Dächer und Balkone, in: Bauwelt, H. 8 u. 9, 1926
Söhngen, O., Kirchlich bauen, in: Handbücherei für Gemeindearbeit, H. 15/17, 1962
Städtisches Nachrichtenamt, Öffentliche Sitzung des Gemeinderates vom 18.3.1926, in: Amtsblatt der Stadt Stuttgart, zugleich Amtsblatt der Bezirksbehörden, Nr. 34, 23. März 1926
Dass., Werkbund-Ausstellung „Die Wohnung", in: Amtsblatt der Stadt Stuttgart, zugleich Amtsblatt der Bezirksbehörden, Nr. 84, 26. Juli 1927
Dass., Die Weißenhof-Siedlung nach fünf Jahren, in: Amtsblatt der Stadt Stuttgart, zugleich Amtsblatt der Bezirksbehörden, Nr. 33, 17. März 1932
Stegemann, Was wir wollen! Wirtschaftliches Bauen auf der Stuttgarter Werkbund-Ausstellung ‚Die Wohnung' 1927, in: Die Bauzeitung, H. 36, 1927
Stommer, R., „Germanisierung des Wolkenkratzers", in: kritische berichte, H. 3, 1982

Völkers, O., Wettbewerb der Stadt Karlsruhe, in: Stein, Holz, Eisen, 34. Woche, 1928
Ders., Um die Kleinstwohnung, in: Stein, Holz, Eisen, 45. u. 48. Woche, 1928
Ders. Zwei Wettbewerbe in Baden. Karlsruhe: Bebauungsplan und Wohnungstypen für das Gelände am Dammerstock, in: Stein, Holz, Eisen, 48. Woche, 1928
Völter, Der Sieg der Streifenbebauung, Bemerkungen zu dem Wettbewerb Dammerstock Karlsruhe, in: Die Baugilde, H. 3, 1929
Ders., Der Sieg der Streifenbebauung, Bemerkungen zu dem Wettbewerb Dammerstock Karlsruhe, in: Die Baugilde, H. 3, 1929
Wedepohl, E., Die Weißenhof-Siedlung der Werkbundausstellung „Die Wohnung" Stuttgart 1927, in: Wasmuths Monatshefte, 11. Jahrg., H. 10, 1927
Werner, F., Menschen im Sozialzoo, in: Stuttgarter Zeitung, Nr. 38, 2. November 1978
Wetzel, J., Dokumente der Architektur des 20. Jahrhunderts, Wohnhaus Vetter von Döcker, in: Der Architekt, H. 6, 1984
Zechlin, H. J., Bücherschau, in: Wasmuths Monatshefte, 13. Jahrg., H. 8, 1929

Publikationen in Fachzeitschriften zu Bauten und Projekten von Richard Döcker aus der Zeit der Weimarer Republik

- Ein Beitrag zu städtebaulichem Weiterschaffen, in: Der Städtebau, H. 3/4, 1921
- Hochhäuser für Stuttgart, in: Wasmuths Monatshefte, 6. Jahrg., H. 11/12, 1921/1922
- Zweite Betrachtung. – Wettbewerb Kindererholungsheim Hemigkofen, Modell zu einer Kirche, Miethausgruppe an der Mönchstraße, Werkbundausstellung Stuttgart 1922, Raumstudie, Bürohausprojekt an der Königstraße in Stuttgart, in: Wasmuths Monatshefte, 7. Jahrg., H. 5/6, 1922/1923
- Über Baukunst. Zu meinen Bauten für den Heimstätten-Bauverein öffentlich-rechtlicher Beamter in Stuttgart, in: Die Volkswohnung, H. 13, 1923
- Die Friedensschule in Trossingen, in: Die Bauzeitung, H. 2, 1925
- Zum Bauproblem der Zeit, in: Die Form, H. 4, 1925
- Zur Münsterplatzbebauung in Ulm a. D., in: Der Neubau, H. 4, 1925
- Miethaus an der Mönchstraße in Stuttgart, in: Die Bauwelt, H. 14, 1926
- Zu den Siedlungsbauten an der Oberen Birkenwaldstraße beim Weißenhof. An der Sonnenbergstraße im Kühnle und zum Miethaus an der Gebelsberg- und Schickhardtstraße in: Die Bauzeitung, H. 17, 1926
- Der Neue Bau, Richard Döcker – Lichthaus Luz in Stuttgart, Haus W. (Weil) in Hechingen, 1925, Wohnhäuser auf der Werkbundausstellung Stuttgart 1927, in: Bauwelt, H. 47, 1927
- Die Weißenhof-Siedlung der Werkbundausstellung „Die Wohnung" Stuttgart 1927, in: Wasmuths Monatshefte, 11. Jahrg., H. 10, 1927
- Die Häuser von Dr. Döcker, in: Die Form, H. 9, 1927
- Lichthaus Luz, Stuttgart, in: Die Bauzeitung, H. 52, 1927
- Wettbewerb für ein Krankenhaus in Waiblingen, in: Die Bauzeitung, H. 5, 1927
- Der Neue Bau, Richard Döcker – Haus Generaldirektor Dr. K., Ausstellungsgebäude der Möbelfabrik Buschle, Stuttgart, in: Die Bauwelt, H. 26, 1928
- Ein neuzeitliches Wohnhaus, in: Die Bauzeitung, H. 40, 1928
- Neues Bauen, Regierungsbaumeister Dr.-Ing. Richard Döcker, Stuttgart – Haus Dr. Kilpper in Stuttgart, Wohnhaus Köpff in Göppingen, Lichthaus Luz in Stuttgart, in: Moderne Bauformen, H. 9, 1928
- (Zum Wettbewerb des Karl Olga Krankenhauses in Stuttgart), in: Die Bauzeitung, H. 16, 1928
- Arbeiten von Architekt BDA Dr. Richard Döcker, Stuttgart – Wohnhaus in Göppingen (1928/29), Siedlung am Weißenhof des Heimstättenbauvereins (1921/23), Lichthaus Luz in Stuttgart (1926/27), Haus V. (Vetter) in Stuttgart (1928), Friedensschule Trossingen (1923), Aus der Werkbundausstellung „Die Wohnung", Stuttgart (1927). Zwei Wohnhäuser, in: Die Baugilde, H. 21, 1929
- Bücherschau, in: Wasmuths Monatshefte, 13. Jahrg., H. 8, 1929

- Einfamilienhäuser. Erste Reihe, Dr.-Ing. Richard Döcker, Stuttgart, Haus V. (Vetter) in Stuttgart, in: Moderne Bauformen, H. 5, 1929
- Ein neuzeitliches Eigenheim, in: Die Bauzeitung, H. 21, 1929
- Stuttgarter Architektur, in: Die Baugilde, H. 2, 1929
- Bezirkskrankenhaus Maulbronn, Miethaus in Stuttgart, Landhaus in Göppingen, Umbau Warenhaus Tietz, Stuttgart, Entwürfe, in: Die Bauwelt, H. 28, 1931
- Projekt für das Arbeitsamt Stuttgart, in: Die Bauzeitung, H. 12, 1931
- Siedlung Ostendstraße, Stuttgart, Gablenberg 1929–30, in: Die Bauwelt, H. 29, 1931
- Weißenhof 1927–87, in: info bau, H. 2, 1983
- Dokumente der Architektur des 20. Jahrhunderts, Wohnhaus Vetter von Döcker, in: Der Architekt, H. 6, 1984

Bildnachweise

Akademie der Künste, Berlin: Abb. 19, 68, 76, 77, 81, 85, 97, 106, 110, 112, 119, 120, 124, 125a

Archiv Freunde der Weißenhofsiedlung e.V.: Abb. 98–102

Bildarchiv Foto Marburg: Abb. 1–13, 17, 18, 20–28, 32–45, 48–67, 69a, 70, 72, 73, 82, 83, 84a, 86–96, 103–109, 111, 113–118, 121–123, 125b, 126–128

Der Baumeister, H. 9, 1931, Neuzeichnung David Schmid: Abb. 78

Die Bauwelt, H. 13, 1932: Abb. 30

Die Bauzeitung, H. 30, 1933: Abb. 46
Die Bauzeitung, H. 40, 1928: Abb. 69b

Döcker, Richard, Kleinhaustypenpläne, Stuttgart 1923: Abb. 79, 80
Döcker, Richard, Terrassentyp, Stuttgart 1929: Abb. 75
Döcker, Richard (Hrsg.), 42 Wohnhäuser von 8000–30000 RM, Stuttgart 1930: Abb. 29, 31

Wiebking: Rolf: Abb. 14–16, 47, 71, 84b

Nachlaß Richard Döckers im Deutschen Architekturmuseum Frankfurt am Main

Inventarverzeichnis der abgebildeten Pläne

Abb. Nr.	Inv. Nr. DAM 82/2 –	Projekt Nr.
1	91	2.15
2	94	2.18
3	95	2.19
4	92	2.16
5	97	2.21
6	98	2.22
7	101	2.25
8	410	22.2
9	411	22.3
10	418	22.10
11	415	22.7
12	1129	44.16
13	1130	44.17
20	662	32.A
21	125	3.18
33	1553	55.3
34	1559	55.9
35	1568	55.18
36	1565	55.15
37	1582	55.32
38	1583	55.33
39	1584	55.34
40	1602	55.52
41	1588	55.38
42	1786	67.4
43 oben	2053	73.1
43 unten	2066	73.14
44	1918	69.15
45	1921	69.18
48	225	13.18
49	408	21.3
50	282	15.28
51 oben	1737	63.4
51 unten	1735	63.2
55	1300	47.32
56	2286	340.2
57 oben	661	32.4
57 unten	658	32.1
58	337	16.10
59	329	16.2

60	1713	60.1
61	1715	60.3
	1968	69.65
	1914	69.11
62	1923	69.20
63	1529	53.20
64	1731	62.4
65 oben	1730	62.3
65 unten	1729	62.2
66	1733	62.6
69 rechts	1039	43.25
70	1279	47.11
72	1014	42.11
73	1009	42.6
74	1005	42.2
74	1006	42.3
74	1007	42.4
82	1853	11.II.6
82	1852	11.II.5
83	1849	11.II.2
83	1848	11.II.1
84 a	1864	11.II.17
86	383	18.6
88	701	37.4
91	1652	58.30
92	1624	58.2
93	1640	58.18
94	1629	58.7
95	1628	58.6
96	1625	58.3
103	257	15.3
105	1743	64.1
107	1745	64.3
108	1744	64.2
109	1746	64.4
111 oben	263	15.9
111 links	327	15.73
111 rechts	326	15.72
113	289	15.35
114	472	22.64
115	1329	47.61
116	1779	66.26
117	2114	73.62
118	19	1.C.1
128	499	24.14
122	1721	61.6
123	11	1.B.4
125 b	721	39.4

Ausführliche Plantitel, Maß- und Materialangaben der einzelnen Zeichnungen und ein Verzeichnis des insgesamt vorhandenen Materials zu den verschiedenen Projekten siehe Inventarliste DAM, Nachlaß Richard Döcker, 82/2, im Deutschen Architekturmuseum, Frankfurt

Verzeichnis der Repro-Aufnahmen von den Ausstellungstafeln der Ausstellung „Richard Döcker / Stuttgart – Bauten und Pläne 1920 – 1950" von R. Döcker in Stuttgart 1950

Abb.: 14 – 16, 19, 22 – 28, 32, 52, 54, 67, 68, 81, 85, 89, 90, 97, 102, 104, 106, 110, 112, 120, 126, 127, 128

Die Photographien wurden im wesentlichen von Döcker aufgenommen. Die entsprechenden Fotoplatten lagern z.T. in der Akademie der Künste in Berlin, weitere Aufnahmen im Architektur Bildarchiv Schwab, Stuttgart. Die Ausstellungstafeln mit den Schwarz-Weiß-Positiven und Lichtpausen befinden sich im Nachlaß Richard Döcker im Deutschen Architekturmuseum, Frankfurt.

Register

Seiten mit Abbildungen sind durch Kursivstellung gekennzeichnet. Die Auswahl der Hinweise auf Bauten und Projekte von Döcker sowie Personen, die in den Anmerkungen genannt sind, ist selektiv.

Bauten und Projekte von Richard Döcker

Ausstellungshalle für die Bauausstellung am Gewerbehallenplatz, Stuttgart 47, 206 (Anm. 60, 61)
Ausziehtisch, Dr. Fahr *184 Abb. 121,* 186
Autoentwürfe 16, 186, 191, *192 Abb. 128*

Bebauung des ehem. Geländes des Freiherrn v. Gemmingen-Hornberg, Stuttgart 63, *64 Abb. 27, 28,* 65, 101, 208 (Anm. 114)
Bebauungsplan Hermann-Kurz-Straße, Stuttgart 98, *100 Abb. 56*
Bebauungsplan Obere Birkenwaldstraße, Stuttgart 98, *100 Abb. 55*
Börsenverein Leipzig 109, *110 Abb. 64, 65, 111 Abb. 66, 67,* 112, 186, 187, 191, 193

Dammerstocksiedlung, Karlsruhe 145, *146 Abb. 89, 90,* 147, 151, 214 (Anm. 57, 60)
Doppelwohnhaus am Hang, Stuttgart 118, *119 Abb. 72-74,* 120, 194
Dreifamilienhausgruppe, Stuttgart 96, *97 Abb. 51,* 98

Freischwinger, Zinnkann, Ulm *184 Abb. 122,* 186
Friedensschule, Trossingen *91 Abb. 47,* 92, *93 Abb. 50,* 94, *163 Abb. 103,* 164, 166, 171, 175, 176, *177 Abb. 113,* 187, 191, 210 (Anm. 52), 216 (Anm. 2), 217 (Anm. 9)

Gehäuse für Elektromophon *185 Abb. 123,* 186
Gewerkschaftshaus, Stuttgart 112, *111 Abb. 67,* 193

Hahn & Kolb, Geschäftshaus, Stuttgart 57, *58 Abb. 21,* 108, 112
Handels- u. Gewerbeschule, Stuttgart 164, *165 Abb. 104,* 166, 171
Harmonie Trossingen, Trossingen 19, *20-22 Abb. 1-7,* 23-29, 32, 33, 35, 94, 190, 211 (Anm. 67)
Haus Döcker, Stuttgart 15, 98, 198, 204 (Anm. 22), 210 (Anm. 64), 211 (Anm. 83), 218 (Anm. 6)
Haus Grosse, Freiburg 83, 198
Haus Hellwig, Sofia 101, *102 Abb. 57*
Haus R. Hirrlinger, Stuttgart *178 Abb. 116*
Haus Junghans, Villingen 103, *104 Abb. 58, 59,* 114, 190
Haus Kamm, Stuttgart 85, *86 Abb. 44, 45,* 87, 88, 105, *107 Abb. 62,* 108
Haus Kauffmann, Offenburg 83, *84 Abb. 43, 179 Abb. 117,* 180, 198
Haus Kilpper, Stuttgart 17, 114, *115 Abb. 68, 69,* 116, *183 Abb. 120,* 185, 218 (Anm. 6, 9)
Haus Köpf, Ulm 105, *106 Abb. 60, 61*
Haus Koepff, Göppingen 19, 29, *30-31 Abb. 8-11,* 32-35, 55, 92, 103, 175, *177 Abb. 114,* 204 (Anm. 18, 22), 206 (Anm. 54), 210 (Anm. 47, 49)
Haus Krauter, Plüdershausen 52, *53 Abb. 17, 18,* 54, 55, 94, 207 (Anm. 89)
Haus Poehlmann, Waiblingen 81, *82 Abb. 42,* 83, 217 (Anm. 11)
Haus Sebald, Stuttgart 54, *55 Abb. 19,* 90, *91 Abb. 48,* 92, 94, 95, 204 (Anm. 22), 210 (Anm. 39, 51)
Haus Stephan, Stuttgart 76, *77-80 Abb. 33-41,* 81
Haus Vetter, Stuttgart 98, *99 Abb. 52-54,* 116, *117 Abb. 70, 71,* 118, 175, *178 Abb. 115,* 193, 211 (Anm. 83 ff.), 218 (Anm. 9)
Haus F. Wolf, Stuttgart 17, 203 (Anm. 25)
Holzhäuser für die Kochenhofsiedlung, Stuttgart, s. Kochenhofsiedlung
Hotel Neipp, Trossingen 92, *93 Abb. 49,* 210 (Anm. 53)

Idealanlage/generelle Entwürfe für ein Krankenhaus 121, *123 Abb. 75 H u. K,* 124-126, 212 (Anm. 102 f.)

Karl-Olga Krankenhaus, Stuttgart 126
Katharinenhospital, Stuttgart 126
Kaufhaus Breuninger, Stuttgart *107 Abb. 63,* 108, 109, 193
Kaufhaus Tietz, Stuttgart 199
Kirche Offenburg 17
Kirchenentwurf für die Regierungsbaumeisterprüfung 17, 18, 49, *51 Abb. 15, 16,* 52, 190, *191 Abb. 126,* 206 (Anm. 60)
Kirchenentwurf/Arbeit als Student 18, 49, *50 Abb. 14*
Kochenhofsiedlung, Stuttgart 43, 74, *75 Abb. 32,* 76, 195, 196, 202 (Anm. 32)
Krankenhauserweiterung, Fr. 121, 122, *123 Abb. 75 A,* 211 (Anm. 88)
Krankenhaus Maulbronn 19, 35, *36 Abb. 12, 13,* 37, 125, 126
Krankenhaus Waiblingen 35, 37, 121, 122, *123 Abb. 75–77,* 124–126, 187, *188 Abb. 124,* 211 (Anm. 91), 212 (Anm. 102, 105)
Krankenhaus Zagreb, Jugoslawien 126

Lichthaus Luz, Stuttgart 187, *188 Abb. 125,* 189, 193

Miethaus Gebelsbergstraße, Stuttgart *142 Abb. 87,* 143–145, 214 (Anm. 54)
Miethaus Mönchstraße, Stuttgart 140, *141 Abb. 85, 86,* 143–145, 213/214 (Anm. 37)
Miethaus Rotenbergstraße, Stuttgart *142 Abb. 88,* 144, 145
Möbelentwürfe von 1919 *182 Abb. 118,* 183

Schloßplatzbebauung, Stuttgart 42, 198, 199
Schulbauprojekte/Kasernentyp 166, *167 Abb. 105,* 170–172
Schulbauprojekte/Pavillonsystem 166, *167–169 Abb. 106–109,* 170–172, 216/217 (Anm. 5)
Schulbauprojekte/Schustertypmodifikation *169 Abb. 110,* 170–172, 217 (Anm. 8)
Schule Sillenbuch, Stuttgart 171
Schrank/bemalte Möbel von W. Baumeister u. R. Döcker *182 Abb. 119,* 185
Siedlung Im Wallmer, Stuttgart 140, 145, 147, *148–150 Abb. 91–96,* 151–153, 195
Siedlung Ostendstraße, Stuttgart 140, 214 (Anm. 49)
Siedlung Sonnenbergstraße, Stuttgart 140
Siedlung Viergiebelweg, Stuttgart 47, 132–134, *135–138 Abb. 81–84,* 139, 140, 143, 191, *192 Abb. 127,* 208 (Anm. 116), 213 (Anm. 26 f., 33, 37), 214 (Anm. 41, 44), 218 (Anm. 5)
Sind-Universität Hyderabad, Pakistan 16, 199, 202 (Anm. 16)
Sternbau, Stuttgart *61 Abb. 26,* 62, 63

Turmhausstudien, Stuttgart 18, 41, 47, 56, 57, *58–61 Abb. 22–26,* 62, 63, 95, 190, 191, 203 (Anm. 10), 208 (Anm. 103 ff.)
Typenpläne für Einzel-, Doppel-, Reihen- u. Miethäuser/Dissertation 12, 129, 130, *131 Abb. 79, 80,* 208 (Anm. 116)
Typenhaus von 1930 *73 Abb. 31,* 74, 132
Typenhaus mit Erweiterungsmöglichkeiten von 1930 70, *71 Abb. 29,* 74, 132, 209 (Anm. 29)
Typenhäuser siehe auch unter Kochenhofsiedlung u. Siedlung Viergiebelweg

Universitätsbauten, Saarbrücken 199
Universitätsbauten, Stuttgart 199

Vorschlag zu einem Landhaus 54, *55 Abb. 20,* 94

Weißenhofsiedlung, Stuttgart/Döckers Beiträge 15, 35, 152–155, *156–158 Abb. 97–102,* 159–162, 195, 196, 204 (Anm. 20), 206 (Anm. 66), 215 (Anm. 76 ff.)

Personen

Bandot, Anatole de 52
Bartning, Otto 49, 52, 207 (Anm. 70, 82)
Baumeister, Willi 15, 47, *182 Abb. 119*, 185, 187, *188 Abb. 124*, 194
Behne, Adolf 57, 147, 214 (Anm. 59)
Behrens, Peter 154, 155, 207 (Anm. 70), 215 (Anm. 83)
Berg, Max 40, 56, 62, 208 (Anm. 109)
Bestelmeyer, German 41
Böhm, Dominikus 52
Bonatz, Paul 12, 15, 39–42, 57, 153, 162, 204 (Anm. 3, 7), 205 (Anm. 12, 15), 219 (Anm. 31)
Bourgeois, Victor 48, 154
Brenner, Jürgen 13
Breuer, Marcel 126, 186, 212 (Anm. 102)
Bruckmann, Peter 48, 153, 206 (Anm. 65), 215 (Anm. 69)

Christ, Rudolf 41

Dix, Otto 45
Döcker, Karl 12
Dosquet 212 (Anm. 97)

Eisenlohr, Pfennig, Müller 126, 195, 209 (Anm. 32)
Elsässer, Martin 52
Esmarch, Friedrich von 211 (Anm. 90)

Feifel, Albert 162, 206 (Anm. 66), 216 (Anm. 97), 217 (Anm. 4)
Fischer, Theodor 39, 52, 204 (Anm. 3)
Frank, Josef 154

Garnier-Lyon 122, 211 (Anm. 93)
Giedion, Sigfried 127, 128
Goethe, Johann Wolfgang von 74
Graeser, Camille 219 (Anm. 25)
Gropius, Walter 15, 28, 41, 45, 48, 95, 145, 154, 175, 204 (Anm. 20), 207 (Anm. 70), 214 (Anm. 60)
Grosse 16

Haefeli, Max Ernst 215 (Anm. 85)
Häring, Hugo 48, 195, 203 (Anm. 26), 207 (Anm. 70), 209 (Anm. 23)
Haesler, Otto 207 (Anm. 70), 214 (Anm. 60)
Hassenpflug, Gustav 126
Hentrich, Helmut 108
Herkommer 214 (Anm. 60)
Herre, Richard 47, 56, 195, 209 (Anm. 32)
Hilberseimer, Ludwig 154, 207 (Anm. 70)
Hildebrandt, Hans 39, 40, 47, 68, 206 (Anm. 62, 67)
Hildebrandt, Lilly 39, 47
Hitler, Adolf 15, 41, 152, 199
Höger, Fritz 45
Hohner 23
Hoss, Walther 202 (Anm. 9)

Jaager, Jacques de 217 (Anm. 9)
Jeanneret, Pierre 154
Jost, Wilhelm 208 (Anm. 114)

Keuerleber, Hugo 15, 18, 40, 41, 47, 56–58, 128, 133, 140, 195, 198, 203 (Anm. 10), 206 (Anm. 54), 208 (Anm. 105 f., 114), 209 (Anm. 32), 213 (Anm. 27)
Kilpper 17
Kirchner, Ernst Ludwig 45
Klett 13, 198
Koch, Alexander 44, 45
Körte 40, 195, 205 (Anm. 9), 209 (Anm. 32)
Krause, Franz 47, 154

Lang, Fritz 45
Lautenschlager, Karl 159, 215 (Anm. 88)
Le Corbusier 39, 41, 47, 48, 70, 154, 202 (Anm. 16), 212 (Anm. 103)
Lempp 40
Loos, Adolf 42, 47, 68, 113, 173, 206 (Anm. 63), 211 (Anm. 66, 78)
Luckhardt Hans 207 (Anm. 70)
Luckhardt, Wassili 207 (Anm. 70)
Luz, Hermann 187

Marcks, Gerhard 48
May, Ernst 48, 172, 207 (Anm. 70)
Mebes, Paul 214 (Anm. 60)
Mendelsohn, Erich 14, 32, 45–48, 88, 90, 92, 109, 191, 197, 203 (Anm. 26), 206 (Anm. 54), 207 (Anm. 70), 210 (Anm. 47), 218 (Anm. 9), 219 (Anm. 22)
Meyer, Adolf 28, 207 (Anm. 70)
Mies van der Rohe, Ludwig 47, 153–155, 206 (Anm. 65, 66), 207 (Anm. 70), 215 (Anm. 83, 85 f.)
Moser, Werner Max 195
Muthesius, Hermann 23, 203 (Anm. 4)

Nägele, Reinhold 187
Neufert, Ernst 195, 197, 202 (Anm. 8), 217 (Anm. 6)
Neutra, Richard 46
Nolde, Emil 45

Oedenkoven, Henri 217 (Anm. 9)
Olbrich, Joseph Maria 45
Oswald 58, 208 (Anm. 105)
Oud, Jacobus Johannes Pieter 48, 85, 154, 214 (Anm. 60)

Pankok, Bernhard 207 (Anm. 70)
Petschnigg, Hubert 108
Picasso, Pablo 39
Poehlmann, Richard 211 (Anm. 90), 212 (Anm. 5)
Peolzig, Hans 39, 41, 48, 113, 152, 207 (Anm. 70), 211 (Anm. 78)

Rading, Adolf 154, 207 (Anm. 70)
Rasch, Bodo 14, 47, 195, 198, 209 (Anm. 32)
Rasch, Heinz 47
Roeckle 214 (Anm. 60)
Rohlfs, Christian 45
Roth, Alfred 154

Sant' Elia, Antonio 113, 211 (Anm. 78)
Sarrason 122, 211 (Anm. 93)
Scharoun, Hans 48, 154, 207 (Anm. 70)
Schieber, Albert 108
Schilbach 207 (Anm. 70)

Schleicher, Gustav 47
Schlemmer, Oskar 43, 47, 48, 194, 198, 207 (Anm. 74)
Schlemmer, Tut 48
Schmechel 214 (Anm. 60)
Schmelz 208 (Anm. 114)
Schmitthenner, Paul 17, 39–44, 46, 70, *72 Abb. 30*, 74, 88, *89 Abb. 46,* 121, 145, 162, 196, 204 (Anm. 7), 205 (Anm. 12, 30), 216 (Anm. 90), 219 (Anm. 12)
Schmidt-Rottluff, Karl 45
Schmohl, Paul 218 (Anm. 18)
Schneck, Adolf G. 47, 154, 195, 208 (Anm. 114), 209 (Anm. 32), 215 (Anm. 79)
Schopenhauer, Arthur 95
Schultze-Naumburg, Paul 41–43
Schuster, Franz 171, 172, 217 (Anm. 8)
Seeger, Gabriele 47, 206 (Anm. 65)
Seeger, Mia 47, 206 (Anm. 65)
Senger, Alexander von 152
Sigloch, Daniel 153, 195, 196, 215 (Anm. 69)
Speer, Albert 41
Stam, Mart 48, 154, 186
Steiger, Rudolf 195
Steiner, Rudolf 17, 175, 203 (Anm. 26), 217 (Anm. 9)
Stotz, Gustav 47, 153, 206 (Anm. 65, 67), 215 (Anm. 69)
Strölin, Karl 162, 196

Taut, Bruno 45, 140, 154, 207 (Anm. 70)
Taut, Max 154, 207 (Anm. 70)
Tessenow, Heinrich 42, 207 (Anm. 70)

Valentin 180, 217 (Anm. 11)
Velde, Henri van de 45, 206 (Anm. 68)
Völkers 130, 132
Völter 147

Wagenfeld, Wilhelm 186
Wagner, Martin 48, 195, 199, 207 (Anm. 70), 209 (Anm. 32)
Wetzel, Heinz 39, 40
Wiene, Robert 45
Wölz 216 (Anm. 89)
Wolf, Friedrich 17, 203 (Anm. 23), 205 (Anm. 50)
Wright, Frank Lloyd 23, 29, 32, 45, 46, 54, 68, 90, 203 (Anm. 4)

BARBARA MILLER LANE

ARCHITEKTUR UND POLITIK IN DEUTSCHLAND 1918–1945

VIEWEG

Schriften des Deutschen Architekturmuseums
zur Architekturgeschichte und Architekturtheorie.
1986. 250 Seiten mit 109 Abbildungen

ARCHITEKTUR BEI VIEWEG